21世纪高等院校市场营销专业精品教材

Excellent Course of Speciality of Marketing for
High-level Universities in the 21st Century

U0656910

Modern Negotiation

现代商务谈判 （第四版）

李品媛 编著

东北财经大学出版社

Dongbei University of Finance & Economics Press

·大连·

图书在版编目（CIP）数据

现代商务谈判 / 李品媛编著. —4版. —大连：东北财经大学出版
社，2020.8（2021.2重印）
（21世纪高等院校市场营销专业精品教材）
ISBN 978-7-5654-3881-3

Ⅰ．现… Ⅱ．李… Ⅲ．商务谈判－高等学校－教材 Ⅳ．F715.4

中国版本图书馆 CIP 数据核字（2020）第 099516 号

东北财经大学出版社出版
（大连市黑石礁尖山街217号 邮政编码 116025）
网 址：http://www.dufep.cn
读者信箱：dufep@dufe.edu.cn

大连图腾彩色印刷有限公司印刷 东北财经大学出版社发行
幅面尺寸：170mm×240mm 字数：394千字 印张：18.75 插页：1
2020年8月第4版 2021年2月第2次印刷
责任编辑：朱 艳 责任校对：赵 楠
封面设计：沈 冰 版式设计：钟福建

定价：39.00元

教学支持 售后服务 联系电话：（0411）84710309
版权所有 侵权必究 举报电话：（0411）84710523
如有印装质量问题，请联系营销部：（0411）84710711

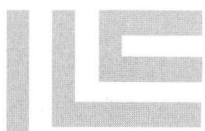

第四版前言

2020年，受各种因素影响，世界经济发生了巨大变化，中国经济的发展也进入了攻坚阶段：一方面，随着中国经济实力的不断增强，特别是在新冠肺炎疫情爆发后，中国果断、有利的处置举措和取得的明显成效，使得中国在国际社会的地位不断提高，所扮演的角色越来越重要，企业国际合作越来越多样化、复杂化；另一方面，市场交易日益规范化，交易主体之间的竞争愈发激烈。与此相适应，商务谈判在社会经济生活中的作用愈来愈重要，人们也越来越关注谈判行为以及这种商务活动在社会中的影响与价值，希望更好地理解谈判的理念，掌握谈判技巧，了解企业成功的谈判案例。

目前，中国与谈判有关的学科发展已经进入了一个新的阶段。正如其他经济管理学科的发展一样，谈判的理论研究已经由学习和引进国外发达国家的科学理论，进入建立我们自己学科体系的阶段。具有中国特色的谈判案例研究和规律总结，也为这门学科的发展注入了新的活力。谈判学已成为中国营销学科体系中非常重要的一门学科，也在中国经济发展和中国与国际社会的交往中发挥了重要作用。

本人一直致力于谈判学科在教学方面的应用和研究，自20世纪80年代就出版了《商务谈判技巧》一书，并在我们学校工商管理相关专业开设了这门课程。随着教学经验的不断丰富，授课对象的层次也不断提高，由本科生发展到研究生，由MBA到EMBA。这本教材也在不断地更新内容，多次改版再版，力求与时俱进，不断结合中国经济社会发展的新问题、新形势，介绍最新的谈判科学成果，完善和提升教材的编写体系，以培养更优秀的谈判人才。

本次修编除保留原教材文笔简洁流畅、信息量大、实例多、涉猎知识广泛等特点外，还在以下方面进行了增补：

第一，在谈判的理论章节部分做了部分修改，力求在加强章节之间逻辑关系的基础上，使每章的内容更加平衡，同时简化了说明理论的小案例或实例，增补了博弈理论中的一些基本概念。

第二，调整了章后案例：一方面，删减国外案例，增加本土案例，力求解决中国企业发展的实际问题；另一方面，删除了过时的案例，使教材更加与时俱进。

第三，为了使案例与章节内容之间衔接更加紧密，更能说明问题，对篇幅较大的案例进行了缩编，以突出对理论的解读。

第四，新增加了一些参考文献，主要是一些能开拓学生视野，增加学生阅读深度、广度以及与案例背景和内容有关的书籍和文献，以践行"谈判之道在谈判之外"的理念。

　　本书适用于高等院校经济管理类专业学生、从事各类组织活动的管理人员，作为普通读者，也可从中获得有益的启示。由于作者的学识、水平及经验有限，本书不妥之处在所难免，恳请广大读者不吝赐教。

作　者

2020年6月

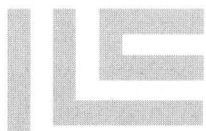

目　录

第 *1* 章

谈判概要

谈判是现代社会无处不在、随时发生的活动。人们要相互交往、改善关系、协商问题，就要进行谈判。既然如此，我们首先要了解什么是谈判，人们为什么要谈判，谈判在现代社会中的意义和作用以及谈判的基本程序。

1.1 谈判的含义

1.1.1 正确认识谈判

1）人人都可能成为谈判者

谈判是社会生活中经常发生的事情，几乎每个人都在某一特定条件下成为一个谈判者。与小商贩讨价还价，购买他的农产品；与单位的领导讨论个人的工作调动；也可能作为企业代表与其他谈判者磋商某一交易合同；甚至作为外交人员与其他国家的官员商讨国家间的事情。这些都是谈判，谈判是我们生活中不可缺少的一部分。有关研究资料表明，发达国家约有10%的人每天直接或间接从事谈判活动，其中职业的商务谈判占5%以上。随着互联网的普及，沟通更加便捷和顺畅，谈判成为社会交往的重要组成部分。

尽管谈判在我们的实际生活中扮演了重要角色，但是人们对谈判活动的认识与重视程度还是远远不够的，更没有把谈判看成涉猎广泛以及需要多方面专业知识、技能与技巧的复杂的、高层次的社会活动。一些人把谈判仅仅看作人们讨价还价的手段、解决纠纷的途径，甚至认为谈判是玩弄权术、使用伎俩的代名词。所以，许多人只是凭经验、凭直觉从事谈判活动。我们不难发现在国内甚至许多涉外交易谈判中，时常出现盲目、草率进行洽商乃至受骗上当的事例。可以说，缺乏高水准的谈判人员、诸多不应有的谈判活动的失误，极大地影响了谈判——这一社会生活中的重要角色作用的发挥，也远远不能适应市场经济充分发展的现代社会。

今天，谈判已成为我们生活中的重要内容，它随时出现在我们身边。我们之所以研究它，是因为如何更好地进行谈判已引起人们的思考，引起了社会各界的广泛关注。特别是工商企业，诸多的合作、开发、生产、经营都是通过谈判行为实现的。社会实践的需要推动和促进了谈判理论的形成和发展，也进一步加深了人们对谈判活动的认识。

例如，海尔并购通用电气公司的家电业务时，创造性地解决了这个问题，提出了沙拉式文化。沙拉里可以有不同的蔬菜、水果，代表各个国家、各个企业不同的文化。但是沙拉酱是统一的，就是海尔具有中国特色的管理制度——人单合一。

海尔并购和其他企业并购最大的不同是，没有派一个人去，还是原来的人，但是条件是这个领导团队必须接受、运用海尔模式。海尔的人单合一模式是：人就是员工，单就是用户的需求，把员工和用户联系在一起。海尔在兼并了通用电气家电业务后，董事局主席张瑞敏在与管理层交流时，一个美国人问，你们收购了我们公司，你们准备怎么来领导我们？其潜台词就是海尔曾经把美国通用电气公司当作样板企业，它曾是海尔的老师，但今天海尔兼并了美国通用电气公司的家电业务，海尔能够了解美国通用电气公司员工的需求，管理好员工吗？张瑞敏回答，这个问题本质上提错了，海尔虽兼并了美国通用电气公司的家电业务，但海尔既不是其员工的领导，也不是员工的上级，海尔是企业股东，这就是海尔的定位。

谈判行为并不是最困难的，因为任条件都是可谈的，最为困难的是并购后的整合运营，虽然从狭义角度讲，这已经不是谈判行为了，但实际上，这恰恰能够影响谈判的最终成果。这也验证了国际并购行为的"七七规律"，即并购企业有70%会失败，而70%的失败是因为文化的不同。

2）谈判学是诸多学科交叉的产物

谈判是一门综合性较强的应用学科，有关谈判的研究是建立在诸多相关学科的基础上的，被认为是经济科学、技术科学、社会科学、法学的交叉产物（见图1-1）。

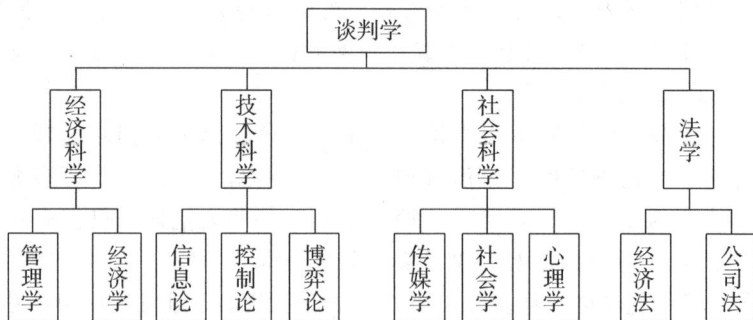

图1-1　谈判与各学科的相互关系

以一宗出口交易谈判为例，要求谈判者不仅要熟悉交易产品的技术性能、生产工艺，还要了解进出口国有关贸易的各项规定、法令、关税政策，包括民族习俗、消费特点、购买心理，要学会熟练地运用各种谈判的策略和技巧，否则，就不能进行有效的协商，就不能更好地完成交易活动，当然，也难以实现企业追求利润最大化的目标。

从另一角度说，谈判活动的科学性或规律的分析可以借鉴许多学科的研究成果。例如，买卖双方的讨价还价实质上就是博弈。在博弈理论中，经典博弈，像因徒困境、田忌赛马等都可以用来研究谈判者交易结果或讨价还价过程，并建立一些博弈模型。而谈判活动的交易成本问题更是今天诸多谈判学家关注并研究的热点问题。从谈判学发展趋势看，由于众多学者采用经济、管理和计量方法研究谈判问题，建立各种谈判模型，有关谈判学的研究已由传统的注重社会学、心理学方法研究转向各种方法并重，谈判理论和实践应用成果不断涌现。这不仅丰富和发展了谈判理论，进一步增强了谈判学的科学性，而且在实践中应用也取得了很好的效果。

3）谈判是一门艺术

谈判又是一种复杂的、需要运用多种技能与方法的专项活动，有人称谈判为艺术，这一点也不为过。

（1）谈判的艺术性表现在要求谈判人员具有较高的素质，包括掌握各种知识，有较高的修养，善于与人相处，能灵活地处理各种问题。实践表明，从来没有两项谈判活动是用同一种方式进行的，人们也不可能事先准确地预料到谈判的结果。适用于上次谈判的方法，这次就可能失效。谈判的成功与否在很大程度上取决于谈判双方人员能力和水平的发挥，取决于谈判人员策略技巧的应用。这不同于人们练习某一种劳动技能，操作的次数越多，动作越固定、越熟练，劳动技巧越高，灵活性、变通性、创造性是谈判的核心。因此，没有较高素质或是缺乏专业训练的人，是很难获得理想的谈判结果的。

（2）谈判也是沟通的艺术。谈判双方的信任与合作是建立在良好的沟通基础上的。沟通的内容十分广泛，包括交流双方的情况，反馈市场信息，维护对方面子，运用幽默语言，活跃谈判气氛，倾听对方的讲话，控制自己的情绪，建立双方的友谊与信任等等。谈判专家认为只有善于沟通的谈判者才是真正的谈判高手，所以，谙熟沟通谋略、善用沟通手段也是谈判者必备的专业素养。此外，谈判地点、时间和时机的选择，谈判场所的布置、安排，都有一定的策略性，善于谋划和利用谈判的这些特点，会收到事半功倍的效果。

（3）谈判的艺术性表现在人们的语言运用上。谈判是一种交际活动，语言则是交际的工具。怎样清晰、准确地表达自己的立场、观点，了解对方的需要、利益，巧妙地说服对方，以及体现各种社交场合的礼仪、礼貌，都需要良好的语言表达技巧。

综上所述，谈判既是科学，又是艺术。这是因为它广泛地运用和借鉴了当今世界最新的学科理论与研究成果，总结了适合于谈判活动的原则与方法，从而形成了较为完整的学科体系。它的艺术性则充分表现在谈判策略、谈判者的语言及各种方法的综合运用与发挥的技巧上。只有这样，才能收到良好的谈判效果。

1.1.2　谈判的概念

要给谈判下一个定义，既简单又困难。说它简单，是因为谈判对我们来说并不陌生，它几乎每天、每时都出现在我们的生活中，谈判就是人们的一种交际活动。说它困难，是因为谈判的内容极为广泛，人们很难用一两句话就能准确地、充分地表达生活中谈判的含义。尽管如此，我们还是试图通过对谈判所包含层次的分析来描绘出谈判的大概轮廓，以便我们能把握谈判概念的一些基本要素。

美国著名谈判专家尼伦伯格认为："谈判是人们为了改变相互关系而交流意见，为了取得一致而相互磋商的一种行为。"美国法学教授罗杰·费希尔和谈判专家威廉·尤瑞合著的《谈判技巧》一书把谈判定义为："谈判是为达成某种协议而进行的交往。"在他们的概念中，谈判是作为人与人之间的一种交往活动而存在的。

美国谈判专家威恩·巴罗认为："谈判是一种双方都致力于说服对方接受其要求时所运用的一种交换意见的技能，其最终目的就是要达成一项对双方都有利的协议。"巴罗坚持谈判活动的核心是交换意见并致力于说服对方，要很好地实现这一目的，就不能只是简单的表述，而是要有高超的"交换"技巧。

我国学者则认为：谈判是当事人为满足各自需要和维持各自利益而进行的协商过程。这一解释强调谈判活动的持续性。这一点在正规、大型的谈判活动中十分突出，由此也表明谈判不同于简单的、规律性的重复活动。

综合上述观点，我们认为，谈判的含义至少要包括以下几方面的内容：

（1）谈判是建立在人们需要的基础上。尼伦伯格指出：当人们想交换意见、改变关系或寻求同意时，人们开始谈判。这里，交换意见、改变关系、寻求同意都是人们的需要。需要包括的具体内容极为广泛，如物质的需要、精神的需要、低级的需要和高级的需要。需要推动人们进行谈判，需要越强烈，谈判的动因就越明确。但谈判又是两方以上的行为，只有各方的需要能够通过对方的行为满足时，才会产生谈判。所以，无论什么样的谈判，都是建立在需要的基础上的。

格蒂石油公司的老板叫保罗·格蒂。格蒂是美国的大富豪，而乔治·密勒是他手下的一名主管，负责监督洛杉矶郊外的一片油田。此人勤奋、诚实、懂行，在格蒂眼中，他的薪水跟他所负的责任相称。但格蒂每次到油田察看钻探现场、油井和装备设施时，总会发现工作效率不高、错误迭出，如经费失控、工序脱节、后勤保障不到位等问题。格蒂认为，症结在于密勒热衷于坐在洛杉矶的办公室里进行遥控指挥，很少亲临现场监督作业情况，没有很好地行使监督人员的职责。于是，他决定跟密勒进行"男人与男人的谈话"。

为使谈判达到预定的目的，格蒂做了认真的准备，自以为对密勒了如指掌，便气势夺人地跟他摊牌："我认为你的工作方式还有不少需要改进的地方，我只在现场待了一个小时，便发现有好多地方需要改进，坦率地说，我不懂你为什么看不出来。"密勒回答说："先生，您忽略了一点，脚下踩的是你自己的油田，油田的一切跟您都有切身利益关系，这就足够让您眼光锐利，发现问题。至于解决办法，当然多的是！可是工地上有谁与您一样呢？"格蒂没有想到密勒另有缘由，他只得说："让我考虑考虑"，暂停了谈话。

第二次，格蒂干脆利落地亮出底牌说："假如我把这片油田交给你，利润按

9∶1分享，不再给你薪金，你看怎么样？"

密勒考虑了一会儿说："我同意这种分配方式，但我想得到由我创造的应得的利润。""那么请你开个价。"格蒂谨慎地说。"格蒂，你做了基础投资，但管理是我一个人做的，所以，至少应按8∶2分享利润。"密勒坚定地说。"好吧，让我们共同来做一个实验。"格蒂边说边伸出了手。"你不会吃亏的。"密勒也伸出了他的手。

协议达成，变化立即出现。密勒开始真正关心降低费用，提高产量。用一种完全不同的眼光看待油田作业，以前的工作效率低、人浮于事的现象有了根本的改观。经过密勒的不断努力，油田的产量不断提高，费用却在逐渐降低。

格蒂嘴上说做个实验，心里却想"吃小亏占大便宜"。他耐着性子等了两个多月之后，带着挑剔的目光来到油田。他仔细察看了作业情况，却找不出什么毛病，最后，他信服地对密勒表示，油田状况令他十分满意，就此开始了两个人长久的合作。

需要不仅是显现的，也是潜在的，在许多情况下，需要靠发现、发掘，格蒂成功地发现了密勒的自尊需要，并就两个人的合作方式达成了正式协议，改善了企业的管理现状。

（2）谈判是两方及两方以上的交际活动。要谈判，就要有谈判对象，只有一方则无法进行谈判活动。从采购员与推销员的一对一谈判，到联合国的多边谈判，都说明谈判至少要有两方的参加者。既然有两方及两方以上的人员参加，这种活动就是一种交际活动，就需要运用交际手段、交际策略实现交易的目的。这是谈判活动与人类的其他行为的重要区别。

谈判中需要沟通与交流，交际手段和策略是十分重要的。事实证明，许多谈判失败或没有达到预期的效果，主要原因是沟通或交流不够。美国一家大保险公司在市中心一块相当好的地段拥有一家大酒店的抵押权。虽然生意不错，但酒店老板很少按时付款。由于无法使酒店老板按规定时间付款，保险公司威胁说要取消这家酒店的回赎权。

酒店老板听说了这一消息后，只问了一个问题："你们将在哪儿停放客人的汽车？"他知道停车场是另一份合伙契约的一部分，完全在他的控制之下，但保险公司却不知道这一点。如果保险公司取消酒店的回赎权，酒店老板就会关闭停车场，从而使酒店无法继续营业。

无奈，保险公司停止了取消回赎权的诉讼，宽恕了酒店逾期付款的行为，并根据酒店老板提出的条件重新商议抵押权问题。看来，对信息的掌握与使用能直接改变在谈判中的地位。在你对信息的了解不如你的对手时，你就会陷入被动之中。

（3）谈判是寻求建立或改善人们的社会关系。人们的一切活动都是以一定的社会关系为背景的。就拿买卖活动来讲，看起来是买卖行为，但实际上是人与人之间的关系，是商品的所有者和货币持有者之间的关系。买卖行为之所以能发生，取决于买方和卖方新的关系的建立。谈判的目的是要获得某种利益，要实现追求的利益，就需要建立新的社会关系或改善原有的社会关系，而这种关系的建立是通过谈判实现的。

在震惊世界的"9·11"事件过后，美国人想在世贸中心的原址上再建一座标志性的建筑物。中国企业万通想在这里建设"中国中心"。该公司从2003年开始介入，但谈判时间长达6年。万通需要和土地方、业务方、合伙伙伴分别交涉，经过万通高层锲而不舍的努力，终于"修成正果"。这在万通董事长冯仑的《理想丰满》一书中有详细的阐述。2009年，中国万通公司在美国的"中国中心"正式签约。尽管美国人同意中国人在世界上最为繁华的大都市——纽约的最核心地段经营高端商务大厦，但美国人对中国的万通公司能否做成世界一流的商务大厦仍心存疑虑。因为按照国际标准，一流的商务中心并不等于最高端的楼盘、最耀眼的建筑、最奢华的陈设，而是要有全世界顶级的企业家、政客和社会知名人士的活动与参与。

万通决心将"中国中心"做成世界的"主流、双向、高端"商务中心。围绕这一目标，公司开始建立世界一流的"公共关系"。首先，他们将服务的对象对准主流商务人群，即这些人是能够影响两国经贸发展的重要企业人物。纽约当时的州长帕塔吉来中国，给万通开列了邀请中国企业家的名单，希望会见这些人。名单上全是中国当代最知名的企业家，如张朝阳、陈锋、马蔚华、宁高宁、柳传志等人。万通请来了这些人，并在京城俱乐部吃饭，这被美方刮目相看。第二次，纽合组织希望万通邀请到郭广昌、马云、王中军等人，结果，又如愿以偿。美国人再也不怀疑了。其次，他们在服务设计，特别是环境设计上下足了功夫，希望通过"中国中心"使中国文化与生意达到很好的结合。万通董事长的理解就是："闭起眼睛，你感觉是在中国；睁开眼睛，看到的又是世界。"因此，"中国中心"邀请的建筑、设计和规划师都是世界上顶级的，他们才华横溢，创意非凡。最后，他们在运营上向高端品牌看齐，学习美国的主流俱乐部模式，实行会员制，会员卡的办理强调身份认同和价值观体系一致。这是聚集高端商务人群和进行商务交往的重要模式。万通中国中心成功地迈出了第一步。

（4）谈判是一种协调行为的过程。任何谈判协议的达成，都是寻求协调、达到统一的结果。没有达成协议，则是协调活动的失败。谈判的整个过程就是提出问题和要求，进行协商，又出现矛盾，再进一步协商的过程。这个过程可能会重复多次，直至谈判终结。没有任何一项谈判，双方一接触就立刻一拍即合，达成协议的。众多条款需要不断协商沟通，取得双方的一致。有的甚至拖延数年时间。

最为典型的是中国入世谈判，被誉为多边贸易体制史上最艰难的一次较量，在世界谈判史上也极为罕见。自1986年7月10日中国正式向WTO前身———关贸总协定（GATT）递交复关申请起，由于谈判逐步被"政治化"及其本身的艰巨性、复杂性、特殊性和敏感性，这一谈就是15个春秋。中国代表团换了4任团长，美国换了5位首席谈判代表。中国复关和入世谈判大致可分为三大阶段：第一阶段从20世纪80年代初到1986年7月，主要是酝酿、准备复关事宜；第二阶段从1987年2月到1992年10月，主要是审议中国经贸体制，中方要回答的中心题目是到底要搞市场经济还是计划经济；第三阶段从 1992 年 10 月到 2001 年 9 月，中方进入实质性谈判，即双边市场准入谈判和围绕起草中国入世法律文件的多边谈判。

（5）选择恰当的谈判时间、地点。谈判是两方及两方以上面对面的接触，这就需要选择谈判时间和谈判地点，一般来讲，是谈判双方根据实际需要协商确定的。谈判的参与者都十分重视选择恰当的时间和地点。这在政治谈判和军事谈判中尤为重要。在世界比较著名的谈判事例中，很多谈判活动都精心选择谈判地点，确定谈判的相关人员。例如，以色列和巴勒斯坦人的谈判，地点却是在美国，由美国人充当中间调解人；而 20 世纪 70 年代越南和美国的停战谈判，地点选择在法国，两方都乐于接受并最终达成了协议。

综上所述，我们认为谈判的概念是指参与各方出于某种需要，在一定的时空条件下，采取协调行为的过程。

谈判的范围是十分广泛的，企业销售产品、购买材料、职工调动工作、政府的外交联系，国家间的和平协定，甚至是家庭纠纷等，都可以成为谈判的内容。这里，为了研究问题方便，我们把发生在经济领域中，即商务谈判作为研究的主线，并以此展开分析与论述。

1.2 现代经济社会离不开谈判

既然谈判的内容十分广泛，那么谈判的作用也体现在多个层面上。

1.2.1 谈判是市场经济发展的产物

谈判并不是今天才出现的事物。它从古至今一直是人们生活的组成部分。但是，只有在商品经济发展到一定阶段，人类社会进入文明阶段时，谈判才在社会生活中发挥了巨大的作用。这是由于商品经济的内涵是等价交换，它排斥一切政治权力的干预，只有通过买卖双方的平等协商，才能在互利的基础上实现彼此的联系，促进经济的不断发展。可以说，商品经济的发展使谈判扮演了社会经济生活中的重要角色；而谈判手段的广泛而有效的运用，又极大地促进了商品经济的繁荣与兴旺。

在人类社会形成初期，由于生产力水平极其低下，集体狩猎的食物都是平均分配。虽然当时也有协调行为，但这种协调是自发的、无意识的，可以看作人的"天性"。

随着社会生产力的进一步发展，产品出现了大量剩余，有了交换的可能性和必要性，这时，出现了通过谈判进行部落间交换的现象。在第三次社会大分工形成后，出现了专门从事商品交换的商人，交换已发展为经常的、广泛的社会活动，谈判则成为这种贸易交往的媒介，成为人们社会活动的重要内容。

商品经济存在的基础是社会分工、生产资料及产品属于不同所有者，由此决定了人们之间的交往关系必须是平等、互利的，人们之间的经济联系必须是有偿的、等价的。与此相适应，谈判便成为人们实现这种联系的重要形式，为谋求各方之间的联系与合作发挥着巨大的作用。实践证明，商品经济越发达，谈判的应用越广泛，谈判的形式就越多样化、复杂化，出现了民间谈判、企业间谈判、政府间谈判以及国家间谈判等各种谈判形式。同时，谈判广泛运用于社会生产、生活的各个领域，进一步促进了社会的繁荣、经济的发展。它更好地实现了人们在平等互利基础上的联系，改善了相互间的关系、提高了交易的成功率。

改革开放40年来，中国发生了翻天覆地的变化，已经成为世界上第二大经济体。中国经济高度融入了国际社会，并成为发挥主导作用的重要成员。今天，谈判——特别是熟悉国际规则、遵守国际惯例的商务谈判已经成为具有中国特色的社会主义经济发展的重要组成部分，成为我国国际交往和国内各种组织和公众之间沟通的桥梁和纽带，也成为解决各种社会矛盾、争议和调整人际关系的重要手段。不论人们是否承认、有没有意识到，人们都曾在现实生活中扮演了并将继续扮演着"谈判者"的角色，正如谈判专家所说的那样，"世界就是一张偌大的谈判桌"。

1.2.2　谈判是企业之间联系的纽带

谈判，特别是贸易谈判，大多是在企业与企业之间、企业与其他部门之间进行的。每个企业都要与其他部门或单位进行沟通与联系，才能完成生产经营活动。事实上，经济越发展，分工越细，专业化程度越高，企业间的联系与合作越紧密，越需要各种有效的沟通手段。但同时，在市场经济条件下，企业是社会的经济细胞，是独立的商品生产者，具有独立的法人资格。企业之间的交往与联系，必须遵从市场经济的客观规律，在自愿互利的基础上，实行等价交换，公平交易。因此，谈判理所当然地成为各种经济现象之间联系的媒介，成为企业之间经济联系的桥梁和纽带。

中华人民共和国成立70多年来，中国经济发展最具代表性的成果，就是出现了对国民经济发展起重要支撑作用的各种经济组织。中国是全世界唯一一个拥有联合国产业分类中全部工业门类的国家。企业作为市场经济活动中的主体，在追求利润最大化的同时，应能够维护自己的经济利益和各种合法权益。企业之间的联系主要是通过谈判行为实现的。谈判已经成为企业之间以及其他各种经济实体之间联系的主要媒介。企业通过谈判，实行资金、技术、设备、原材料和劳动力的最佳组合；通过谈判协商解决交易活动中的一系列问题；通过谈判处理合同纠纷；通过谈判磋商解决企业生产经营过程中所有涉及两方及两方以上的任何问题。谈判加强了企业之间的联系，促进了社会经济的发展。进入21世纪，中国企业不仅在规模上不断壮大，在经营手段和合作方式上也越加多元化、国际化，每年上百亿元的投资规模，上千亿元的合并案件，都是通过谈判实现和完成的。

1.2.3　谈判是开展国际贸易的重要手段

当今的经济活动，是在国际拓展的。任何一个国家都不能只依靠本国的资源、生产能力、科学技术来满足国内的需求。而且随着社会生产的不断发展，不论是科学技术先进的国家，还是落后的国家，都必须注意学习利用其他国家的长处、优势，借鉴别人的科技成果。

2018年，中国GDP超过13万亿美元，成为世界第二大经济体，外贸进出口总值4.62万亿美元，增长12.6%，创历史新高。中国货物进出口总额占全球贸易份额的11.8%。不能否认，这与中国高度融入国际社会有着直接关系。

中国已经成为国际上重要的平衡力量，中国企业也已经在国际市场上扮演了重要角色。未来中国如何应对更加复杂的国际局势，发挥更大的领导作用，中国企业怎样才能更好地参与国际竞争是摆在国人面前十分重要的课题。我们一定要了解国内外大环境的变化，尽快融入世界经济发展的潮流中，以提高我国的国际竞争力，加快我国市场经济的发展。

随着我国对外贸依存度越来越高，国际知名企业大规模进入中国市场，国内企业也源源不断地向国际市场进军，众多企业直接同外商打交道。中国企业如何更好地进入国际市场或他国市场，了解他国法律，谙熟谈判技巧已经成为重要问题。

在微观上，更好地发展对外贸易，参与国际竞争，开拓国际市场，需要高水平的专业人员，更需要一专多能的复合型人才。只有掌握高超的谈判技巧，了解、熟悉国际商贸活动的一般规律、准则以及各国的民俗、消费习惯，把握不同国度谈判者的谈判风格，才能有效地运用谈判手段，在国际商贸活动中运筹帷幄，赢得胜利。

1.3　谈判的特征

1.3.1　谈判是人际关系的一种特殊表现

谈判是由两方及以上的人员参与的活动，这就必然表现为一种人与人之间的关系。人与人之间存在着多种多样的关系，譬如生产关系、血缘关系、师徒关系、邻里关系、同乡关系等。但上述这些人际关系并不等同于我们所研究的谈判行为之间的人际关系。在这里，谈判活动所体现的人际关系具有某种特殊性。参与谈判活动的各方是出于某种利益而结成的相互关系或共同体，这种关系不同于上述人际关系的稳定性、持久性的特点，而是短暂的和动态的，也就是由谈判活动所建立的人际关系，一旦协调过程完成，相互之间的关系便告结束。当然，我们也并不排除这种关系可能转换为另外一种人际关系——相对稳定、持久的协作或合作关系的可能。

从另一方面看，谈判行为所形成的人际关系的范围是十分宽泛的，即介入这种关系的人来源可能是多方面的，不仅仅是负责谈判的专业人员，生活在社会各个层面的人都会在某种特定的情况下从事谈判活动。例如，公司员工会向公司的管理层提出要增加工资，或寻求加班费等事宜；某人的邻居可能会与他协商，要其将门前的树挪走，因为树荫遮蔽了邻居的窗户。凡此种种，我们可以随时感受到谈判行为的发生。

荣获第74届奥斯卡最佳外语片奖的《无人地带》讲述了这样一个故事。在波黑战争中，一群波斯尼亚士兵在大雾中迷路，走到了塞尔维亚人的前沿阵地，结果，大雾散去后，他们被塞尔维亚士兵发现，一场攻击在所难免。

激战过后，西基是唯一的幸存者。他设法隐藏在"无人地带"一个废弃的战壕里，还俘虏了前来打扫战场的塞尔维亚人尼诺。后来，他们又发现了另一个活着的波斯尼亚士兵塞拉，但十分糟糕的是，他受伤了，而且身体下面还被塞入了一颗地雷，如果他动一下的话，三个人都会丧命。事情开始变得复杂了。

三个本来有着不同人生轨迹的人被相同的命运连在了一起，于是他们开始尝试"合作"：分别向各自的阵地喊话（他们正好夹在敌对双方的中间，即"无人地带"），要求双方不要开枪，试图解决敌对关系。比如，谈论双方共同的朋友。但是，由于相互之间的猜忌和对立，他们又时常争吵。

双方的部队也因为这三个士兵而放弃了对抗，一起向联合国部队请求援助。事情发展到这儿，问题本可以解决了，可是复杂的历史原因（双方的敌意）和现实的困难（塞拉身体下面要命的地雷）制造了很多问题。由于媒体的曝光，全世界都在关注这起事件，联合国不得不派出高级官员前往解决，但还是无能为力……最后的结果是尼诺和西基在循环报复中送了命，联合国部队制造了"和平解决"的假象来应付舆论。塞拉还是躺在那颗该死的地雷上，他想努力掌控自己的命运，于是，他利用自己最后的力气，发出了一个与众不同的求救信号。

1.3.2 谈判的参与各方是地位平等、相对独立的主体

谈判——作为人类广泛的社会行为，其核心是参与各方体现了一种平等互利的关系，任何一方都不能凌驾于另一方之上。当然谈判中所使用的谈判技巧则另当别论。谈判的各方只有地位平等，才能相互间有效地磋商问题，协调分歧，彼此合作。

人类的平等意识由来已久，人类社会历史上出现的两次大的"社会进步"行为——"摆脱共同体束缚而争取个性自由"，摆脱原始氏族共同体走向古典自由民主社会，摆脱封建宗法共同体走向近代市民社会，其核心都是一个平等的问题，最具声望的"雅典道路"之说就是由"氏族族长制"转变为"民主制"，即古希腊罗马的议会制。但是在人类的历史进程中，人们的平等体现得并不充分，表现都是局部的或不完善的。由于种族和阶层的差异，战争、暴力和一些不平等条约等还是大量地充斥在人类的行为中，扼杀和破坏了人们之间的交往与沟通。

随着人类社会的不断进步，自由、平等、博爱已成为人们普遍接受的价值观，市场经济的高度发达排斥一切强权，人们需要平等自由的交往和联系，这一切使谈判这种建立在平等协商基础上的活动逐渐成为人们社会活动的主角，发挥着越来越大的作用。

从另一角度看，在谈判中人们实施的各种谋略与技巧，其实质在于掩饰本身的

不足而维护表面上的对等，或试图打破表面上的对等而取得形式上的优势，从而获得维护自身利益或取得更好谈判结局的效果。由此，我们可以得出，维护在物质力量、人格、地位等方面的相对独立或对等不仅是构成真正谈判关系的一个条件，而且也是双方在谈判中进行较量的一个焦点。这里我们不妨举个事例说明这一道理。

一个犯人被单独监禁，监狱当局已经拿走了他的鞋带和腰带，因为担心他会伤害自己。这个囚犯整日无所事事，在单人牢房里无精打采地走来走去。他提着裤子，不仅是因为他失去了腰带，而且因为他失去了15磅的体重。从铁门下面塞进来的食物是些残羹剩饭，他拒绝吃。但是现在，当他用手摸着自己的肋骨的时候，他嗅到了一种万宝路香烟的味道。他喜欢万宝路这种牌子。通过门上一个很小的窗口，他看到门廊里一个卫兵正在吸烟，只见他深深地吸一口烟，然后慢悠悠地吐出来。这勾起了囚犯的烟瘾。所以，他用他的右手指关节客气地敲了敲门。

卫兵慢慢地走过来，傲慢地哼道："你要干什么？"囚犯回答说："对不起，请给我一支烟……就是你抽的那种万宝路。"

卫兵感到很惊异，囚犯还想要烟抽，真是异想天开。他嘲弄地哼了一声，就转身走开了。

这个囚犯却不这么看待自己的处境。他认为自己有选择权，他愿意冒险检验一下他的判断，所以他又用右手指关节敲了敲门，这一次，他的态度是威严的。那个卫兵吐出一口烟雾，恼怒地扭过头，问道："你又想要什么？"囚犯回答道："对不起。请你在30秒之内把你的烟给我一支。否则，我就用头撞这混凝土墙，直到弄得自己血肉模糊，失去知觉为止。如果监狱当局把我从地板上弄起来，让我醒过来，我就发誓说这是你干的。当然，他们绝不会相信我。但是，想一想你必须出席每一次听证会，你必须向每一个听证委员会证明你自己是无辜的；想一想你必须填写一式三份的报告；想一想你将卷入的事件吧——所有这些都只是因为你拒绝给我一支劣质的万宝路！就一支烟，我保证不再给你添麻烦了。"

卫兵会从小窗里塞给他一支烟吗？当然给了。他替囚犯点上烟了吗？当然点上了。为什么呢？因为这个卫兵马上明白了事情的得失利弊。不管你的境遇如何，总会比那个用左手使劲提着裤子的囚犯好一些。尽管这一囚犯与卫兵处于不平等的地位，但他有效地利用自己的权利改变了双方的实力对比，达到了他的目的。

1.3.3　谈判是信息传递的过程

谈判的各方在一起磋商问题，都需要阐述自己的想法和意见，同时也要听取对方的想法和意见，这一过程是一个借助于思维——语言链交换信息的过程，即不断传递信息并随时反馈的过程。这一过程伴随着双方或多方的心理活动，体现的不仅仅是交易的结果，同时也是参与各方价值观和思维模式的较量或是展现。

尽管谈判各方的地位是平等的，实现的利益也是双赢的，但不等于是各方机械妥协的结果，应该是双方展示各自的实力，利用各种条件或优势争取最大利益的过程。由于参与谈判的各方在观点、基本利益和行为方式等方面存在着既相互联系又相互冲突或差别现象，并且双方各自都企图说服对方或理解或允许接受自己的观点，双方之间交换信息越充分，沟通越彻底，彼此走向一致的可能性就越大。

世界著名的迪士尼公司在20世纪90年代初遇到这样一件事情。公司耗资50亿美元在巴黎附近兴建的主题公园准备于1992年4月12日开张，但在这时，建筑承包商却要求迪士尼公司为工人的额外劳动追加近150万美元的工资。建筑承包商之所以在此时要钱，其奥秘不言自明。欧洲迪士尼总经理最初称这一要求为敲诈并完全不予理会。但在第二次的交涉中，公司进一步了解了事态的发展过程，发现建筑商获得了法国新闻界的支持，许多报纸公开报道并夸大宣传此事，一时间满城风雨。更令迪士尼公司感到受到了威胁的是，对方决定在主题公园的盛大开张日举行示威游行。认识到自己处于一个无法取胜的境况，迪士尼公司立刻转变态度，声称与对方全面协商，并很快付清了抗议呼声最高的40%工人的工资，与其余的60%工人的工资补偿谈判也顺利完成了。

1.3.4　谈判没有特定的规律可遵循

古语讲"兵无常势，水无常形"，是比喻事物的发展没有可遵循的定式，没有可完全照搬的模式，谈判就是这样的一种活动或行为。著名的谈判专家尼伦伯格曾参加过无数的谈判，其总结的经验是没有两个谈判模式是完全一样的，尽管有时交易的内容没有太大的差别。

谈判难以寻求一种特定的模式还表现为，判定参与谈判的人胜任与否十分困难。人们会同意谈判人员的经验、谈判战术技巧的熟练掌握具有重要作用这样的观点，但怎样才算是个成熟、老练的谈判者却没有统一的定论。在尼伦伯格看来，老练的谈判者难求，透过研究和实际体验，人们可以精通此行。他列举查理·艾克在《国际谈判》一书的观点证实他的主张："根据17世纪、18世纪外交手册，全能的谈判者，必须反应敏锐，又有无限的耐心，知道如何隐瞒又不至流于欺诈。能激发别人的信任，自己却不信任他人。看来温和，其实果敢。能吸引人却又不为人所吸引。"

在尼伦伯格看来，精于谈判之道的专家不玩谈判的游戏。他们了解妥协和调解的艺术，知道找出共同利益的重要性，而且他们会避免陷入"我要赢这场游戏"的竞争态势。谈判时，双方会做最大的让步，并对对方的让步做最低的期望。但他们不会做得很明显，而是间接、暗地里很灵活地表现出来。这要有长期的经验和训练，才能达到此种地步，也唯有这样熟练的谈判者，才能圆满地解决问题。

尽管我们知道这样的谈判者是理想的谈判人选，但是，却无统一的确定标准。许多专家将一些特质赋予谈判高手，如坚定、果敢、自信、有洞察力等，但实际上，这只是优秀谈判者的必备条件，这样的特质也会表现在优秀的领导者和管理者身上。谈判这种特定的活动，也会锻炼人的一些特质。

本章案例

中国是否应该参与TPP谈判

2008年金融危机之后，以美国为代表的发达国家对现有的经济秩序失去兴趣，停止了改革国际金融体制以及对世界银行和国际货币组织的调整，也不积极推动WTO多哈回合谈判。因为美国认为这会影响自身利益，使自己不能主导全球多边经济规则。目前，全球的贸易投资规则处于剧烈变动中，美国强势地位更加明显，其非常明确地要自己主导未来世界经济规则。

在WTO的谈判中，美国的利益难以最大化，发展中国家成员有各种各样的诉求，美国要做很大的让步。由于多国参与WTO谈判，就要照顾各种利益，否则，难以实现公平，美国主张的高标准规则就难以建立。特别是在农产品谈判上，美国想让交易更加自由化，但是，包括印度、中国、巴西甚至法国等国，都认为对农产品贸易要有适当的保护。此外，对环境、劳工标准等，各个成员都有自己的主张，美国很难按照自己的意图来推进。这也是多哈谈判陷入僵局的重要原因。

美国目前采取的措施有三个。第一个是TPP谈判，即跨太平洋战略伙伴关系协议，宗旨是建立跨太平洋战略伙伴关系，在其成员国之间建立一个在贸易、服务、投资领域更高标准、更自由化的超级自由贸易区。中国在亚太地区大部分重要的贸易伙伴都被邀请参加了谈判。第二个措施是美国跟欧盟已经启动的TTIP谈判，即跨大西洋贸易与投资伙伴关系协定。第三个是在2012年出台的"2012双边投资协定范本"，即BIT。这个范本是在2004年的基础上修订的。在20世纪80年代后期，发达国家想建立一个多边投资规则，即高度自由化的投资协定，主要是实行事先国民待遇，对投资者高度保护。但26个发达国家在谈判的时候，大家列举的负面清单高达1 000多项，各国都有各自想保护的区域，而谈判本身不想保留灰色区域，所有的事情都实行统一标准，这使得整个谈判难度非常大，最后不了了之。

因此，美国决定单独行动，出台了这个修改版，2012年又修订成范本。美国拿这个范本与各个国家逐一谈判，跟对方签署适应这个范本的双边投资协定，进而掌握了主导全球投资规则的制定权。

在TPP谈判中，中国在亚太地区的主要贸易伙伴都参与了，在这些贸易伙伴之间会产生贸易创造和贸易转移效应，如果中国再游离于TPP之外，参与国过去跟中国做的贸易，由于不能享受零关税，还要继续审查审批，可能就会被转移走，中国将面临着贸易流失的风险。

资料来源 桑百川，李伟，刘敏. 上海自由贸易试验区：新一轮全球化下的改革突破口 [J]. 三联生活周刊，2013（42）：68-71.

思考题：

你认为中国应该加入TPP谈判吗？如果你参与谈判，中国应该在哪些方面确保利益不受损失？

复习思考题

1.什么是谈判？怎样理解谈判既是科学，又是艺术？

2.在谈判的作用中，哪些作用具有战略层面的意义？

3.借用古语"兵无常势，水无常形"来解释谈判没有特定规律可循这一特征。

4.如何理解谈判是一种人际关系的特殊表现？

5.为什么谈判参与各方要地位平等、相对独立？

6.在谈判中，信息传递起着怎样的作用？

自我评估测验试题一

1.谈判是（　　）

①两方以上的谈话

②一种交际手段

③解决难题的一种方式

④一门艺术

2.你认为谈判高手是指（　　）

①从事谈判活动的人

②谈判专家

③掌握谈判谋略和技巧的人

④外交官

3.善于交际在谈判中的作用是（　　）

①使谈判结果对己方更为有利

②能消除谈判的障碍

③有助于达成协议

④推动谈判进程

4.你认为谈判经验与谈判成功的关系是（　　）

①有比没有要好

②经验比较重要

③经验对谈判成功无足轻重

④谈判经验是谈判成功的保证

5.冒险这种人性特点在谈判活动中（　　）

①有助于谈判者成为谈判高手

②会对谈判活动产生负面影响

③没有什么影响

④不清楚

6.你通常遇到问题时，喜欢采取什么样的解决方式（　　）

①与别人商议解决办法

②自己琢磨，思考解决办法

③请示领导，等待指示

④采取能拖就拖的办法

7.你认为别人是怎样看待谈判的（　　）

①只要努力，大多数人都能成功

②难度较大，一般人很难胜任

③是迫不得已的做法

④没有多少人喜欢它

8."谈判可以解决任何问题"的观点是指（　　）

①什么问题都可以无条件地通过谈判解决

②什么问题都可以有条件地通过谈判解决

③企业间的交易全部是通过谈判协商的

④谈判可以协商解决贸易问题

9.你认为谈判的主要作用是（　　）

①满足了人们的要求

②加强和改善了人们之间的关系

③解决了复杂的问题

④可以更好地讨价还价

10.你在什么形式下能感受到谈判的影响（　　）

①做交易的时候

②任何与别人打交道的时候

③说不清

④几乎没有感受

11.你所参与的谈判，准备程度如何（　　）

①重要谈判认真准备

②每次都认真准备

③时常不准备

④大多数情况有准备

12.谈判之前，你认为是否应与其他成员讨论谈判的要点问题（　　）

①充分讨论

②适当讨论

③主要问题讨论

④不讨论

13."谈判中没有特定的规律可循"，是指（　　）

①谈判没有科学性和规律性

②谈判规律很难掌握

③灵活性、变通性是谈判的灵魂

④善玩谈判游戏才是谈判的高手

14.你认为谈判的实质是（　　　）

①协调双方利益

②维护己方利益

③满足需要

④达到赢利目的

15.在今天谈判扮演了越来越重要的角色，是因为（　　　）

①市场经济的要求

②企业之间交易的需要

③对外贸易发展的需要

④人类的需要

16.谈判中的信息传递，主要是指（　　　）

①谈判中涉及的一些问题

②与讨价还价有关的消息

③与交易相关的信息

④双方的有关情况

17.你怎样理解谈判的参与各方是独立平等的主体（　　　）

①不能是一个组织内部的关系或成员

②能够代表各自独立的利益主体

③社会中一切的组织或个体

④具有法人资格的个体

18.你认为谈判的艺术性是指（　　　）

①谈判人员掌握谈判技巧的熟练程度

②谈判人员创造性地实践谈判活动

③谈判人员的素质

④谈判人员对谈判活动的驾驭

19.要想获得理想的谈判结果，最重要的是（　　　）

①谈判策略的运用

②谈判时机的选择

③谈判地点的确定

④谈判者协调能力的高低

20.你认为谈判小组成员的归属感是指（　　　）

①小组成员的群体利益认识

②谈判者个人作用的发挥

③小组成员在群体中扮演的角色

④小组成员自我认识的群体形象

第 2 章

谈判理论

谈判在近代社会活动中扮演了重要角色。随着许多新兴学科的不断出现，有关谈判研究的理论也在不断发展，将许多在其他领域研究中所取得的丰硕成果应用在谈判活动中。本章我们将着重介绍一些有代表性的谈判理论。

2.1 博弈论与谈判

现代经济科学发展一个最引人注目的特点，就是将博弈论引入其中。从这一角度出发，许多经济现象和经济行为都可以被理解为某种博弈问题，都可以用博弈方法进行分析研究。近年来，随着博弈论运用的领域越来越广泛，博弈理论在谈判活动中的应用也越来越受到人们的关注，引起了人们的兴趣。将复杂的、不确定的谈判行为通过简洁明了的博弈分析使研究进一步科学化、规范化、系统化，寻找某些规律性的东西，建立某种分析模式，从而构建谈判理论分析的基础框架。

2.1.1 以博弈论解析谈判

"博弈论"译自英文 game theory，其中 game 一词英文的基本含义是游戏。如果你注意观察发生在你身边的一些事情，哪怕是下棋、打牌这种休闲娱乐活动，你会发现许多"游戏"都有这样一个共同特点，即策略或计谋起着举足轻重的影响作用。因为当确定了游戏的基本规则之后，参与游戏各方的策略选择将成为左右游戏结果的最关键因素。观察现实社会，我们平时不以游戏相称的十分重要的活动，如经济活动中的经营决策、政治活动中的竞选、军事领域中的战斗等，如果抽象出它们的本质特征，也都与一般游戏一样，是在一定规则之下，参加方的决策较量，这就是博弈现象。这也是博弈论应用广泛的重要原因。

博弈有多种形式，这里我们主要借助于经典博弈问题分析，建立谈判合作的基本模式。

要分析博弈在谈判中的作用，首先需要建立一个简单的谈判模型。比如，有一个叫王二的人有一辆修理一新的旧车。假定对王二来讲，他拥有并使用这辆车的利益为 3 000 元，再假设一个叫李五的人一直渴望买一辆旧车，他年终发了 5 000 元奖金，便决定从王二那里买这辆旧车。当他检查了这辆旧车后，认为这辆车值4 000元。

根据上述情况，如果出售和购买旧车的两人要进行交易，王二的要价在3 000元以上，而李五愿付4 000元以内。双方之间有个差额，这就是谈判的余地。假如交易完全是自愿的，交易就会在3 000～4 000元之间的某个点上成交，假设成交价格为3 500元。

从合作博弈的角度讲，交易双方都能从合作行为中得到利益。具体地说，这个交易使某个资源（旧车）从对他评价较低的所有者手里转移到对他评价较高的人那里，这个资源在这一交易过程中的潜在利益从3 000元增加到4 000元，净增1 000元利益，同时也带来了利益分享。如果成交价为3 500元，交易各方都从资源的转移中分享了500元的利益。假如成交价为3 800元，那么利益分享的比例就不再平均了，王二分得800元，而李五只分得200元。

但是，合作性结果的出现需要谈判双方拥有充分的交流和信息，一旦谈判双方不能够进行信息交流，就难以实现一个有利于每个当事人的合作利益。这种谈判就称为"囚徒困境"。

"囚徒困境"是一种非合作性的博弈状况。假设有两个嫌疑犯被分别关在隔离的房间里受审，他们彼此之间无法进行交流和通气。警察分别向两名嫌疑犯表明：如果一个人招供，而同伙不招供，招供者会关半年，同伙将被关10年；如果都招供，将被各判5年徒刑；如都不招供，将各判徒刑1年。我们知道，对这个博弈来讲，两个嫌疑犯最佳的策略选择就是双方都不认罪。但监禁半年是最吸引人的，所以，每个嫌疑犯都可能有承认的动机，这样，双方可能都会认罪，结果是各监禁5年，见图2-1。

	囚徒2	
	不坦白	坦白
囚徒1 不坦白	-1，-1	-10，-0.5
囚徒1 坦白	-0.5，-10	-5，-5

图2-1 "囚徒困境"博弈模型

根据博弈论的假定，把上例中的结果假定成一个"合作解"和一个"不合作解"。所谓合作解，就是指王二和李五在成交价格上达成了一致意见，从而使旧车交易顺利完成；不合作解则是指两人在价格上讨价还价，相持不下，未能达成一致协议。如果两人未能合作，王二仍保留他的旧车，其利益仍为3 000元，李五依旧拥有他的5 000元，王二的风险值为3 000元，李五的为4 000元，所以，不合作解的总值为：3 000+4 000=7 000（元）。从合作解来看，如果王二将车卖给了李五，对李五来说，这辆车值4 000元。另外，双方还有一个分享的利益。如3 500元是交易价格，王二赚得了500元，李五则会节余500元，合作解的总值为：4 000+500+

3 000+500=8 000（元），显然，这比不合作增加了1 000元的价值。

在谈判过程中，就价格问题的协议来讲，每一方都必须接受至少等于风险值的价格，但在这种情况下合作就没有优势可言。因此，谈判问题的一个合作解一定是每一方所接受的价格，即风险值加上合作剩余的平均或分配值，即王二是3 000元（风险值）加上500元（剩余值），李五是4 000元（风险值）加上500元（剩余值）。但必须是有交易才有剩余值，所以，李五应付给王二3 500元，拥有了一辆价值4 000元的旧车和现金1 500元，王二通过出让旧车获得了3 500元。

可见，从博弈角度来分析谈判，只有双方合作，才会有剩余，才谈得上双方的分享。

2.1.2 在博弈基础上的谈判程序

通过上述分析，我们可以将谈判过程分为三个步骤：一是建立风险值；二是确立合作剩余；三是达成分享剩余的协议。

1）建立风险值

建立风险值是指打算合作的双方对所要进行的交易内容的评估确定。例如，要购买某一商品，估计可能的价格是多少？最理想的价格是多少？最后的撤退价是多少？总共需要多少资金？其他的附带条件是什么？这其中包括产品风险、资金风险、社会风险、舆论风险等。这就是王二对车3 000元的估价和李五对车4 000元的评估。在实际交易中，情况远比这要复杂得多。首先，许多合作项目的风险值的确定，本身就是一个庞大的系统工程，收益也是长远的，短期内难以确定；其次，还取决于谈判的双方是竞争者还是合作者，前者双方的利益是对抗的，后者双方的利益是一致的，显然后者的风险值比较容易确定。

2）确立合作剩余

风险值确定后，会形成双方合作的剩余，就是我们上面所说的1 000元，但是，如何进行分配却是最关键的问题，双方的讨价还价、斗智斗勇就是为了确定双方的剩余。关于剩余的分配，从来没有统一的标准，一般取决于双方实力的对比和谈判策略与技巧的运用。实际上，对于许多谈判项目来讲，合作的剩余是多少也是一个难以确定的未知数，因为合作剩余还应该包括一些附加的利益。例如，我国江苏仪征化纤工程上马，实行对外招标，德方公司中标标的是1亿多美元。但是，正是因为他们在世界上最大的化纤基地中标，才得以连续在全世界15次中标。这为企业带来了巨大的国际声望和经济效益。

确定合作剩余的一个最根本的问题就是如何分配参加博弈的各方的利益，人们的社会经济活动除了获得胜利、好处、收益利润和正效用外，也会有损失、失败和负效用。在许多情况下，一方收益的增加必定是另一方收益的减少，如双方的矛盾焦点都集中在交易产品的价格上。但不论怎样分配，不影响总的结果改变，这种情况在博弈中被称为"零和博弈"。它的特点是各方利益是相互对立的，为了在博弈中占据上风，多得利益，都不想让对方了解自己解决问题的思路，猜出所选择的对策，所以，其博弈结果总是不确定的。据上例分析，如果确定1 000元为合作剩余，但这1 000元怎样进行分配（是5：5、4：6或3：7、2：8等）是不确定的。

现代谈判观念认为：谈判不是将一块蛋糕拿来后，商量怎么分，而是要想法把蛋糕做大，让每一方都能多分。这一点已被博弈理论所证明，即变和博弈。变和博弈研究的是如何进行不同的策略组合，使博弈各方的得益之和增大。这就意味着参与谈判（博弈）各方之间存在着相互配合，即在各自的利益驱动下自觉、独立采取的合作的态度和行为。大家共同合作，将利益扩大，使每一方都多得，结果是皆大欢喜。

3）达成分享剩余的协议

我们认为谈判是一种不确定性的行为，即使谈判是可能的，你也无法保证谈判会成功。如果谈判不能坚持下去，各方就不能进行有效的合作，也就无法创造新的价值，实现更大的利益。阻止谈判顺利进行和各方有效合作的最大障碍，就是谈判各方难以在如何分割或分享价值问题上达成一致协议，即我们通常所说的确定成交价格。当然，这里的"成交价格"含义较广，包括以价格为主的一切交易条件。

就上例来讲，剩余是指王二对车3 000元的评价和李五对车4 000元评价之间的差额1 000元，究竟这一剩余应该怎样分配，是平均还是不平均，取决于许多不确定的因素。实际上，诸多的谈判，人们对双方合作的剩余是多少也很难确定。就公平理论来讲，有许多分配方法，如果他们都能认识到达成协议对他们彼此都有益的话，双方的谅解与合作是完全可能的。

达成协议是谈判各方分享合作剩余的保证，也是维系各方合作的纽带。

2.1.3　谈判中常见的博弈对策

1）零和、变和博弈与纳什均衡

一人所得永远等于另一人所失，这样的博弈称为零和博弈。但如果博弈的各方利益并不是对立的，也就是说博弈的结果是各方利益都增加了，则被称为变和博弈。博弈的每一方都假设对方的根本目的是使自己最大限度地失利，并据此最优化自己的对策。但通过博弈对策的使用，竞争双方可以以概率分布的形式随机使用某套最优策略中的各个步骤，就可以最终达到彼此盈利最大且相当。这种零和博弈的最大最小定理所体现的基本思想是"抱最好的希望，做最坏的打算"。

但更多的情况是参与各方既有共同利益，也有冲突利益，从而可能出现共同受益或者共同受害的策略组合。一旦知道对方行动的目的以及由此产生的结果，就会据此改变自己的行动。这就是在博弈论中最著名的"纳什均衡"。

实业家爱米德投资建造一座旅馆，由于资金不足眼看着工程就要被迫停工。

他考虑再三，决定向房地产商大卫贷款。"大卫先生，我的饭店没钱盖了。"大卫漠不关心地说："那就停工吧，等有钱的时候再说。"

爱米德又说："我是来向你贷款的。"大卫一口回绝："你知道，我只卖地皮，从不贷款。"爱米德说："这个我知道。"接着他严肃地说："如果我的饭店半途而废，受损失的将不只我一个人，恐怕你的损失比我还要大。"

大卫问道："你这话是什么意思。"爱米德说："自从我的饭店开工以来，饭店附近那些属于你的地皮已经开始涨价了。如果我的饭店停工不盖了，你那些地皮的价格一定会下跌。如果再向外发布新闻，说爱米德饭店停工不盖，是因为这里环境不好，要另选新址，你的地皮就更不值钱了。"

大卫不高兴了，"你不是来威胁我的吧？"爱米德反驳说："我只不过是说明了事实。"大卫又说："你是因为没有钱才停工的。"爱米德答道："可是别人不知道这一点。"大卫说："我可以去告诉他们。"爱米德说："也许有人会相信你的话，但是也有许多人会相信我的话。人们在半信半疑的时候总是倾向于相信不利的消息。"结果，大卫经过仔细思考，最后答应了爱米德贷款的要求。

2）使用均衡策略，避免循环推理

循环推理是指参与者对其他人行动的估计能保持连贯性。在两方以上参与的博弈中，一方通常能够正确预计对方的行动或反应，并据此确定自己的对策。在零和博弈中，由于参与各方的利益完全相悖，因此不可能出现所有的人都得到更好结果的情况，你的对手不能通过引诱你采取一个均衡策略而得到任何好处，因为你已经充分考虑到他们对你正在做的事情会有什么样的最佳对策。但使用均衡策略却不同，它可以使参与各方都能提高收益水平。就上例来讲，如果爱米德的旅馆停工，受损的确实不只是一方，很可能大卫的地产价格就此下跌，但合作将两个人的收益都提高了。

3）边缘策略

边缘策略是指故意创造一种可以辨认的风险，即一种人们不能完全控制的风险。这一策略目的在于有意将局势变得复杂起来甚至难以把握，使对方被迫妥协或者让步。这将双方置于共担风险的状态，也间接向对方发出信息：假如对方采取不友善行为，会感到自身安全受到威胁，尽管采取行动时内心并不愿意这样，但处于自卫考虑，很可能会越过边界，采取行动与其对抗甚至同归于尽。

中国在加入世贸组织与美方谈判的最后关头，由于在关键条款上争执不下，美方摆出了谈判破裂、准备撤出的姿态。所有主谈人员，除了巴尔舍夫斯基以外，其他人都已到机场，准备打道回府。此时，中国代表团做出了让步，时任总理朱镕基亲自出面，表明我不是来和你们谈判的，我是来做决策的，明确阐述了中国政府的态度。最后，谈判柳暗花明，双方达成了入世协议。研究表明，边缘策略的后果一定会发生并且有利于使用方，但需要借助其他一些方法。经常使用的方法是采取超出你能控制的行动。在复杂的国际交易中，常常会出现双方情况不明，但又不得不采取行动的状况。事实是如果某一方能够克服心理障碍，采取大胆反击或进攻，常常会收到意想不到的效果。

4）博傻理论

这是基于博弈心理的策略。其基本含义是不管某个东西的真实价值，即使它一文不值，你也愿意花高价买下，因为你预期会有比你更傻的人愿意花更大的价钱从你那儿买走。这种投机行为的关键是判断是否有人愿意"接盘"。只要自己不是最后的买家，就是赢多赢少的问题。凯恩斯曾就博傻理论有过精辟的阐释。从100张照片中选择你认为最漂亮的人，选中有奖，而奖项的获得是由最高票数来决定的。那么你应该怎样投票呢？正确的做法不是选自己认为最漂亮的人，而是猜多数人会投谁的票，尽管这个人你可能认为是最丑的。

2.1.4 谈判中运用博弈须注意的问题

1）避免赢得了战役却输掉了战争

在谈判过程中，赢了战役却输掉战争这样的状况屡见不鲜。随着谈判各方互不相让，讨价还价，整体交易的利益在不断缩小。一个经典的例子是一群小孩子在分冰淇淋，在大家吵嚷着怎样分配时，它已经融化了。理性分析，与其让冰淇淋融化，不如让每个人都分到一点，但这一定建立在每个参与分配的人都同意分配方案的基础上，否则，一些人宁可让冰淇淋融化，大家谁也得不到。现实中，这样的例子比比皆是。按常理，人们应该理性行动，但有时其做法却完全相反。

在许多情况下，人们对此的解决办法是，在利益全部消失之前，对于人们提出的各种建议和反建议，采取折中的方案。这说明在多次磋商中，谁第一个提出条件并不重要，关键是协商的规则对谁有利。这其中总是伴随不断妥协和让步，也可能最后一个提出条件的人得到剩下的全部成果。但如果从全局考虑，大概也没什么可赢的了。得到了全部，但"全部"的内涵却是什么也没有，这就是通常所说的"赢得了战役却输掉了战争"，处理经济纠纷案也常常陷入这样的窘境。

2）避免"违规"行为

博弈是建立在参与"游戏"各方遵守游戏规则基础上的。如果其中有违规者，最终的结果会发生很大的改变。在一些特定的交易中，察觉参与各方的违规或作弊行为并不困难，除此之外则比较复杂。这类博弈一般都有不同层面，违规的可能性在不同层面有所不同。例如，行业内实行价格协议，直观地就可以发现哪些企业在实行垄断价格。但如果行业内企业提供超值服务，其高价就难以界定为垄断价格。由于大家都遵守规则，一旦有不遵守规则的人，就会获得较多的利益，因此，违规行为会经常发生，必须采取有效手段加以制止。

3）建立重复博弈

一次性博弈只有一次选择结果，是我们常说的"一锤子买卖"，博弈双方不考虑长久合作的事宜。这时候双方都有动机将对方置于困难境地，为自己牟取更高的收益。重复博弈则不同，它意味着长期关系，博弈双方不再局限于当前的收益，还需要考虑以后的收益。因此，重复博弈能有效地抑制博弈双方的短期行为。

很多商业行为都表现出这样的特性。如果买方与卖方是一次性交易，双方的诚信行为会大打折扣，甚至不惜欺骗对方牟取利益。相反，如"熟客""回头客"等建立的长期关系使交易各方遵守规则，以诚信维护自己的声誉，吸引更多的"回头客"。

4）建立信任和监督体系

实践证明，如果双方的交易是建立在信任的基础上，不仅可以节省诸多的交易成本，还会建立良好的社会秩序。但信任机制的建立不是短期行为，也不是个人行为，而是社会长期形成的一种可以准确预期的群体行为。信任理论表明，在商务活动中，主要有三种信任类型：建立在威慑基础上的信任、建立在了解基础上的信任和建立在认同基础上的信任。

建立在威慑基础上的信任基于行为的一致性，这意味着人们会按照他们的承诺行动。行为一致性或坚持到底的行为，是通过威胁对方或让对方承诺如不遵守诺言就自负后果的方式得以维持。由于威慑而形成的信任大多数采用的是承担后果的方式，如惩罚、制裁、鼓励、奖励、法律等。所以，双方关系的稳定性并不好，它增加了人们违反诺言的投机行为。威慑基础信任主要有两个问题：一是保持这种信任的成本很昂贵，要么鼓励或奖励，要么监督或监视，任何方式都需要人工成本、金钱成本、时间成本和交易成本等。如果这种监督需要形成体系或建立制度，其成本更高。二是监督或控制可能造成抵触行为，形成恶性循环。

建立在了解基础上的信任，情况会好很多。合作双方或多方自觉维护这种信任关系，如果没有意外情况，不会轻易破坏这种关系。

建立在认同基础上的信任是最高级别的信任。这种信任关系最为牢固，也是合作中最为提倡的。

2.2 公平理论与谈判

谈判的实质就是人们相互交换意见，协调行为，这就必须要遵循一些原则，制定一些规章，才会使得这种活动更有成效，而公平就是人们所要依据的一个重要原则，公平理论对谈判活动有着重要的指导意义。

2.2.1 公平理论的基本内涵

美国行为科学家亚当斯在20世纪60年代提出的公平理论，最有代表性，并在人们的社会实践活动中产生了深远的影响。亚当斯根据人们认知公平的基本要素，确立了这些要素相互间的函数关系，从而归纳出衡量人们分配公平感的公式，即：

$$O_p/I_p = O_r/I_r$$

式中：O——结果，即分配中的所获，包括物质的、精神的或当事者认为值得计较的任何事物；

I——投入，即人们的贡献，也包括精神、物质的和相关的任何要素；

p——感受公正或不公正的当事者；

r——比较中的参照对象，这可以是具体的他人或群体的平均状态，也可以是当事者自身过去经历过的或未来所设想的状态。

由于公平理论的建立主要是从人们认知的心理感觉出发的，因此，我们可以这样理解，当亚当斯公式两侧相等时，人们就会感到公平、公正。这说明人们在对待分配是否公平时，并不是比较所获得结果绝对量的多少，而是比较所获与所付出的比值。

当公式两侧不相等时，人们则会产生分配的不公平感。如 $O_p/I_p<O_r/I_r$，人们会觉得吃了亏；反之，如果 $O_p/I_p>O_r/I_r$，人们占了便宜，也会产生另外一种不公平感，即歉疚感，但多数人此时会心安理得。

由于主观上的比较估量极易调整，因此，歉疚感也非常容易消除，这样不公平感便主要是指由前者而产生的吃亏感。

2.2.2　人们对不公平感的消除

当人们感觉到吃了亏而产生不公平感的时候，就会心存不满或产生怨恨，进而影响到整个情绪与行为，后果是极其消极的。为了恢复公平感，就需要消除产生不公平的根源，一般采取以下几种调整措施：

（1）从实际上扩大自己所得 O，或增大对方的贡献 I，以及减少自己的付出 I_p，或减少对方所得 O_r。

但实际上，除 I_p 外，其他三种情况不能自我控制，所以，恢复公平的主要方式是减少自己的付出 I_p。例如，一个积极工作的职工，如果在领取报酬时，没有拿到他期望的较多的奖金，而是和其他人一样，那么，他就会产生不公平感，他既不能左右老板给他增加工资，又不能影响别人的工作干劲，但他能够使自己消极怠工，敷衍了事。

由于不公平感主要是人们的自我认知形成的，因此，人们的调整也很大程度上取决于认知水平。比较常见的有自我安慰、理喻、角色转换等。

（2）改变参照对象，以避开不公平。

改变参照对象，可以很快消除人们的不公平感。有句老话，叫作"比上不足，比下有余"，就是指改变参照对象后，人们的心理状态。例如，有的大学毕业生当与他同届毕业有成就的同学相比时，就会产生不公平感，抱怨自己的机遇不好，上帝不公平，感叹自己怀才不遇。但如果他改变了对比对象，与没考上大学的同学比，他又会感到自己很幸运，生活、工作也都不错，不满意感也会随即消失。

（3）退出比较，以恢复平衡。

人们调整不公平感心态的方式，还有一种比较常见的，就是退出比较，以求平衡。在现实生活中，人们不公平感的产生多是在参照物的比较下形成的，所以，消除不公平感的最简单办法就是退出比较，当比照物消失后，不公平感也随之消失。这种事例在现实中俯拾即是，不胜枚举。

综上所述，人们不公平感的形成，在很大程度上是人们的一种心理感觉，而且参照物十分重要，要消除不公平感也应从这些方面入手。

谈判活动具有极大的不确定性，谈判双方在接触过程中，会从各方面对双方谈判人员的心理产生微妙的影响，诸如，谈判中的一方只做出了很小的让步，但在签订协议时，让步的一方可能还觉得不公平，而有的时候，一方做出了很大的牺牲，但他却觉得很平衡。怎样消除谈判一方的不公平感，防止由此带来的消极作用，是十分重要的。一个高明的谈判者必须谙熟各种谈判技巧，及时觉察谈判对手心理的微妙变化，使谈判各方处于有助于达成协议的积极的心理状态。

2.2.3 "公平"的判定标准

1）关于公平的四种分配方案的理论探讨

在西方文化中，人们对公正的研究主要考虑两个方面：一是把什么样的因素投入对公正的"运算"；二是采取什么样的分配方式。对谈判中的"公正"问题的研讨及评判标准，可以用对策论的专家们经常讨论的一个例子，就是在两位谈判当事人之间——穷人和富人之间如何"公正"地分享 200 美元。

方案一：以心理承受的公平为标准，按 150∶50 的比例分配，富人拿多的一份。因为在心理上，50 美元对穷人来说是个大数目，穷人失去 50 美元相当于富人失去 150 美元。这种以心理承受为标准的划分也有一定的道理。例如，一些社会团体的赈灾救助活动，经常是按人们收入的多少进行募捐。

方案二：以实际需要的补偿原则为标准。按上述分配比例，但是让穷人多拿一份，它对于双方的实际需要来说是合理的，即对弱者实行补偿原则。例如，世界上的国家可以分为穷国和富国，或者是发达国家和不发达国家，许多谈判就是免除穷国欠富国的债务。联合国的一些常设机构、组织对一些不发达国家和地区的援助、投资等也属此类。

方案三：以平均分配为标准，即 100∶100，穷人与富人各得 200 美元的一半。这种分配表面看也很公正，但由于富人的税率比穷人高，富人拿到这 100 美元后，缴税后的剩余要比穷人少，所以，有人也指责这种分配不公平。但在现实中，这种方法简便易行，是最为常见的分配方法，也是其他演变分配的基础，诸如子女继承遗产，企业或社会发放的救济金等。

方案四：以实际所得平等为标准，按 142∶58 的比率分配，富人在拿到 142 美元之后需纳税 84 美元，最后实际所得 58 美元，与穷人不够纳税的 58 美元正好相等。这种分配方式经常用于企业给职工的工资较低，但通过较高的福利待遇找齐的做法。

以上四个分配方案，由于人们选择角度与标准不同，导致了分配比例结果的不同。尽管有很大的差异，但是人们仍然可以为这四个方案戴上公正的帽子。显然，公正是有多重标准的。同样是上述 200 美元的例子，人们还可以用年龄大小、地位高低、饥饿程度、先后顺序、资历深浅等作为标准，制定出其他形式的"公正"分配比率。问题的关键在于，参与分配的双方要对公正的标准事先达成共识与认可。这也说明在具体的谈判中适用何种标准来讲求"公正"，是一个很重要的问题。

2）公平或公正的两种分配方法

公平或公正的实际分配方法，也影响公平理论的贯彻。这里我们介绍两种有代表性的方法，即朴素法和拍卖法。

（1）朴素法由哈佛大学的谈判专家们提出，他们通过对遗产继承问题的研究，以遗产继承者对所继承的遗产的评估期望值，得出一种"公正"分配遗产的方法。

假如某夫妇意外死亡，没有留下遗嘱，他们的三个孩子乔丹、迈克尔、玛丽将如何公正平等地分配ABCD四件物品呢？

首先，让每个孩子对每件物品进行评估，得出的结果见表2-1。

表2-1　　　　　　　　　　　　　每个孩子的估价值　　　　　　　　　　　　单位：美元

	乔　丹	迈克尔	玛　丽
A	10 000	4 000	7 000
B	2 000	1 000	4 000
C	500	1 500	2 000
D	800	2 000	1 000

第一种"公正"分配的方法是将物品分配给对它出最高价的人，然后按所有物品的最高估价总值来作为三个孩子共同平等分享的金额。这就是朴素法的基本内涵。

根据这一方法，乔丹以在三个孩子中对物品A的最高估价（10 000美元）得到A，同样的道理，迈克尔以2 000美元的价格得到D，玛丽分别以4 000美元和2 000美元得到B和C，把A，B，C，D四件物品的最高估价相加，得到可共同分享的总金额为18 000美元，每个孩子可以分得其中的1/3，即6 000美元。相应减去他们对物品的评估值，如乔丹对A评估10 000美元，扣除他分得的6 000美元后，他还应支付4 000美元；迈克尔减去他对物品D评估的2 000美元，他还应得到4 000美元；同理，玛丽分得的6 000美元与她得到的物品B和C估值相等。所以，乔丹的4 000美元要付给迈克尔。由此结束了以朴素法进行的公正分配。

（2）拍卖法是以类似于公开递升拍卖的方式处理所有遗物，然后分配者再平分全部拍卖所得。

根据拍卖的原则，依然是乔丹得到物品A，迈克尔得到D，玛丽得到B和C。这些归属关系与朴素法相比没有变，但是，他们各自支出的金额却有所不同。以乔丹来说，他只要出稍高于7 000美元一点的金额就可得到A，而不必出10 000美元，因为拍卖到7 005美元的时候，就只有他来买了。同样，迈克尔为物品D也只需支付1 005美元，玛丽则分别为B和C支付2 005美元和1 505美元。这样全部拍卖总金额为11 520美元，三人平分，各得3 840美元。他们的具体收支状况为：乔丹要为物品A具体支付7 005美元，再减去他得到的3 840美元，乔丹还要付出3 165美元，依此类推，迈克尔则得到2 835美元，玛丽也可得到330美元的补贴。由上述分析可见，同样可以称为"公正"，在具体的分配方法上也会产生"公正"的不同结果。朴素法对迈克尔有利，这使他在获得物品D的同时还能得到4 000美元的补贴；而拍卖法则对乔丹有利，他同样可获得物品 A，但却比朴素法少付出 835 美元，玛丽也喜欢拍卖法，因为她除了可以得到上述两个物品外，还可以得到一些补贴。

需要指出，我们上述所分析的拍卖法，是在假定一些条件不变的前提下进行的，主要是为分析的便利。在实际拍卖活动中，情况远比这复杂得多。因此，应采取措施（如为防止投标过低或投标人串谋，设定投标底价；为防止投标人由于没有投标成本不积极争取成交，给卖方造成损失，要求投标人交付一定的投标费用等）以保证拍卖法最有效地实施。

公平理论的基本内涵对于我们理解并处理谈判活动的各种问题有重要的指导意义：①由于人们选择的角度与标准的不同，人们对于公正的看法及所采取的分配方式会有很大的差异，完全绝对的公正是不存在的。人们坐下来谈判就是要对合作中利益的公平分配的标准达成共识与认可。②公平感是一个支配人们行为的重要心理现象，如果人们产生不公平感，则会极大地影响人的行动积极性，而且人们会千方百计地消除不公平感，以求心理平衡。③无论是在什么样的公平分配方法中，心理因素的影响作用都越来越重要了。因为在许多情况下，人们对公正的看法取决于心理因素。

2.3 "黑箱" 理论

20 世纪中叶，出现了一门新兴科学——控制论，它是由美国科学家诺伯特·维纳创立的。所谓控制，就是运用某种手段，将被控对象的活动限制在一定范围之内，或使其按照某种特定的模式运作。控制论之所以在现代社会生活中产生了重要影响，就是因为它在众多领域应用中取得了巨大的成果。将控制论运用于谈判领域，使谈判者将谈判活动更加程序化，能够应用最佳模式产生最佳效果，达到理想境界。

在控制论中，通常把所不知的区域或系统称为"黑箱"，而把全知的系统和区域称为"白箱"，介于黑箱和白箱之间或部分可察黑箱称为"灰箱"。一般来讲，在社会生活中广泛存在着不能观测却可以控制的"黑箱"问题。例如，当我们不知道究竟哪把钥匙是门锁钥匙时，通常总是把钥匙一一插入锁孔，看哪一把能打开门，而不必把门锁卸下来，察看其内部构造。在现实中还有许多事物，我们自以为不是"黑箱"，但实际上却是"黑箱"。对此，控制论专家举了一个自行车的例子：我们起初可能会设想自行车不是个黑箱，因为连成它的每一个部件我们都能看出来。事实上我们只是自以为知。踏板与轮子的最初联系在于把金属原子聚在一起的那些原子力，而这些原子力我们一点也没看见。而骑车子的孩子，只要知道踏踏板使车轮转动就够了。

由此可见，黑箱是我们未知的世界，也是我们要探知的世界。要解开黑箱之谜，我们不能打开黑箱，只能通过观察黑箱中"输入""输出"的变量，寻找、发现规律性的东西，实现对黑箱的控制。例如，一位有经验的谈判专家替他的委托人与保险公司的业务员商谈理赔事宜。对于保险公司能赔多少，专家心里也没底数，这就是我们通常认为的黑箱，于是，专家决定少说话，多观察，不露声色。

保险公司的理赔员先说话："先生，这种情况按惯例，我们只能赔偿100美元，怎么样？"专家表情严肃，根本不说话。沉默了一会儿，理赔员又说："要不再加100美元如何？"专家又是沉默，良久后说："抱歉，无法接受。"理赔员继续说："好吧，那么就再加100美元。"专家还是不说话，继而摇摇头。理赔员显得有点慌了："那就400美元吧。"专家还是不说话，但明显是不满意的样子。理赔员只好又说："赔500美元怎么样？"就这样专家重复着他的沉默，理赔员不断加码他的赔款，最后的谈判结果以保险公司赔偿950美元而告终，而他的委托人原本只希望要300美元。专家的高明之处，就在于不断地探知黑箱中的未知数，知道何时不松口，紧紧抓住利益，也知道何时该停止，放弃利益，所以，他为雇主争取了最大的利益。

白箱对于我们来说是已知的世界，所以，可以对输出、输入事先确定变数及相互关系，当我们对系统内部结构有了深刻的认识时，我们就可以把这种结构关系，以确切的形式表现出来，这就是"白箱网络"。运用白箱网络来分析谈判，就可以通过白箱规范已知的系统，将非常不确定的状况加以约束，从而可以更好地控制谈判局势，见图2-2。

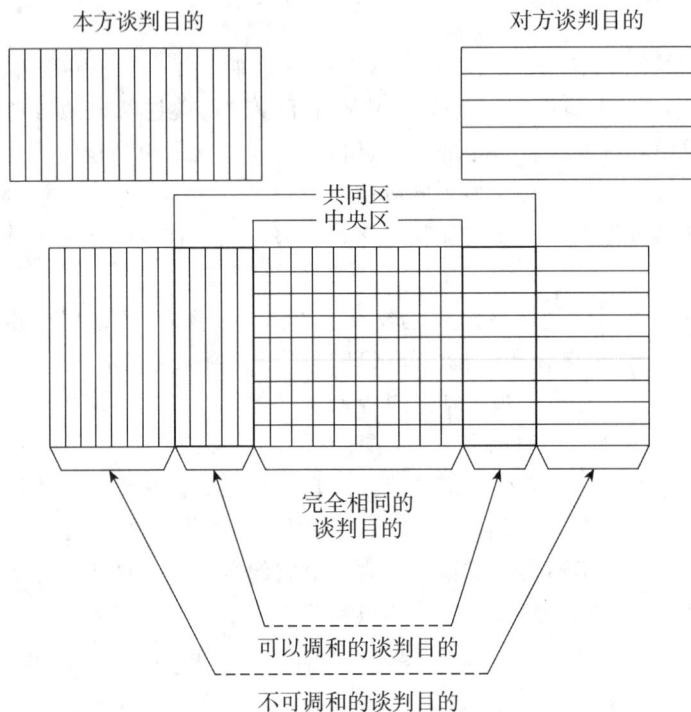

图2-2 谈判双方的"白箱网络"

从图2-2中我们可以看出，中央重叠的部分（正方形黑框）是双方一致的谈判利益，在这方面的商谈不是冲突的，因为协商的立场是一致的，但怎样扩大这个共同区域，是谈判双方应关心的问题。

在网络中央区的两侧，体现了谈判双方单方面的利益，即在长方框中的竖条和横条区域，是双方可谈判的部分，即将共同区尽可能纳入中央区，增大双方的共同利益。同时，要协商共同区域中的分歧问题，这直接关系到签署什么样的协议，尽管在这一区域中双方的利益不同，但却是可协商的。

在共同区的外侧是双方不相容的谈判利益，一般来讲，这是谈判协议中不能调和的部分。但是，我们要想办法尽可能将这部分纳入共同区域，成为可谈判、可商议的。它符合原则性谈判的宗旨，即"把蛋糕做大，使每一方的利益都增加"。

最后，我们来探讨"灰箱"问题。对人们来讲，现实世界的绝大多数问题都是"灰箱"问题，谈判活动也是如此。因为在我们的认识中，对于某个系统，已经有了局部的了解，而对于其他方面则是未知的，这就需要我们充分运用已有的了解和知识，探求这个系统过去的历史，尝试用多种方法去掌握它的内部状态。例如，当我们就一项交易与对方讨价还价时，对方告诉你，让利8%就已经是他的极限了，那么，你是相信呢？还是拒绝呢？这就需要你根据已知进行判断，破解他8%的"灰箱"。

2.4 信息论与谈判

在商务谈判活动中，对信息的掌握与运用是十分重要的，有关信息的研究与模式，很重要的一部分，就是分析在谈判行为中，信息的沟通畅顺与否对谈判结果的影响。

2.4.1 信息模式三要素

信息论的创立者——美国科学家申农在1948年发表了《通信的数学理论》，从而提出了信息传递的模型。他认为，信息的沟通过程主要有三要素，即信源、信道和信宿。信源是指信息的来源或信息的发出者；信道是指信息传递的通道；信宿是指将信源所发出的信号再进行反馈的最终转换，见图2-3。

图2-3 信息传递模型

人们在接收外界的各种信息时，是按一定的信息通道，不断将信源所发出的信号进行转换，进行编码处理。影响人们对于信息的接受与处理，除了上述三因素外，编码与解码在信息传递中也具有重要地位，直接影响人们对信息接收的准确性。

商务谈判是一种重要的社会活动，要求参与谈判者必须要掌握十分准确的信息，因此，对所接收的信息必须要反复核对，一定要掌握第一手材料，切忌道听途说、捕风捉影。

《强势谈判》的作者为我们阐述了关键信息对解决谈判问题的重要性。2003年3月，一位美国北卡罗来纳州的烟叶种植农民德怀特·沃森把自己的吉普车拖在拖拉机后面，装饰上各种标语和倒挂的美国国旗，一路开到华盛顿特区，去抗议他认为让烟农失业的政府政策。他抵达首都后，把拖拉机开进了华盛顿纪念碑和越战老兵纪念碑之间的水池里，并威胁说车里装满了"有机磷酸化肥"炸弹。

警察立即封锁了林肯纪念堂和华盛顿纪念碑周围的八个街区，整个首都都被堵死了。因为刚刚经历了"9·11恐怖袭击事件"和伊拉克战争刚刚开始，沃森的行为让首都的居民陷入了恐慌之中。

沃森用手机给《华盛顿邮报》打电话说，他现在要进行一次孤注一掷的抗争，向世人表明减少补贴是怎样把种植烟草的农民害死的。他说，上帝指引着他进行抗争，他绝不会屈服。他说："如果美国必须这样走下去，就会跌入地狱""我不会投降，他们可以把我炸出水池，我已经做好去天堂的准备了。"

这时FBI（美国中央情报局）联系的《强势谈判》作者已经赶到现场，他待在国家广场一辆敞篷旅行车里，负责领导FBI探员和美国国家公园管理局的警察与沃森谈判，劝他不要自杀，更不要伤害更多的人。

尽管对方是一个人，但由于其全副武装，特别是不清楚他的炸弹有多大威力，能造成怎样的破坏，警方则全力以赴，狙击手已经找好了位置，随时准备击毙沃森。但专家清楚击毙嫌疑犯也不是唯一的办法。在危机谈判中，特别是这种剑拔弩张的情况下，必须要找到双方可以谈判的切入点，在对方宣布的主张里，找到这种主张的根源或出发点，你才能有效地破解对方的"虚张声势"，直至让对方投降。

在双方的对峙中，专家了解到沃森家族有1 200英亩土地，他们种植烟草已经五代了。今年他们遭遇了干旱，烟叶产量配额被削减了一半，沃森认为自己已经无力承担种植的成本了，于是，他决定开车去华盛顿表达自己的立场——他希望引起关注。沃森还告诉警方，他是一名越战老兵，有老兵的原则。就是说，他愿意投降，但不是现在。他曾是美国第82空降兵的宪兵，知道如果自己深陷敌后，三天之后援军还没有到来，他可以体面地撤退，但现在不是撤退的时间。

专家和警方此刻了解了他遵循的原则，他们决定利用这一信息，于是向沃森喊话，表明他已经制造了全国性的新闻，如果他想让自己的要求得以实现，他必须要活下来。沃森足够聪明，立刻领会了这一暗示。警方通过密切关注对方释放的信息，又发现了一个秘密，并由此寻找到了突破口。谈判进行了36个小时后，处理小组的一名FBI探员温妮·米勒找到了专家，她是负责监听沃森通话的探员。她说："他是一名虔诚的基督徒，"并提醒专家"告诉他明天是'第三天的黎明'，基督徒相信这一天是耶稣离开坟墓步入天堂的日子。如果耶稣能在'第三天的黎明'

走出来,那沃森为什么不行?"警方聪明地利用了这一信息,通过把沃森的言外之意和他的世界观结合到一起,向沃森表明,警方不仅在听他说,而且他们听懂了。这样警方就能让他体面地结束对峙,让他觉得自己是向一个尊重自己和自己信仰的敌人投降。

结果,警方把这些话传递给沃森后,对方立刻陷入长时间的沉默。最后,他咳嗽了一声,说:"我会走出来的。"由此,结束了长达48个小时的对峙。

2.4.2 主、客方关系论

美国心理学家福里茨·海德通过客方、主方与信息关系的研究指出:从主、客方关系来分析信息传递及作用,会出现四种情况:一是如果主方与客方存在着彼此信赖的关系,而且客方对主方所传递的信息也持赞成的立场,即高信誉、高赞同,信息传递效果最佳,客方也会做出积极的响应。二是客方对主方有好感,但却对传递信息的立场持否定态度,即高信誉、低赞同,主方可利用客方对自己的感情倾向说服客方转变立场,使传递的信息发挥更大的作用。三是客方对主方没有好感,但对所传递的信息持赞同的立场,形成低信誉、高赞同,这会对信息的传递造成很大的扭曲。如我们提倡与不熟悉的企业做生意找中间人,但如果对方对中间人有厌恶感,结果会适得其反。四是客方既不支持说服者,又对主方传递的信息反感,即低信誉、低赞同,在这种情况下,信息传递最为困难。

2.4.3 认知结构论

认知结构是指人由于过去经验所形成的一整套思维规则或归纳方式。它在某种程度上反映了人的信念、情感和态度。由此,认知结构是具有多种特征的心理机制,如行为归类机制、自我认知机制、原形概括机制等。当人们面临某些信息刺激时,人们可以用若干不同认知结构来解读这些信息,最典型的是一种外界信息会引起人们不同的心理反应,既有赞同的,也有反对的。

影响人的认知结构的因素主要有两大方面,即内因和外因。由于人们的个性、智商、能力等方面的差异,人的认知机制作用倾向有很大的区别。就外因讲,信息的发出者、环境因素等都会对信息接受者的认知结构机制选择有一定影响。

有这样一个实例。某公司由于管理混乱,导致一个被辞退的员工要状告公司。因为这个员工发现,自己被公司辞退,没有按照法定标准给予相应补偿。于是这个员工找到公司人力资源主管说,公司对他的辞退没有履行正规程序,少给他6万元补偿,如果公司不给他补偿,他就要提起诉讼。对此,公司开展了内部查账,发现不是公司应该给他补偿,而是由于公司工作人员的失误,反而给他多发了2.1万元。于是,公司人力资源主管与这位前员工交涉,如果他放弃诉讼,公司就不要求他返还多发的钱了。但是,这个员工还是坚持公司必须给他补偿。无奈,公司找到专业咨询机构,探讨如何处理这件事情。结果由专业机构接手处理这件事情。他们联系这个员工,声明受公司委托走法律程序处理这件事情,每一步都按法律程序处理,希望该员工配合。结果，这个员工立刻选择了妥协。其原因是他对问题的认知发生了改变，原来以为是公司内部事务，现在已经变成了法律程序，他立刻觉得自己的要求是站不住脚的，自然也就没有打官司的底气了。

2.4.4　有关信息特征的研究

人们对信息的接收，或者说信息对人们行动的作用，主要与下列四项因素相关：①信息的稀缺程度。如果对某类信息，许多人感兴趣，但又只有少数人能获得它，那么，我们就可以认为这一信息的稀缺程度就高；反之则低。就谈判行为来说，越是稀缺的信息，对谈判当事者的价值就越大，人们愿意以较高的代价获得它。②获取信息的代价。获得信息的代价与获取的信息价值成正比。这是由于：一方面，人们对于重要的信息愿意付出较大的代价去获取；另一方面，人们对得来不易的信息，会格外珍惜与重视。③信息源发布状况。一般较为重要的信息，其传播要受到较多的限制，许多信息的价值之所以被人们重视，就在于得到信息的困难程度高。如谈判的一方特别想要了解另一方的资金、技术、最低价格标准等。④信息的时间性。信息具有较强的时效性，在一般情况下，获得的信息越及时，其作用越显著。但是，在有些情况下，传递信息的时间越向后拖，越能增加信息的价值。通常，在谈判中，如果对方要你承诺，你即使能答应他，也要不动声色，待拖延一段时间后，再予以承诺，可收到更好的效果。

2.4.5　信息的传输渠道

现代社会是信息的社会，也是信息爆炸的时代，人们每天要接收大量的信息，任何经济活动，特别是谈判活动的成功与否，在很大程度上取决于对信息的掌握。因此，能否很好地利用信息的传播渠道，及时有效地收集相关信息，进行科学的加工处理，是十分重要的。

有关信息理论的研究表明，信息的传播有多种方式，从单一垂直到网络集散，这些不同的信息传播渠道有着不同的特点，发挥着不同的作用，见图2-4。

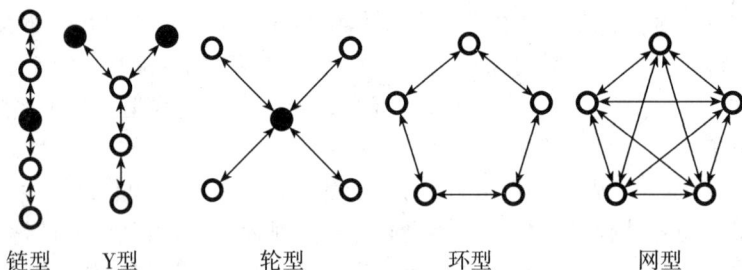

链型　　　Y型　　　轮型　　　环型　　　网型

图2-4　各种信息传递网络

由图2-4可见，链型、Y型及轮型的信息传递网络，被称为有限的或集中的网络，也称为单元垂直指令式信息集散方式。这种信息传递形式适用于内容简单、指令明确的信息传送，从而发挥迅速而有效的作用。但对于复杂的信息收集与传递来讲，容易发生反馈中断和信息采集面相对狭小的问题，或由于信息源过于狭窄，信息不具有代表性。例如，关于中国加入世贸组织对中国经济影响的分析，仅靠上述三种信息网络渠道所接收的信息是远远不够的，但如果你要了解当天股市价格的变化的信息，只要问上两个人就足够了。

环型和网型是较为复杂和高层次的信息传送渠道，它们是传递和反馈系统的双向交流，特别是网型，可以同时交叉反馈，这就避免了由于单项传输可能导致的信息中断和没有回路的情况。另外，多项的信息沟通、反馈扩大了信息源，从而确保在复杂局面下信息传递的及时与准确。

需要指出的是，多元网络式的信息集散涉及众多的人员参与，可能会出现由于人的认识水平及利害关系等原因将信息的传递"打折扣"的现象（这在信息理论中被称为"折光"），进而影响信息的准确性和所做决策的正确性。

在21世纪，知识经济成为主导，信息也进入大爆炸的时代，互联网，特别是移动互联网的兴起，为信息传递提供了非常好的载体，也使信息在社会生活中扮演了越来越重要的角色。现在大数据、云计算给人们的生活方式和生产方式带来重要改变。

本章案例

联想并购IBM公司PC业务的谈判博弈

2019年8月16日，联想集团公布截止到2019年上半年的业绩，当季营业收入达到853亿元人民币，连续8个季度实现同比增长；税前利润为16.4亿元人民币，同比增长超过113%；净利润11亿元人民币，同比增长超过111%。此前的2018/2019财年全年营业收入创历史新高，约合3 422亿元人民币，年增长12.5%。2019年7月22日，《财富》杂志公布世界500强企业排行榜，联想集团位居212位，较2018年提升了28位。在中国企业中，联想排名领先吉利汽车、腾讯、万科、美的、苏宁、海尔、小米、百度、网易、美团等公司，仅位于华为、京东和阿里之后。尽管联想近两年业绩大幅增长，但其发展历程却十分曲折。

从20世纪90年代开始，联想一直寻求国际市场的发展，但业务进展缓慢，到2003年联想海外分公司业务收入占联想总收入不到2%。直到IBM公司在全球寻找PC业务的合作伙伴，联想认为找到了合适的合作对象。经过4年多的谈判，2005年，联想并购了IBM的PC业务。谈判结果被外界誉为"蛇吞象"的并购，并购标的额达到12.5亿美元，加上专利使用费，实际交易额为17.5亿美元。这也是中国企业进军国际市场的标志事件。

但是，整个谈判过程十分艰难。

首先，当时IBM和联想还不是一个层面的企业，这就使双方的意愿和谈判目标很难达成一致。但是，IBM在和联想的谈判进程中也感到了联想人的诚意，了解了联想企业发展的战略构想。更主要的是，IBM要进行战略转型，PC业务是他们甩卖的核心，卖给谁当然是要认真掂量的。

其次，联想并购的不仅仅是PC产品、生产线、高端客户和市场，还包括IBM PC事业部的员工，收购后联想新企业员工总数达到 19 000 人，其中，约有 9 000 人来自 IBM 的 PC 业务，这可能是并购后整合的最大难题，因为文化的融合是最困难的。诸如，并购后的联想总部是在中国的北京还是在美国的纽约，谈判双方就僵持了很长时间，最后还是联想方面妥协了。

最后，杨元庆作为并购后企业的董事长，不仅要领导中国员工，还要赢得美国员工的尊敬，这需要杨董事长举手投足都要有大型跨国公司领导人的"范儿"。总之，中美企业之间的管理文化差异十分巨大，管理冲突贯穿整个并购和实施过程，这也严重影响了并购后新联想的发展。

新联想发展一波三折。杨元庆在接受《商业周刊》独家专访时表示，2004—2008 年，是联想公司的至暗时刻，当时摊子大，很难做，企业绩效也十分不理想。2004 年 5 月，联想集团综合销售额为 28.9 亿元，到 2005 年 6 月，上升为 133.6 亿元，2008 年 9 月达到 149 亿元，但企业却一直在亏损。2008 年净亏损达到 2.26 亿美元，创联想亏损之最。联想股价也跌至 2 港元以下。2009 年 1 月联想宣布裁员 2 500 人，同年 2 月 5 日，联想集团创始人柳传志重新出山，担任公司董事局主席，杨元庆改任首席执行官，同时 IBM 并购过来的美国总经理沃德宣布离职。

从 2010 年到 2013 年，联想的状况有所好转。2011 年，联想超过美国戴尔公司，成为全球第二大 PC 厂商。同年，柳传志卸任公司董事长，担任名誉董事长，杨元庆重新执掌联想集团。同年年底，联想电脑销量居世界第一。

业内外对于这次国际并购见仁见智。有人认为，联想国际化步伐太快，导致后来的发展遇到瓶颈；有人认为，联想在谈判中失分太多，特别是在保留美方管理团队方面，付出了巨大的代价。最后的结果是，美方高管并没有在合并后的企业中发挥应有的作用。不可否认的是，在联想发展的每个关键阶段都面临着各方博弈。尽管新公司变成了中国人的企业，而联想原来设想的获取全球高端 PC 客户的目标并未完全达成。

资料来源　[1] 方李敏. 下山后再上山才能攀爬更多的峰顶 [J]. 商业周刊（中文版），2019（5）：40-46. [2] 李品媛. 管理学原理 [M]. 大连：东北财经大学出版社，2012：135-140.

思考题：

1.联想并购 IBM 公司 PC 业务的谈判有怎样的利弊得失？

2.本次并购对于联想的战略转型来说是零和博弈还是变和博弈？

复习思考题

1.为什么说博弈论"囚徒困境"阐述的游戏规则确定了谈判的程序？

2.公平理论在哪些方面影响了谈判活动？

3.根据"白箱网络"模式，如何破解谈判中的"黑箱"？

4.不同的信息网络传递模式如何影响谈判活动？

自我评估测验试题二

1.博弈理论研究的基本游戏规则适用于（　　　）

①生产、流通领域

②传统产业

③游戏、娱乐业

④存在竞争的领域

2.在各游戏参加者的初始条件完全平等的游戏中，策略选择是游戏结果的（　　　）

①主要因素

②唯一决定因素

③可能的影响因素

④潜在因素

3."囚徒困境"的博弈向我们展示一种可能（　　　）

①双方争取最好的结果，就能获得最好的结果

②一方争取最好的结果，必须利用另一方

③双方争取最好的结果，得到却是最坏的结果

④两方都争取最好的结果，却不一定得到最好的结果

4.利用博弈理论建立的谈判模式，其核心是（　　　）

①确定风险值

②确定合作剩余

③平均分配剩余

④制定合作规则

5.合作博弈的前提是（　　　）

①双方实力相等

②同为竞争对手

③充分的信息沟通

④良好的合作愿望

6.运用博弈理论中的变和博弈指导谈判，就是（　　　）

①改变谈判各方的利益分配，总利益不变

②使双方的利益密切相关、共存共亡

③谈判各方的利益是相互对立、你多我少

④使谈判的各方进行不同的策略组合，大家多得

7.公平理论所指的公平感是人们（　　　）

①所受到的不公平待遇

②对所获与付出的对比

③对付出绝对量的评价

④对外界事物的心理感受

8.人们因为吃亏而产生不公平感的时候，其消除的办法是（　　　）

①扩大自己所获

②增大对方所献

③减少对方所获

④减少自己所献

9.对策论专家所提出的四种公平分配方案说明（　　　）

①没有统一、绝对的公平标准

②从不同的角度阐述公平标准

③有多种公平分配模式

④包括以上三方面

10.朴素法与拍卖法的根本区别是（　　　）

①前者是暗地投标，后者是公开叫价

②前者是信息不对称，后者是信息对称

③前者出价较高，后者出价较低

④前者增加总价值，后者使价值不变

11.下列哪种情况不属于谈判"黑箱"（　　　）

①用钥匙试开门锁

②小孩子骑自行车

③交给某人一项任务，试试他的能力

④到指定地点参加会议

12."白箱"理论中共同区与中央区的交叉地带（　　　）

①是谈判双方利益完全一致区域

②是谈判双方矛盾冲突不可调和区域

③是谈判双方矛盾冲突可协调的区间

④不属于谈判范围

13."黑箱"、"白箱"和"灰箱"划分的标准是人们对（　　　）

①外界事物的觉察与控制程度

②未知世界的了解程度

③已知世界的控制程度

④未来世界的了解程度

14.在谈判活动中，绝大多数事物属于（　　　）

①"白箱"区域

②"灰箱"区域

③"黑箱"区域

④不在上述区域

15.在信息理论中，同一信息被解读为不同结果，是因为人们（　　　）

①智力结构的差异

②文化程度的不同

③社会实践的多少

④认知结构的不同机制

16.在信息模式要素中，必不可少的要素是（ ）

①人员、事物、媒体

②信宿、信源、信道

③认知结构、态度体系、行为倾向

④网络、广告、机制

17.在什么情况下，信息传递最容易扭曲（ ）

①高信誉、高赞同

②低信誉、高赞同

③高信誉、低赞同

④低信誉、低赞同

18.信息传播与信息交流的关系（ ）

①正项之和

②正项乘积

③正负之和

④负项乘积

19.信息输送渠道有多种形式，从链式到网络式，它们的特点是（ ）

①各有特点、互相补充

②互为消长、各有利弊

③互相包容、相互依存

④相互竞争、此消彼长

20.信息的价值作用，主要取决于（ ）

①信息的稀缺程度

②人们获取信息的代价

③信息的时间性

④包括以上三点

第
3章

谈判的基本原则

谈判的基本原则也是谈判的指导思想、基本准则。它决定了谈判者在谈判中将采用什么谈判策略和谈判技巧，以及怎样运用这些策略和技巧。

3.1 谈判是双方的合作

参与谈判的各方究竟是合作者，还是竞争者？这是历来谈判学家在理论上争论的焦点，也是众多的实际谈判者在谈判中确定立场的出发点。我们认为，不论是何种类型的谈判，即使是政治谈判、军事谈判，谈判的双方或多方都是合作者，而非竞争者，更不是敌对者。

这是因为，如果把谈判纯粹看成一场棋赛，或一场战斗，不是你输就是我赢，那么，双方都会站在各自的立场上，把对方看成对手、敌人，绞尽脑汁、千方百计地想压倒对方，击败对方，以达到己方单方面的目的。结果，达到目的的一方成了赢家，趾高气扬，做出重大牺牲或让步的一方成了输家，屈辱不堪。双方虽然签订了协议，但并没有融洽双方的关系，更没有达到双方都满意的目的，因而这一协议缺乏牢固性，自认为失败的一方会千方百计寻找各种理由、机会，延缓协议的履行，挽回自己的损失。其结果可能是两败俱伤。正如谈判专家尼伦伯格所指出的："陷入输赢的谈判状况时，我们愈想胜利，奋战得也愈艰苦，因为对方也期望胜利。"

美国纽约印刷工会领导人伯特伦·波厄斯以"经济谈判毫不让步"而闻名全国。他在一次与报业主进行的谈判中，不顾客观情况，坚持强硬立场，甚至两次号召报业工人罢工，迫使报业主满足了他提出的全部要求。报社被迫同意为印刷工人大幅度增加工资，并且承诺不采用排版自动化等先进技术，防止工人失业。结果是以伯特伦·波厄斯为首的工会一方大获全胜，但是却使报业主陷入困境。首先是三家大报被迫合并，接下来便是倒闭，最后全市只剩下一家晚报和两家晨报，数千名报业工人失业。这一结果清楚地说明，一方贪求谈判桌上的彻底胜利，可能导致两方实际利益的完全损失。

由于双方都把对方看作自己的对手，两方各自的利益互不相容。一方多得就意味着另一方少得，一方获利就意味着另一方让利。因此，双方对立的另一危害就是互相攻击、互相指责。谈判者为了维护各自的利益，只知一味地指责对方、埋怨对方，却不注意寻找双方都可能接受的条件，从而使双方的关系愈加紧张、对立，达成协议的可能性变得愈小。

因此，在谈判中最重要的是应明确双方不是对手、敌人，而是朋友、合作的对象。理想的谈判过程不能简单地看成利益争夺的过程，而是一个双方互相沟通、交流，寻求共同发展的过程。著名的计算机制造商IBM公司，在与客户交易时就本着这一原则，常常取得令人意想不到的结果。一次，IBM公司同一家大银行做一笔计算机生意，双方为价格争执不下，银行拿另一家公司来压IBM公司。在关键时刻，IBM公司的业务经理向银行的负责人问道："阁下，你是想和一个硬件商人做生意，还是想找一个合作伙伴？"对方愣了一下，旋即明白了他的意思，立即说："我想找个合作伙伴。""那么，和你的新伙伴握手吧。"这一解决问题的思路很好地融合了两个谈判对手的关系，由双方的戒备和防卫转而考虑长期和有益的合作，这是谈判中最应该把握的核心。

美国谈判专家费雪·尤瑞明指出："每位谈判者都有两种利益：实质的利益和关系的利益。"合作共识、互利互惠，会使谈判双方既得到实质的利益，又能获得关系的利益。只有在这一指导思想下，谈判者才能从客观、冷静的态度出发，寻找双方合作的共同途径，消除达成协议的各种障碍。

我们认为，要坚持合作互利的原则，主要着眼以下几方面：

（1）从满足双方的实际利益出发，发展长期的贸易关系，创造更多的合作机会。贸易都是互利互惠的，如果双方都能够充分认识这一点，就能极大地增加合作的可能性。国外某市有一个广播电视修理商协会，长期生意不景气，很想寻找一条合适的途径扩大发展规模。于是协会提出与电台合作。经过协商，它们达成了这样的协议：电台为广播电视修理商协会免费做广告宣传，修理商则把电台的节目单张贴在修理铺的橱窗上，还保证所有修好的收音机都能收到该电台的节目。同时，还负责对所在地区进行调查，及时向电台反馈该地区电台广播情况。协议的结果是双方都获益。修理商协会得到电台免费提供的价值数万美元的广播宣传，而电台因此获得了更多的听众和信息。结果双方一直合作得很好。

（2）坚持诚挚与坦率的态度。诚挚与坦率是做人的根本，也是谈判活动的准则。中国有句老话："精诚所至，金石为开。"任何交易活动，不论是哪一方缺乏诚意，都很难取得理想的合作效果。

在平等合作、互相信任的基础上，双方坦诚相见，将己方的意图、目标、要求明确地摆到桌面上来，而对于对方要求的合理部分表示理解与肯定，对于双方应商榷的部分明确指出，双方力争做到开诚布公，光明磊落。这会大大提高工作效率和增强相互的信任。

当然，坚持诚挚与坦率，并不是排斥谈判策略的运用，并不是说将己方的一切都和盘托出，毫无保留。这里的诚挚是指谈判的诚心与诚意，动机纯正，坦率是指光明正大，它排除不可告人的目的，如极端的损人利己、转嫁危机。

坚持诚挚与坦率会更好地消除谈判各方的误会与隔阂，更好地了解事实真相，达成双方的谅解与合作。最为典型的是中国入世谈判。这在丁晨编著的《亲历中国共产党90周年》一书中有较为详细的叙述。从1987年算起，中国入世谈判几乎持续了13年，谈判的一开始是比较顺利的，但是，1989年"春夏之交的政治风波"后，以美国为首的西方发达国家中断了和中国的谈判。直到1991年下半年才开始恢复谈判。但中间的花絮不断，如在谈判的第一阶段，中国碰上的最大困难是当时中国不承认在搞市场经济。经过邓小平的肯定后，谈判代表思想上解放了，和美国等西方国家找到了共同语言，开始了真正的对话。

但是，中国谈判代表与美国等国家代表真正对等的地位，却是中国人自己争取来的。一直负责中国入世谈判的主谈人是时任中国外交部副部长的龙永图。他后来回忆说，美国有一个谈判代表，与中国代表谈判时，一直是针锋相对的，有一次竟被龙部长赶出了办公室。

事情的起因是这样的。在谈判中，美方代表提出了一个要求，凡是美国肉类机构检查合格的产品，应该无条件进入中国市场。龙部长说，那么中国还要商检机构干什么呢？中国是主权国家，对于美国进口的肉类是一定要检查的。美方代表说你们没有必要检查，你们自己市场上的那些肉在美国通通都不合格。这些话惹怒了龙部长，马上建议美方代表离开他的办公室。

（3）实事求是。这是指谈判各方在提出自己的要求、条件时要尽可能符合客观实际，要充分估量己方条件的切实可行性，同时坚持公平合理的原则去评价对方的要求、立场。

坚持实事求是的原则，并不排斥抬价、压价战术的运用。但不论是抬价还是压价，都要让对方觉得合情合理，具有客观性，不是漫天要价、瞒天过海，否则，双方很难做到精诚合作。

江苏仪征工程是世界上最大的化纤工程，该项目引进了国际上最先进的技术设备，与多家公司合作，但是，在与联邦德国吉玛公司的合作中，发现从对方引进的圆盘反应器有问题，并给我方造成了重大的经济损失，由此引发了我方对德方的索赔谈判。中方提出了索赔1 100万德国马克的要求，而德方只认可300万德国马克。由于双方要求差距太大，几个回合之后，谈判搁浅了。中方谈判首席代表、仪征化纤公司总经理任传俊反复考虑，决定以情感化的方式，真诚相待。他提议陪德方公司总经理理扬·奈德到扬州游览。

在大明寺的鉴真和尚坐像面前，任传俊真诚地说："这里纪念的是一位为了信仰，六渡扶桑，双目失明，终于达到理想境界的高僧。""你不时常奇怪日本人为何对华投资比较容易吗？那是因为日本人理解中国人重感情、重友谊的心理。你我是打交道多年的老朋友了，除了彼此经济上的利益外，就没有一点个人之间的感情吗？"理扬·奈德深受震动。

双方从扬州直接回到仪征，谈判继续。任总开门见山地说："问题既然出在贵公司身上，为索赔花太多的时间是不必要的，反正要赔偿……"理扬·奈德耸耸肩膀："我在贵公司中标，才1亿多美元，我无法赔偿过多，总不能赔本干。"任总紧跟一句："据我得到的消息，正是因为贵公司在世界上最大的化纤基地中标，才得以连续在全世界15次中标，这笔账又该怎么算呢？"对方语塞。

随后，任传俊直率地说："我们是老朋友了，打开天窗说亮话，你究竟能赔多少？我们是重友谊的，总不能让你被董事长敲掉饭碗。但你也要为我想想，中国是个穷国，我总得对这里的1万多名建设者有个交代。"中方这种实事求是的态度，终于感化了德方，最终以德方赔偿800万德国马克达成谈判协议。

3.2 避免在立场上磋商问题

无论是商贸合同的谈判，还是家庭纠纷的解决，或是国家间的和平协议，人们习惯于在要求上讨价还价，双方各持一种立场来磋商问题，结果或是通过让步达成妥协，或是会谈破裂，不欢而散。

坚持立场会使我们在谈判中取得一定成果，它可以使你在有压力、不确定的情况下提供一种标准，同时也为可接受的协议提出了具体条件。但认真分析就会发现，在捍卫立场的前提下磋商问题或讨价还价，后果是十分消极的。

首先，立场上的讨价还价违背了谈判的基本原则，它无法达成一个明智、有效而又友好的协议。任何谈判方法都可以用以下三个标准进行检验：①达成明智的协议；②应实用有效；③增进双方的关系。

为捍卫立场所磋商的谈判协议，最常见的就是谈判的一方或双方不顾对方的客观情况，不考虑对方利益，一味地强调己方的得失，寸土不让，寸金必得。即使做出迫不得已的让步，也是以对方的让步或牺牲为代价。所以，这种协议即使达成，也是双方机械妥协的产物，否则，就会使谈判无休止地争执、拖延下去，还会严重损害双方的关系，使达成协议的可能性变得很小。

其次，立场上的讨价还价会破坏谈判的和谐气氛，使谈判成为一场意志的较量，每一方谈判者都宣称他要做什么或不做什么，取得相互同意的解决办法就成为一场战斗，双方都想凭意志的力量使对方改变立场，结果是要么一方做出重大牺牲，以求达成协议，要么双方各不相让，谈判破裂。在20世纪70—80年代，世界上比较发达的资本主义国家，劳资关系截然对立，立场是水火不相容的。之所以这样，一个根本原因就是不论是资方，还是劳方，都把双方的关系看作敌对的，工人工资的增加、福利的改善，就是企业利润的减少。所以，工会一方要千方百计地维护工人的利益，就是找管理者的毛病，特别是当管理方制裁工人、裁减人员的时候。劳资双方的对峙给企业带来的后果是极其严重的，在许多情况下是两败俱伤。如果双方是朋友、合作者，情况就会大不一样。日本采用家族理念的管理就十分成功。现在在西方，工会的领导人与企业管理层都转变了传统观念，工会领导者在更多的情况下是配合管理者工作。这是因为双方的利益是休戚相关、荣辱与共的，罢工现象减少了，工人待遇提高了，企业的管理也因此大为改观。

再次，立场上的讨价还价，还会导致产生不明智的协议。当谈判者在要求上讨价还价时，他就把自己局限于这些要求中，结果是对要求考虑得越细致、越周到，防卫得也越严密，陷得也就越深，越难以改变立场、态度。因为要求与自我已融为一体，甚至为了保全面子而提出新的要求，这时，所采取的行动和对策都是为了捍卫自己的要求或立场，很少考虑协议是否符合对方的利益。这样，即使达成协议，也仅仅是各方在立场上、分歧上妥协的机械反应，而不是如何尽量满足各方的合理利益。其结果往往使双方互不满意，从而会消极地对待双方的协议，而实际上他们本来是可以达成满意的协议的。

最后，立场上的讨价还价还会严重地阻碍谈判协议的达成。谈判者越是坚持立场，毫不让步，越可能不择手段地迫使对方向自己让步，越希望谈判朝着对自己有利的方向发展，而对方也是如此，这是影响协议达成的重要因素。所采取的立场越极端，所做的让步越小，就要花费越多的时间和精力弄清协议是否能够成立。美国和苏联两国关于全面禁止核试验谈判的破裂就是一例。谈判的双方僵持在一个"关键"的问题上，即美国和苏联每年允许对方在自己领土上设立多少监视站以调查地震情况。美国坚持不能少于10个，而苏联则只同意设立3个监视站，结果由于双方各不放弃自己的立场，致使谈判破裂。但却没有人考虑：是一个监视站每人观察一天，还是100个人在一天内随意窥探。双方都没有在观察程序的设计上做出努力，而这恰恰符合两国的利益——希望把两国的冲突限制在最低限度内。

另外，坚持立场去讨价还价，还需要做大量的个人决定。拒绝什么？是否让步？多大幅度？这种决策不仅包括向对方让步，也包括进一步让对方让步。谈判者缺乏高效率的刺激，采取拖延战术，或威胁恫吓，甚至欺骗，这些都会增加达成协议的时间与代价，增加了谈判破裂的可能性。

可见，为捍卫立场而进行的磋商，会给谈判带来难以克服的困难，造成无法弥补的损失。为了克服立场上讨价还价带来的弊端，我们应当在谈判中着眼于利益，而不是立场，在灵活变通的原则下，寻找增进共同利益和协调利益冲突的解决办法。

每个谈判者都明白：在谈判中所做的一切都是要维护己方的利益。但是，维护利益与坚持立场完全不同。虽然坚持立场的出发点是维护利益，但实际结果却并非如此。正像我们上面所分析的那样，一方希望谈判朝着有利于自己的方向发展，产生有利于自己的结果，而对方也是如此。事实证明，所采取的立场越极端，所做的让步越小，就要耗费更多的时间和精力弄清是否可能达成协议。

但在维护利益的前提下，谈判者则变得灵活、机敏，只要有利于己方或双方，没有什么不能放弃的，也没有什么不可更改的。仔细分析各种类型的谈判，你就会发现，在谈判中，表面上的利益都是冲突的，但是深入观察分析，你就会找到在立场背后还有着比冲突利益更多的共同利益。产品的交易谈判，双方的利益冲突是卖方要抬高售价，买方要降低售价；卖方要延长交货期，买方要缩短交货期。但是，双方的共同利益却是双方都有要成交的强烈愿望，双方都有长期合作的打算，也可能双方对产品的质量、性能都很满意。卖方为高质量产品自豪，希望售价从优，买方也愿为高质量的产品付出好价钱，但都希望付款的方式有所改变。由此可见，双方共同利益还是存在的，关键看你是否认真发现。同时，你也可以采取一定的方法调和双方的分歧利益，使不同的利益变为共同的利益。如买方一次付清货款，可能会换来卖方的优惠价，也可能是卖方的售后服务使得买方乐意出高价。许多时候，恰恰是因为利益的不同，才会使协议成为可能。交易双方的一方想要得到金钱，一方想要得到物品，于是交易做成了。

谈判的目的在于满足自己的利益，当你对此进行交流时，达到目的的机会便会增加。但是在双方洽谈的过程中，对方可能不知道你的利益是什么，你也可能不知道他们的利益是什么，因此，必须寻找机会让对方知道并充分考虑你的利益，使对方明白满足利益对你是多么重要。与此同时，你也要了解、关心对方的利益，把他们的利益也纳入你要考虑的方案之中，并为寻找妥善的解决办法积极努力。如果双方都这样做，谈判是会取得令人满意的结果的。

3.3　提出互利选择

谈判破裂的原因之一就是双方为维护各自的利益，互不相让。但是双方的根本利益所在是否都集中在一个焦点上，却是值得认真研究和考虑的。一个很有趣的例子说明了这一道理：两个人争一个橘子，最后协商的结果是把橘子一分为二，第一个人吃掉了分给他的一半，扔掉了皮；第二个人则扔掉了橘子，留下了皮做药。它说明人们在同一事物上可能有不同的利益，在利益的选择上有多种途径。

在现代谈判中，传统的分配模式不但无助于协议的达成，反而可能有害。往往对争论的东西，或者是我得到，或者是你得到。一方多占一些，就意味着另一方要损失一些。而新的谈判观点则认为，在谈判中每一方都有各自的利益，但每一方利益的焦点并不是完全对立的。一项产品出口贸易的谈判，卖方关心的可能是货款的一次性结算，而买方关心的是产品质量是否一流。因此，谈判的一个重要原则，就是协调双方的利益，提出互利性的选择。

一个最著名的成功谈判就是通过协调利益达成了双方都满意的协议，这就是"戴维营和平协议"。1967年，"六天战争"以来，以色列占据了埃及的西奈半岛。当1978年埃以坐下来商谈和平时，他们的立场是水火不相容的。以色列坚持要保留西奈半岛的一部分，而埃及则坚持全部收回西奈，人们最初反复在地图上划分西奈的埃以分界线，但无论怎样协商，埃以拒不接受。显然，仅把目标集中在领土划分上是不能解决问题的。那么，有没有其他利益分配办法呢？以色列的利益在于安全，他们不希望归还西奈半岛后，埃及的坦克随时都有可能从西奈边境开进以色列；而埃及的利益在于收回主权，从法老时代，西奈就是埃及领土的一部分，不想把领土让与一个外国入侵者。症结找到了，最后的协议是：西奈完全归还给埃及，但是，要求大部分地区非军事化，以保证以色列的安全，埃及的旗帜可以到处飘扬，但埃及的坦克却不能靠近以色列。谁都不能否认，埃以协议的达成是一个令双方都满意的方案，这就是协调利益的结果。

在一定情况下，谈判能否达成协议取决于提出的互利性选择方案。为了更好地协调双方的利益，不要过于仓促地确定选择方案，在双方充分协商、讨论的基础上，进一步明确双方各自的利益，找出共同利益、不同利益，从而确定哪些利益是可以调和的。

当然，考虑对方的利益，并不意味着迁就对方、迎合对方。恰恰相反，如果你不考虑对方的利益，不表明自己对他们的理解和关心，你就无法使对方认真听取你的意见，讨论你的建议和选择，自然，你的利益也无法实现。

坚持互利原则，应做到：

3.3.1　打破传统的分配模式，提出新的选择

人们习惯思维的结果是：对于争论的东西，或是我得到，或是你得到，好像没有更好的选择形式。这种观念是影响人们寻找互利解决方案的主要障碍。要打破传统的分配办法，提出新的选择形式，就要考虑头脑中没有的东西，就需要创造性，需要灵感。一方面，要收集大量的信息资料作为考虑问题的依据；另一方面，要突破原有的习惯思维模式，鼓励谈判小组成员大胆发表个人见解，集思广益，并付诸实施。

3.3.2　寻找共同利益，增加合作的可能性

当双方为各自的利益讨价还价、激烈争辩时，很可能会忽略了双方的共同利益，坚持某一点不动摇、不退让，在许多情况下，使谈判在枝节问题上就陷入僵局，甚至谈判破裂。事后冷静下来，权衡考虑达成协议对己方的利益，常常追悔莫及。其根本原因是什么？就是当时考虑的都是各自的利益。如果能从大局出发，多考虑双方共同利益，把双方的利益由互为矛盾转化为互为补充，那么就会形成"我怎样才能使整个蛋糕变大，这样我就能多分了"的观念认识。以下仅举一例说明这一道理。

电影制片人休斯与演员拉塞尔签订了一个一年付给她100万美元的合同。12个月后，拉塞尔合理合法地说："我想要合同上规定的钱。"休斯声明，他现在没有现金，但有许多不动产。女明星不听他的辩解，坚持只要她的钱。结果原先亲密的合作关系成了互相敌对的对立关系，双方都通过律师进行交涉，一时间谣传纷纷。

最后，两个人都意识到这样争下去没有益处。拉塞尔对休斯说，你我是不同的人，有不同的奋斗目标，如果我们这样争斗下去，恐怕获胜的只是律师，让我们看看，能不能在相互信任的气氛下分享信息和需要呢？于是，他们以合作者的身份出现，纠纷得到了创造性的解决。合同改为休斯每年付拉塞尔5万美元，20年付清，结果休斯解决了资金周转的困难，并获得了本金的利息，而拉塞尔所得税逐年分散

缴纳，有了20年的可靠收入，她也不用担心自己的财务收入问题了。

寻找共同利益要注意：尽管每一合作都存在着共同利益，但是它们大部分都是潜在的，需要谈判者去挖掘、发现。共同利益不是天赐，要把它明确地表示出来，最好将它系统地阐述为共同目标，强调共同利益给双方带来的益处，会使谈判更为和谐、融洽。

3.3.3 协调分歧利益，达成合作目标

协议的签订是建立在双方分歧的基础上。乍听起来，似乎是荒谬的，但细想却有它的道理。最典型的如股票的买卖，股票购买者总是认为股票看涨才买，而股票出售者正是看中股票可能要跌才卖，这就是观念上的分歧构成了交易的基础。

那么，交易双方究竟有什么分歧？表现在哪些方面？不妨看看专家们的意见，见表3-1。

表3-1 交易双方的分歧

一方关心的主要内容	另一方关心的主要内容
形式	实质
经济上的考虑	政治上的考虑
内部的考虑	外部的考虑
象征性的考虑	实用上的考虑
近期的	远期的
具体的结果	双方的关系
行动上的	思想上的
创新	守旧
名望与声誉	实际利益

我们在强调共同利益的同时，还要重视分歧利益，更主要的是如何协调双方的分歧利益。

调和利益的较好方法是提出互利性的选择方案。在双方充分协商、讨论的基础上，进一步明确双方各自的利益，寻找共同利益，协调分歧利益。因此，要在谈判中尽可能发挥每个人的想象力、创造力，扩大选择范围，广泛吸收听取各方意见，寻找几种比较理想的选择方案。

在提出选择方案的基础上，再询问对方喜欢哪一种，你要知道的是更受欢迎的是什么，而不是所能接受的是什么，可以对所确定的选择方案进行多次修改加工，征求对方意见，了解对方的倾向性，从而使方案尽可能地包含双方的共同利益。例如，在产品交易谈判中，你可以询问买方："什么样的结算方式对你更好？是一次结算？还是分次结算？分次结算，是分3次，还是分4次？是每次6万元，分成4

次？还是每次 8 万元，分成 3 次？如果你们要先交货、后付款，那么，按规定请先付 5% 的定金。"

一个优秀的谈判者，会千方百计地寻找既使自己满意，也使对方满意的解决方案。如果顾客在购买商品时感到受骗，也就意味着店主的失败，他会失去顾客，同时也失去了名誉。一个使对方一无所获的协议还不如不达成协议，因为对方会觉得你不是值得信任与合作的人，这种看法还会影响到其他人。因此，我们应建立一种新的评价谈判结果的标准，即我方的满意取决于对方对协议的满意程度。确定了互利的方案，还并不等于达成了最后的协议，还需要对方做出决定。因此，为了使对方尽快、尽早做出决定，要尽量排除方案以外的不利于决定的一切因素。

在某些情况下，对方没有按照我方的意愿做出决定，我方常常以威胁的方法警告可能发生的后果，并要对方承担一切责任。这种做法往往过于简单化，如果对方拒绝接受，那么，先前所做的一切工作将付诸东流。因此，不到迫不得已，不要使用这种方法。应着重使对方意识到，所确定的方案是双方参与的结果，包含着双方的利益和努力，客观指出履行方案给双方带来的结果，以及对双方企业发展的积极意义，促使对方早下决心，做出决策。

总之，如果把协调双方利益、提出互利选择的原则概括为一句话，那就是"寻求对你代价低，对对方好处多的东西"。

3.4　区分人与问题

区分人与问题是指在谈判中，把对人，即谈判对手的态度和对所讨论问题的态度区分开来。

谈判的主体是人，因此，谈判的进行必然要受到谈判者个人的感情、要求、价值观、性格等方面的影响。

一方面，谈判过程中会产生相互都满意的心理，随着时间的推移，双方建立起一种相互信赖、理解、尊重和友好的关系，使谈判进行得更顺利、更有效。因为在心情愉快、感觉良好的心理状态下，人们会更乐于助人，乐于关心他人利益，乐于做出让步。

另一方面，在谈判中也会出现相反的情况，谈判双方意气用事，互相指责、抱怨，甚至尖酸刻薄，充满敌意，好像谈判中双方争执的每个问题，都是谈判者个人的问题。他们习惯于从个人利益和成见出发来理解对方的提议，这样，就无法对解决问题的办法做出合理的探讨。造成这种情况的主要原因，就是谈判者不能很好地区分谈判中的人与谈判中的问题，混淆了人与事的相互关系，要么对人、对事都采取软的态度，要么对人、对事都采取硬的态度。对谈判中问题的不满意，会发泄到谈判者个人的头上，对某些情况的气愤会转向与此相联系的人的身上。

谈判中人与事相混淆的另一原因是人们常从没有根据的推论中得出结论，并把这些作为对人的看法和态度。例如，谈判中常常有"他们的开价太高了，我们不能接受"的说法。这虽是对对方要求的不满，但往往会被认为是对对方代表个人的指责、抱怨。这会导致对方个人感情上的变化，使对方为了保全个人面子，顽固地坚持个人立场，从而影响谈判的进行。

另外，如果谈判中对方把彼此当作对手，也会造成人与事的混淆。在这样的情况下，谈判者说的每一句话，都容易被对方理解为冲个人而发，双方都注意防卫并做出反应，全然忽视了对方的合理利益和公正要求，使得容易解决的问题反而变得更加复杂，达成一个明智而公正的协议会变得渺茫无望。

因此，在谈判中，应坚持把人与问题分开，具体做法是：

（1）在谈判中，当提出方案和建议时，也要从对方的立场出发考虑提议的可能性，理解或谅解对方的观点、看法。当然理解并不等于同意，对别人思想、行动的理解会使自己全面正确地分析整个谈判形势，从而缩小冲突范围，缓和谈判气氛，有利于谈判顺利进行。

当然，站在对方的立场上分析问题、估计形势有一定困难，但是这对于谈判者是十分重要的。仅认识到对方与自己看问题有差别是不够的，如果要在谈判中说服对方，或对对方施加影响，就要了解对方的想法，掌握对方的心理，如果对对方的理解比他们自己理解的还深，那你就增加了取得谈判成功的机会，减少了产生误解的可能。

站在对方的角度看待问题，会较好地克服想当然的推断所造成的偏见，从而正确地分析理解双方对问题的看法。人们的一个习惯就是常从自己的担心中去推断别人的行为和意图，这种习惯往往导致谈判双方对对方所说的话及提议加以最坏的推测。即使挑不出对方的提议对自己有什么危害，也总觉得他们是为自己利益提出的建议，恐怕于我方不利，不能轻易地同意了事。但如果尝试从对方的角度看问题，或是提出"假如我是对方，我会如何做"的设想，就会使你抛弃这些先入为主的偏见，看到事物的全部，也能够客观、冷静地分析具体问题，那么，事情就好办多了。有个例子恰当地说明了这一道理。在桌子上放着一个盛着半杯凉水的杯子，你既可以说，桌子上放着一个半空的杯子，你也可以说，桌子上有不满一杯的凉水。为什么同一事物却有不同的说法？这是因为看问题的角度不同，某一角度反映了事物的一个侧面，综合起来，就是事物的整体。所以，站在对方的位置上考虑一下问题，对双方都有好处，即使目前你还不会，只要尝试去做，你一定会有所收获。

（2）尽量多阐述客观情况，避免责备对方。谈判中经常出现的情况是，双方互相指责、抱怨，而不是互相谅解、合作。其原因就是混淆了人与事的区别。当对谈判中某些问题不满意时，就会归罪于某一方或某个人，因而出现了把问题搁在一边，对对方或某人进行指责、攻击，甚至谩骂。这种做法虽然维护了个人的立场，但却产生了相反的效果。对方在你的攻击下，会采取防卫措施来反对你所说的一切。他们或是拒绝听你的话，或是反唇相讥，这就完全把人与事纠缠在一起。比如，买方购进了一台机械设备，在安装试运行中发生了故障。卖方维修了几次，效果不理想。这时买方可能会指责卖方："你们卖给我们的设备有问题，技术不过关。""你们交付这种已经淘汰的陈旧设备，维修服务也不负责，我们要求退货和赔偿。"显然，这里含有明确指责对方，让对方承担责任的意思。责备别人是人们很容易采取的形式，特别是当你觉得对方确实应承担责任时更是如此。但是，我们的目的不是批评指责对方，而是怎样才能更好地解决问题。如果你仅仅是指责对方，发泄怨气和不满，对方在你的攻击下很可能会采取防卫行为，或者为自己的行为辩护，千方百计推卸责任；或者采取消极怠工的战术，干脆置之不理。当他们感到个人感情、面子受到伤害时，就会把怒气发泄到双方要解决的问题上。

要避免这种情况的出现，就要注意区分人与问题。尽量多阐述客观情况，在对方没有首先推卸责任的情况下，不要先提责任在谁，既避免对方不承担责任，又调动起对方解决问题的积极性。对于上例，你可以这样讲："我们从你们那儿购进的这台设备，已经出现了三次大的故障。看起来，设备还不能正式投入生产，一天要损失上千元，那么，我们是退掉这台设备，还是更换主要部件，还是采取其他补救措施？"尽管字里行间没有出现任何指责对方的语言，但这不等于开脱卖方的责任；相反，会使对方感到更加不安，有责任、有义务帮助买方挽回损失。

所以，明智的做法是抨击问题而不责难人。以开诚布公的态度将双方的分歧点摆出，在提出你的见解的同时，尊重对方的意见，心平气和，彬彬有礼。表达对占用其时间与他们努力的尊重，避免使用责难对方的言辞，这样，你就争取到了主动，消除了由于双方分歧、对立所带来的紧张气氛，消除了对方的戒心，使对方感到你是在抨击问题、讨论问题，而不是针对他个人。

在这种情况下，一种比较好的方法是对对方的提议或见解给予某种肯定的支持，同时，以同样的方式来强调双方的分歧问题，这种支持与抨击的结合看起来并不协调，甚至矛盾，但是，正是这种不协调才有助于问题的解决。

心理学中有一种理论是认识不协调论，认为人们讨厌不协调，并愿意消除它。如果你能肯定他的提议，又能指出他的提议与谈判中问题的不一致性，造成认识不和谐，那么，要克服这种不和谐，他就会放弃原先的主张，同你取得一致。

同时，在语言的表达上，也需要一定的策略和技巧。事实证明，如果你讲述自己的看法而不是讲别人的行为与原因，那就会有更好的效果。如"我感到失望"，而不说"你背信弃义"；"请原谅，我没能理解你话中的含义"，而不说"是你没说清楚你的意思"等，这样既讲明了客观情况，又避免了责备对方，避免了因责备对方而引起的防卫性反应，而这种反应常使对方拒绝接受你的意见。

（3）使双方都参与提议与协商，利害攸关。谈判出现矛盾分歧，有时双方甚至争得面红耳赤，不可开交，在多数情况下是由于双方各自从自己的立场出发，拿出一个旨在让对方接受的提议或方案，这样，即使是对谈判有利的协议，对方也因为怀疑而拒不接纳。如果提出的一方一味坚持，另一方也很可能态度强硬，结果常常会导致僵局。但如果改变方式，就可以避免出现上述情况。

改变的方式很简单，那就是让双方都参与方案的起草、协商。一个能容纳双方主要内容、包含双方主要利益的建议会使双方感到满意，如果他们切切实实感到他们是提议的主要参与者、制定者，那么达成协议就会变得比较容易。当各方对解决的办法逐步确认时，整个谈判过程就变得更加有秩序、有效率。这是因为对提议内容的每项改进与让步，都是双方谈判人员积极参与的结果。

要使对方参与，就应使他们尽早参与，可采取询问对方建议的形式，把对方有建设性的意见写进提议中，并给对方的想法、观点以尽可能的称赞。如果能使对方觉得他在提议中起了主要作用，他就会把提议看成自己的，掺入了个人的感情，这样，他不仅能很容易接受提议，甚至还会出现维护提议的行为。

（4）保全面子，不伤感情。谈判人员有时固执地坚持己见，并不是因为谈判桌上的建议无法接受，而只是因为他们在感情上过不去，即使是出于无奈而让步，也往往会耿耿于怀。因此，在谈判中顾及对方面子，不伤对方感情十分重要。伤害对方感情可能仅仅是几句话，但带来的后果是严重的。对方的感情被伤害，会激起他的愤怒，导致反击，也可能引起他的恐慌，导致自卫，甚至采取对抗性、报复性的行动，这只能破坏双方的关系，使谈判陷入僵局。

专家们还认为，在谈判对手中有一种"本能的敌对者"，即感情上的敌人。如果对方与你关系紧张，是由于你伤害了他的感情，使他丢了面子，那么，他会与你敌对下去，没完没了。即使你搬出所有的事实、证据，都无济于事。这种情况下，就很难公正、灵活地讨论、处理谈判中的问题，更无法维持友好的合作关系。相反，如果对方在谈判中感到有面子、有地位、有尊严时，他可能会变得非常宽容大度，善解人意，也会很容易让步，一切都变得可以通融，可见保全面子的重要性。

为了不伤感情，保全面子，我们认为应该注意以下几点：

①我们要认识、理解自己和对方的感情。在谈判进程中，要反复不断地提醒自己：情绪是否激动？是否感到心烦意乱？是否意气用事？自己的情绪处于什么状态？是平和、恐惧、担心或愤怒？或自信成功？相应地，对对方也要做一些分析判断。我们强调不要把个人感情与所交涉的问题绞在一起，不是置个人感情于不顾，而是要做到不要伤害对方的个人感情，使问题更难以处理，并通过观察分析其个人感情的变化，找出问题的症结。对方为什么对于这个问题面露得意之态？对方为什么对付款方式这样敏感？对方为什么急切想知道谈判协议能否达成，是负有某种使命吗？多问些问题，会使你对自己，特别是对方情绪变化更加敏感，体会出许多语言表达不清楚的东西，也有助于你掌握讲话的分寸，以免伤害对方感情。

②要保全面子，还要善于忍耐、倾听。学会理解对方是十分重要的。要特别强调的是，当对方发泄怨气，甚至发怒时，不要做相应的反应。对待愤怒、生气或其他消极感情的有效办法是使其发泄出来。在一般情况下，随着感情的爆发，怒气也会慢慢消失，这比隐藏在内心深处，支配人们的行动要好得多。但在对方发泄怒气时，要学会控制自己，不要马上做同样的反应。否则，除了会引起双方的争执外，不会得到任何东西。在对方发泄怒气时，最好的方法是静闻其言而不出口反击，让

对方把话说完，以减少积怨。

③当谈判对方或对方的某人处于非常窘困的境地时，我方应尽量想办法减少对方的敌意。常用的方法有：指出第三者的错误、矛盾，如会计人员的计算失误，某部门资料递交不及时等，也可以把问题归咎于双方企业的规定、程序以及其他方面而导致的差异、失误，这样可以推卸一些责任，使对方明白这并不是你有意造成的，借以缓和双方的对立情绪，也可以采取象征性办法或姿态给对方挽回面子。我们知道，如果恋人之间出现矛盾，要缓和关系，常常带些象征性的礼物，如鲜花、书籍、装饰品，真诚地找对方道歉，请求原谅，以打动对方。这样做不需要付出昂贵的代价，但却可以有效地缓和关系。在谈判中，消除双方紧张、对立、僵化的关系，也可以采用类似方法。如一种同情的表示，礼节性的拜访，一起就餐、娱乐，一则幽默笑话，都可以以最低的代价，缓和敌对的情绪。有这样一个事例，在柏林的一次学生示威运动中，政府调集了镇暴车和警察驱赶，正在双方紧张对峙时，突然从一辆警车中传出声音："各位女士、先生们，请走开或拿出你们的毛巾、浴巾，我们要做一些水上特技表演。"示威学生不禁哄然大笑。随后，大水从镇暴车中涌出，人们纷纷躲避，对立的情绪也随即缓和下来。

④注意交流。谈判本身就是一种交流，但双方互不信任，指责抱怨是常有的事。原因之一就是误解或交流不够，如误解对方讲话的含义，通过第三方传递歪曲的信息等。如果能及时、经常、面对面地沟通，把话放在桌面上，会很好地消除误解。

当然，我们这里讲的交流是双方全心全意地投入。一方认真陈述，另一方全神贯注地倾听。如果听者忙于思考下个问题，或急于提出自己的观点，就不能很好地理解对方所讲的，也起不到交流的作用。相反，对方认为阐述他的观点比倾听你的意见更重要，那么，也就谈不上交流。

3.5　坚持客观标准

无论是把谈判看成双方的合作，还是双方的较量，都无法否认谈判中双方利益冲突这一严酷现实。买方希望价格低一点，而卖方希望价格高一些；贷方希望高利率，借方希望低利率。从这种观点出发，一方希望得到对自己有利的结果，另一方也持同样的观点。这些分歧在谈判中时时刻刻存在着，谈判双方的任务就是清除或调和彼此的分歧，达成协议。

消除或调和彼此的分歧有多种方法，一般是通过双方的让步或妥协来实现的。而这种让步或妥协是基于双方的意愿，即愿意接受什么，不愿意接受什么。所以，常常会出现一方做出让步以换取另一方对等的让步。这样，调和和消除双方的分歧就变得十分困难，付出的代价也是巨大的，更谈不上创造性地解决问题。

坚持客观标准能够很好地克服建立在双方意愿基础上的让步所产生的弊病，

有利于谈判者达成一个明智而公正的协议。所谓客观标准，是指独立于各方意志之外的合乎情理和切实可用的准则。它既可能是一些惯例、通则，也可能是职业标准、道德标准、科学鉴定等。贸易谈判所涉及的内容极其广泛，客观标准也是多种多样的。例如，在大米交易谈判中，卖方报价是每吨1 000美元，而买方出价是每吨900美元，那么调和的标准是什么呢？这时市场上同类商品的价格就是参照物，就是谈判的客观标准。当然，这里客观标准只是谈判双方参照的依据，不是商定的价格。这是因为价格议定还要考虑交货期限、交易数量、商品质量等多种因素。如果双方都能从坚持客观标准这一原则出发，那么，所提出的要求和条件就比较客观、公正，而不是漫天要价，不着边际，调和双方的利益也变得可能和可行。

在谈判中坚持客观标准要注意以下三点：

3.5.1 标准的公正性

标准可以有许多种形式，而且不同的国家、社会制度，标准的差异也极大。但如果坚持以公正、公平的原则确定标准，就可以使标准更好地发挥权威作用，并以此来协调人们的相互关系。20世纪70年代，当埃以之间矛盾冲突不断，各方出面调停时，一位美国律师获准同埃及总统纳赛尔讨论埃以冲突问题。律师问纳赛尔："你希望梅厄夫人（以色列总理）采取什么行动？"纳赛尔坚决地答道："撤退！从阿拉伯的领土上完全撤退！"律师又惊讶地问："没有什么交换条件？对方从你这里什么也没得到？"纳赛尔斩钉截铁地说："什么也没有，这是我们的领土，以色列应该撤退！"律师又问："如果明天早晨梅厄夫人在广播和电视上宣布说：'我代表以色列人民宣布，我国将从自1967年以来获得的土地，包括西奈半岛、加沙走廊、西海岸、耶路撒冷和戈兰高地上完全撤退，但是阿拉伯国家没有做出任何让步。'那么，情况会变成什么样呢？"纳赛尔听完大笑起来，说道："啊，她在国内要有麻烦了！"在这次谈话中，埃及人认识到，他们对以色列提出的条件是不合实际，也是不公正的。纳赛尔修正了自己的观点，从而有了日后的中东停战协议。

3.5.2 标准的普遍性

任何一项谈判至少要涉及两个以上的问题。如购买机器设备的谈判要涉及机器设备的性能、安装、投产和人员培训、设计蓝图、技术要求、政府规定、预付款、最终付款、交货日期、维修服务等多项内容。这样，就必须从各个方面寻找客观标准，作为谈判的依据，如设备性能标准、技术要求指标、交货期限规定、维修服务内容等。有时，由于交易的内容比较特殊，没有现成的客观标准可供参考，可根据类似的情况，由双方拟订出一个参考标准。如特制设备交易谈判，可把标准设备的有关标准作为参照依据。

正如我们在第2章公平理论的研究中所指出的，客观公正的标准可能是多种多样的。在考虑标准的普遍性时应尽量发掘可以作为协议基础的形式，然后在诸多的候选形式中比较筛选，最好参与谈判的各方都要发表意见。在各方的讨论中确立的标准，会使大家都有执行的积极性。

3.5.3　标准的适用性

某些谈判内容可参照的标准有很多。例如，产品交易谈判中的价格，既有同类产品交易的惯例价格，也有某种情况下的市场价格。那么采用哪一个作为谈判的客观标准呢？这就取决于标准的适用性。谈判双方出现分歧就是依据不同的标准。例如，买方说："我方出价是每吨 1 900 美元，这是日本同类产品的售价。"卖方争辩道："我们认为这种商品的价格应是每吨 2 000 美元，这是目前的市场价。"这样，双方就需要认真商讨，确定出适用的客观标准。

坚持以客观标准为基础，并不是指以哪一方提出的标准为基础。一个合理的标准并不排除其他标准的存在。如果每一方都认为自己的标准是公平的，就无标准可言。这就要求双方在提出自己标准的基础上，努力寻求沟通它们的客观基础，寻找其内在联系。比如，哪一标准过去曾使用过？在什么样的条件下？哪一标准曾被更广泛地应用？

如果对问题进行彻底全面的讨论后，双方仍无法确定哪一标准是最合适的，那么比较好的做法是找一个双方都认为是公正的"第三方"，请他建议一种解决争端的标准，这样，问题会得到比较圆满的解决。

坚持客观标准还会避免双方讨价还价带来的弊病。因为坚持客观标准，你就有了公正的力量和听取意见的说服力。这使你反对武断的理由要比对方反对的客观标准的论据充分得多。拒绝让步但接受合理意见要比既拒绝让步又拒绝接受合理意见要容易得多。在这些问题上你赢得了优势，就可以把对方要求上的讨价还价变为客观标准的讨论，从而掌握谈判的主动权。

如果在谈判中对方的主张没有一点灵活性，没有一点变通的余地，那么，你所要考虑的则是接受这种不公正要求的后果，而不是自己的最佳选择。这种谈判即使是达成协议，也是以牺牲一方利益换取另一方利益的谈判，而不是双方都满意的谈判。

在谈判中坚持使用客观标准有助于双方和睦相处，冷静而又客观地分析问题，也有助于双方达成一个明智而又公正的协议。由于协议的达成是依据通用的惯例或公正的标准，双方都感到自己的利益没有受到损害，因而会有效地、积极地履行合同。

综上所述，我们通过谈判原则的分析，将谈判分为三种模式，即软式、硬式和原则式。美国哈佛大学著名谈判专家罗杰·费希尔与威廉·尤瑞，在他们所著的《谈判技巧》一书中，具体分析了这三种谈判模式最基本的差别，有助于我们更好地认识和运用原则性的谈判，见表3-2。

表3-2　　　　　　　　　　　　　三种谈判模式的基本特征

软　式	硬　式	原则式
对方是朋友	对方是对手	双方是问题的解决者
目标是达成协议	目标是取得胜利	要获得有效率、友好的结果
通过做出让步来搞好与对方的关系	把对方做出让步作为保持关系的条件	把人与问题分开
对人对事采取软的态度	对人对事采取硬的态度	对人软、对事硬
相信对方	不相信对方	超然于信任之外
轻易改变自己的立场	坚持自己的立场	着眼于利益，而不是立场
提出建议	提出威胁	寻求利益
提出自己最低限度的要求	谎报自己最低限度的要求	没有最低限度
同意以对方的损失来促成协议	坚持把己方片面得利作为协议的价值	提出互利的选择
寻找对方可以接受的答案	寻找自己可以接受的答案	探讨多重方案
坚持达成协议	坚持自己的立场	坚持客观标准
避免一场意志的竞争	努力赢得意志的竞争	寻找意志之外的合理结果
屈服于压力	施加压力	服从原则而不是压力

　　作者在为我们列出的谈判模式中，一一对应列出了共十三条谈判要点。就每一个要点来讲，都反映了其中某一谈判模式的基本特征。从中我们可以看出，三种谈判模式差异极大，特别是软、硬两种谈判模式，其出发点都是对立的，所表现的风格特征也完全不同。但原则式谈判模式则跳出了传统谈判观念的认识，从全新的视角出发认识谈判中的问题。

　　我们认为，如果你能清晰、准确地区分三种不同谈判模式的差异，并认真分析其优劣势，领会原则或谈判的精髓，一定会在谈判中有意想不到的收获。

本章案例

中国的入世谈判

　　大家都知道，中国入世谈判持续了十几年，为什么这样"艰苦卓绝"，其实这里有很多谈判战略和策略，归纳起来，就是如何坚持谈判原则。

　　中国入世谈判主要是与美国谈判。美国首席谈判代表是巴尔舍夫斯基，由于在谈判中她对中国不断提出要求，而且态度十分强硬，被中国代表戏称为"贪婪女士"，而中国的首席代表是时任外交部副部长的龙永图先生，由于在谈判中坚持立场，拒不妥协，美国谈判代表也给他起了个外号"抠门先生"。下面就是"贪婪女士"和"抠门先生"的坚持与妥协。

在谈判中的中方谈判代表有着非常巨大的压力，这一方面来自与对方的谈判，另一方面来自国内的压力，对国内各部门的解释被他们称为谈判的"第二战场"。

国内每个部门的负责官员都有一种强烈的愿望，想确保自己的部门在中国入世以后不受到冲击，还有一些人对关贸总协定条文、多边贸易体制不是很熟悉，因此，对谈判的内容多有误解，这些都给中方谈判代表带来了巨大的压力。

比如，在农产品进口方面，根据关贸总协定关税配额量的规定，配额量并不一定是实际进口量，进口量超过配额量就用高关税，低于配额量就用低关税，甚至免税。1999 年中国与美国达成协议，每年进口小麦的关税配额量为 700 多万吨，5 年以后，增加到 900 多万吨。当时国内有些部委负责人就误解了，以为我们承诺每年从美国进口 900 万吨小麦，国内粮食市场会遭到很大冲击。结果这种说法在国内引起很大反响，大都批评中方谈判代表让步太大了。但实际上配额量是一个控制量，不是一个非要进口的量。包括美国在内的其他国家，它们的关税配额量从来没有完成过。这种压力使中方谈判代表备受煎熬，真有一种"秀才遇到兵，有理说不清"的感觉。

再如 1994 年的谈判，其实是有可能取得突破性进展的。谈判开始时形势很好，澳大利亚和新西兰代表都表示坚决支持中国，前提是中国解决羊毛的进口配额问题。当时，中方谈判代表得到的授权是每年进口 16.9 万吨羊毛，而澳大利亚和新西兰要的是 18 万吨的配额指标。它们表示，只要中国同意，它们将全力支持中国。这两个国家是西方国家，如果它们的谈判阵营出现分裂，那么中国复关成功的机会就很大了。中方首席代表龙永图很想同意这 18 万吨的配额指标，但是与代表团其他成员商量的时候，他们堵死了任何可能性。结果中方就坚决守住16.9 万吨的底线，最后拒绝了澳大利亚和新西兰的要求。这致使澳方和新方坚决站在美国一面，态度非常强硬。

使中方谈判代表沮丧的是，等他们回到国内查看 1994 年的进口数据，却发现 1994 年中国实际进口了 31 万吨羊毛，远远超过 18 万吨。当时，中国的进出口管理很松散，"一般贸易进口""加工贸易进口"以及其他贸易形式不一而足，而管理则是分兵把口，各管各事，结果连全国每年进口多少羊毛都没有一个清楚的概念。16.9 万吨的配额也没有什么科学依据，而澳大利亚和新西兰这些国家知道自己每年出口了多少，知道当时中国每年平均进口 22 万吨，它们要求 18 万吨并不过分。

龙永图认为，1994 年的复关没有冲出去，主要问题出在内部协调不力和管理体制的混乱上，这种情况的出现让中方代表在谈判中腹背受敌。1999 年，中美达成协议后，大家都激动万分，但谈判核心人物龙永图却感到有些遗憾……

资料来源　龙永图，白岩松. 中国，再启动 [M]. 南京：江苏凤凰文艺出版社，2014.

思考题：

1. 你认为中国入世谈判有哪些经验教训值得汲取？

2. 中国涉外谈判代表在哪些方面有所进步？原因是什么？

复习思考题

1.在谈判中怎样做才能满足谈判双方的"实质利益和关系利益"？

2.为什么说要"避免在立场上磋商问题"？

3.提出互利选择需要关注哪些方面？

4.为什么说善于"区分人与问题"是谈判最重要的原则？

5.坚持客观标准包括哪些标准？

自我评估测验试题三

1.你认为谈判双方是一种什么样的关系（　　　）

①平等合作

②以竞争为主的合作

③高度的竞争

④敌对的较量

2.在谈判中，你是坚持原则，还是坚持立场（　　　）

①坚持立场与原则

②坚持原则

③坚持立场

④为达成协议都可放弃

3.你赞成哪一种交易（　　　）

①对双方都有利的交易

②对自己有利的交易

③各人为自己打算的交易

④对自己有利，对对方不利的交易

4.你认为哪一种做法会收到更好的谈判效果（　　　）

①巧妙地运用灵活变通的策略

②利用我方优势，给对方造成压力

③坚持立场，毫不让步

④激怒对方，使他丧失理智

5.在谈判中，你如何看待各方的利益（　　　）

①是必须调和的

②是可以调和的

③是矛盾的

④是不可调和的

6.在区分和处理人与事的问题上，你赞同的观点是（　　）

①对人软、对事硬

②见机行事

③对人、对事都采取硬的态度

④对人、对事都采取软的态度

7.在处理谈判问题时，你怎样做出决策（　　）

①全盘考虑后果再决定

②马上决定

③从己方利益考虑决定

④凭想当然做决定

8.当双方出现矛盾，谈判进行不下去时，你经常采取的做法是（　　）

①仔细寻找矛盾的根源

②考虑是否是己方原因

③置之不理

④责备、抱怨对方

9.在谈判中，你根据什么向对方提出要求（　　）

①客观标准

②我方的需要

③最高的目标

④对方能接受的目标

10.你怎样处理与对方的关系（　　）

①保全面子，不伤感情

②取决于对方对我方的态度

③想怎么干就怎么干，不考虑对方

④刺激对方，利用对方

11.你认为在谈判中什么是最重要的（　　）

①灵活性、变通性、创造性

②耐心和力量

③权力和欲望

④坚持立场

12.你认为成功谈判的标志是（　　）

①我方的绝对胜利

②达到我方既定目标

③签订协议

④双方都满意

13.谈判中，你是否关心对方需要的满足（　　）

①十分关心

②比较在意

③不太关心

④根本不关心

14.运用"认知不协调"理论研究消除谈判各方的矛盾,这是根据( )

①人有一种消除认识不和谐的本能

②人有调整认识与实践差异的能力

③两种相互矛盾的认知心理

④人的自我调整认识误区

15.区分人与问题就是指( )

①在立场上把对人、对事区分开来

②在观念上把对人、对事区分开来

③在感情上把对人、对事区分开来

④在行动上把对人、对事区分开来

16.在谈判桌上,如果你被激怒,你的反应是( )

①当场发泄怒气

②埋在心底,寻找机会反击

③控制自己,平静如初

④不理对方

17.你作为谈判者,比较相信哪种方式提供的客观标准( )

①权威性的信息发布单位

②企业固有的信息渠道

③可能收集到的信息情报

④朋友关系的介绍

18.你认为在什么情况下,坚持使用客观标准( )

①双方就某一问题有分歧时的僵持阶段

②在双方提出自己条件的初始阶段

③商定合同条款的时候

④贯穿于整个谈判过程

19.你是否同意下列观点:坚持强硬立场,就会迫使对方让步,为我方争取更多的利益( )

①完全同意

②有保留同意

③不同意

④不清楚

20.你对宽容持什么态度( )

①对方宽容,我也宽容

②与人为善

③争取对方宽容

④从不宽容

第 *4* 章

谈判准备

谈判的准备和谈判进行一样重要。如果没有谈判前充分、细致、全面的准备工作，也不会有谈判的顺利进行。任何一项成功的谈判都是建立在良好的准备工作基础上的。俗话说："大军未动，粮草先行"，打仗是这样，完成任务是这样，谈判也是如此。

谈判是一种复杂的综合性的活动，其准备工作也是内容庞杂、范围广泛的。这里我们着重从人员、信息收集、计划、物质条件四个方面介绍准备工作的基本内容。

4.1 谈判人员准备

由于谈判的主体是人，因此，筹备谈判的第一项内容就是人员准备，即组建谈判小组。完成这方面的准备工作需要解决以下几个问题：如何选择谈判人员？怎样组建谈判小组？什么样的人担任谈判组的领导？如何加强小组内的协作？怎样处理谈判小组与企业的关系？

4.1.1 谈判组人员数量的确定

谈判小组成员应由几个人组成，没有统一的规定，但谈判专家的研究表明，就一般谈判来讲，谈判小组以不超过4个人最为理想。这是因为：

（1）要使谈判人员各显其能，发挥作用，使谈判工作有条不紊、卓有成效，谈判组的人员就不宜过多，否则，就会使某些成员无法发挥作用，甚至会因意见纷杂而莫衷一是，以致因协调内部关系而分散了与对方交锋的精力，丧失谈判的主动权。

（2）现代管理理论认为，在复杂多变的环境中，管理的跨距不宜过宽。三四个人的管理跨距便于经理人员或谈判组负责人对谈判过程实施监督，对小组成员进行协调，也便于成员间沟通信息，交流情况，相互配合。法国管理学家格拉丘纳斯进行了大量的组织内管理幅度与人际关系的研究，提出了管理人际关系的数学模型，即"当管理幅度按算术级数增加时，人员间的复杂关系按几何级数增加"。它可以用公式来表示：

R=n $[2^{n-1}+(n-1)]$

式中：n——组织内所领导或管辖的人员数；

R——由此产生的人际关系数。

由此可见，一个管理者能否有效管理和协调好一个团队，除了他的知识、能力、精力、职务性质对协调团队的人际关系有重要影响外，所辖团队的人数也是重要的影响因素。

（3）即使是大型项目的谈判，其中的每一次谈判所需要的专门知识也不超过三四种，谈判小组内有一两个专业技术人员或专家完全能够应付。这里需要指出，如果谈判需要非同寻常的专家或技术人员，最好让他们以观察员或顾问的身份参与工作，而不是以正式代表的身份参与谈判。他们不应有直接的发言权，以避免由于他们缺乏谈判的经验和策略，过于直率的表达，造成一方的被动。

（4）要完成谈判的全过程，更好地发挥各类谈判人员的作用，及时处理谈判中的意外情况，有时需调整或更换谈判人员。例如，在谈判摸底阶段和条款的协商阶段，需要市场调研人员和生产技术人员参与，律师可能是多余的。但在签订合同阶段，需要律师审查合同草案，以便确保合同的每一条款都措辞严谨，具有法律效力，因此，律师可能代替技术人员成为谈判小组成员。但从整个谈判过程来讲，谈判组成员数量并未改变。

当然，这并不是说谈判小组成员一定是4个人，确定小组成员人数关键是看需要，如果是大型谈判或特殊谈判，4个人会显得势单力薄，甚至会被对方认为是不重视。那么，谈判人员则不是以谈判小组，而应以谈判代表团成员的身份参加谈判了。谈判专家斯科特认为，如果没有特别的原因，都应力求谈判规模小型化，以利于谈判者恰当地利用谈判技巧对谈判班子进行有力的协调与控制，即便是大型规模的谈判，人员也最好不要超过12个人。

4.1.2 谈判组成员的构成

如同确立小组谈判人数一样，谈判小组人员的构成也没有统一的模式。但从谈判的需要来看，谈判人员可由与交易内容有关的部门选派，即主管部门人员、企业人员、专业技术人员以及翻译与律师等。

主管部门人员：可以是主管部门某一负责人，也可以是主管部门中与谈判相关的项目负责人。他要了解、掌握全盘情况，有权在谈判中做出主要决策。

企业人员：可以是企业的主要负责人，也可以是企业中谈判项目的负责人。他们了解、掌握项目中有关企业的主要情况，根据企业的规模和生产能力估量企业在项目中能承担的任务。因此，企业人员，特别是企业负责人参加项目谈判是十分重要的。同时，他们也会因为参加了谈判，参与了协议的整个讨论过程，进一步增强了责任感与自信心，竭尽全力履行合同。

专业技术人员：在许多谈判，特别是专项谈判中，常常需要某些方面或领域的情报和专业知识，如专业技术知识、财务知识、国际商法知识、世界市场行情等，因此，专业技术人员也是必不可少的。他可能是某一行业或领域的专家、技术人员，也可能是教授、顾问等。

翻译与律师：在涉外谈判中，翻译人员也是谈判小组的主要成员，谈判中一个不成文的惯例，就是一方决不使用另一方推荐的翻译人员。另外，律师参与谈判也是必要的，国际贸易涉及国际公法或其他国家的法律，仅凭谈判人员粗浅的法律知识是远远不够的，要聘请专门的法律顾问或律师，以保证合同条款的法律效力。

4.1.3　谈判组成员的相互配合

谈判组既然是由两个以上人员构成，就存在人员之间相互协调、配合的问题。同时，由于谈判组人员选配是根据谈判内容需要确定的，人员相互之间可能并不熟悉、了解，这样，就加大了小组成员之间相互配合与支持的难度。我们认为，小组成员间的相互配合主要表现在两个方面，即谈判小组领导人与其成员的配合、谈判组成员间的相互配合。

1）谈判组领导人的作用

什么样的人才是谈判小组领导人的最佳人选？对于这个问题，答案不一致。我们认为，最重要的衡量标准是人的能力。对领导者的要求并不是要他什么都懂，什么都会，而是看他能否很好地发挥其他人员的能力、作用，能否在谈判中恰如其分地调动和使用各类人员。高明的决策者能充分调动谈判人员的积极性、主动性、创造性，使谈判绝路逢生；而低能的决策者会压抑谈判人员积极性、主动性的发挥，使谈判功亏一篑。

谈判组领导人的能力主要表现为：有坚定的自信心，有较强的决策能力、观察判断能力、组织协调能力、应变能力、表达能力等。具有这些方面的能力，小组领导人就能有效地发挥其作用，使谈判小组成为一个团结一心的坚强集体。

此外，谈判组领导人的领导风格也很重要。谈判组应该高效率地协同工作，但它的效率则取决于小组成员是否适应在某种领导风格下工作。例如，谈判组成员所在企业是权力集中型的领导风格，所有的信息都汇集给企业经理，然后由他做出决策。如果谈判领导人也具有相应的风格，双方就会配合得很好。领导在谈判中起决定作用，其余成员就形势做出分析，提出建议由他决定是否采纳。相反，如果领导人的风格是权力分散型的，那么他在谈判过程中，则会起协调沟通作用，有效地调动小组成员的积极性，发挥每个成员的能力与智慧。

2）谈判组成员间的相互配合

谈判组成员间的相互配合、相互支持有多种形式。比如，当需要发言人介绍我方谈判意图、情况时，其他人员为发言人提供资料、数据等。这里我们主要就谈判人员在谈判场合的表现，如介绍、插话、表情、动作等，说明谈判组成员间的相互配合与默契。

介绍是谈判双方相互接触、认识必不可少的环节。怎样通过介绍给对方良好的

"第一印象"，需要一定的策略技巧。例如，我方谈判组负责人向对方介绍一位小组成员，他可以说"这是我们的财务会计李××"，也可以说"这是我们会计李××，他具有从事15年财务工作的丰富经验，曾负责审查过金额达1 500万美元的贷款项目"。对比之下，显然，后一种介绍更有影响力，会在一见面的接触中，给对方一定的心理压力。这种方法，在介绍我方主要谈判成员时十分有效。

插话也是成员间相互配合的形式。如对谈判组成员的发言表示赞同、支持，或是为发言者做进一步的证明，可在同事谈话停顿或告一段落时插话。例如，当双方谈及交货问题时，我方主管人员说："由于订货量较大，恐怕三个月之内交货有困难。"这时，有关人员插话："在本季度内，我们每个月都得完成300台以上的任务，所以，即使三个月以后交货，也要订出详细计划，加班加点。"这样，既巧妙地支持了我方的发言，又强调了问题的重要性、可信性。

谈判组成员们的表情神态、动作也有助于相互沟通、支持。如我方主要发言人在讲话时，其成员东张西望，心不在焉，或者坐立不安，交头接耳，就会削弱我方发言人在对方心目中的地位，也干扰对方的理解。如果我方代表在讲话时，其成员聚精会神地倾听，不时表示赞同地点点头，做些必要的补充，就会给对方留下良好的心理印象，加重所阐述问题的分量。

3）谈判小组的对外沟通

在小组谈判中，我们强调尽量要缩小谈判规模，但是，在许多情况下，谈判的规模较大，出席的人员也很多，但不论出席人员多少，都应由谈判负责人或主谈者来对外沟通，以防止由于意见分歧或有意、无意的过失，给对方造成可乘之机。美国谈判专家荷伯·柯恩的经历值得借鉴。一次，他代表某公司与另一家公司进行谈判，由于谈判地点设在对方公司所在地，因此，在闲暇休息时，他与该公司所辖工厂的领班聊起天来。这位领班告诉柯恩，他用过许多公司的产品，但只有柯恩所代表的公司的产品通过了实验，符合他们的规定。然后，他又进一步补充说，他们期待谈判会很快有结果，这是因为厂里的存货快用完了。可想而知，柯恩掌握了这些信息，对他控制谈判的主动权会有多么大的帮助。

4.1.4 后援力量

比较大型或重要的谈判，常常要准备一定的后备力量。后备力量的人选可能是企业或部门的经理、负责人，也可能是专门业务人员、技术人员，以备谈判出现问题时及时与企业有关人员取得联系，调整、更换谈判人员。

谈判组要得到后备力量的支持，必须协调同他们的关系。谈判组在谈判之前，要明确自己的责任范围、权限范围，以免因责任不清而发生冲突，贻误战机。在谈判中，必须及时同企业的后备人员沟通情况，商谈有关问题，以进一步加强谈判组的力量。

比较大型和复杂的谈判，往往要经过数年的时间，甚至历经波折，谈判人员及谈判场所的调整、变更更是司空见惯，如果这方面准备充分、调整得当会有极为重大的收获。中国入世谈判，在1992年的知识产权谈判阶段，原准备出席谈判的外经贸部领导突然因病不能出席，中方经过慎重考虑，派出了曾任北京市副市长，时任外经贸部副部长的吴仪，这位"小女子"的出马，令所有人刮目相看。她那机智灵活又不失尊严、原则的谈判风格令中美之间因长期矛盾、多次谈判无实质进展的知识产权谈判打开了突破口。其中最为著名的是吴仪与美国谈判代表梅西的交锋。美方谈判代表梅西的"我们是在与小偷谈判"和中方主帅吴仪的"我们是在同强盗谈判"的谈判开场白堪称经典，流传甚广。

4.2　谈判所需知识的积累和信息的收集

随着科学技术的飞速发展，我们已进入了信息爆炸的时代。了解信息，掌握知识，已成为人们成功地进行各种活动的保证。谈判则是人们运用信息获取所需事物的一种活动，所以，谁掌握了信息，谁就掌握了谈判的主动权，有了赢得谈判成功的基本保证。国际著名谈判大师基辛格说："谈判的秘诀在于知道一切、回答一切。"

4.2.1　了解政府的方针、政策、法律及民俗

任何国家的经济活动都离不开政府的调节控制。社会经济活动都是在国家的宏观计划调节下进行的，政府的各项方针、政策为经济发展指明了方向，创造了宽松的市场环境，从而保证了经济活动的顺利进行。自然，企业的各种经济活动也是在这些方针指导下进行的。这就要求谈判人员必须了解党和政府的有关方针、政策，以及与此相适应的各种措施、规定，以保证交易的内容、方式符合政府的有关规定，保证合同协议的有效性、合法性。

同时，及时地了解党和政府方针、政策的调整也是十分重要的。21世纪中国经济的高速发展为中国对外交往的扩大、贸易的发展创造了极为有利的条件。中国改革开放40多年来，党中央提出进一步加大对外开放的力度，政府的各项方针、政策也随之相应变化，更加欢迎国际资本进入中国市场，中国企业也不断走向世界。这些都需要企业及时了解和掌握。

此外，不同国家出口管制的内容有很大差别。某种商品在某国可能是紧缺物资，限量出口，但在另一国可能是剩余商品，大量出口。了解这些信息，有利于我们选择谈判对手，制定正确的谈判目标，确定在谈判中的基本策略。

在国际贸易谈判中，了解不同文化背景下的消费习俗、消费心理和购买行为是十分必要的。这是因为所交易的产品从设计、命名、商标、包装、运输以至交货日期都可能在不同程度上与消费习俗、购买心理有一定的联系，影响买方的经营与销售。

霍夫斯泰德对文化四个基本要素分化的研究，为我们了解不同国家谈判对手有很好的借鉴意义。我们可运用这四个要素对谈判人员的行为进行分类：一是参与者

之间的权力差异，它表达了人们愿意接受的等级制度差异。二是避免不确定性的趋势，它与压力、稳定性和执行规则的愿望有关。三是个人主义，主要是指个人和集体之间的关系。四是刚毅，是指获得成功的欲望。用这些指标判别，可以描绘出民族文化的概貌。例如：马来西亚人比犹太人更重视权力（按照霍夫斯泰德的计算法，马来西亚人获得104分，犹太人获得13分）；厄瓜多尔人比美国人更有集体思想（按照个人主义程度，前者是8，后者是91）；希腊人比新加坡人具有一种更强烈的避免不确定性的趋向（112∶8）；日本人比瑞典人更强调男子气概的价值标准（95∶5）。

4.2.2　掌握市场行情

随着现代社会生活节奏的不断加快，企业间的竞争也更加激烈，市场行情瞬息万变，这一切促使人们十分重视信息的收集与掌握。在谈判中，必须及时、准确地了解与目标对象有关的市场行情，预测分析其变化动态，以掌握谈判的主动权。这里所讲的市场行情是广义的，不仅仅局限于对价格变化的了解，还应包括市场同类商品的供求状况，相关产品与替代产品的供求状况，产品技术发展趋势，主要竞争厂家的生产能力、经营状况、市场占有率，市场价格变动比例趋势，有关产品的零配件供应，以及影响供求变化等显现与潜在的各种因素。一个最著名的例子，就是在20世纪60年代中国与日本进行的石油设备交易谈判。60年代中期，中国发现了大庆油田，但当时对外是严格封锁消息的。1966年7月，《中国画报》封面上刊登了大庆石油工人艰苦创业的照片，画面上，工人们身穿大棉袄，正冒着鹅毛大雪奋战在钻井平台上。据此，日本人得出结论，大庆油田可能在东三省北部的某地，因为中国其他地区很难下这么大的雪。接着，日本人又注意到《人民日报》报道，王进喜到了马家窑，豪迈地说：好大的油海啊，我们要把中国石油落后的帽子扔到太平洋里去。于是，日本人找来旧地图，发现马家窑位于黑龙江省海伦县东南的一个村子。之后日本人又根据日文版的《人民中国》的介绍，中国工人阶级发扬"一不怕苦，二不怕死"的精神，肩扛人抬将设备运到现场，推断石油钻井平台离马家窑很近，又根据当年王进喜出席第三届人民代表大会，推断大庆油田出油了。最后，日本人又根据大庆油田钻塔的照片，推算出油井的直径，由当时的全国石油产量减去原有产量，算出大庆油田的石油总产量。在此基础上，日本人设计了适合大庆油田操作的石油设备，当我国突然向外界宣布在国际上征求石油设备设计方案时，日本人一举中标。

掌握市场行情，并不是要把所有市场信息都收集起来，不分轻重、主次、真假，一概加以考虑研究。为保证信息、情报的准确、可靠，必须对所收集的市场信息进行反复筛选、过滤、加工、整理，使原始的情报信息变成对谈判交易活动有用的市场情报。鉴别和筛选情报、信息主要应从客观性、及时性、全面性、典型性、适应性几方面加以考虑。

在互联网时代，了解信息的渠道十分快捷与方便，人们在5分钟内就可以通过电脑系统查询、收集有关信息。移动互联网的发展，使人们随时随地都能够了解信息。而且，信息查询与分析系统、数据处理系统、预测分析系统不断完善，大数据、云计算等已经显示出信息系统强大的整合和服务能力。

我国的信息产业已经成为国民经济发展的支柱产业，人们已经开始认识到信息在企业成长、创造效益上的巨大作用。2014年，阿里巴巴在美国上市，创造了中国企业IPO的神话，也使中国互联网企业有了世界声誉。智研咨询发布的《2019—2025年中国移动支付行业市场供需预测及发展前景预测报告》显示，2018年全国手机网络支付（移动支付）用户规模达5.83亿，年增长率为10.7%，手机网民中的使用比例由70.0%提升至71.4%。艾媒咨询数据表明，在全球主要经济体中，中国国内移动钱包消费占比最高，其中电子商务消费中移动钱包消费占比达到65%，远超英国、德国、美国和日本。2018年中国移动支付交易规模达277.4万亿元，较2017年增长136.7%。2019年第一季度交易规模达83.9万亿元。2019年移动支付用户规模突破7亿人。但是，我国企业在汇集信息、利用信息和向信息要效益上与国际先进水平相比还存在差距。特别在网络核心技术创新、动态数据整理和利用，细节分析和采集、数据模型研究和实践等方面还须不断提升。

4.2.3　摸清对方情况

古语曰："知己知彼，百战不殆。"只有了解和掌握谈判对手情况，才能有针对性地制定我方的谈判策略。收集谈判对手的情况，可以从已收集的市场信息中加以筛选，但这类情报具有较强的目的性、特殊性，还要采用其他的信息收集方法，以掌握更多的信息。

（1）案头调查法。当双方成为谈判对手，准备进行贸易洽商时，为了便于对方了解本企业或产品的情况，常常相互间提供一些资料，如商品目录、报价单、企业情况简介、产品说明书等。有些企业为了招揽客户，还专门把印有企业生产经营所有产品的一览表、小册子赠送给可能成为交易对象的客户。所以，谈判人员应首先把这些资料收集、整理起来，进行分析研究。这种调研方法投资少、见效快，简便易行。

（2）直接调查法。这是由谈判人员通过直接、间接地接触获取有关情况和资料的方法。例如，谈判人员可以向本企业那些曾和对方有过交往的人员进行了解，也可以通过函电方式直接与对方联系，而对较重要的谈判，双方则可能安排非正式的初步洽商。这种预备性接触好处很多，不仅可以使我们有机会正面了解对方的意图以及立场、态度，而且也可以使对方对我们的诚意、观点有所了解，以此促进双方在平等互利、互谅互让的基础上通力合作。

（3）购买法。当交易规模、数量较大时，有时采取先小批量购买的方式直接了解对方产品情况。在收集、掌握对方资料的基础上，要对谈判对方进行认真分析与研究，以便进一步明确谈判对手的意图、目的，从而推测出双方在哪些方面能够取得一致意见，在哪些方面可能出现问题、分歧，会谈会有怎样的成果，据此制定调整我方的谈判方针、策略，使目标制定得更加切合实际。

分析的内容还可以拓展到：对方的公司或企业是属于保守型还是开放型？是处于不断扩大生产经营规模的成长中的企业，还是已占有足够市场份额的大型企业？它们与其他客户是怎样交易的？有着什么样的声誉？我方与对手的实力对比如何？双方的优劣势各是什么？只有在认真分析研究的基础上，才能把众多杂乱的信息归纳为切实可用的情报，使之发挥出奇制胜的作用。

（4）网络渠道。互联网时代，通过网络渠道发手机信息已经是许多企业的必然选择。线上和线下融合已经成为企业发展的主流，中国企业也在这方面谋篇布局。小米科技入股美的，要在全产业链上谋求全面发展；传统的零售业也全力以赴建设网上渠道。这会深刻影响相关行业，甚至改变我们的交流和生活方式。

通过网络渠道了解信息不仅成本低，而且实效好，目前，企业流行的做法是建立网站，将许多产品信息定期在网上发布，也有的企业将各种营销手段利用网络渠道广为传播，与顾客互动，增加顾客的黏性，也提高了企业的知名度。但是，网络发达也存在着信息过载和误读的问题，每一个较为重要的事件发生，网络的曝光率和传递速度也是最快的，其负面效应也十分明显。这需要企业不仅建立规范和高效的信息系统，还要善于管理。

了解对手还包括了解对方参加谈判人员的个人情况，尽可能了解和掌握谈判对手的性格、爱好、兴趣、专长，了解他们的职业、经历以及处理问题的风格、方式等。特别是在一对一的谈判中，掌握对手的兴趣、爱好，投其所好，会使你取得意想不到的成功。美国著名人际关系学专家戴尔·卡内基举了一个"推销员"推销面包的事例，就是最好的说明。迪巴诺面包公司是纽约一家有名气的面包公司，但是纽约一家大饭店却从未向它订购过面包，四年来，公司经理迪巴诺每星期去拜访大饭店经理一次，也参加他所举行的会议，甚至以客人的身份住进大饭店。不论他采取正面攻势，还是旁敲侧击，这家大饭店仍丝毫不为其所动，这反而更激起了迪巴诺推销面包的决心。但需要采取什么方式呢？通过调查，迪巴诺发现，饭店的经理是美国饭店协会的会长，特别热心于协会的具体工作，凡是协会召开的会议，不论他在何地，他都一定参加。这一次，迪巴诺去拜访他时，便大谈起协会的有关事情，果然引起了经理的兴趣，饭店经理滔滔不绝地讲了协会的各种情况，声称协会给他带来了无穷乐趣，并邀请迪巴诺参加。在两人交谈中，丝毫也没涉及购买面包事宜。但几天后，饭店的采购部门打来电话，表示要购买迪巴诺公司的面包。这使得迪巴诺感慨万分，单纯为了推销面包，历时四年，竟连一粒面包渣也没卖出去，可仅仅对饭店经理所热心的事情表示关注，形势竟完全改观。

4.2.4　熟悉国际交往礼仪

实行改革开放政策以来，随着我国对外交往的不断扩大，国际性的贸易活动也迅速增加，从而使涉外谈判成为商务谈判的重要内容。

进行涉外谈判的准备，不仅要了解市场信息、谈判对手的情况，还要熟悉国际间交往的礼仪，了解不同国家谈判人员的风格、特点、商业习惯。这也是影响谈判成功的重要因素。

国际交往的礼仪表现在各个方面，这里我们主要介绍与谈判活动密切相关的几点：

（1）名片。名片在谈判人员的交往中起重要的媒介作用。在正式谈判的场合，谈判人员的身份都要由介绍人介绍，但也要寻找适当的机会交换名片，因为名片清楚、准确地显示了你的姓名、地位、职务，为双方的联系与交往提供了方便。在交换名片时，要认真浏览名片，切不可扫一眼就装入口袋了事。如果是出国洽谈，在名片上最好写上投宿的旅馆名称、房间号码、电话号码等。在国际交往中，日本人最重视名片的作用，据资料介绍，一位美国专家曾在一次与日本人的谈判中，一连交换了112张名片。

（2）礼物。在商业交际中，互赠礼物是常有之事，礼物虽小，但可以加深相互的友谊，有利于促进彼此之间的贸易关系。但赠送礼物不能草率，在一般情况下，要根据客人的身份或对方赠礼的情况决定礼物的价值。礼品不一定越贵越好，过于贵重的礼物会使受礼者过意不去或产生疑心，最好选择有纪念意义或民族特色的礼物，但也要考虑对方的消费习俗。

（3）着装。在商业交往中，着装也很重要。法国时装设计大师香奈尔说："如果一个人穿得十分邋遢，你注意到的便是他的服装，如果他穿得十分整洁，你才注意到他本人。"一般来讲，着装要整洁大方。在谈判时要尽量穿深色西装，西方人有一种习惯，商人或政界人士着深色西装，如果穿浅色、过于时髦的服装，则给人一种轻浮不可信的感觉。此外，着西装时，上装纽扣要扣上一粒，在别人面前不要把手插在口袋里，不要搂着胳膊。

（4）餐桌礼貌。吃西餐与中餐的差别很大，其中，刀叉、餐巾的使用，座位的安排都有讲究，切不可失礼。中国人习惯边喝酒、边抽烟。但在西餐中，吸烟却是在喝咖啡时，而且，在诸多公众场合不允许吸烟。吃中餐许多人都有剩菜、剩饭的习惯，而在西餐中则是不礼貌的。

西餐中不论是菜还是汤，都应该等到每个人都端好以后，主宾一起开始吃，吃的速度也应大家同步，不要过快或过慢，还应避免吃东西时的特殊声音，以免引起别人的不快。

（5）日常礼貌。在国际交往中，言谈、举止、风度是十分重要的。除了要求举止大方、言谈得体外，还应注意一些细节问题。如在公共场合，不要大声、毫无顾忌地谈笑、争论，声音过大，会破坏周围的气氛，妨碍他人。

外出探访，不论是公事还是私事，一定要事先约好，突然登门拜访是不礼貌的。赴约时既不要迟到，也不要提前，寒暄答谢要适可而止。特别是在访问结束辞别时，道谢之后要马上离开，拖拖拉拉，一再答谢道别，讲个没完，反而失礼。在公众场合，女士先行，不要抢先进门上车、就座。了解国际交往礼仪，可以使你的言谈举止更加得体，使你能友好和平地与人相处，并赢得对方的信任与尊重，这对你的谈判将大有裨益。

4.3 拟订谈判方案

方案是人们在行动前预先拟订的具体内容和行动步骤的框架，制订周密、细致的谈判方案是保证谈判顺利进行的必要条件。所以，拟订谈判方案是谈判准备工作的核心。拟订谈判方案应包括以下几方面内容：

4.3.1 选择谈判对手

由于谈判至少是两方以上发生的行为，因此要进行谈判，必须要确定谈判对手。但谈判又是双方自愿的行为，还要考虑对方能否成为我方的贸易伙伴。双方在谈判中的实力和地位如何，对我们应在谈判中采用的风格和策略影响很大。如果谈判双方有可能存在经常性的贸易行为，就必须重视对对方企业乃至个人情况进行详细的调查研究，并估计谈判双方的实力，寻找那些可能增进双方友谊、促进双方感情交流的机会。如西方一些大企业之间经常安排球队互访比赛，召开各种形式的联谊会，其目的都是增强双方的友谊，融洽双方关系，以利于双方洽谈。

如果没有可能或不必要与对方建立长期的贸易关系，其战略战术应有所变化，至少在谈判中不能给对方以过多的让步，不必花费过多的精力维系双方的友谊与交往。

此外，如果进行经常性的贸易，应注意与具有良好信誉的客户建立联系并大力维护双方关系。在选择谈判对手时，一般应确定在三四家以内。

如果谈判内容广泛，交易比较复杂，可将对手确定在两家以内。否则，对手过多，会分散我方注意力，难于处理和控制复杂的谈判过程。谈判另一方也因竞争对手较多而失去谈判的信心，反而不利于谈判进行。

然而，如果只选择一家企业作为谈判对手，而无法进行比较和鉴别，对方也可能利用这一局面，向我方提出苛刻的要求，迫使我方做出较大让步。所以，至少应考虑两家以上的企业作为谈判对手。

对一次性买卖，谈判对手的数目则不必受到限制。如果是大项目，企业可以采取招标的方式，在对方递价的基础上，确定谈判对手。

4.3.2 制定谈判目标

目标是人们行动预期达到的成果或结果，也是考核或检查人们行动效率的标准。

谈判目标就是检验谈判效率和成果的依据和标准，也是谈判思想、方针、策略的具体化和数量化。目标制定得正确与否，以及能否达到目标，意味着谈判活动的成败与效率的高低，因而正确地制定与实现谈判目标，对于整个谈判具有决定性的意义。

由于谈判是一个持续发展的过程，因此，谈判目标也要有阶段性目标或分目标。从战略角度来讲，目标可以分为以下三个层次：企业总目标、谈判目标、谈判某一阶段的具体目标。

1）企业总目标

任何企业的生产经营活动都离不开目标体系，如企业发展的长期目标、中短期目标、企业总体目标、部门目标等。目标在企业的生产经营活动中具有重要意义，决定着企业在一定时期内的生产经营方向和奋斗目标。它是企业目的和任务的转化、分解。企业主要是根据各个不同的具体目标进行生产经营活动。

谈判内容是企业生产经营活动的一部分，必须服从和维护企业的总体目标，这就要求在制定谈判目标时以企业的总目标为标准。如为了保证企业在 2015 年开工率达 100%，要确保得到总数为 500 万元的订单，这里，得到总数为 500 万元的订单并不是一次谈判所要达到的目标，但是，每次谈判都要考虑到这一总体目标，总体目标的实现依赖于每个部分目标的完成。500 万元的订单，如果需要五次交易实现的话，那么，每次谈判至少要实现 100 万元的分目标，所以，总目标是制定分目标的依据和标准。总目标确定后，谈判人员就可以明确在每次谈判中的目标和责任，明确自己所处的地位及谈判成功的意义，从而采取相应的谈判策略与技巧，以保证实现企业的总目标。

2）谈判目标

这是指每次谈判所要达到的目标。它是谈判活动的总目标，对企业生产经营活动来讲，它又是分目标、具体目标。分目标的实现对完成总目标有极其重要的意义，也是谈判成功的标志。

谈判目标，即分目标的制定，既要考虑企业的总体目标，也要考虑企业的实际状况、谈判对手的实力、双方力量对比，以及市场供求变化因素。例如，企业 2015 年的总目标是确保得到 500 万元的订单，在市场供需稳定的情况下，谈判的对方又是老客户，关系较好，而企业目前又迫切需要得到订单，以保证生产的连续性。这样在第一季度中，就可以把谈判的总目标定为 150 万元。必要时，可以在其他方面给对方一定的让步或优惠，如提前交货等，以确保目标的实现。

谈判目标的制定极为重要，它关系到企业总体目标的实现，又决定了在谈判中每一阶段具体目标的制定，以及在谈判中所采取的策略。因此，在制定谈判目标时需要十分慎重，要在综合多方信息、资料的基础上，反复研究确定。确定谈判目标一般包括以下几个要素：交易额、价格、支付方式、交货条件、运输、产品规格、质量、服务标准等。

但是，仅仅列出单一的谈判目标还是很不够的，它只是具体的指标，还要从总体上综合考虑谈判可能出现的结果，并制定相应的目标，这就是谈判的最优期望目标、可接受目标和最低限度目标。因为在实际谈判中，谈判的双方都会遇到这样的问题：我方应该首先报价吗？如果首先报价，开价多少？如果是对方首先报价，我方应还价多少？倘若双方就价格争执不下，那么，在什么条件下我方可接受对方的条件？在什么情况下，我方必须坚守最后防线？要更好地解决这些问题，就必须认真研究、制定谈判的最优期望目标、可接受目标和最低限度目标。

（1）最优期望目标。这是指对目标制定一方最为理想的谈判目标。它是在满足目标制定者的基本利益之外，加上一个增加值。所以，最优期望目标，也被谈判专家称为"乐于达成的目标"。但是，在实际交易中，这种目标实现的可能性较小，它的主要作用是作为一种报价策略，为报价一方争取优势，为实现可接受目标创造条件。

谈判是各方利益相互兼顾和重新分配的过程，谈判的对方也不会轻易地放弃他的立场，也会竭力争取他的利益，不可能在对方报价之后就会立即接受其报价。所以，双方提出的最优期望目标，都是在谈判的初始阶段作为一种策略手段，在谈判桌上有积极的作用。

美国谈判专家卡洛斯对两千多名谈判人员进行的实际调查表明：一个良好的谈判者必须坚持"喊价要狠"的原则，若卖主喊价较高，则往往能以较高的价格成交，若买主出价较低，则往往能以较低的价格成交。这里的卖价、买价就是谈判最优期望目标的主要内容。哈佛大学教授霍华德的实验也证明，告诉谈判人员最优期望目标和最低期望目标比只告诉他们最低期望目标效果要好得多。

（2）可接受目标。这是谈判人员根据各种客观因素，经过科学论证、预测、决策所确定的谈判目标。这是目标制定方最基本、最主要的利益所在。它不像最优期望目标那样带有较多"水分"，主要用于和对方讨价还价。而可接受目标则是谈判某一方制定的基本利益目标，是要坚守的主要防线。在谈判桌上，双方争执的目的，主要是保护各自的可接受目标，利用最优目标作掩护，实现可接受目标。

但是，也有的谈判专家认为，在谈判之初就提出自己的可接受目标，然后坚持到底，这就是著名的博尔韦尔策略。博尔韦尔曾是美国通用电气公司的副总裁，他在工资谈判中坚持最初条件，很少让步。他首先提出一个自认为公平合理的建议，然后就坚持下去，结果常常是对方先妥协。

这种谈判方式在实践中也十分有效。日本著名的松下电器公司就是坚持这种做法。他们在估算成本的基础上，加上10%的利润，据此制定基本谈判目标，然后在洽商中，坦诚地告诉对方，以博得对方的信赖与合作。

谈判的可接受目标，并不是目标制定方的最后防线，是可更改、变动的。与最优期望目标相比，可接受目标更为接近实际，是谈判制定方要力图实现的，但它有一定的弹性和伸缩性。著名谈判专家尼伦伯格认为：严格限制谈判目标易于使谈判破裂，在谈判目标具有弹性时，谈判就会畅行无阻，这样谈判的期望就会随情境来修正。处理谈判目标应该像利用风力一样，最坚强的树木也要向风力妥协，但风筝利用风力却可以飞得更高。

（3）最低限度目标。最低限度目标是制定目标一方所要撤退的最后防线，即这一目标如果不能实现，那么就放弃谈判。这是指谈判一方在谈判协议中所要实现的最低限度的要求。

在制定谈判目标时，既要准备出现最好的情况，也要做好最坏的打算。不论是友好合作的洽商，还是紧张激烈的讨价还价，双方都涉及利益分配问题。对于某一方来讲，在洽商中既有可能实现较为理想的谈判目标，也有可能是在最低限度目标内达成协议。这样，最优期望目标、可接受目标和最低限度目标的制定就使谈判目标具有大的伸缩性，避免了由于僵化、死板导致谈判破裂，也保证了一方最基本的利益，并在此基础上争取更好的利益。

由上述分析可见，谈判目标中的最优期望目标、可接受目标、最低限度目标各自的目的、作用不同，它们之间的相互关系可以概括为：

对于买方来讲，见图4-1。

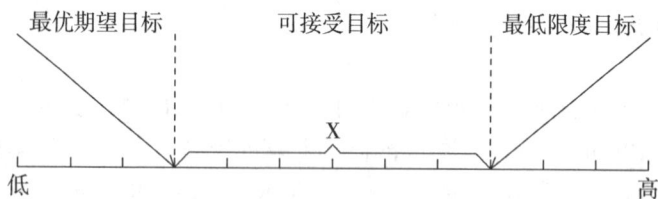

图4-1　买方的价格区间

对于卖方来讲，见图4-2。

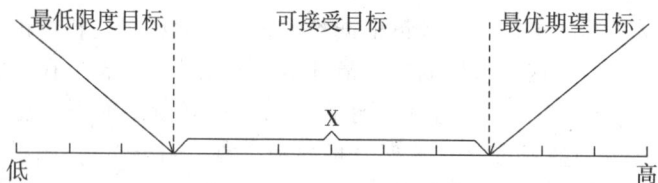

图4-2　卖方的价格区间

把上述两个图形用一个图形来表示，见图4-3。

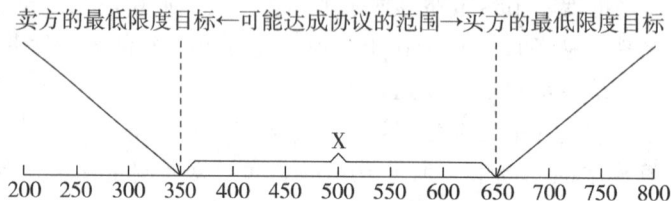

图4-3　买卖双方的谈判价格区间

从图4-3中我们可以看出，不论对于卖方，还是买方，最优期望目标与最低限度目标都是一个始点，而可接受目标处于中间范围，这个范围就是谈判双方讨价还价的焦点，也是谈判可能达成协议的范围。这里我们在理论上假设达成协议的价格是中间值X。在实际谈判活动中，也可能X值不在中间，或是向左倾斜，或是向右倾斜，这要取决于谈判双方的实力、谈判方法的运用及其他影响因素。

3）谈判某一阶段的具体目标

具体目标又是对谈判目标的分解，有些谈判，特别是交易复杂、规模较大的谈判，制定阶段目标十分必要，它可以使谈判人员随时检查和调整谈判进程以及谈判成果。

谈判具体目标的制定要相对灵活，可根据谈判内容、预计的谈判期限、谈判的规模而定。如谈判初始阶段是了解对手报价，提出我方条件；第二阶段，就交易主要内容进行协商，进一步讨论产品规格、价格、质量、交货期限、运输等条款，确定双方存在争议的有关问题；收尾阶段，审议合同条款，复查协商的所有内容，商谈履行合同事宜。

由此可见，谈判目标是使谈判顺利、有效进行的保证。在划分目标的同时，一定要注意相互之间的衔接与连贯，企业总目标是制定谈判目标的依据，阶段目标又是实现谈判目标的保证，三者缺一不可。

谈判目标设定对谈判者和销售人员都有非常大的激励作用，对销售人员个人的激励作用也是无限的。齐藤竹之助是日本20世纪60年代的著名推销员，1959年，他创下日本最高销售纪录，1965年，他创造了世界第一的销售纪录。这一业绩就是在目标激励的作用下发生的。齐藤竹之助是在很偶然的情况下进入保险业做推销员的，那是1952年1月，那一年他58岁。齐藤进入朝日生命保险公司后，首先为自己定下了一个目标，他要成为公司首席推销员。当时该公司大约有2万名推销人员。齐藤为了弥补缺少经验的短板，他把美国寿险大王弗兰克·贝克所写的《我是如何在销售外交上获得成功的》一书带在身上，只要有空就翻看。他的第一单生意是东邦人造丝公司的金额2 000万日元的员工保险。自此，齐藤开始了辉煌的保险生涯。1959年齐藤赢得了朝日生命保险公司"首席推销员"的称号。立刻，他又给自己定下了新的目标，要继续努力成为全日本第一。在日本当时有20家生命保险公司，大约有85万名推销员。

为了实现这一愿望，齐藤更加努力，在时间规划上也完全严格遵守计划安排。他早晨5点钟醒来后写下当天推销方案的要点；6点半往客户家中挂电话，确定访问时间；7点钟吃早饭，与妻子商谈相关事宜；8点钟到公司上班；9点钟驾驶他最喜爱的卡迪拉克车出去推销；晚上6点钟下班回家；晚上8点钟开始读书、反省，设计新方案；11点钟准时就寝。到1959年年底，他创造了超过4亿日元的销售额，成为日本第一。随之，齐藤又为自己确定了更高的目标，成为世界首席推销员。1963年，他的推销额达到12.26亿日元，他被美国"百万美元推销俱乐部"吸收为会员。在随后的4年中，他作为唯一的亚洲代表，又连续4次出席例会，成为终身会员。这时，他的推销额已经达到27亿日元。1965年，齐藤完成了4 988份合同的签订任务，成为世界首席推销员，这 年他72岁高龄。

4.3.3 估量谈判中的问题

任何谈判都不能指望双方一交手就马到成功，达成协议，倘若如此，就无所谓谈判了。谈判就是双方面对面地坐下来，商量、争论、讨价还价、妥协让步，最后达成一个双方都能接受的协议。这往往要经过多次的反复。因此，在谈判开始之前，要对谈判中可能出现的问题做好充分的准备，做到胸中有数、有备无患。

谈判中，需要搞清楚以下三个问题：

第一，对方的核心需求和底线。

第二，我方的需求和退让的边界。

第三，对方和我方的利益交集点。

围绕这三个方面，在详细分析资料、进行信资调查的基础上，我们列出谈判时需要考虑的核心问题：

（1）谈判双方的实力、地位。对方的优势、劣势是什么？我方有哪些优势和不足？

（2）估计达成交易的可能性。对方可能提出哪些问题和要求？对我方提出的条件，对方会采取什么态度？为达到预定的目的，我方可以做出哪些让步？让步的幅度有多大？在哪些问题上不能让步？

（3）双方的共同利益是什么？对方最关心重视的问题是什么？能否调和？

（4）我方希望对方做出什么决定？如对方没有做出决定，我方应采取什么措施？

许多谈判事例证明，谈判者在这些方面准备得越充分，在谈判中越能从容不迫、越能赢得谈判的成功。

当然，由于准备工作的局限性，不可能在谈判开始之前把所有可能出现的问题都设想到、准备好。比较科学有效的方法是采用分阶段准备，即在大体上列出谈判中比较重要的问题，着重准备谈判初始阶段的问题，当谈判开始进行后，再利用谈判的间歇和空闲时间准备下阶段的问题。

分阶段准备的好处就在于能够根据谈判对手在谈判桌上提出的问题加以考虑和准备。这样，在谈判中，就要留心认真记录对方讲话的内容要点，然后加以分析判断，寻找真正的原因。

在充分准备的基础上，速战速决地处理谈判中的棘手问题，也是谈判成功的关键。对此，通用电气公司的前董事长杰克·韦尔奇在他的回忆录中有生动的事例。

早在20世纪80年代中期，杰克·韦尔奇就想出售公司旗下的航天业务。因为冷战已经结束，生产能力过于庞大，而市场却越来越小，所以，公司的结论是：必须从这一领域抽身。但寻找一家理想的收购公司却花了杰克很长时间。进入20世纪90年代，杰克发现了马丁·玛丽埃塔公司。它是一家单纯的航天业务公司。

1992年10月，杰克在一次商业会议上找到了马丁·玛丽埃塔公司的CEO诺姆·奥古斯丁。这位总裁的正义感很强。他聪明、思想深刻，也颇具文采。

见面之后，杰克向他提议一起坐坐并好好探讨一下各自航天业务的发展去向。尽管诺姆也想这样做，但却比较犹豫，部分原因是害怕杰克与他谈论收购的事。

"我们很珍视我们的独立"。诺姆说道，"尽管我很想和你谈话，但我不想做任何损害我们的独立地位的事情"。

"我向你保证我们不谈这些。"杰克回答说，并建议回头私下一同吃晚饭。

几天后，诺姆来到了杰克的办公室，通用公司的工作人员早已经把交易的事项和条件制成图表，供谈判使用。诺姆坐下来，边吃鱼、边听杰克陈述，这项交易显然对双方都有好处。马丁·玛丽埃塔公司可以把规模扩得更大，而对通用来讲，也可以从军工领域安然脱身。军工这一领域太复杂，使得通用成了一堆谁都想咬一口的唐僧肉，一些律师变着法儿地挑他们的毛病。

晚饭中间，杰克与诺姆达成共识，抛开那些通常做法，列出他们不容商量的底线内容。为防止引起其他不必要的麻烦和给企业造成不良影响，双方都希望把了解谈判情况的人员范围减少到最小程度。在诺姆离开之前，双方的立场已经足够接近，交易可以考虑进行。

双方都同意不让投资银行和外部的法律公司介入。在谈判过程中，诺姆曾秘密地在杰克的办公室度过了 3 个晚上。当时马丁·玛丽埃塔公司的 100 名最高级管理人员正在佛罗里达的开普提瓦岛上开会，所以，诺姆白天出现在开会的会场，匆匆吃过晚饭后便飞到纽约与杰克见面谈判，一谈就是半个晚上。然后，他再飞回去，在飞机上睡一觉，接着继续准备白天公司的会议。

在第三个晚上之后，在鸡尾酒会的一块餐巾上，杰克与诺姆把交易的要点写清楚了，大家握手庆贺。他们的相互信任加快了谈判进度。同时一致同意限制投资银行和律师的介入，这些外部人员经常为争抢业务而卖弄自己，总想证明自己是最聪明的。杰克与诺姆商定，不管什么时候，他们都可以通过电话联系，迅速解决问题。而且，他们就是这样做的，3 个星期之后，交易完成。当双方于 1992 年 11 月 23 日宣布这项交易的时候，在股票市场上，4 个小时内，每家公司的市值都上涨了 20 亿美元。从费尔菲尔德的第一顿晚饭到宣布这项当时最大的航天行业并购交易，前后只用了 27 天。

交易金额是 30 亿美元，但马丁·玛丽埃塔公司最多能拿出 20 亿美元现金，因此，杰克的助手丹尼斯·戴默曼考虑出了一个可转换优先股的方案。这一方案解决了交易的融资问题，使通用电气公司拥有了马丁·玛丽埃塔公司 25% 的股份。交易的成功使两家公司继续获益。这项交易使马丁·玛丽埃塔公司规模扩大了一倍，并引发了航天业的大规模并购浪潮。2 年以后，马丁·玛丽埃塔公司与洛克希德公司合并。到 1994 年，当通用把自己持有的该公司股票全部出售的时候，通用得到了 30 亿美元，价值已经翻了一番。

4.3.4　确定谈判方法

谈判是一门艺术，是多种方法与技巧的综合运用，谈判又是一种具有高度抗争性的活动，谈判的态势如何，结果怎样，具有极大的不确定性，这就要求谈判人员具有较高的素质，同时，也为谈判人员才干的发挥创造了极为有利的机会。为了更好地运用谈判策略，收到良好的谈判结果，谈判人员各展其能，我们把这种由于谈判者个人在谈判中所体现的不同行为方式称为谈判风格。

谈判风格多种多样，最有代表性、最泾渭分明的两种谈判风格即"鹰式"和"鸽式"。

"鹰式"谈判风格常表现为正面对抗或冲突的态势，坚持强硬立场，使用强硬手段，向对方施加压力，像老鹰一样勇猛顽强，呈现一种典型的进攻性的谈判风格。以"铁女人"著称的英国前首相撒切尔夫人，便是鹰式谈判风格的杰出代表。撒切尔夫人在1972年欧共体首脑会议上提出将英国每年的负担减少10亿英镑，最初被共同体的其他成员国当作"天方夜谭"，但她以极顽强的意志将谈判结果定格在每年减少8亿英镑，创造了世界交易让步之最。

"鸽式"的谈判风格则是以规劝利导、迂回温和的方式说服对方，达到合作的目的。这种谈判方式竭力避免冲突、僵局，他们态度友善，语调谦和，措辞婉转，善于在和风细雨中化敌为友，使其心悦诚服。沙特阿拉伯石油大亨亚马尼便是其代表。他在谈判中以从不发火著称，总是不厌其烦地将问题重复一遍又一遍，直到对方失去耐性，举手投降。

如果按集体和个人决策的方式，还可以分为"协议导向型"和"领导主导型"的谈判风格。在谈判开始之前，谈判人员应该对所制定的谈判目标进行详尽彻底的讨论，使谈判目标明确可行，然后在谈判的每一阶段，都应对谈判的战略和方法进行检查，不断充实和修订谈判目标。如果谈判人员运用主导型的谈判方式，那么，必须要考虑谈判小组负责人的领导风格类型和小组成员的适应性，以使这种谈判形式更好地发挥其效用。

采用哪种谈判方法主要考虑谈判人员的经验、谈判内容、谈判对手的特点。如果是涉外谈判，还要考虑对方的民族习惯与文化差异。

如果我方旨在发掘互利互惠的合作机会，最好采用创造型的谈判风格，不要过分地拘泥于传统的谈判方式，谈判的具体目标也应灵活，具有较大的弹性。只要双方有长期合作的可能，可在目前的谈判中做出较大的让步，为长期的合作打下基础。如果双方一直保持长期的合作关系，那么，谈判的风格可采取"回顾展望"方式，与对方回顾过去长期合作的愉快经历、与个人之间的友好情谊，展望未来发展合作对双方的重要意义。这种谈判方式会融洽双方会谈的气氛，增加彼此间的信任，有利于达成协议。

4.4　物质条件的准备

物质条件的准备工作包括两个方面：谈判场所的选择、谈判人员的食宿安排。从表面上看，这同谈判内容本身关系不大，但事实上，不仅联系密切，甚至关系到整个谈判的发展前途。

4.4.1　谈判场所的选择

谈判专家对于谈判地点的选择有两种意见：一种意见认为谈判地点不论设在哪一方都各有利弊。如果谈判地点设在我方办公室、会议室，其优点是：①避免由于环境生疏带来的心理上的障碍，而这些障碍很可能会影响谈判的结果。②获得额外的收获。我方可借"天时、地利、人和"的有利条件，向对方展开攻势，以求让步。③可以处理谈判以外的其他事情。④便于谈判人员请示、汇报、沟通联系。⑤节省旅途的时间和费用。综合上述优势，谈判地点争取在己方的最有利之处在于己方能够充分发挥，就像体育比赛一样，在己方场地举办谈判洽商活动，获胜的可能性就会更大。一些谈判学家所做的研究也证明了这一点。美国专家泰勒尔的实验表明：多数人在自己家的客厅里与人谈话，比在别人家的客厅里更能说服对方。这是因为人们一种常见的心理状态，就是在自己的所属领域里，能更好地释放能量与本领，所以，行为成功的概率就高。这种情况也适用于谈判。

但无可否认，如果谈判地点设在对方，也有其优越性：①可以排除多种干扰全心全意地进行谈判。②在某些情况下，可以借口资料不在身边，拒绝提供不便泄露的情报。③可以越级与对方的上级洽谈，获得意外收获。④对方需要负担起准备场所和其他服务的责任。

正是由于上述原因，在多轮谈判中，谈判场所往往是交替更换，这已是不成文的惯例。当然，谈判地点在哪一方还取决于许多其他客观因素，如考察生产过程、施工基地、投资所在地的地理环境等。有时，中立地点也是谈判的合适地点。如果预料到谈判会紧张、激烈，分歧较大，或外界干扰太大，选择中立地点就是上策。

但是，不论哪一方做东道主，都不应忽视对谈判地点的选择和谈判场所的布置。在某种程度上，它直接影响谈判人员的情绪，影响会谈的效果。

谈判场所不要过于嘈杂，场所的光线、温度也要适宜，当然，从谈判战术的角度讲，就更有艺术性。日本老资格政治家河野一郎在他的回忆录中清晰地描述了20世纪50年代他与苏联领导人布尔加宁的一次谈判，就是利用环境的优势轻取对手。当他来到谈判会议室准备就座时，苏联人按惯例让他先行选择，河野环视了一下，就近选了一把椅子说："我就坐在这儿吧。"布尔加宁说了声："好"，便在河野对面坐了下来。事后，河野讲，他选的椅子在方向上是背光线的，谈判中他很容易看到对方的表情，甚至能看到布尔加宁流露出的倦容。河野曾宣称这是他多年外交谈判的一个秘诀。

4.4.2 通信设施的完备

谈判人员能够很方便地发电报、打电话，要具备良好的灯光、通风和隔音条件。最好在举行会谈的会谈室旁边，备有一两个小房间，以利谈判人员协商机密事情。主要谈判场所也可以配备一些专门的设施，供谈判人员挂些图表或进行计算。除双方都同意，否则不要配有录音设备。经验证明，录音设备有时对双方都会起到副作用，使人难以畅所欲言。

随着互联网，特别是移动互联网的发展，人们利用这种渠道沟通更为便捷、有效和低成本，所以，谈判场所中这类设施配备已经成为必备条件，如WiFi。早在10年前，许多公司谈判内容的商榷和内部方案的讨论就已经采取了电子邮件的形式。如中海油与英荷壳牌公司的谈判，当时中国的中海油总经理、谈判总负责人卫留成，就是通过与中方谈判代表的邮件处理谈判事务，绿色表示的是接收的邮件，黄色表示的是待处理的邮件，红色表示的是处理完毕的邮件，十分高效。

4.4.3　谈判房间的布置

谈判房间的布置，如选择什么形状的谈判桌，怎样安排谈判人员的座位等也很重要。一般来讲，比较大型、重要的谈判，谈判桌可选择长方形的，双方代表各居一面。但如果谈判规模较小，或双方人员比较熟悉，可以选择圆形谈判桌，这可以消除长桌那种正规、不太活泼的感觉。双方人员坐定，会形成一个双方关系融洽、共同合作的印象，而且彼此交谈容易，气氛随便。有时，出于需要，还可以采用任意排位方法就座，它适合于小规模的、双方都比较熟悉的谈判，或是比较特殊的谈判。例如，以色列和中东国家的和平谈判，由于双方的立场极为对立，要有中间调节人，即第三方出席谈判，为此，专门发明了一种T形谈判桌。有些谈判，还可以不设谈判桌，但要事先确定一种有效的信号控制方法，以便随时根据情况发出指令，控制局面。

与谈判桌相配的是椅子，椅子要舒适，不舒适使人坐不住，但也不能过于舒适，太舒适易使人产生睡意，精神不振。此外，会议所需的其他设备和服务也应周到，如烟缸、纸篓、笔、记事本、文件夹、各种饮料等。

此外，由于谈判是艰苦复杂，耗费体力、精力的一种交际活动，因此，用餐、住宿安排也是会谈的内容。东道国一方对来访人员的食宿安排应周到细致、方便舒适，但不一定要豪华、阔气，按照国内或当地的标准条件招待即可。许多外国商人，特别是发达国家的客商，十分讲究时间、效率，反而不喜欢烦琐冗长的招待仪式，但适当组织客人参观游览，参加文体娱乐活动也是十分有益的。它不仅能很好地调节客人的旅行生活，也是增进双方私下接触、融洽双方关系的好办法，有助于谈判的进行。

本章案例

房地产商的交易策略

一位房地产商开发的商品房出现了销售困难的状况。这些房子一部分是现房，另一部分是期房。他希望能有一位合作伙伴来帮助他推销，用现房来带动期房的销售。经过与多家公司的接触，他总感觉不太理想，因为他要求对方垫付一笔促销费用。

有几家广告公司找上门来，但均要求他先付款，广告公司也不愿垫资运作。怎样找到一家愿意垫资的公司呢？他瞄上了一家颇有实力的广告公司，我们把它叫作M公司。在了解了广告运作的基本程序后，他给M公司的经理去了一个电话，说有一笔小业务，问公司愿不愿意接。他再三表明，他知道像他们这样的广告公司有许多大业务，这类小业务对他们来说没有多大吸引力，但是，小业务也是广告公司培养业务新手的试验田。

不久，广告公司派了一位年轻的业务员来洽商。当时房地产商的办公室里还有位客人，他介绍说是其他广告公司的业务员。然后，他似乎漫不经心地问那位广告公司的女职员，她的公司最快能在多少天把广告发布出去，因为他的房子压的资金很多，他希望越快越好。女职员告诉他要半个月。他显得不是很满意，希望时间再短些，但女职员说只能再提前一两天。随后，房地产商送走了女职员，开始与M公司年轻的业务员谈判。他说他相信M公司的实力，因为他要尽可能快地发布售楼信息，他相信M公司能做到。

当业务员得知这笔广告的业务金额是70万元时，显得有些激动，他个人从来没有接到这么大的一笔生意。当房地产商告诉他，如果能提前5天，他将立即与M公司签订协议，并且预付20万元的定金。年轻的业务员满口答应，很快房地产商与M公司签订了协议。

第三天，房地产商接到了M公司经理打来的电话，经理解释说由于业务员缺乏经验，对广告设计、制作和发布的程序不熟悉，他的广告难以提前发布，因为晚报在半个月内已经没有版面了。对方请求他宽限5天，价格可再优惠5%。

房地产商拒绝了M公司经理的要求，表明他不在意那5%的价格优惠，它的销售计划组织得十分严密，他需要的是信守合同，否则，就视为对方违约，要按索赔条款赔偿。在广告公司经理的再三要求下，他同意考虑其他的补偿办法。于是，房地产商提出了精心策划的"补救"办法：由广告公司垫付40万元先发布售房广告，房地产商在销售收入实现后，于2个月内付清全部广告费。如不能付清广告费，将现房中的价值82万元的商品房按八折抵付。同时，他放弃索赔的要求，允许广告公司延期发布广告。

资料来源 张强. 赢家正道［M］. 成都：西南财经大学出版社，1999：43-46.

思考题：

1.这个房地产公司经理用了哪些手段将广告公司拖入他设下的陷阱中？这其中信息发挥了怎样的作用？

2.请思考在谈判中如何运用信息为谈判者服务。

复习思考题

1.谈判小组成员的相互配合有哪些策略技巧？

2.了解谈判对手可采取哪些信息渠道？

3.为什么说确定谈判目标是谈判准备的核心？

4.确定在不同的谈判地点各自有哪些优劣势？

自我评估测验试题四

1.你事先对每次谈判都有何种估计（　　）

①乐观估计

②视具体情况而定

③说不清楚

④悲观估计

2.在谈判开始前,你和小组成员是如何讨论谈判目标和程序的 (　　)

①反复认真讨论,集中每个人意见

②有时进行认真讨论

③商议怎样执行上级指示

④按照老规矩办事

3.谈判小组成员的归属感是指 (　　)

①小组成员的群体利益认识

②谈判者个人能力的发挥

③小组成员在群体中扮演的角色

④成员自我认识的群体形象

4.在谈判前,你想要制定哪一种目标 (　　)

①难度很大的目标

②比较适合的目标

③很难实现的目标

④容易实现的目标

5.你通常是否准备好之后再进行商议 (　　)

①偶然如此

②经常如此

③有时如此

④每次如此

6.你是怎样看待谈判后备人员的 (　　)

①不得已时更换谈判人员

②作为一种策略运用

③没有必要配备后备人员

④满足不同谈判阶段的需要

7.你是一个什么样的谈判小组领导者 (　　)

①非常胜任

②自我感觉合格

③公平的领导者

④不适合领导谈判工作

8.你怎样看待得到的各种信息情报 (　　)

①认真核实

②有时调查

③不大相信、很少调查

④一般相信

9.你认为谈判小组成员的主要作用是 (　　)

①提供专门知识

②为决策者提供意见

③壮大声势

④轮番主谈

10.你认为应该了解谈判对手的个人特点吗（　　　）

①很必要

②有时注意

③与谈判无关的事不想知道

④不妥当

11.你认为谈判目标中的最优期望目标、可接受目标、最低限度目标划分的主要作用
是（　　　）

①使谈判目标更具有弹性

②为保证达成最终协议

③使目标制定者心中有数，让步合理

④以对付不同类型的谈判者

12.当你作为东道主接待对方谈判代表时，你对食宿安排的态度是（　　　）

①一般对待

②作为一种谈判策略考虑

③征求对方意见

④尽可能高规格，以使对方满意

13.你在进行谈判交易时，喜欢选择的地点是（　　　）

①己方

②对方

③中立场合

④哪一方都可以

14.目标弹性是指（　　　）

①最优期望目标、可接受目标、最低限度目标

②目标的伸缩性、适应性

③总体目标分解为具体目标

④企业目标与谈判目标之间的余地

15.如果你做交易，你喜欢（　　　）

①找老客户

②找新客户

③从诸多竞争者中挑选

④由老朋友介绍的客户

16.谈判目标与企业目标的关系，可以理解为（　　　）

①谈判目标就是企业目标

②谈判目标是企业目标的分解

③企业目标是制定谈判目标的依据

④谈判目标与企业目标无关

17.你在与对方面对面交谈时，是否注意或研究过对方的手势（　　　）

①很少注意

②有时注意

③经常注意

④根本没注意

18.你是否认为名片是人们在交际中互相介绍的最好形式 （   ）

①同意

②有保留同意

③不同意

④不清楚

19.在交易中，比较实用和方便的信息获取方式是 （   ）

①案头调查

②直接调查

③购买调查

④由专门机构提供的付费调查

20.你认为小组谈判的最大优势是 （   ）

①发挥集体的智慧

②更好地解决复杂的问题

③合同履约率高

④避免了个人决策

第 5 章

不同国家商人的谈判风格

国际谈判的重要性毋庸置疑，它已经成为现代国际社会活动的重要组成部分。一项重要的研究文献表明，高情景文化和低情景文化之间冲突非常显著。高情景文化背景下的谈判者在交流过程中会十分含蓄，语言的表达也非常委婉和内敛，而且他们非常注重外表和礼仪。但在低情景文化中，人们将语言视作传递信息的工具，而不强调其社会润滑功能，力求精确表达。反驳被视为一种非常有效的方式。事实表明，即使在对双方都有利的情况下，这种文化不和谐所引起的主观误解也有可能是破坏性的。本书主要将分析的谈判行为局限在商务活动或贸易活动上，因此，我们将分析重点放在不同国家、不同民族、不同地域的谈判者上，探讨其价值观、消费习俗、生活方式、文化背景等差异对谈判风格造成的影响，而这些都是我们进行国际贸易谈判时应当了解和掌握的。

5.1 日本人的谈判风格

在我们所要研究的各国谈判人员的风格特点时，日本人无疑是谈判者中最具个性和魅力的，各国的谈判专家也都公认，日本人是最成功的谈判者。

日本人的谈判风格，主要表现在以下几点：

5.1.1 具有强烈的群体意识，集体决策

日本文化所塑造的日本人的价值观念与精神取向都是集体主义的，以集体为核心。在一个企业中，如果某个职工工作出色，他并不希望得到上司的单独表扬或特殊奖励。这是因为，他认为这是集体智慧的结果，如果要奖励或表扬，对象往往是整个班组。

研究日本问题的专家——美国学者马克·齐默尔曼认为日本人认为压抑自己的个性是一种美德，人们要循众意而行，日本的文化教化人们将个人的意愿融于和服从于集体的意愿。所以，日本人认为寻求人们之间人际关系的和谐是最为重要的，任何聚会和商务谈判，如果是在这样的感觉和气氛下进行的，那么它将存在一种平衡，一切也就进行得很顺利。

美驻日大使赖肖尔也认为：在日本，合作精神、通情达理、体谅别人是最值得称颂的品德，而个人奋斗、刚直不阿、坚持自己的权利却没有市场。正因为如此，日本人的谈判决策非常有特点，绝大部分美国人和欧洲人都认为日本人的决策时间很长，究其原因，就是群体意识的影响。

日本人在提出建议之前，必须与公司的其他部门和成员商量，这个过程十分烦琐，日本人的决策如果涉及制造产品的车间，那么决策的酝酿就从车间做起，一层层向上反馈，直到公司决策层反复讨论协商。如果谈判过程协商的内容与他们原定的目标又有出入的话，那么很可能这一程序又要重复一番。对于我们来讲，重要的是要了解日本人的谈判风格不是个人拍板决策，即使参与谈判代表有签署协议的权力，那么合同书的条款也是集体商议的结果。谈判过程具体内容的洽商要随时反馈到日本公司的总部，所以，当成文的协议在公司里被传阅了一遍之后，它就已经是各部门都同意的集体决定了。需要指出的是，日本人做决策较费时，但一旦决定下来，行动起来却十分迅速。

5.1.2　信任是合作成功的重要媒介

与欧美商人相比，日本人做生意更注重建立个人之间的关系，以至于许多谈判专家都认为，要与日本人进行良好的合作，朋友之间的友情、相互之间的信任是十分重要的。许多在日本工作的外国企业家也认为，要想在日本社会取得成功，关键是看你能否成功地与日本人结交。

美国研究日本问题的著名专家齐默尔曼先生指出："外国谈判者必须了解，日本人不喜欢对合同讨价还价，他们特别强调能否同外国合伙者建立可以相互信赖的关系。就我个人的经验而言，如果能成功地建立这种相互信赖的关系，几乎可以随便签订合同。因为对于日本人来讲，大的贸易谈判项目有时会延长时间，那常常是为了建立相互信任的关系，而不是为了防止出现问题而制定细则。一旦这种关系得以建立，双方都十分注重长期保持这种关系，这种态度常常意味着放弃用另找买主或卖主获取眼前利益的做法，而在对方处于困境或暂时困难时，乐意对合同条款采取宽容的态度。"齐默尔曼先生用他在日本经商的经验证明了这一点。日本人与他们的公司签署了销售和采购协议后，尽管后来受到国际市场价格变动的不利影响（对日方不利），但日本人仍按协议购买他们的产品，而且毫无怨言。原因就是日本人与他们建立了良好的相互信任关系，他们坚信，从长期来讲，维持与美国人的合作关系是十分有益的。如果他们只图眼前利益，那么以后许多共同研究项目和技术转让的机会就会丧失。所以，日本人重信誉而不是重合同。

在商务谈判中，如果你与日本人建立了良好的个人友情，特别是赢得了日本人的信任，那么，合同条款的商议是次要的。欧美人愿意把合同条款写得尽可能具体详细，特别是双方责任、索赔内容，以防日后纠纷。而日本人却认为，双方既然已经十分信任、了解，一定会通力合作，即使万一做不到合同所保证的，也可以再坐下来谈判，重新协商合同的条款。曾有这样的事例，我国的香港某公司要从国外订购一条船，他们与欧洲人洽商时，对欧洲人答应万一拖延交货，将赔偿400万美元十分感兴趣，但与日本人洽商时，日本人却说，不用写索赔条款，如果硬要写，随你们自己意愿填写，愿意写上索赔整条船的价格都行。这使香港公司大为震惊，最后合同给了日本人。

合同在日本一向就被认为是人际关系的一种外在形式，如果周围环境发生变化，使得情况有害于公司利益，那么合同的效力就会丧失。如果外商坚持合同中的惩罚条款，或是不愿意放宽业已签订了的合同的条款，日本人就会感到极为不满。但如果根据情况的变化，体谅他们的处境，日本人也会忠诚地与你合作。我国上海一家鞋厂与日本一企业成交了一笔布鞋生意，但当鞋被运到时，已错过了销售旺季，产品大量积压，日方提出退货。由于责任不在中方，因此，中方既可以拒绝对方的退货要求，也可以体谅日方的困难，采取一些变通的办法。经认真研究，中方接受了日方退货的要求，想法将这批货调到国内其他市场。此事被新闻媒体报道后，马上又有几家日本客户来函要与该厂合作，而原日方的企业则成为中方厂家在国外销售的总代理。

在与日本人的合作中，中间人是十分重要的。在谈判的初始阶段，或是在面对面的讨论细则之前，对谈判内容的确定往往都有中间人出面。中间人告诉你是否有可能将洽谈推向下一步。总之，中间人在沟通双方信息、加强联系、建立信任与友谊上都有着不可估量的作用。专家建议，当外商在同从未打交道的日本企业洽商时，他们要想在谈判前就要获得日方的信任与好感，最好的办法是取得日方认为可靠的、一个信誉甚佳的企业的支持，即找一个信誉较好的中间人，这对于谈判成功大有益处。

所以，在与日方洽商时，我们要千方百计地寻找中间人牵线搭桥，中间人既可以是企业、社团组织、皇族成员、知名人士，也可以是银行、为企业提供服务的咨询组织等。需要注意的是，利用中间人，最好寻找男性。在日本公司中男性占统治地位，选用女性作中间人会被认为不恰当。中间人的身份、地位要同与之打交道的日方代表地位相等。如果地位相差较大，不论高或低，都可能造成紧张或尴尬的局面。一般来讲，中间人应同中层管理人员接洽最为理想，这主要是因为在日本公司，决策的形成是从中下层开始，逐级向上反馈，而进行商贸谈判的决策也始于中层。另外，中间人与日方的首次接触，最好以面谈的形式，通信和电话联系都不理想，会面也最好在中立场所。

5.1.3　讲究礼仪，颜面重要

日本是礼仪之邦，日本人的言行举止要受很多礼仪的约束。比如，鞠躬礼是日常活动中最为常见的礼仪。不仅家里人之间如此，商店开门营业，走亲访友，见面都要鞠躬。再如，"对不起"是日本人的口头禅，在中国人看来是正常的要求与行动，也要附之"对不起"。日本人的礼仪，我们从插花、茶道、婚礼、高度礼节性的谈话，以及名目繁多的送礼等方面就可以领略。许多礼节在西方人看来有些做作甚至是可笑的，但日本人做起来却一丝不苟、认认真真。正因为如此，专家们认为，如果外国人不适应日本人的礼仪或表示出不理解、轻视，那么，他就不大可能在推销和采购业务中引起日本人的重视，也不可能获得他们的信任与好感。

尊重并理解日本人的礼仪，并能很好地适应，并不是要求你学会像日本人那样鞠躬，喜欢喝日本人的大酱汤，而是在了解日本文化背景的基础上，理解并尊重他们的行为。

（1）日本最重视人的身份地位。在日本社会中，人人都对身份地位有明确的概念。而且在公司中，即使在同一管理层次中地位也是不同的，这些极其微妙的地位、身份的差异常令西方人摸不着头脑。但是，每个日本人却非常清楚自己所处的地位、该行使的职权，知道如何谈话、办事才是正确与恰当的言行举止，而在商业场合更是如此。日本人对一个人的认同，不仅仅因为他的外表，更重要的是他的能力、意识和血统。美驻日商务总代表齐默尔曼先生曾讲过这样一个事例：美国一家医药公司准备与日本人谈一笔买卖，他们派出一组认为是"最精明强干的人"来谈判。这个小组由一些头脑敏捷的青年人组成，年龄大都在20～30岁，其中包括一名女士。结果他们访日三次，均遭挫折，甚至未能让与他们合作的日方部门首脑听一听他们的意见，更不用说讨论他们原打算与日方洽谈的具体内容了。在走投无路的情况下，他们找到了齐默尔曼先生，并听取了他的建议，在谈判小组中增补了一名在公司任职25年以上的有经验的人员，职位是公司的副总经理，结果日方立刻转变了态度，双方开始了积极的会谈。原因是，在日本公司中的负责人，都是年龄较大、经验丰富的资深企业家，他们不相信美国公司派来的年轻人有什么实权，更主要的是，他们感到和"毛孩子"谈判有损于他们的尊严，是对他们地位的贬低。

（2）充分发挥名片的作用。与日本人谈判，交换名片是一项绝不可少的仪式。所以，谈判之前，把名片准备充足是十分必要的。这是因为在一次谈判中，你要向对方的每一个人递送名片，绝不能遗漏任何人。齐默尔曼先生就曾有过一次会面中交换112张名片的纪录。他花了整整15分钟才完成这个仪式，他知道，除了走遍房间的每一个角落，向每一个人鞠躬，同其交换名片外，没有其他方法可以表示相互之间的尊敬和友好。

如果日方首先向我方递上名片，切不要急急忙忙塞到兜里或有其他不恭敬的表示，日本人十分看重面子，最好把名片拿在手中，反复仔细确认对方名字、公司名称、电话、地址，既显示了你对对方的尊重，又记住了主要内容，显得从容不迫。如果收到对方名片，又很快忘记了对方的姓名，这是十分不礼貌的，会令对方不快。同时，在传递名片时，一般是职位高的、年长的先出示。另外，很随意地交换名片，日本人也认为是一种失礼。

维护颜面，是日本人最普遍的心理。在日本，最畅销的香皂是"颜"牌，"颜"即指人的脸面，当然，无人敢指责这种产品。无论在什么情况下，日本人都非常注意留面子，或者说不让对方失掉面子。这在商务谈判中表现得最为突出的一点就是，日本人从不直截了当地拒绝对方。许多西方谈判专家明确指出：西方人之所以不愿同日本人谈判，最重要的一点就是，日本人说话总是转弯抹角、含糊其辞。日本人认为直接的表露是粗鲁的、无礼的。有关调查资料也证明了这一点，美国人喜欢坦率、直接的交谈方式的占大约61%，而日本人采用婉转、含混的交谈方式的也占61%，可见美国人与日本人是截然相反的谈判风格。

日本人对任何事情都不愿意说"不"，因为他们觉得断然拒绝会伤害对方的感情，或使他丢面子。所以，在对方阐述立场、提出要求，甚至讨价还价时，日本人讲得最多的就是"哈噫"，尽管这个词在词典中的解释是"是"，但实际上绝不是表示同意，它意味着"我在听着你说"。这种情形经常给初次与日本人接触的外国谈判者造成了极大的误会。特别是西方人，当他们侃侃而谈，不断听到日本人的"哈噫"之后，便以为一切都很顺利，很快就会大功告成。可是当具体落实合同条款时，却发现一切都得从头来，这使他们大为恼火，也感到不可理解。不同意为什么不当时讲出来呢？看来，最好的解释就是东西方文化的差异吧！日本著名律师，也是一位谈判专家为我们讲述了这样一个事例。纽约大学打算成立一家日本经济研究中心，大约需要300万美元的基金，其中的150万美元想在日本筹集。于是他们派了一位很有名望的学者前来日本，拜会了首相和金融界的头面人物，结果得到了相当积极和热忱的回应。日本人一致答复这位美国学者，认为成立这样一个中心非常有意义，他们一定会全力帮助实现这一目标。美国学者以为他得到了保证，兴冲冲地回国了。当筹建工作开始后，问题出现了，日方连一毛钱也没捐出来，愤怒的学者马上拜会了日本驻美大使，强烈指责日方的不讲信义。其实，问题的关键正如律师矢部正秋指出的："日本式谈判的最大缺点在于言行不一，尽管嘴里在答应，心里却并不认为正在做出某种承诺。这种情形无论在政府或民间都普遍地存在着。"但是深入了解日本文化的人会感受到日本人这样做是有原因的。日本人在和不太熟悉的人交往时，非常注意礼貌，绝对不会说出拒绝或不满的话，也不会流露出不满意的表情，所以，用"显象"和"意象"两种方式表达比较贴切。"显象"是指看得见听得见，注重礼貌，但并非真正的心意，而"意象"才是真正的心意，但需要对方去领悟。例如，一个人在店里挑了很多衣服试穿都不满意，店员会很礼貌地鞠躬，愧疚地说："实在对不起，没有适合您的衣服，浪费您好长时间，希望您下次再来，谢谢您。"这是显象的表达。其实，他的意象是在说："您这个人真没教养，也不先搞清楚自己的尺寸，看准了再试穿。"通常日本人之间会领悟这种关系或意思。

另外，当对方提出要求，日本人回答"我们将研究考虑时"，不能认为此事已有商量的余地或对方有同意的表示，它只说明，他们知道了你的要求，他们不愿意当即表示反对，使提出者陷入难堪尴尬的境地。同样，日本人也不直截了当地提出建议。他们更多的是把你往他的方向引，特别是当他们的建议同你已经表达出来的愿望相矛盾时，更是如此。

对此，我们在专家意见的基础上，把保全面子作为与日本人谈判需要注意的首要问题。有以下四点需要注意：

第一，千万不要直接指责日本人，否则肯定会有损于相互之间的合作关系。较好的方法是把你的建议间接地表示出来，或采取某种方法让日本人自己谈起棘手的话题，或通过中间人去交涉令人不快的问题。

第二，避免直截了当地拒绝日本人。如果你不得不否认某个建议，要尽量婉转地表达，或做出某种暗示，也可以陈述你不能接受的客观原因，绝对避免使用羞辱、威胁性的语言。

第三，不要当众提出令日本人难堪或他们不愿回答的问题。有的谈判者喜欢运用令对方难堪的战术来打击对方，但这种策略对日本人最好不用。如果让他感到在集体中失了面子，那么，完满的合作是不存在的。

第四，要十分注意送礼方面的问题。赠送各种礼品是日本社会最常见的现象。日本的税法也鼓励人们在这方面的开支，这是因为送礼的习惯在日本已是根深蒂固了。

日本人在送礼上的慷慨大方令西方人十分惊讶，但与我们却有一定相似之处。送礼是表示对对方的看重，希望借此加深友谊，既表示一种礼貌，款待客人的热情，又表示一种心意。但日本人的送礼十分注意受礼对象的职位及其他相关因素，精心考虑礼品的价值。同样，对日本人送礼也要注意这一点。要注意根据日方职位的高低确定礼品价值的大小。如果总裁收到的礼物和副总裁的价值相等，那么前者感到受到了污辱，后者也会觉得尴尬。礼品价值在高级管理人员中100美元较为理想，在中级管理人员中50美元为适宜。此外，送礼的标志也十分重要。对特殊或重要人物，最好送带有特殊标记的礼品，一般的可酌情选择具有民族特色的纪念品等。

5.1.4　耐心是谈判成功的保证

日本人在谈判中的耐心是举世闻名的。我们前面提到日本人的决策过程十分缓慢，这只是对欧美人而言的。欧美人注重时间效率，他们认为如果一个星期能够解决的问题，用上两个星期，就是拖延。所以，他们常把耐心与缓慢相提并论。对我们而言，日本人的耐心不仅仅是缓慢，而且是准备充分，考虑周全，洽商有条不紊，决策谨慎小心。为了一笔理想交易，他们可以毫无怨言地等上两三个月，只要能达到他们预想的目标或取得更好的结果，时间对于他们来讲不是第一位的。

另外，日本人具有耐心还与他们交易中注重个人友谊、相互信任有直接的联系。要建立友谊、信任就需要时间。像欧美人那样纯粹业务往来，谈判只限于交易上的联系，日本人是不习惯的。欧美人认为交易是交易，友谊是友谊，是两码事，而在东方文化中，两者是密切相联的。所以一位美国专家谈道："日本人在业务交往中，非常强调个人关系的重要性，他们愿意逐渐熟悉与他们做生意的人，并愿意同他们长期打交道。在这一点上，他们同中国人很相像，中国人在谈判中总是为

'老朋友'保留特殊的位置，所谓'老朋友'就是那些以前同他们有交往的人和那些受他们尊重或信任的人介绍来的人。"

耐心使日本人在谈判中具有充分的准备；耐心使他们手中握有利剑，多次成功地击败那些急于求成的欧美人；耐心使他们成功地运用最后期限策略；耐心使他们赢得了每一块利润。所以，与日本人谈判，缺乏耐心，或急于求成，恐怕会输得一败涂地。

5.2　美国人的谈判风格

美国是我国的主要贸易伙伴，在合资、合作的项目中，美国的资金与技术的引进也占较大比重。因此，研究掌握美国人的谈判风格也是十分必要的。

5.2.1　具有战略观或全局观，喜欢主导谈判

美国人在政府谈判或涉及国家利益的商务谈判上非常有战略观或大局观，他们一般是从全局谋划。他们邀请各类专家和研究机构提供数据和分析建议，审慎和全面评价全局目标、利益目标，为实现这些目标综合运用各种手段。

回顾世界发展历史，许多重大国际事件都有美国的身影，同时，这些事件解决后的最终结果，不仅有利于美国，也有利于美国所倡导的核心价值观和推行的战略体系。

美国人避免由于追求短期利益所赢得的谈判胜利，避免将谈判陷于某些局部纠纷而影响其战略部署。

美国也是世界上最重视谈判科学的国家，不仅谈判人员素质高、专业能力强，而且非常重视谈判理论研究。在谈判学发展的历史上，美国学者贡献巨大，影响深远。

例如，发生在 20 世纪 60 年代初的"古巴导弹危机"，实际上是美国和苏联两个国家在冷战时期的最大较量。事后解禁的资料显示，这一危机的解决主要得益于美国政府和当时美国总统的科学决策以及多种谈判手段的综合运用。在美国 U2 飞机侦查到苏联在古巴部署导弹后，美国总统肯尼迪立刻召开国家安全委员会会议。在委员会提出的七种方案中，总统选择了两个：一是比较温和的苏美外交照会；二是动用军事力量封锁运送导弹的加勒比海。同时，对外公布信息，形成强大的国际社会压力。但在苏美两国谈判代表会晤中，美国同意苏联提出的撤回美国早已部署到土耳其的导弹，在世界上给苏联人足够的颜面。在苏联撤出部署在古巴的导弹后，美国各大媒体严格按照白宫的指令，在报道上没有使用任何刺激性的字眼，宣布这是美国单方面的胜利。苏美谈判使古巴导弹危机仅在一个月内就获得了圆满解决。但这却激怒了导弹部署的国家——古巴，其领导人卡斯特罗认为，他被两国高层忽视，甚至认为受到了苏联的愚弄，以至于以后多年不允许苏联高级领导人踏上古巴领土。但这恰恰验证了美国有意忽略古巴的作用是正确

的。如果美国和古巴谈判，或者是谈判一方有古巴参与，结论非常明确，那就是问题可能多年都无法解决。

5.2.2 自信心强，善于表达

美国是世界上经济、技术最发达的国家，国民经济实力也最为雄厚，在目前所形成的世界三大经济势力格局中，亚洲是由众多国家所构成，欧共体也由数十个国家所组成，唯独美国以一国之实力独霸一方。英语几乎是国际谈判的通用语言，世界贸易有50%以上用美元结算。所有这些，都使美国人对自己的国家深感自豪，对自己的民族充满强烈的自尊感与荣誉感，这种心理在他们的贸易活动中也充分地表现出来。他们在谈判中，自信心和自尊感都比较强，加之他们所信奉的自我奋斗的信条，常使与他们打交道的外国谈判者感到美国人有自我优越感。美国谈判专家也认为："他们（美国人）意识到自己是公司的一部分之前，首先想到的是自己是某一领域的专家，他们往往认为自己的水平比对手要高。"这里我们既可以理解为自傲，也可以理解为自信。

美国人的自信还表现在他们坚持公平合理的原则上。他们认为两方进行交易，双方都要有利可图。在这一原则下，他们会提出一个"合理"的方案，并认为是十分公平的。他们的谈判方式是：喜欢在双方接触的初始就阐明自己的立场、观点，推出自己的方案，以争取主动。在双方的洽商中充满自信，语言明确肯定，计算科学准确。如果双方出现分歧，他们只会怀疑对方，而坚持自己的看法。正是这种自信、直率的个性，使他们对中国人，特别是日本人的婉转、暗示、含糊的表达方式表现出某种不理解、误会，对中国人与日本人的谦恭、客气也感觉不适应。这是文化差异的结果。

美国人的自信，也表现在对本国产品的品质优越、技术先进性毫不掩饰的称赞上。他们认为，如果你有十分能力，就要表现出十分来，千万不要遮掩、谦虚，否则很可能被看作无能。如果你的产品质量过硬，性能优越，就要让购买你产品的人认识到，那种到实践中才检验的想法，美国人认为是不妥的。

美国人自信表现的另一面，就是傲慢与自大。他们喜欢批评别人，指责别人。当谈判不能按照他们的意愿进展时，他们常常直率地批评或抱怨。这是因为，他们往往认为自己所做的一切都是合理的，缺少对别人的宽容与理解。"我是对的，你是错的"，这是美国人的普遍心态。例如，当年美国总统福特出访日本，由美国CBS广播公司现场直播，而当时日本只有NHK拥有卫星转播系统，所以，就必须与NHK谈判合作事宜。在福特总统预定出访的前两周，CBS从纽约派遣了一个小组到日本谈判，其负责人是一个年轻的高级官员。这位美国人大模大样，以直言不讳的态度向比他年长许多的NHK主管提出种种不合理的要求，其中包括超出实际需要近两倍的人员、车辆及通信设备等。日本人非常恼火，这哪里是请别人帮忙，分明是来讨债的。但日本人并不公开指责美国人，只是在敷衍了事。这使得一向以播送新闻迅速、全面而著称的CBS陷入困境。无奈只得由最高层亲自出马，向

NHK 表示道歉，并一再诚恳地请求 NHK 协助转播访问事宜，NHK 马上转变了态度，使事情有了圆满的结局。

此外，美国专家也指出，美国人的谈判方式也往往让人觉得美国人傲慢、自信。他们说话声音大、频率快，办事讲究效率，而且很少讲"对不起"。他们喜欢别人按他们的意愿行事，喜欢以自我为中心。要想让美国人显得谦卑、暴露自己的不足，承认自己的无知实在太困难了。总之，美国人的自信让他们赢得了许多生意，但是也让东方人感到他们咄咄逼人、傲慢、自大或粗鲁。

5.2.3　讲究实际，注重利益

美国人在做交易时往往以获取经济利益作为主要目标。所以，他们有时对日本人、中国人在谈判中要考虑其他方面的因素，如由政治关系所形成的"利益共同体"等表示不可理解。尽管他们注重实际利益，但他们一般不漫天要价，也不喜欢别人漫天要价。他们认为，做买卖要双方都获利，不管哪一方提出的方案都要公平合理，所以，美国人对于日本人、中国人习惯的注重友情和看在老朋友的面子上可以随意通融的做法很不适应。

美国人做生意时，更多考虑的是做生意所能带来的实际利益，而不是生意人之间的私人交情。所以，亚洲国家和拉美国家的人都有这种感觉：美国人谈生意就是直接谈生意，不注意在洽商中培养双方的友谊、感情，而且还力图把生意和友谊清楚地分开，这种观念使他们在谈判中的行为显得比较生硬，也与亚洲人的文化观念相去甚远。正如一位美国专家所指出的：美国人感到，在中国，像是到朋友家做客，而不是做生意。同中国人谈判，是"客人"与"主人"的谈判。中国人掌握着谈判日程和议事内容，他们有礼貌，采取各种暗示、非直接的形式请客人先谈，让客人"亮底"，如谈判出现障碍或僵局时，东道主会十分热情地设宴招待对方。中国人的地主之谊、客气和热情，常使美国的"客人"为顾全情面做出慷慨大方的决策。

美国人注重实际利益，还表现在他们一旦签订了合同，就非常重视合同的法律性，合同履约率较高。在他们看来，如果签订合同不能履约，那么就要严格按照合同的违约条款支付赔偿金和违约金，没有再协商的余地，所以，他们也十分注重违约条款的洽商与执行。

5.2.4　热情坦率，性格外向

美国人属于性格外向的民族，他们的喜怒哀乐大多通过他们的言行举止表现出来。在谈判中，他们精力充沛，感情洋溢，不论在陈述己方观点，还是表明对对方的立场态度上，都比较直接、坦率。一家美国公司的经理在商谈一笔大有赚头的生意时，因毫无恶意地回绝了与热情的沙特阿拉伯人一起喝咖啡的邀请，使对方感到极为不快。虽然这位美国人只不过是急于签订合同，但这种草率的行为却使对方感到屈辱。于是在后来的谈判中，沙特阿拉伯商人的态度越发冷淡，使原本大有希望的洽商陷入僵局。

如果对方提出的建议他们不能接受，也是毫不隐讳地直言相告，甚至唯恐对方误会了。美国《新闻周刊》在1983年对世界上比较有代表性的5个国家，即法国、日本、英国、巴西、墨西哥的民众对美国人的看法的调查表明，美国人最有代表性的四点特征是：民族性、有活力、勤奋和有创造力。所以，在某种程度上，美国人可以成为与东方文化相比较的西方文化的代表。

在商务谈判中，美国人与东方人，特别是与日本人和中国人的表达方式有明显的不同，美国人常对中国人在谈判中的不满与不同意采取迂回、兜圈子的做法感到莫名其妙。例如，美国西屋电气公司加拿大分公司，同中国东方汽轮机厂的一个访问团商谈向该公司销售几台大型汽轮机，可是接下来的不是签订合同，而是两次在北京紧急磋商。西屋公司不得不一次又一次地重申最初的动机，而中方则一次又一次地要求按最初的精神办，兜来兜去，最后西屋公司才弄明白，中方无非是要确定一个最理想购买价。这项协议，一直到西屋公司的代表两次回国后才通过电传签订，美国人不理解，为什么中国人一开始不说明要求降低价格呢？

对于中国人在谈判中用微妙的暗示来提出实质性的要求，美国人更是感到不习惯，也因此在实际交往中，不少美国厂商因不善于品味中国人的暗示，失去了不少极好的交易机会。

谈判中的直率也好，暗示也好，看起来是谈判风格的不同，实际上是文化差异的问题。东方人认为直接地拒绝对方，表明自己的要求，会损害对方的面子，僵化关系，像美国人那样感情爆发、直率、激烈的言辞是缺乏修养的表现。同样，东方人所推崇的谦虚、有耐性、涵养，可能会被美国人认为是虚伪、客套、耍花招。

5.2.5　重合同，法律观念强

美国是一个高度法制的国家。据有关资料披露：平均450名美国人就有一名律师，这与美国人解决矛盾纠纷习惯于诉诸法律有直接的关系。他们这种法律观念在商业交易中也表现得十分明显。美国人认为，交易最重要的是经济利益，为了保证自己的利益，最公正、最妥善的解决办法就是依靠法律、依靠合同，而其他的都是靠不住的。因此，他们特别看重合同，十分认真地讨论合同条款，而且特别重视合同违约的赔偿条款。一旦双方在执行合同条款中出现意外情况，就按双方事先商定的责任条款处理。因此，美国人在商业谈判中对于合同问题的讨论特别详细、具体，也关心合同适用的法律，以便在执行合同中能顺利地解决各种问题。

美国人的这种法律意识与中国人的传统观念反差较大，这也反映在中美谈判人员的洽商中。一位美国专家曾就这一问题指出：中国人重视协议的"精神"，而美国人重视协议本身的条文。一旦遇到矛盾，中国人就喜欢提醒美国伙伴注重协议的精神，而不是按协议的条款办事。与中国人签约，本身就是一种"精神的象征"。一家与中国合作的美国电梯公司的代表说："与中国人签约，真像签了个婚约，双方规定相爱30年。"但怎样相爱，不看合同条款的规定，而是凭信任、友谊、感情，凭协议中双方的"合作精神"。美国耐克制鞋公司之所以总也找不到合适的中国大陆的制鞋伙伴，原因之一就是太钻"牛角尖"，非要在协议条款上写明，要求中国大陆厂家的成本低于中国台湾的公司，而质量要达到耐克水平。而中方则认为，双方只要相互信任，协议只是个君子协定，不要在具体细节上斤斤计较，否则，反倒伤了和气。中国人对用法律解决问题，不认为是最好的办法，而是最无奈的办法。

美国人重合同、重法律，还表现在他们认为商业合同就是商业合同，朋友归朋友，两者之间不能混淆起来。私交再好，即使是父子关系，在经济利益上也是绝对分明的。因此，美国人对中国人的传统观念——既然是老朋友，就可以理所当然地要对方提供比别人优惠的待遇，出让更大的利益，表示难以理解。这一点也值得我们认真考虑，并在谈判中加以注意。

5.2.6 注重时间效率

美国是一个经济高度发达的国家，生活节奏比较快，这使得美国人特别重视、珍惜时间，注重工作效率。所以，在商务谈判中，美国人常抱怨其他国家的谈判对手拖延时间，缺乏工作效率，而这些国家的人也埋怨美国人缺少耐心。常常出现这样的情况，美国人认为三天就能解决的问题，而其他国家的人在一个星期也未必能决策。所以，在国际谈判中，美国人常显得不合拍。

在美国国内的企业，由于各级部门职责分明，分工具体，因此，谈判的信息收集、决策都比较快速、高效率。加之他们个性外向、坦率，所以，他们一般谈判的特点是开门见山，报价及提出的具体条件也比较客观，"水分"较少。他们也喜欢对方这样做，几经磋商后，两方意见很快趋于一致。但如果对手的谈判特点与他们不一致或正相反，他们就会感到十分不适应，而且常常把他们的不满直接表示出来，就更显得他们缺乏"涵养"。人们也就常常利用美国人夸夸其谈，准备不够充分，缺乏必要的耐心的弱点，谋取最大利益。当然，干脆利落的美国人，如果遇到谈判对手也是这种风格，也确实很有工作效率。

在美国人的时间概念中，"时间既是金钱，也是商品"。他们常以分、秒计算时间，比如，月薪1万美元，每分钟就是8美元。因此，在工作中他们时间观念特别强，即使是非常重要的交易谈判，他们也不喜欢进行"毫无意义"的谈话。如果你占用了他的时间，在他的观念中，就认为你偷了他的金钱。所以，美国人十分珍惜时间、遵守时间，他们也希望对方如此，从而保证谈判的高效率。

美国商人重视时间，还表现在做事要一切井然有序，有一定的计划性，不喜欢事先没安排妥当的不速之客来访。与美国人约会，早到或迟到都是不礼貌的。

与美国人谈判，最好不要指名批评某人，或指责客户公司的某些缺点，也不要把以前与某人有过摩擦的事作为话题，还要避免把处于竞争关系的公司的问题披露出来，加以贬抑，这样做很危险，有时不仅不会达到预想的目的，甚至还会得到相反的效果。

5.3　俄罗斯人的谈判风格

中国与俄罗斯有较长的边境线，双方边贸历史也较为悠久，近几年随着贸易额急剧增加，双方合资合作范围不断扩大。我国东北地区已经把对俄贸易作为发展对外贸易的重要组成部分，因此，研究俄罗斯人的谈判风格，具有较大的现实意义。

5.3.1　固守传统，缺乏灵活性

俄罗斯是一个拥有辉煌历史的多民族国家，出现了很多伟大的哲学家、艺术家和音乐大师，如托尔斯泰、普希金、柴可夫斯基等。俄罗斯人的行为特点是性格豪放、热情，有着极强的民族自豪感，但也保守和固执。

俄罗斯在苏联时期，经历了较长的计划经济时代。尽管近30年经济有了一定的发展，但是，在高度集权的体制下，一些俄罗斯的政治精英和商人还是带有明显的原有体制的烙印。在进行正式洽商时，他们喜欢按计划办事，如果对方的让步与他们原定的具体目标相吻合，容易达成协议；如果有差距，则要他们让步特别困难。甚至他们明知自己的要求不符合客观标准，也拒不妥协让步。曾有一个俄罗斯代表团到中国洽商一个合资项目，生产方便面，由中方提供设备和人员培训，需中方投入120万元人民币，俄方以厂房、土地作价投资，共计40万元人民币。按国际惯例，对于双方合资项目，利润分成是按投资比例确定，但俄方坚持他们得80%利润，中方得20%利润，这种明显不合理的要求自然导致谈判破裂，为什么会这样，就是他们事先定的目标是获利80%。尽管他们认为你的建议也有道理，但是要他们改变原来的打算是困难的，这是诸多谈判者与俄罗人打交道的一致结论。

一些俄罗斯人缺乏灵活性，还因为他们的计划制订与审批要经过许多部门、许多环节。这必然要延长决策与反馈的时间。正如一位美国专家指出的，由于旧体制严格的计划性，束缚了人个性、能力的发挥，而且这种体制要求经办人员对所购进商品的适用性、可靠性和质量进行审查，并要对所做出的决策承担全部责任。因此，他们非常谨慎，缺少敏锐性和创新精神，喜欢墨守成规。

俄罗斯是世贸组织成员国，但尚未加入经济合作与发展组织（OECD）。从区域贸易协定来看，俄罗斯积极拓宽海外市场，参与全球贸易。不可否认的是，俄罗斯人是强劲的谈判对手，尽管他们有时处于劣势，如迫切需要外国资金、外国先进的技术设备，但是他们还是有办法迫使对方让步，而不是他们自己。

5.3.2　对技术细节感兴趣

俄罗斯人的谈判能力很强，这源于俄罗斯人的民族传统，这一点美国人、日本人都感受至深。他们特别重视谈判项目中的技术内容和索赔条款，这是因为引进技术要具有先进性、实用性。由于技术引进项目通常都比较复杂，对方在报价中又可能会有较大的水分，为了尽可能以较低的价格购买最有用的技术，他们特别重视技术的具体细节，索要的东西也包罗万象，如详细的车间设计图纸、零件清单、设备装配图纸、原材料证明书、化学药品和各种试剂、各种产品的技术说明、维修指南等。所以，在与俄罗斯人进行洽商时，要有充分的准备，可能要就产品的技术问题进行反复的磋商。另外，为了能及时、准确地对技术问题进行阐述，在谈判中要配置技术方面的专家。同时要十分注意合同用语的使用，语言要准确，不能随便承诺某些不能做到的条件，对合同中的索赔条款也要十分慎重。例如，在出口一方国家的气候条件下，产品可能不轻易出问题，但不能轻易拍胸脯保证机器在任何温度下工作都没问题，更不能做产品出现问题，愿意赔偿一切损失的承诺。这种情况下，出口方可能会十分被动，其产品有可能被送到西伯利亚的雅库茨克的工厂去，如果其产品在零下30℃的气温中冻住了，使生产线停产，并使工厂没有达到生产额度，那么毫无疑问，这个赔偿金是出定了。

5.3.3　善于在价格上讨价还价

俄罗斯人十分善于与外国人做生意。简单地讲，他们非常善于寻找合作与竞争的伙伴，也非常善于讨价还价。如果他们想要引进某个项目，首先要对外招标，引来数家竞争者，从而不慌不忙地进行选择，甚至采取各种离间手段，让争取合同的对手之间竞相压价，相互残杀，最后从中渔利。下面，我们来看看美国谈判专家所讲的一个事例。

1980年的奥运会准备在莫斯科举办，谁都知道出卖奥运会电视转播权是一笔好买卖。美国哥伦比亚广播公司、美国国家广播公司、全国广播公司三家大型电视台都准备出大价钱购买独家电视转播权。于是俄罗斯人把美国三家电视网的上层人物都请到他们的豪华客轮阿列克赛·普希金号上，他们提出要21 000万美元现金，这个开价比1976年的2 200万美元高出9倍多。为了达到他们的目的，俄罗斯人分别与美国的这三家电视台的决策人物接触，让他们相互之间你争我夺，拳打脚踢。用美国人自己的话说："我们像装在瓶里的三只蝎子那样互相乱咬，咬完之后，两只死了，获胜的一只也被咬得爬不起来了。"最后，几经反复，美国国家广播公司以8 700万美元购得奥运会转播权。后来才知道俄罗斯人预期的售价在6 000万～7 000万美元之间。

俄罗斯人在讨价还价上堪称行家里手。许多比较务实的欧美生意人都认为：不论你的报价是多么公平合理，怎样精确计算，他们也不会相信，千方百计地要挤出其中的水分，达到他们认为理想的结果。所以，专家建议，对俄罗斯人的报价策略有两种形式：第一种策略是报出你的标准价格，然后力争做最小的让步。你可以事先印好一份标准价格表，表上所有价格都包含适当的溢价，给以后的谈判留下余地。第二种策略是公开在你的标准价格上加上一定的溢价（如15%），并说明这样做的理由是同其做生意所承担的额外费用和风险。因为在政治体制不稳的环境中做生意的风险与费用是难以估量的。一般来讲，第二种策略要好些，因为如果在报价之初就定死一个价格，几个星期甚至数月后情况可能会发生很大变化。

俄罗斯由于产业结构单一，因此，国内经济发展很大程度上要受国际市场能源价格和需求趋势的影响，通货膨胀是国内经济发展的一大问题。2013—2014年，随着世界石油价格大幅下滑，卢布也大幅贬值。所以，与俄罗斯人做贸易，如果不用硬通货支付，风险是很大的。要对俄罗斯人尽量缩短报价期限，并充分考虑报价在合同期内所受通货膨胀的影响。

俄罗斯人开低价常用的是："我们第一次向你订货，希望你给个最优惠价，以后我们会长期向你订货""如果你们给我们以最低价格，我们会在其他方面予以补偿"，以此引诱对方降低价格。要避免这种价格陷阱，专家的忠告是：不要太实在，报个虚价并咬牙坚持到底。

5.3.4　坚持立场

俄罗斯谈判人员比较突出的风格，就是坚持立场，并且很难改变。这一特点一方面来自多年的计划经济体制，另一方面源于其民族性。我们从俄罗斯人最拥戴的国家首脑普京就可以领略到。普京号称政治强人、最强硬的谈判家。从普京与车臣分裂分子谈判的强硬立场，到2014年由于克里米亚事件与美国为首的西方国家的对峙，都可以领略其强硬的立场和绝不妥协的风格。国际社会发现，普京越强硬，他在国内受拥戴的程度越高。

与欧美人谈判的灵活变通相比，俄罗斯人在谈判桌上显得比较强硬，在涉及政治和军事等敏感问题上尤为如此。谈判学家维克托·克里蒙克认为，尽管这些复杂的涉及广泛的敏感谈判要受到官僚政客以及烦琐谈判程序的影响，但俄罗斯人缺乏比较成熟的模型来支撑他们的分析也是一个不可忽视的因素。他指出："正如在关于军备控制谈判的许多其他领域一样，系统性的调查已经落在了描述性的工作后面。"

5.4　欧洲人的谈判风格

欧洲大陆是由众多经济发达的国家构成的。它们在世界贸易中占有十分重要的地位，也与中国有广泛的贸易往来。研究欧洲主要国家商人的谈判风格，有助于我们更好地开展对欧贸易。

5.4.1　德国人的谈判风格

德国人的谈判特点主要体现在以下几个方面：

（1）重视标准。德国在世界上是经济实力最强的国家之一，他们的工业极其发达，生产率高，产品质量堪称世界一流。这主要是由于企业的技术标准十分精确具体，对这一点德国人一直引以为荣。因此，他们购买其他国家的产品，往往把本国产品作为选择标准。如果你要与德国人谈生意，务必要使他们相信你公司的产品可以满足德国人要求的标准。当然，他们也不会盲目轻信你的承诺。但如果你不能信守诺言，那么你就没希望取得大笔买卖的订单。从某种角度说，德国人对你在谈判中表现的评价，取决于你能否令人信服地说明你将信守诺言。

（2）讲求效率。德国人在世界上享有名副其实的讲效率的声誉，他们信奉的座右铭是"马上解决"，他们不喜欢对方"研究研究""考虑考虑"等拖拖拉拉的谈判语言，他们具有极为认真负责的工作态度、高效率的工作程序。所以，在德国人的办公桌上，看不到搁了很久、悬而未决的文件。德国人认为，一个谈判者是否有能力，只要看一看他经手的事情是否快速、有效地处理就清楚了。

（3）准备充分。德国人在谈判之前的准备比较充分，他们不仅要研究购买你的产品的问题，而且还包括研究销售产品的公司，公司所处的大环境，公司的信誉、资金状况、管理状况、生产能力等。他们不同于那种只要有利可图就与之做生意的赚钱公司，他们不喜欢与声誉不好的公司打交道。所以，有的人认为德国人比较保守，这可能是一个影响因素。

（4）重合同、守信用。德国人很善于商业谈判，他们讨价还价与其说是为了争取更多的利益，不如说是工作认真、一丝不苟。他们严守合同信用，认真研究和推敲合同中的每一句话和各项具体条款，一旦达成协议，很少出现毁约行为，所以合同履约率很高，在世界贸易中有着良好的信誉。

总之，德国人的谈判风格是审慎、稳重的，他们重视并强调自己提出的方案的可行性，不轻易向对手做较大的让步，让步的幅度一般在20%以内。这是因为他们坚信自己的报价是科学合理的。此外，德国人在个人之间的交往上也是十分严肃、正统的。

2008年下半年爆发了世界金融危机，欧洲首当其冲受到影响，欧元贬值，经济下滑，有些国家甚至到了破产边缘。但德国却是最先从危机中恢复过来并且经济一直呈现很好态势的国家，成为欧洲的引领者。

5.4.2 法国人的谈判风格

法国是欧盟主导国家之一，倡导多边主义，反对单边主义；重视大国关系的同时，注意加强同新兴国家的政治、经济和文化联系；广泛参与国际事务；帮助法国企业开拓海外市场，保持和提高法国文化的国际影响力。据欧盟统计局统计数据显示，2018年中法双边贸易额增长全590.9亿美元，创历史新高。

法国人的谈判风格具有以下几个特点：

（1）喜欢建立个人之间的友谊，并且影响生意。一些谈判专家认为，如果你与法国公司的负责人或洽商人员建立了十分友好、相互信任的关系，那么你也就建立了牢固的生意关系，同时，你也会发现他们是十分容易共事的伙伴。在实际业务中，许多人发现与法国人不要只谈生意上的事，在适当的情况下，与法国人聊聊社会新闻、文化、娱乐等方面的话题，更能融洽双方的关系，创造良好的会谈气氛，这都是法国人所喜欢的。

（2）法国人具有一个人所共知的特点，就是坚持在谈判中使用法语，即使他们英语讲得很好，也是如此。而且在这一点上很少让步。因此，专家指出，如果一个法国人在谈判中对你使用英语，那么，这可能是你争取到的最大让步。至于为什么这样，原因有很多，可能是法国人爱国的一种表现，更有可能是说法语会使他们减少由语言不通产生的误会。

（3）法国人偏爱横向谈判。就是说，他们喜欢先为谈判协议勾画出一个大致的轮廓，然后再达成原则协议，最后再确定协议中的各项内容。所以，法国人不像德国人那样在签订协议之前认真、仔细地审核所有具体细节。法国人的做法是：签署的是交易的大概内容，如果协议执行起来对他们有利，他们会若无其事；如果协议对他们不利，他们也会毁约，并要求修改或重新签。

（4）法国人大都重视个人的力量，很少有集体决策的情况。这是由于他们组织机构明确、简单，实行个人负责制，个人权力很大。在商务谈判中，正是由于个人决策负责，因此谈判的效率较高，即使是专业性很强的洽商，他们也能一个人"独当几面"。

（5）法国人严格区分工作时间与休息时间，这与日本人相比有极大的反差。在法国8月是度假的季节，全国上下、各行各业的职员都休假，这时候你想做生意是徒劳的。如果在7月份谈的生意，在8月份也会顺延。

此外，法国人习惯在各种社交场合，而不是在家里宴请朋友。

5.4.3　英国人的谈判风格

英国是最早的工业化国家，早在17世纪，它的贸易就遍及世界各地。2018年，中英贸易进出口额达到5 317.3亿元人民币。

英国人的谈判特点主要体现在以下几个方面：

（1）英国人不轻易与对方建立个人关系。即使是本国人，人们个人之间的交往也比较谨慎，很难一见如故。他们不轻易相信别人、依靠别人。这种保守传统的个性，在某种程度上反映了英国人的优越感。但是你一旦与英国人建立了友谊，他们会十分珍惜，长期信任你，在做生意时关系也会十分融洽。所以，一个结论就是，如果你没有与英国人长期打交道的历史，没有赢得他们的信任，没有最优秀的中间人做介绍，你就不要期望与他们做大买卖。

英国是最早的资本主义国家，西方的民主与价值观深入人心，平等和自由表现在各个方面。尽管如此，在人们的意识中，其等级观念还是根深蒂固的，这就是英国王室不仅存在，而且有较高影响力的原因。等级观念也很好地维持了社会秩序。在人们的社交场合，"平民"与"贵族"仍然是不同的。例如，在英国上流社会，人们喜欢阅读的是《金融时报》；中产阶层的人阅读《每日电讯报》；而较低社会阶层的人则读《太阳报》或《每日镜报》。相应地，在对外交往中，英国人比较注重对方的身份、经历、业绩，而不是像美国人那样更看重对手在谈判中的表现。所以，在必要的情况下，与英国人谈判，派有较高身份、地位的人，有一定的积极作用。

（2）英国人对谈判本身不如日本人、美国人那样看重，相应地，他们对谈判的准备也不充分，不够详细周密。他们善于简明、扼要地阐述立场，陈述观点，在谈判中，表现更多的是沉默、平静、自信、谨慎，而不是激动、冒险和夸夸其谈。他们对于利益的追求，不如日本人表现得那样强烈，不如美国人表现得那样直接。他们宁愿做风险小、利润也少的买卖，不喜欢冒大风险、赚大利润的买卖。

（3）英国商人的一个共同特征，就是往往不能保证合同的按期履行。英国人为改变这一点也做了很大努力，但效果不明显。原因是什么？众说纷纭，较为信服的论据就是，英国工业历史较为悠久，但近几个世纪发展速度放慢，英国人更追求生活的秩序与舒适，而勤奋与努力是第二位的。另外，英国的产品质量好、性能优越、市场广泛，这又使英国人忽视了作为现代贸易应遵守的基本要求。

（4）英国人在谈判中缺乏灵活性，他们通常采取一种非此即彼，不允许讨价还价的态度，因此，在谈判的关键阶段，表现得既固执又不愿花费很大力气，不像日本人那样，为取得一笔大买卖而竭尽全力。

5.4.4　意大利人的谈判风格

在世界范围内，意大利人是浪漫和时尚的代表。1990年，意大利举办的世界杯不能让人忘怀的不仅有那一届的足球冠亚军，还有别具一格的开幕式。高品位的服饰、众多世界顶级模特，都使这届世界杯开幕式熠熠生辉。

意大利商人的特点十分突出，主要表现为：

（1）时间观念较为淡漠。欧洲国家中，意大利人并不像其他国家那样对时间特别看重，约会、赴宴经常迟到，而且习以为常。即使是精心组织的重要活动，也不一定能保证如期举行，但如果他们特别重视与你的交易，情况可能另当别论。

（2）注重时尚与休闲。意大利人崇尚时髦，不论是商人还是旅行家，都衣冠楚楚，潇洒自如。他们的办公地点及设施都比较讲究，他们对生活中的舒适十分注重，对自己的国家及家庭也感到十分自豪与骄傲。在商务谈判中，最好不要谈论国体政事，但可以倾听他们或引导他们谈谈其家庭、朋友，当然，前提是你与他们有了一定的交情。意大利人性格外向，情绪多变，喜怒都常常表现出来。在谈话时，他们的手势也比较多，肩膀、胳膊、手甚至整个身体都随说话的声音而扭动，以至于有的专家认为，听意大利人说话，简直是一种享受。

（3）不喜欢仓促表态。意大利人比德国人少一些刻板，比英国人多一份热情，但在处理商务时，通常不动感情。他们决策过程也比较缓慢，但不同于日本人，他们并不是要与同僚商量，而是不愿仓促表态。所以，对他们使用最后期限策略，效果较好。

（4）注重价格。意大利人有节约的习惯，与产品质量、性能、交货日期相比，他们更关心的是花较少的钱买到质量、性能都说得过去的产品。如果是他们卖东西，只要能有理想的销价，他们会千方百计地满足用户的要求。

5.4.5　北欧人的谈判风格

北欧主要是指挪威、丹麦、瑞典、芬兰等国家，也称斯堪的纳维亚国家。

北欧是一个文化、经济高度发达的地区。这几个国家地域广阔，人口稀少，社会政治、经济十分稳定，与世界各地的贸易交往也具有较长的历史。

（1）北欧人十分讲究文明礼貌，也十分尊重具有较高修养的商人。他们在与外国人交往时比较讲究礼仪。不论是正式，还是非正式谈判，他们如果是东道主，会安排得有条不紊，尽量让客人满意。

（2）北欧人对自己产品的质量非常看重，其产品质量在世界上也是一流的。近几年，他们更倾向于具有高附加值的、高度专业化的产品出口。他们在工作期间严肃认真、一丝不苟，但娱乐时也绝不工作。

（3）北欧人在谈判中十分沉着冷静，即使在十分关键时刻也不动声色，仍旧有耐心、有礼貌，但他们不喜欢无休止地讨价还价。如果他们与你做生意，主要是因为他们确认你的公司的产品在市场上是十分优秀的，他们信得过你，但如果你只为自己利益着想，忽视了他们的利益或建议，他们就会改变对你的看法，很可能放弃与你合作。

（4）北欧人的一个共同特点就是喜欢桑拿浴，这已经成为他们生活中的一部分。如果你与北欧人洽商，他们请你洗桑拿浴，说明你受到了他们的欢迎，这是个好的开端。但如果你不能适应长时间的热气，也要提出，这不是丢面子的事情。在许多情况下，你可以在洗桑拿浴时与他们交谈，这可以免除正式谈判的许多不便。

5.5　阿拉伯人的谈判风格

如果说在中央集权制的国家，商业活动由国家计划控制，那么，在阿拉伯国家，商业活动一般则由扩大了的家族来指挥。在这些国家中，人们十分看重对家庭和朋友所承担的义务，相互提供帮助、支持和救济，家族关系在社会经济生活中占有重要地位。此外，阿拉伯人信奉伊斯兰教，禁忌特别多，酒是绝对不能饮的，自然，酒也不能作为礼品馈赠。

阿拉伯世界凝聚力的核心是阿拉伯语和伊斯兰教，虽然对这些你不一定精通和信奉，但当你到这些国家访问、洽商时，做些基本了解还是十分必要的。比如，遇到斋月，阿拉伯人在太阳落山之前既不吃也不喝。你也要做到入乡随俗，尽量避免接触食物和菜，如果主人没把这些放在待客的房间里，你也要表示理解并尊重他们的习俗。

阿拉伯人具有沙漠地区的传统：

（1）他们十分好客，任何人来访，他们都会十分热情地接待。因此，谈判过程也常常被一些突然来访的客人打断，主人可能会抛下你，与新来的人谈天说地。所以，与他们谈判，你必须适应这种习惯，学会忍耐和见机行事，这样，你就会获得阿拉伯人的信赖。这是达成交易的关键。例如，一家瑞士公司得到了一份由其在中东的业务合作伙伴公司所签署的协议。瑞士公司自以为这是一份"具有约束力"的协议，便要求对方执行协议中的规定，结果被对方拒绝了。瑞士公司亮出了对方公司的签字，但中东公司说这份协议对他们不具有约束力，之所以在上面签字只是为了"不失礼"。中东公司的代表说，只有自己和瑞士公司的代表亲自会晤并相互握手"达成口头协议"，协议才会生效并对他们产生约束力。

（2）阿拉伯人有时使人感觉不太讲究时间观念，谈判中会出现随意中断或拖延谈判的现象，决策过程也较长。但阿拉伯人决策时间长，不能归结于他们拖拉和无效率。这种拖延也可能表明他们对你的建议有不满之处，而且尽管他们暗示了哪些地方令他们不满，你却没有捕捉到这些信号，也没有做出积极的反应。这时，他们并不当着你的面说"不"字，而是根本不做任何决定，他们希望时间能帮助他们达到目的，否则就让谈判的事在置之不理中自然地告吹。

（3）阿拉伯人不喜欢同人面对面地争吵，但他们却有自己的一套委婉拒绝别人的办法，这就是IBM。我们不要误以为是美国的IBM公司。阿拉伯词语中的IBM，"I"是"因谢拉"，意为"神的意志"；"B"是"布克拉"，意为"明天"；"M"是"迈利西"，意为"不介意"。这是阿拉伯人在交易谈判中保护自己、抵挡对方的一种有力武器。如果阿拉伯人想取消与你的合同，便凭借"神的意志"，你也无可奈何；如果交易气氛对你有利，他要借口"明天"再谈；如果你因他的上述行为不愉快或恼怒的时候，他会轻松地拍着你的肩膀说："不要介意。"

阿拉伯人也不喜欢刚同你见面就匆忙谈生意。他们认为，一见面就谈生意是不礼貌的事。他们希望能花点儿时间同你谈谈社会问题和其他问题，一般要占去15分钟或更多的时间，有时要聊几个小时。因此，你最好把何时开始谈生意的主动权交给阿拉伯人。

（4）与阿拉伯人做生意，寻找当地代理商也是十分必要的。专家建议：不论是同私营企业谈判，还是同政府部门谈判，代理商是必不可少的。这些代理商要操着纯正的阿拉伯语，有着广泛的社会关系网，熟悉民风国情，特别是同你所要洽商的企业有着直接或间接的联系，这些都是你做生意所必需的。阿拉伯人做生意特别重视朋友的关系，许多外国商人都认为，初次与阿拉伯人交往，很难在一两次交谈中涉及业务问题，只有经过长时间的交往，特别是与他们建立了友谊后，才可能开始真正的交易谈判。而有中间商从中斡旋，则可大大加快这种进程。如果是中间商替你推销商品，交易也会比较顺利。

需指出的是，中东是一个敏感的政治冲突地区，在谈生意时，要尽量避免涉及政治问题，更要远离女性话题，在任何场合都要得体地表示你对当地人宗教的尊重与理解。

5.6　以色列人的谈判风格

以色列人也被称为犹太人，是世界上最善于经商的民族和读书最多的民族，以色列人重视教育全球闻名。以色列出了许多举世瞩目的名人，如爱因斯坦、弗洛伊德、海涅、拉斐尔、季诺维耶夫、卓别林、洛克菲勒、索罗斯……在生意场上最有名望的是罗斯柴尔德家族，其庞大的家业横跨欧洲，传承数代而不衰。以色列人的商务谈判特点主要体现在以下几个方面：

1）商业意识敏感，谈判手段灵活

犹太人的商业意识和经商才能似乎是天生的，他们不但精明过人，而且能力也极强。这与他们极为推崇和器重精明的人，而且也千方百计将自己变为精明过人的人，以实现他们经商赚钱的理想有直接的关系。犹太人深知生意经，就是消除竞争对手，做独家生意或垄断生意。但要战胜竞争对手，就必须比竞争对手高明、有智慧。垄断可以通过政治手段来实现，也可以通过经济手段来实现，但对犹太人来说，使用政治手段是不可能的，因为这个民族曾经遭受过各种形式的政治迫害。但逆境生存铸就了犹太人坚忍不拔、吃苦耐劳的民族性格，也增强了犹太人的经商意识。

犹太人哈同20世纪初来到上海，身无分文，先是在另一个犹太人老沙逊的洋行当守门人，后由于其工作勤勉、头脑灵活而成为管理者，最后自己独立开办了哈同洋行，靠贩卖烟土和房地产发了大财。他死后，据英国总领事馆的人核算，其遗产共1.7亿美元，不动产有土地460亩，房屋、仓库1 300余所，豪华别墅和饭店5幢，市房18幢，住房544幢。哈同发家的手段主要是靠商人的精明，"一笔生意，两头赢利"。1923年，哈同将南京东路5亩多土地租给新新公司建设新房，租期32年，期满后房产归哈同，不仅要交纳地租，而且还规定房屋造价不低于50万银元。哈同先取10万银元做保证金，待房屋造好，经他验收符合规定的样式、造价、材料及规格后，方才归还保证金。其他的如永安公司大楼、威海卫路住房等均靠这种方法建成。如果对方在使用中遇到困难，哈同就付一笔补贴费将房产收回。

2）善于谈判的谋划，出奇制胜

犹太商人是世界上最会赚钱的商人，也是最儒雅的商人，他们温文尔雅，举止得体，十分平和而又胸有成竹，既不傲慢自大、目中无人，也很少看见其情绪失控、暴躁易怒的状态，即便是在最不利的情况下，他们也能沉着镇定，使用各种手段，将局势翻转。未雨绸缪更是他们的拿手好戏。正应了那句话："玩弄于股掌之间。"这与美国人习惯采用的直截了当、威胁、警告、施压等方式相反。犹太人从不动怒，他们认为那样不仅伤害别人，也伤害了自己。犹太人信奉交谈是没有硝烟的战争。话说得好能赢得人心，说不好能招来杀身之祸。因而，犹太人在谈判中幽默风趣，从容不迫，应对自如。当然要做到这一点需要高超的谈判技巧和过人的智慧。

3）注重信息收集，为我所用

犹太人深知要在商场上战胜竞争对手，必须及时掌握信息，获得别人得不到的有价值的信息并将其充分利用起来。著名政治家，也是谈判高手的犹太人基辛格是他们中的代表，他信奉的格言是："谈判的秘密在于知道一切，回答一切。"本来基辛格是一个默默无闻的人，当时担任哈佛大学的教授，但他利用所获得的信息为尼克松提供了三份精心准备的报告，报告中提供了大量的被当时的约翰逊总统列为高度机密的越南与美国的停战斡旋内部情报。

当时美国正陷于越南战争的泥淖中，谁能停止这场战争，谁就甚至能赢得美国总统的大选。所以，当时的总统候选人尼克松对此事极为关心。基辛格早已对此事留意并掌握了许多机密的情报，这为尼克松竞选立了大功，因而受到了尼克松的赏识，特别是他提供的情报，连尼克松竞选班底的专业人士都不掌握，这使尼克松感到此人必有大用，于是将其招至麾下。他不仅为尼克松顺利当选立了头功，而且后来成为其得力助手，他的思想影响了世界政治舞台数十年。

基辛格是当时世界上叱咤风云的人物，而他挥洒自如的秘诀就是他使自己成为信息情报的枢纽。因此，他不论做什么，都能够想方设法获得一切有用的信息，为自己获得巨大收益。他任福特时代的国务卿时，一次陪福特总统访问日本，总统随意地问导游小姐"大政奉是哪一年？"导游小姐一时答不上来，随行的基辛格却立即从旁边插嘴道："1867年。"这既显示了他的学识渊博，又反映了他对日本的尊重和细致的研究。

4）严格遵守合约，精于讨价还价

犹太人将商业谈判中所签订的合同视为契约，是交易双方在交易过程中为维护各自利益而签订的在一定时期内必须履行的一种责任书并得到法律的保护。在犹太人看来，毁约行为是绝对不该发生的，契约一经签订，无论发生什么事情，都应该设法履行。

在国际商界，犹太人重信守约是有口皆碑的。各国商人在同犹太人交易时，对对方履约有极大的信心，同时也鞭策自己履约。犹太人经商历史悠久，声誉卓著，很重要的原因就是履约，即使有再大的困难和风险也要承担自己的责任。他们信任契约，也深信"我们的存在，也履行和神签订的存在契约"。这与犹太人信奉犹太教有直接的关系。他们认为和神签订的契约决不能毁约，这是天经地义的事情。契约是神圣的，神的旨意决不可更改。所以，在犹人商人中，根本就不会有"不履行债务"这句话。对于违约者，犹太人自然深恶痛绝，一定要严格追究责任，毫不客气地要求赔偿损失。对于不履行契约的犹太人，大家都会对他唾骂，并把他逐出犹太商界。

犹太人由于普遍重信守约，相互间做生意时经常连合同也不需要，口头的允诺已有足够的约束力，因为"神听得见"。犹太商人首先意识到的是守约本身这一义务，而不是守某项合约的义务。曾有这样一个事例，犹太商人乔费尔为美孚石油公司供应3万把餐刀和叉子，由于生产商交货迟到，乔费尔处境十分被动，要么违约，要么支付高昂运费。结果，他选择了用飞机将3万把刀叉送到交货地点，避免了违约。许多人认为为3万把刀叉多支付6万美元的运费十分不值，但他却为此获得了极好的声誉。

正是因为他们注重合同的履行，从不毁约，所以，他们在谈判中非常讲究谈判艺术，千方百计地讨价还价。因为签不签合同、怎样签是你的权利，但一旦签订就要承担自己的责任。犹太人的讨价还价也极有特点，创造性和灵活性体现在多方面。

荷兰籍犹太人、电器销售商乔费尔想在欧洲代理销售日本三洋公司的钟表，但在与日本人谈价格时遇到了挫折。日本人的报价是每件2 000日元，乔费尔的还价是1 600日元，双方陷入僵局。日本人采取拖延战术，谈判桌上一言不发，但也不退出谈判。乔费尔说："我们可否这样变通一下：我方原定货到4个月付款可改为预付一部分定金，或者将每年的最低购买量增至1.5亿日元，或者拿出总销售额的2%作为广告费？"

但日本人的态度是，绝不考虑1 900日元以下的价格。等到下一轮，又是乔费尔主动出击："这份包括24项条款的协议书，是我们双方用半年多的时间草拟的，仅为最后几百元的差距而前功尽弃，实在是太可惜了。大家知道，价格低，销售量自然会增加，而我们的利益又是一致的，为什么不能商定一个双方都接受的价格呢？"日方还是不表态。乔费尔又说："贵方开出的单价实在是太高了，我相信这个价格一定能从中国台湾或中国香港买到同样质量的产品。"这一下击到日本人的软肋，因为三洋公司的产品是承包给中国台湾厂商制造的。结果日方开始在价格上考虑让步。

第三轮谈判，乔费尔使用了"最后报价"战术，他说："我方再作一次重大让步，产品单价上升为1 720日元。现在我们回饭店准备回国事宜，请贵方认真考虑，两个小时后我们听你们的回话。"说完，乔费尔和两位律师站了起来，日方总经理赶紧打圆场，表示何必那么着急，但乔婉言谢绝了，他下了不惜前功尽弃的赌注。两个小时后，日方的常务董事表示："先生的价格我方基本接受了，但能不能再增加一点？"乔沉默了一会儿，掏出计算器算了算，拿起合同，将价格改为1 740日元，然后说："这20元算是我送给贵公司的优惠吧。"

5.7　拉美人的谈判风格

拉丁美洲和北美同处一个大陆，但人们的观念和行为方式却差别极大。谈判专家曾这样描述他们：一个北美人已急着落实计划时，拉美人却刚开始认识你；当北美人想大展宏图时，拉美人却刚想怎样开张；当北美人想让他们的产品占领整个拉美市场时，拉美人却只关心在国内自己掌握的那一小部分市场上如何打开产品销路。由此，你可以清楚地看出他们之间的差别是什么。一般来讲，拉美人的生活节奏比较慢，这恐怕是一切非工业化国家的特点，这也在谈判中明显地表现出来。

1）注重私交，朋友关系重于一切

世界各国人民都有各自掌握和了解信息的模式，如欧洲人主要是通过公众信息系统获得需要的资料，但在发展中国家，人们更喜欢或习惯于从自己熟悉和了解的渠道获得相关信息。

在拉丁美洲，绝大多数民族是通过家族关系获得信息的。私人间的关系远比公司间的关系重要得多。私人间的友情和关系对商务活动的开展有着重要作用。拉丁美洲绝大多数国家的人注重建立在双方相互信任、相互依靠基础上的长期关系。建立这种关系可能会消耗金钱和时间，也考验你的意志，但十分必要。在这些国家的商业活动中，你会发现拥有这种关系比你代表的公司实力更具有实际意义。

需要指出的是，中途更换谈判代表是不明智的行为。例如，在与他们的交往中，如果你的公司更换了与他们打交道的代表，将意味着公司的交往关系重新开始，对许多过去熟识的人都要重新认识，尽管你不愿意这样，但拉美人却不愿意将对你前任的好感转移到你的身上。所以，专家们都告诫不要在谈判过程中更换公司人员，否则就意味着谈判的重新开始。拉丁美洲人只愿意和他们熟识的人打交道，而不是和他的公司。

2）谈判进程缓慢，决策时间长

在拉丁美洲许多国家，想要通过施加压力实现快速交易，很可能会失败。如果你去一个国家许多次才能达到你预先估计的一次就能达成的目标，你不要沮丧，拉丁美洲人对于调子低、节奏慢的生意洽商感觉最好。和处事敏捷、高效率的北美人相比，中南美人显得十分悠闲、乐观，时间概念也较淡漠，应邀参加宴会，要晚到30分钟以上，否则，会让别人认为你是个吃客。

他们的悠闲表现在有众多的假期上。常常在洽商的关键时刻，他们要去休假，生意就只好等休假完了再商谈。因此，比较有效的做法是，事前详细了解他们的节假日和休假的时间，仔细安排你的行程和洽商日期。

不要认为合同中的某一部分达成了协议，这一部分就算完成了。等签署了整个合同后，并且其中的每一部分都经过了再一次的确认，你才能认为所有的问题都解决了。拉丁美洲人否定前一部分谈妥的内容所表现出的从容镇静会使你怀疑以前是否涉及过这样的内容。

聚会时，你必须作自我介绍，只有在长者主持的正式会议中，你才能指望东道主将你介绍给别人。在会议期间，要避免窃窃私语，当地人认为这是不礼貌的行为，而且可能会引起他们的疑心。

拉丁美洲人基本上都是狂热的体育迷。以体育作为会谈的开场白，不失为一种好办法，多数国家足球是最流行的运动项目。众多足球明星在一般人眼中，都是崇拜的对象。谈论所在国家的家庭和食品也是会谈开场的适合话题，拉丁美洲国家的人很喜欢对他们国家比较了解的客人。

在开始话题时，还应该谨慎从事，有时你想讨好对方，但未必有好的效果。例如，在秘鲁，尽管他们对自己的印加帝国文化很自豪，但人们并不乐意谈他们祖先的印第安人文明，反倒更愿意谈论他们的殖民统治者西班牙的文化遗产。所以，贸然引出你不知后果的话题也是不明智的。

与拉丁美洲人谈话必须凝视对方，如果你躲避对方的目光，往往被理解为不可信任。但拉丁美洲人与人交谈时保持的距离要比北美人近得多。如此近距离的凝视对方，对许多国家的商人来讲是十分不舒服的，甚至是一件困难的事。但如果你本能地向后退，他们可能会不断地前进，从而出现两个人交谈十分钟，会面的地点已经移动了十几米的情形，但问题是你的"礼貌"会损害主人的自尊心。所以，要适应与他们的"亲密接触"。

此外，你下榻宾馆的档次会直接影响对方对你所代表公司实力的评价。如果出差到这些国家，专家建议最好下榻档次较高的宾馆、酒店，并在有声望的餐馆就餐，尤其是你宴请对方时。

3）拉丁美洲商人的文化习俗比较多

许多拉美国家的商人对他们本民族的文化非常自豪，如果你想与他们深入交往，比较省力气的事就是了解其民族文化特点，并不失时机地给予恰当的评价。

（1）文化习俗差别较大。拉丁美洲国家比较多，也是一个多民族聚集的地区，禁忌各不相同。如哥伦比亚人喜爱红、蓝、黄色，禁忌浅色，图案喜爱圆形、三角形和六角形，数字喜爱3、5、7等单数，但忌讳13。打手势时也要格外注意，如将手掌水平地放置来表示某人的高度，是将此人当作牲畜对待的含义。两个伸直的手指在北美表示OK，在这里却表示同性恋。此外，由于哥伦比亚海拔较高，不易大量喝酒和做剧烈运动，否则容易引起高原反应。

委内瑞拉人喜爱黄色，忌用红、绿、茶、黑、白色，这些颜色代表国内的五大党派，不宜用在商业上。13和14都是不吉利的。委内瑞拉人讨厌孔雀，认为孔雀会带来灾祸。与此相关的如图案、照片、羽毛等都是不祥之物。秘鲁、墨西哥和巴西等国家的人都忌紫色，紫色的包装和服饰很少见。在墨西哥，花的颜色也有很多说法。黄花表示死亡，红花招致符咒缠身，而白花则能消除符咒。红色、黄色和绿色在秘鲁很受欢迎。秘鲁人喜爱以向日葵、鸵鸟为图案的商品。巴西人喜爱红色，以棕色为凶丧之色，紫色表示悲伤，黄色表示绝望，认为黄紫两种颜色在一起，定会引起恶兆。

（2）拉丁美洲人对时间的概念不强，多数人对时间的认识是让时间服从自己，所以，约会迟到是经常的事。据说，他们不迟到只有在看斗牛和足球时。在许多国家赴宴可以晚到半小时或1小时。

（3）要注意与拉美人交往的社交礼节。如会见时，用力与男士和女士握手。比较亲密的男性朋友之间可以拥抱、握手，在对方肩部捶几下，结束时再一次握手告别。在拉丁美洲国家工作餐比较流行，通常被安排在餐馆里，一般不在家里用餐。但在不同国家，规矩有所不同。如在秘鲁，如果你请你的客户共进晚餐和午餐，应该只宴请最重要的客人，而在交易达成后，可以宴请所有参加谈判的人。尽管人们可以在午餐时谈论业务，但用餐仍被视为一种社交场合。除非东道主先提及业务方面的话题，否则不要在用餐时谈论业务。进餐时，应将双手放在桌面上，不要放在腿上。与阿拉伯文化相反，餐桌上的食品不能直接用手抓，餐桌上备有全套餐具，甚至像香蕉之类的水果也备有水果刀叉等供你使用。

此外，在酒桌上要尽量避免斟酒，在南美斟酒有一些复杂的禁忌。例如，用左手斟酒是对客人的严重侮辱，从后面向玻璃杯中斟酒是敌意的表现，等等。所以，尽量不要主动倒酒。就餐时要尽量吃光盘子中的食物，如果你没有把握，要尽量少拿，主人问你是否再要时，应当谢绝，如果再坚持，你再品尝。应该在适当时机，对主人提供的食物加以褒扬。在所有人都用完后再离开餐桌。

4）理解拉美人尊重与信任的方式

这表现在很多方面：

（1）以理解与尊重获得信任。与拉美人做生意，要表现出对他们风俗习惯、信仰的尊重与理解，努力争取他们的信任。例如，哥伦比亚商人不喜欢速战速决的交易方式，凡事喜欢慢慢来。他们在正式谈交易时，一边喝着哥伦比亚咖啡，一边平静地阐述他们的要求，对你提出的问题，他们不急不躁，慢慢思考，从容回答。如果你急于达成交易，就会"欲速则不达"。不是彼此用专业术语沟通后，就立刻用约定俗成的做法达成交易，建立在友情基础上的信任产生后才能进行合作。美国著名谈判专家斯图尔特·戴蒙德举例，一位美国高管和一位秘鲁高管一起在利马用餐，这是一个时间长达1个小时的商务午餐。在这段时间里，这位秘鲁高管向美国高管提的问题都是有关朋友、家庭和兴趣爱好方面的事，这让美国高管十分奇怪。心想："这个人是怎么回事儿？我来这吃午餐可是为了谈正事。"这位秘鲁高管认为他们正在谈正事吗？当然。而秘鲁高管正在问自己这样的问题："我相信这个人吗？在无追索权的情况下，在我把我的命运和我家人的命运交到他们手上之前，他们究竟是谁？"

拉丁美洲多数国家的商人自尊心很强，如果用语不慎，伤害了其面子或感情，你就很难挽回。他们喜欢接受的方式是，热情周到，但自尊、礼貌、礼节是不能缺少的。他们开始时也许态度和语言会模棱两可、转弯抹角，并不直接表示什么，这需要你通过努力建立双方的信任与真诚来克服。他们比较讲究感情和相互关系，一旦与其有了很好的交往，生意就会好做了。因此，交谈洽商中使用直截了当否定的做法是危险的。拉丁美洲人对自己尊严的在意超出你的意料。他们避免当众指责、批评任何人，更不喜欢受到这样的对待。他们大多数人都不会直接拒绝你，不会说"不"，而"也许"或"我们看看"实际就意味着"不"。对此，你也应该以比较婉转的方式表示你的拒绝或不同意。

（2）采取有效的交易策略。拉丁美洲人的个人身份意识很强，因此，商务谈判小组至少应有一位较高层次的代表，并使对方清楚地了解他在你们国家或企业中的地位、职位和学历等有关个人情况。如果到对方国家洽商，下榻在知名的旅店以及进出高级餐馆还是值得提倡的。商业名片和所有有关公司资料都要用西班牙语和英语印刷。

　　商人只做生意，不问政治。由于拉丁美洲是由众多国家和地区构成的，党派众多，观点纷呈，国际矛盾冲突也比较多，要避免在谈判中涉及政治问题、宗教信仰和民族问题，也不要谈及政府的治理问题、社会治安或恐怖活动事件等。这些都是敏感而且难以把握的话题。

　　在中南美国家中，各国政府对进出口和外汇管制都有不同程度的限制，而且差别较大。一些国家对进口证审查很严，一些国家对外汇进出国境有繁杂的规定和手续。所以，一定要进行认真的调查研究，有关合同条款也要写清楚，以免事后发生纠纷。拉美人尽管在合同条款中愿意讨论并敲定细节内容，但并不重视合同的履行，常常是签约之后又要求修改，合同履约率也不高，特别是不能如期付款。另外，这些国家经济发展速度不平衡，时常出现通货膨胀问题，所以，在对其出口交易中，力争用美元支付。

　　一家准备在巴西开展经营的美国矿业公司与所在国政府劳工部的谈判陷入困境，争执问题的核心点是公司在经营期内应该雇用多少本地人。公司管理层认为当地人时间观念淡薄，缺乏受过训练的专业技能，所以，倾向于雇用政府规定最低标准的本地人，但劳工部坚持要按雇用标准的上限雇用，否则，不给发放运营执照，双方的谈判陷入僵局。

　　与此同时，该公司在向所在国矿业部争取开发一个地处城乡接合区域的中型锌矿的谈判也进展缓慢。这项谈判的核心问题出现在矿区租用的费率上。矿业部认为这一矿区开发对周边环境影响较大，坚持高标准的费率，以补偿对环境的污染。但矿业公司认为这远超出了公司的承受能力，会造成持续的亏损，所以，双方经历三轮谈判仍未达成协议。

　　这种状况让公司管理层失去了信心，觉得当地政府是刁难而非支持，长此以往，会严重影响公司的正常运营，便萌生了退意。公司执行总裁在谈判中明确提出，如果政府不答应他们的谈判要求，就撤出当地市场。这让急于引进外资企业的当地政府着急起来，他们改变了单纯否决的强硬态度，寻找如何能有效达成双方目的的解决办法。

　　结果，打破僵局的局面出现了。政府建议将矿业公司与劳工部和矿业部两个谈判项目联系起来，共同商讨解决方案。双方都开始将关注点放在如何创造性解决问题上。对于巴西政府来说，吸引外资最重要的，是能解决当地就业问题，增加民众收入。这一点是政府和社会最为关注的，所以，矿业公司做了让步。政府也要尽可能地动用各种社会力量，为公司提供高素质的劳动力。在矿区的租用费率上，政府做了较大让步，将费率降到公司可以承受的比例，但公司要在生产设备和劳动保护上加大投资，减少环境污染和对劳工的伤害。这样一来，双方都实现了各自的主要目标，皆大欢喜。

　　另外，中间人的作用不可忽视。事实上，你与拉丁美洲商人做生意如果没有中间人，就很难做成。在阿根廷，如果你要与政府打交道，没有一位有资历并关系熟络的中间人，甚至无法预约。你聘请的这位中间人应该有很好的社会关系，他替你牵线搭桥。一方面，他了解谁是与你打交道的决策人，他的态度怎样；另一方面，有他的引见和指点，可以尽快加深对方对你的信任，加快生意的进程。

拉美地区国家较多，不同国家谈判人员的特点也不相同。如阿根廷人喜欢握手，巴西人以好娱乐、重感情而闻名，智利、巴拉圭和哥伦比亚人比较保守，而乌拉圭人比较开放等，这都需要我们在洽商前做认真的了解和详细的准备。总之，只要你不去涉及这些国家的社会问题，耐心适应这些国家人做生意的节奏，你就会同拉美人建立良好的个人关系，从而保证谈判的成功。

（3）注意馈赠礼物。拉丁美洲人喜欢礼物，任何礼品都会给他们留下美好印象。馈赠礼品的目的比礼品本身更重要。像在任何国家一样，礼品应具有良好的质量。如果礼品是公司所生产的，那么公司的名称和标识语应谨慎地表示出来，而不是用鲜艳的颜色和夸张的图案将整个外表加以装饰。

不要赠送刀剑一类的东西，因为它们象征着友谊的断绝。有些国家送礼也有禁忌。在墨西哥，不要送对方银制品，银制礼品常常与无收藏价值的旅游纪念品相联系。质地上乘的皮箱、精致的国际象棋以及毛巾一类的亚麻织品尤为受客户欢迎，精美的厨房器皿也受妇女欢迎。照相机、影碟机、唱片、名牌钢笔等也是非常适合的礼物。此外，小型电子产品，如记事本电脑、计算器等也很受欢迎。应邀到家中做客，可带鲜花或巧克力、香槟酒、葡萄酒、苏格兰威士忌等礼品。

本章案例

乌克兰与俄罗斯的天然气供应谈判

2014 年 10 月 30 日，乌克兰与俄罗斯谈判代表就两国的天然气供应问题长达 5 年的谈判终于达成了协议。其实，俄乌的天然气供应谈判原本十分简单，因为不论是过去乌克兰作为苏联的一部分，还是苏联解体后，乌克兰成为一个独立的国家，乌克兰一直在俄罗斯的阵营内，所以，在天然气的供给上，也一直享受着俄罗斯优惠的内部价。但这一切都由于乌克兰要摆脱俄罗斯，加入欧盟而宣告结束了。俄乌的天然气谈判，伴随着谈判桌上的争吵和让步，更多的是大国之间的对峙与较量。

到 2008 年年底，乌克兰拖欠俄罗斯天然气工业股份公司的天然气货款已经达到 24 亿美元。2009 年，俄方想把供气的价格涨至每千立方米 250 美元（几天后又涨至 450 美元）——但乌克兰付不起这个价，于是第一轮谈判宣告破裂。2009 年 1 月 1 日，俄公司切断了对乌的天然气供应。于是，乌开始从出口管线分气，很快匈牙利、保加利亚、罗马尼亚和其他国家的客户注意到天然气气压大大降低，但找不到解决办法。

同年 1 月 5 日，俄罗斯总统普京召见俄罗斯天然气工业公司的负责人，还叫来了摄影师，发布对外谈话，大意是说，乌克兰还欠俄罗斯诸多的货款，但是，却偷用俄输往欧洲的天然气，由于俄罗斯同情乌克兰的百姓，因此，一直没有断供。但如果乌克兰不想办法解决这事，俄罗斯今天就开始减少供气。

普京的决定对于欧盟来说是压垮骆驼的最后一根稻草。美国一直力劝它的欧洲伙伴从多个来源获取能源，以免被俄罗斯掐住脖子，现在这成了迫切需要。欧盟开始探索所有可能的替代能源供应方案，从阿尔及利亚到伊朗到土库曼斯坦，但由于投资巨大，建设工期长，项目一直没有落实。普京的做法也给名为"纳布科"的项目提供了新的动力。很快，一条从土库曼斯坦或阿塞拜疆经土耳其向中欧输送天然气的管道工程开始建设，但远水解不了近渴。

到2009年1月20日，谈判峰回路转。普京和当时的乌克兰总理季莫申科达成协议，乌克兰将按欧洲的价格付款，但2009年给乌克兰打折。作为回报，乌克兰维持它收取的天然气过境费数额不变。1年后，2010年2月，亚努科维奇担任乌克兰总统。他与当时的俄罗斯总统梅德韦杰夫签署了协议，把俄罗斯黑海舰队在克里米亚基地的租约延长近30年，以此换来乌克兰多年廉价获得俄罗斯天然气供应合同。

之后，事情随着乌克兰与俄罗斯的克里米亚问题纷争再次出现了转折。随着克里米亚并入俄罗斯，西方国家开始与美国一道制裁俄罗斯，而俄罗斯与乌克兰之间的关系骤然紧张。俄罗斯再次提高对乌输出的天然气价格。2014年6月11日，乌克兰拒绝俄罗斯的报价，俄罗斯方面给出的报价为每千立方米天然气385美元，低于此前的486.50美元，而如果乌克兰方面愿意接受此价格，俄方将确保未来12个月间不再单方面提价，但这一价位仍明显高于该国此前向乌克兰供气的价位，为此，乌克兰方面对此表示无法接受。随即俄方切断了对乌克兰的天然气供给。

进入2014年10月，在各方的斡旋下，俄乌双方谈判代表再次坐下谈判，最终达成合作协议。新协议规定，乌克兰分两次交纳共计31亿美元，以偿还之前俄罗斯Gazprom公司对其的天然气供给，乌克兰也将从已与欧盟和国际基金组织签订协议所获款项中拿出15亿美元，以支付从当时至下年3月的40亿立方米的天然气。俄罗斯坚持乌克兰直接支付15亿美元。

资料来源　作者根据相关资料整理。

思考题：

乌克兰和俄罗斯天然气供应谈判为什么如此艰难？谈判签署的最终协议是否达到了各自期望的结果？这些谈判策略的选择是基于什么？

﹃﹄复习思考题

1.在日本人的谈判风格中，哪些特点是其民族性的体现？

2.美国人的谈判风格表现在哪些方面？应怎样应对？

3.在俄罗斯人的谈判风格中哪些特点比较重要？

4.欧洲哪些国家人的谈判风格特点比较突出？

5.阿拉伯人和南美洲人的谈判风格有哪些异同点？

自我评估测验试题五

1.在异国文化背景的谈判中，谈判双方关系融洽主要取决于（　　　）

①对不同文化习俗的理解与尊重

②学会并仿效对方的习俗

③持有相同的信仰或宗教

④私人关系的建立

2.你认为在与外商接触中，中间人的作用是（　　　）

①引荐介绍

②建立关系的最好形式

③有利于开拓更多的业务渠道

④调解矛盾纠纷

3.如果在阿拉伯人的招待宴会上，你的讲话内容将包括（　　　）

①抨击阿拉伯人的对立面

②感谢主人的盛情

③表明你与他们做生意的愿望

④幽默地指出他们的习俗与你的不同

4.如果外国商人要你谈谈对时局的看法，你认为（　　　）

①尽量避开这种话题

②如实反映情况，但不表明自己的观点

③明确阐述自己观点

④争取发表精彩演说

5.你与俄罗斯商人商谈一项进口设备的交易，在初始阶段，哪一项将是主要谈判的内容（　　　）

①价格

②技术规格

③出口许可证

④支付方式

6.俄罗斯人告诉你，他同时与你和你的竞争对手谈判，并要求你降低价格，你的做法应该是（　　　）

①同意

②想法挤走竞争对手

③拒绝在价格上让步

④在其他方面做出让步

7.如果你到日本国内与对方谈判，日方送你礼物，你应当（　　　）

①表示感谢，收下礼物

②表示感谢，当面打开礼品盒

③表示感谢，婉拒对方

④表示感谢，并回赠礼品

8.你与日本商人洽商重要合作项目，日方迟迟不明确答复，这可能是（　　）

①他们不愿仓促行事

②他们要反复磋商

③他们对具体细节不清楚

④其他影响因素

9.如果你与某阿拉伯商人在一社交场合喝咖啡，对方却不提生意话题，你应该（　　）

①在适当时候主动提起

②等待阿拉伯人提出

③想办法引导对方提出生意话题

④避免提生意话题

10.如果你去拜见阿拉伯商人，准备与他洽商，但他却被其他事情缠住了，你应该（　　）

①立即告辞，问他什么时候再回来拜见

②立即告辞，留给他你的产品资料

③立即告辞，请他定出下次会谈日期

④立即告辞，请他到你处来访

11.如果你到巴西去洽商，你认为在谈判中巴西人最常用的语言是（　　）

①西班牙语

②葡萄牙语

③英语

④汉语

12.你认为外国人与中国人做买卖最大的顾忌是（　　）

①汉语语意太复杂

②体制导致的低效率

③政治性风险

④生活方式、价值观念方面的差异

13.你正在为从英国制造商那里购买一套动力系统而进行谈判，影响达成协议的最主要原因是（　　）

①价格条款

②信贷条款

③交货条款

④质量条款

14.你发现外国客户把你的产品的价格加几倍出售，可他又迫使你再降低产品价格，你将（　　）

①向他揭露你的发现，并提高商品价格

②把这一信息保留到下一轮谈判

③询问他当地的价格政策

④因为在交易中仍有利可图，所以保持沉默

15.与日本人洽商，最重要的是（　　）

①耐心

②中间人

③信誉

④礼貌

16.从谈判的角度考虑，北美人与南美人最大的差异特点是（　　　）

①语言不同

②时间观念不同

③做生意的方式不同

④对外开放的程度不同

17.你认为同欧洲国家进行贸易的决定因素是（　　　）

①双方融洽的关系

②公司及产品的信誉、实力

③中间人

④高利润

18.同美国人讨价还价的策略技巧是（　　　）

①高报价、低出价

②客观、合理的价格

③开出实价，坚持不妥协

④让美方先报价

19.与中南美国家交易，最可靠的付款方式是（　　　）

①托收承付

②现金

③即期信用证

④远期信用证

20.如果你打算到一些阿拉伯国家推销商品，如埃及、沙特阿拉伯、科威特、伊拉克、利比亚等，你计划的时间是（　　　）

①一个星期

②两个星期

③二十天

④一个月

第 6 章

谈判策略

谈判策略是指谈判人员为取得预期成果而采取的一些措施，它是各种谈判方式的具体运用。任何一项成功的谈判都是灵活巧妙地运用谈判策略的结果，一个优秀的谈判人员必须谙熟各种谈判策略与技巧，学会在各种情况下运用谈判策略，以达到自己的目标。

谈判策略种类繁多、作用各异，我们把它们归纳为两个方面加以介绍：互利型谈判策略和对我方有利型谈判策略、讨价还价策略。

6.1 互利型谈判策略

互利型谈判策略是建立在谈判双方互利互谅、有理有节原则基础上的谈判方式与技巧。在谈判中采用这类策略技巧，对双方都有益处。其主要包括以下几种形式：

6.1.1 休会

休会是谈判人员比较熟悉并经常使用的基本策略，是指在谈判进行到某一阶段或遇到某种障碍时，谈判双方或一方提出中断会议，休息一会儿的要求，以使谈判双方人员有机会恢复体力、精力和调整对策，推动谈判的顺利进行。

客观地讲，谈判是一种高强度的脑力劳动，谈判人员不仅要精心策划、考虑如何更好地表达己方的立场和要求，更重要的还要领会和观察对方的立场、态度以及各种现场表现，注意力要高度集中，所以，一场谈判下来，体力和精力都消耗较大。休会是为了满足人们生理上的需要，使谈判人员从紧张、正式的谈判中脱身，放松一下，恢复体力和精力，以利再战。研究也表明，人的精力和注意力变化是有一定规律的。1小时的谈判，精力极端充沛的时间不超过10分钟。谈判者精力变化态势见图6-1。

但休会作为一种策略运用，其作用远超过这一含义。它可以成为谈判人员调节、控制谈判过程，缓和谈判气氛，融洽双方关系的一种战术技巧。

在哪些情况下比较适合采用休会策略呢？大致有以下五种情况：

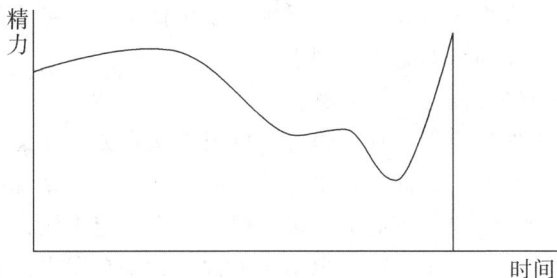

图6-1 谈判者精力变化态势

（1）在会谈某一阶段接近尾声时。这时休会，双方人员可以借休息之便，分析讨论这一阶段进展情况，预测下一阶段谈判的发展，提出新的对策。

（2）在谈判出现低潮时。从人的生理角度来讲，人的精力呈周期性变化，有高峰低谷之分。如果会谈时间拖得过长，谈判人员会出现体力不支、头脑不清、注意力分散等现象，最好休息一下，进行短暂的休整后，再继续谈判。

（3）在会谈将要出现僵局时。在谈判中，双方观点出现分歧是常有的事，如果各持己见、互不妥协，会谈难免会陷入僵局。有些情况下，如果继续进行谈判，双方的思想还沉浸在刚才的紧张气氛中，结果往往是徒劳无益，甚至适得其反，导致以前的成果付诸东流。此时，比较好的做法就是休会，使双方有机会冷静下来，客观地分析形势，采取相应的对策。

（4）在一方不满现状时。谈判一方可能会对谈判内容、程序、进度等方面出现不满意的情况而采取消极对抗的办法，这样，会谈就会变得毫无生气、拖拖拉拉、效率很低。这时，一方可以提出休会，进行私下磋商，重开议局，改变不利的谈判气氛。

（5）在谈判出现疑难问题时。在谈判中，由于是两方以上的交涉，新情况、新问题会层出不穷。如果出现意外情况，会谈难以继续进行，双方可提出休会，各自讨论协商，提出处理办法。

休会一般是经由一方提出，另一方同意才能采用的方式，这需要双方的配合。因此，为了避免对方的拒绝，提出休会一方要把握好时机，看准对方态度的变化。如对方也有休会的需要，则一拍即合，立即生效。一般地说，如东道主提出休会，客人出于礼貌很少拒绝。

休会是一种内容简单、容易掌握、作用明显的策略技巧，能否发挥上述作用，关键就看你怎样运用了。

6.1.2 假设条件

假设条件是指在谈判的探测阶段，提出假设某种情况，试探对方的底细。这里假设包含着虚拟的假设和真正的假设。例如，在谈判的探测阶段，当双方就交易的内容互相探测对方的底细或打算时，我方可提出"如果扩大订货，你们打算在价格上做出什么让步？""假如我方推迟交货期，你们将采取什么样的付款方式？"这里提出的假设可能是一方真正打算采取的措施或做出让步，也可能是一方虚拟的假设条件，以试探对方对此问题的态度及观点。

运用假设条件策略要注意以下问题：

（1）提出假设条件的原因。提出假设条件可以从两方面考虑：一是在我方认为不太重要的问题上提出假设条件，如果对方对此反应敏感，则说明他对这一问题比较重视，如我方让步，会取得较好的效果。但如对方反应平淡，则可能不是他们利益的关键所在，我方即使让步，收效也不会太大。二是在我方认为比较重要的问题上提出假设条件。如果对方也很看重这一问题，说明要获得对方的让步会很困难，必须有所准备。

（2）提出假设条件的时机。如在双方就价格问题上已商讨多时，在几乎确定的情况下，再就价格问题提出假设条件，有时不仅不能收到预定的效果，反而打乱了已谈妥的方案。只有在问题已经提出，双方出现分歧，都在设想多种解决途径，以便能选出最佳的组合方案时，假设条件策略才能更好地发挥作用。

（3）提出假设条件的后果。必须充分估计当假设变成真实后可能产生的结果，这既影响到提出条件的一方是否打算把真正的假设变为虚拟的假设，也关系到当对方把你提出的假设条件变成自己的要求，请求履行时所处的地位，弄不好会变主动为被动，给对方留下把柄。

6.1.3　开诚布公

许多人称它为开放策略。近年来，随着人们传统谈判观念的转变，人们对谈判的认识已由简单的敌对者变为合作者或竞争性的合作者。与此相适应，开放策略越来越多地运用到谈判中来。这一策略的基本含义是指谈判人员在谈判过程中以诚恳、坦率的态度向对方袒露自己的真实思想和观点，实事求是地介绍己方情况，客观地提出己方要求，以促使对方通力合作，使双方在诚恳、坦率的气氛中有效地完成各自的使命。

这一策略常常遭到持传统谈判观点人的否定。他们认为在双方对峙的谈判中，向对方介绍己方的主要情况，无疑会暴露己方实力，给对方以可乘之机，但事实证明，这一策略很有效。它有助于谈判人员达成一个双方都满意的协议，而双方都满意的协议会促使双方的长期合作，这对双方的益处远远不是一次交易结果所能评价的。

当然，并不是在任何谈判中、任何情况下都可以采用这一策略的。运用开放策略，首先，双方必须都对谈判抱有诚意，都各自把对方当作唯一的谈判对象。其次，运用这一策略的时机也很重要，一般是在谈判探测阶段结束或报价阶段之初。在此阶段，对对方的立场、观点、态度、风格等各方面的情况，我方已有所了解，双方都处在诚恳、友好的谈判气氛中，这时提出我方要求，袒露我方思想，比较适宜。否则，开门见山地提出我方情况，讲一大堆我方困难，会让对方无所适从，甚至造成误会，认为我方不是没有诚意，就是想占便宜，这反而不利于谈判进行。

所谓开诚布公，是指将我方情况的十之八九透露给对方就可以了，实际上，百分之百的开放是不可能的，也是不现实的。在谈判中，不讲实情，是出于某种策略，讲出实情，也是策略需要，采取开放策略是要以取得好的效果为前提的。

请看杰克·韦尔奇的谈判术。1983年11月，杰克接到皮特·彼得森的一个电话，他是一位投资银行家，也是美国B-G公司的一名董事，杰克以前与他认识。"你是不是准备把你们的家用电器业务卖掉？"皮特问道。杰克回应道："你这是个什么问题？"皮特说明他是代表B-G公司的董事长兼CEO拉里·法尔利来与杰克通话。

"那好，如果你是认真的，我可以为你做些什么呢？"杰克认真问。"这样，在一到三之间，一代表你永远不会卖，二代表你要卖个大价钱，三代表你准备按公平价格出售，你选择哪一个？"皮特问道。"我的大家用电器业务差不多介于一和二之间，我的小家用电器业务是三。"杰克说道。"好，这正是我们感兴趣的。"皮特说道。

两天后，即11月18日，皮特、拉里和杰克坐在了位于列克星敦大街570号的GE纽约办公室里。拉里开列了一个长长的问题单，杰克对对方提出的大部分问题都做了回答。然后，皮特直截了当地问杰克这项业务想卖多少钱。3亿美元，一分都不能少，而且这项业务的总经理鲍勃·莱特不能随着这笔交易过去。没有多久对方就给了杰克回音，他们同意继续往下走。以后谈判进展得很顺利，双方彼此间非常信任，很快达成了双方所希望的交易。

在运用这一策略时，应针对双方洽商的具体内容介绍有关情况，不要什么问题都谈，如企业的生产经营状况，包括原材料供应、产品销路、技术设备条件、劳动力素质等。在谈判中可能涉及企业生产中的原材料供应问题，因此，谈判一方应侧重介绍有关这方面的情况，使对方了解你在这方面的困难以及解决的方案。当然，如需要开诚布公地讲出我方的实际困难，还应注意唤起对方的不仅仅是同情、谅解，还应让对方感到只要通力合作，就能战胜困难，并使他也受益。这样，就使对方乐于做出让步，乐于帮助你。

6.1.4　润滑策略

谈判人员在相互交往过程中，经常会互相馈赠礼品，以表示友好和联络感情，这被西方谈判专家称为"润滑策略"。

正如开诚布公策略一样，人们对这一策略的褒贬评价各不相同。反对者认为，赠送礼品有行贿之嫌，而接受礼品者有受贿之嫌。赞成者认为，赠送礼品是人之常情，也是表达双方感情的一种方式，有助于谈判成功。我们同意后者观点。特别是在涉外谈判中，就许多国家的习俗来讲，互赠礼品同互致问候一样，是双方友好交往的必要手段。因此，在涉外谈判中，应当学会运用这一策略。

由于各民族的风俗习惯不同，在赠送礼品上有较大的差异。

（1）要注意由文化造成的爱好上的差异。如日本人不喜欢有狐狸图案的礼品，英国人不喜欢以大象作商标的礼物，同时，受礼人不喜欢有送礼公司标记的礼品。与法国人交往不能送菊花，这是因为在法国只有在葬礼上才用菊花。在阿拉伯国家，酒不能作为礼物送给对方。

（2）要考虑礼品价值的大小。古语说"礼轻情义重"。一般来讲，送礼价值不宜太高。送礼物主要是表明或增进双方的友好情谊，不是贿赂，礼物过重，除了贪心者外，对方也不便接受，有时反会产生疑心。只要礼物符合其民族习惯，又是精心选择的即可。

（3）要注意送礼的场合。例如，给英国人送礼最好是在请人用过晚餐或看完戏之后进行，而对法国人则在下次重逢之时为宜。

赠送礼品是一个十分敏感而又微妙的问题，一定要慎重从事，否则会适得其反。如对方赠送礼品，出于礼貌，应回赠礼品。如赠礼对象是一对夫妇，其夫人则是受礼的对象。

6.1.5　留有余地

在双方谈判过程中，如果对方提出某项要求，另一方是否需要马上答复呢？答案是否定的。即使一方能够满足另一方的要求，也最好不要马上就答应下来，必要时，答复其主要内容，留有余地，以备讨价还价之用。

从表面上看，这项策略同"开诚布公"策略背道而驰。因为后者倡导开诚布公，而前者似乎着意在"留一手儿"，但实际上这两项策略并不抵触，因为两者的目标是一致的，都是为了达成协议，只是实现目标的途径不同而已。

留有余地策略应用的时机恰好是在开放策略失效之时，如果发现谈判对手比较自私，甚至只想乘人之危钻空子，最好采用这项策略。

留有余地是在各类谈判中经常采用的策略技巧。因为谈判实际上是双方利益的协商，当一方提出要求让另一方让步时，也就意味着某方利益可能受到损害。如果双方都不做出妥协让步，都向对方提出要求，那么，协议将无法达成。所以，双方都要设法以己方较小的让步换取对方较大满足，或是以己方较小的损失争取更大的利益。但是，在具体运用时，却要讲究些策略。当对方提出要求，我方可以满足时，如果马上满口应承下来，就会使对方感到胜利来得太容易而不满足，甚至得寸进尺，提出新的要求。如果留有余地，并不马上答复，给对方形成一个问题比较重要，我们需慎重考虑的印象，或是经过一番讨价还价再做出让步，分量就不同了。

6.1.6　使用"误会"

在谈判中，当对方不断地提条件时，容易使双方陷入讨价还价之中，一个比较巧妙的做法就是将对方的意思"误会"地理解，当双方为了解决一方故意制造的"误会"时，就避免了一方无休止的要价，或者使其降低原先要价的标准而不致引起对方的对抗和反感。

丹麦一家大型技术设备公司，准备参加德国在中东的某一工厂设备的招标工程。开始时他们认为中标的可能性不大，后经过详细的分析、研究，在技术上他们相信自己比其他竞争对手更有优势，于是决定积极应标。

在同德方几轮会谈后，丹麦公司取得了一定进展，便想趁热打铁，早日结束谈判，达成协议。可是德方却不紧不慢，还在不断地提条件。在一次会谈中，德方一位高级官员说："我们进行工程招标时，对全额部分采取保留态度，这一点，我相信你们是理解的。现在我们还要提一点，希望贵公司认真考虑，就是在现价基础上再减2.5%。"接着他又说："我们已把这项提案通知了其他应标公司，现在只等你们的回答，我们便可做出决定。对我们来说选谁都一样，不过，我们是真心同贵公司做这笔生意。"

丹麦人回答，我们必须商量一下。

一个半小时以后，丹麦人回到了谈判桌旁，他们故意误解对方的意思，回答说，我们已经把规格明细表按照德方的要求价格编写，接着又一一列出可以删除的项目。德方看情况不对，马上说明："你们误会了，本公司的意思是希望你们仍将规格明细表保持原状。"接下来的讨论便围绕着规格明细表进行，根本没有提到降价的问题。又过了一小时，丹麦方面准备结束会谈，于是向德方提出："你们希望减价多少？"德方回答说："如果我们要求贵公司削减成本，但明细表不做改动，我们的交易还能成功吗？"这个回答其实已经表明对方已同意了丹麦公司的意见。于是丹麦公司向对方陈述了应该如何工作才能使德方获得更大利益。德方听了之后表现出极大兴趣。并且丹麦方面主动要求请德方拨出负责监察的部分工作，交由丹麦公司分担。就这样，一笔交易谈成了，德方得到了所希望的利益，丹麦公司几乎也没做出什么让步。

在谈判中，当对方发现你误解了他的意思时，往往会赶紧修正。这样一来，对方便在无意间承受说明自己情况的压力。这时候优势往往会跑到你这一边来。

6.1.7　私下接触

在谈判过程中，双方人员都有比较充裕的时间进行休整，包括休息、就餐、娱乐等。如果谈判人员能充分重视这些"业余时间"，有意识、有目的地与谈判对手私下接触，不仅可以增加双方友谊，融洽双方关系，还会得到在谈判桌上难以得到的东西。

私下接触也是一种非正式的会谈。每当双方端坐在谈判桌前为各自的利益讨价还价时，都要受到会谈气氛的影响。谈判每一方为了表示出强大与自信，战胜对手，都要从各个方面武装自己、防备对方。因此，在这种情况下，求得双方妥协让步，达成协议是件十分费力、艰苦的工作。但私下接触却能较好地解除这些戒备和武装。娱乐、游玩、就餐活动能很好地创造出轻松愉快的气氛，双方的交谈随意、活跃，对立的情绪也荡然无存，对对方的防备警惕性大大下降，许多人在对方的盛情款待下变得十分慷慨。当然，这种口头承诺并不等于谈判协议中商定的条款，但至少你找到了问题的突破口。如果能掌握好时机，乘胜追击，那么，这种承诺就会是合同中的条款。

私下接触的形式没有限制，凡是可以使双方人员高高兴兴消遣的地方或活动形式均可，如高尔夫球俱乐部、保龄球馆、游泳场、大戏院、游览地等。

双方关系越熟悉，合作的时间越久，运用私下接触策略效果越好。如果双方个人间的友情已远远超过了公司之间的关系的话，那么，私下接触甚至比正式谈判还要重要。

6.1.8 有限权力

有限权力是指谈判人员使用权力的有限性。谈判专家认为，受到限制的权力才具有真正的力量。这是因为，一个受了限制的谈判者要比独揽大权的谈判者处于更有利的地位。

当谈判双方就某些问题进行协商，一方提出某种要求企图让对方让步时，另一方反击的策略就是运用有限权力，可向对方宣称，在这个问题上，他无权向对方做出这样的让步，或无法更改既定的事实。这样，既维护了己方利益，又给对方留了面子。

在一般情况下，谈判人员不具有全权处理谈判中所有问题的权力（特殊授权除外），这样，谈判人员的权力就受到某种限制。怎样把受到限制的权力这一不利条件变为谈判中战术策略运用，值得认真研究。

谈判人员受到限制的权力是多方面的，就金额限制来讲，有标准成本的限制、最高最低价格的限制、购买数额的限制、预算限制等，此外，还有公司政策的限制、法律和保险的限制、委员会的限制等，简直难以计数。善于利用限制的谈判人员，并不把这些看成对自己的约束，相反倒更能方便行事。首先，是把限制作为借口，拒绝对方某些要求、提议，但又不伤其面子。其次，利用限制，借与高层决策人联系之机，更好地商讨处理问题的办法。最后，利用权力有限，迫使对方向你让步，在权力有限的条件下与你洽谈。如果对方认为你的权力有限，直接与你的上级交涉，就会遇到更大的压力，做更多的准备，甚至有些事情要从头开始。而且由于双方地位、身份的差距，处境更为不利。

一个优秀的谈判人员必须学会利用有限的权力作为谈判筹码，巧妙地与对方讨价还价。

例如，在埃及和以色列和平与冲突持续不断的20世纪70年代，为了调停两国的争端，苏联与美国一直不停地出面斡旋。1973年10月，埃及的第三军团被以色列包围，随时都有被歼灭的危险。当时的苏共总书记勃列日涅夫急电美国总统尼克松，建议美国国务卿基辛格博士速到莫斯科，作为总统授权的全权代表与苏方谈判，调停战事。

尼克松立即将谈判重任委以基辛格，但国务卿却不急于到达苏联，并要求苏联必须明确美国国务卿是在苏方邀请下前往莫斯科的。正当基辛格精心策划外交谈判手腕的同时，尼克松向苏共总书记发了一封电报，电文大意是他将授予基辛格

"全权"，称"在你们商谈的过程中，他所做的承诺将得到我的全力支持"。

勃列日涅夫见电文后异常高兴，立即复电尼克松："完全像您说的那样，我理解基辛格博士是您所充分信任的最亲密的同事，这次他将代表您讲话，并理解在我们同他商谈的过程中，他所做的承诺将得到您的全力支持。"与此同时，苏联人将尼克松的电文告诉基辛格，国务卿对此大吃一惊，并十分恼火，立刻致电华盛顿，拒绝被授予全权："一定要使我能够对俄罗斯人坚持双方提出的建议向总统汇报，并请他考虑。授予全权，就会使我无能为力。"基辛格作为一个谈判老手，非常清楚，如果将自己处于某种受牵制的地位，会更好地争取谈判主动。

当然，有限权力也不能滥用。过多使用这一策略或选择的时机不好，会使对方怀疑你的身份、能力。如果他认为你不具有谈判中主要问题的决策权，就会失去与你谈判的兴趣与诚意，这样双方只会浪费时间，无法达成有效的协议。

6.1.9　寻找契机

掌握契机是商场上的战术，是指寻找和创造有利条件或抓住有利时机来实现预谋的目的，即我们常说的发现和利用市场机会。这是寻找交易伙伴、实现交易合作的最重要方式。

委内瑞拉著名的石油大亨拉菲勒·杜戴拉在不到20年里，白手起家，创建了10亿美元的巨型产业。其原因就是他善于抓住一切机会，扩张他的企业，从而获得了巨大的成功。

在20世纪60年代，杜戴拉拥有一家玻璃制造公司，但他一直渴望能进入石油业。当他得知阿根廷准备在市场上买2 000万美元的丁二烯油气，他就到那去看看能否获得合约，但他发现他的竞争对手是英国石油公司和壳牌石油公司。同时，他也了解到一个信息，阿根廷牛肉生产过剩，于是，他便对阿根廷政府说："如果你们愿意向我买2 000万美元的丁二烯油气，我将向你们采购2 000万美元的牛肉。"阿根廷把这个合约给了他。

然后杜戴拉飞到了西班牙，那有造船厂因无活可接而濒临倒闭，这令西班牙政府十分头疼。杜戴拉对西班牙政府说："如果你们向我买2 000万美元的牛肉，我就在你们的制造厂订造2 000万美元的油轮。"

然后，杜戴拉又飞到美国的费城，对太阳石油公司的经理们说："如果你们愿意租用我在西班牙建造的2 000万美元的油轮，我将向你们购买2 000万美元的丁二烯油气。"

太阳石油公司同意了，而杜戴拉也由此进入石油界。

在寻找契机时应注意以下几点：

（1）注重培养谈判人员或企业家的经营素质，要具有市场经营的基本意识，否则，就是有市场机会，你也认识不到，甚至会被别人加以利用。例如，20世纪60年代，当时的利比亚王国举行租借石油产地的第二轮招标，有9个国家的40多个石油公司参与投标。与它们的实力相比，美国西方石油公司势单力薄，被其他大公看作"自不量力"。但西方石油公司的董事长哈默却认为，招标中，企业实力是一个重要因素，可是还有其他的东西。他对标书进行了精心策划：标书的材料选用利比亚人喜爱的上等羊皮，扎上象征利比亚国旗的红、绿、黑三色缎带，里面的正文中特别许以三项优惠："西方石油公司将在扣除税款前的毛利中提取5%供利比亚发展农业；出资在国王、王后的诞生地寻找水源，建造沙漠绿洲；出油后与利比亚联合兴建制氨厂，使利比亚有充足的化肥和化工原料。"两个月后揭标，哈默一人独得两块租地，令各大石油公司目瞪口呆。

（2）善于判断形势。只有善于分析局势，才会寻找和发现有利时机。一个优秀的谈判者必须清楚地知道在什么场合下，谈论付款条件最有利；在什么情况下，生意谈到什么程度；在什么情况下，最好是放弃所坚持的。美国商人麦克·麦高梅一直试图说服劳力士表厂的全球总裁安德瑞·汉纳格赞助温布尔登网球赛一个先进的电子计分和计时系统。但是，这位总裁却认为，赞助运动钟表是大众市场手表制造商的事，如精工表和天美时表。而麦克清楚，要说服这位总裁，最好的办法就是让他亲自到赛场上来，领略网球赛那种古典、优美的环境，热烈的竞赛气氛和这个特殊地方的美丽迷人之处。果然，这位总裁坐在皇家包厢里，边喝茶、边欣赏大赛时，一直表现出十分满意的情形，当比赛一结束，这位总裁向麦克打了个轻缓的手势说："这就是劳力士。"

（3）充分了解竞争对手。对竞争对手的了解不仅局限在生意场合中，还要在其他能接触和联系上的活动中观察、了解对方，发现其特点，特别是其弱点。美国著名企业家麦克·麦高梅在事业上之所以成功，很重要的一点就是他善于在私下接触时观察、了解对手，掌握其特点。他喜欢在与客户打高尔夫球时观察对方，通过观察对方对各种球的处理，来推断此人的商业行为，而且屡试不爽。比如，有些打球者拒绝所有的"保送"，坚持要自己打入每一杆球，并且正确记录下结果，那么，这类人在商场上要他们给予别人利益是相当困难的；而有些人则迫不及待地想得到"保送"，即别人的让步。这种人往往有强大的自我意识，认为自己随时都能指挥，让球进洞。那么这种人在交易上也不愿意给别人帮助，只是期待别人来帮助他。还有一种人，当他们拿着球杆打球时，多多少少表现出漫不经心的样子，如果打进了，那很好，如果没进，他们就会说："我没好好打。"那么在商场上就很难向他们取得诺言，他们喜欢自欺，喜欢夸张，当他们有所改变时，他们也能自圆其说。所以，在商业交往中，特别是在谈判桌上，最难对付的是那种能自己创造一种说法来解释事实，而且坚持不辍，最后反而成了他们的真理的人。

（4）将危机变为生机。多数人认为出现危机是件坏事，如谈判陷入僵局，工厂濒临倒闭。但任何事物都有两个方面，从危机的角度讲，人们只有面对危机时，才会感受到它，才会比其他任何时候更有动力和干劲。有时背水一战，反倒起死回生了，这就是危机的积极一面。同时，它也告诉了我们如何把危机变为机会。但要注意的一点是，当危机发生时，不要急于反应，因为，当时你可能正处在危机的震惊中，很可能头脑发晕或惊慌失措。一旦你根据潜在的机会分析过危机，控制住情绪，那么，你就能正确对待危机并寻找到适当的解决办法。许多人在谈判陷入僵局时，或对对方突如其来的感情爆发感到束手无策，就是因为要过于急切地解决问题。

6.2　对我方有利型的谈判策略

从这一角度出发，在谈判中应用的战略战术都是围绕着对我方有利这一目标，但这并不是以损害对方利益为代价的。它的出发点在于努力寻求最佳途径，在不断争取我方利益的同时，也尽量使对方感到满意。

6.2.1　声东击西

就军事战术来讲，声东击西是指当敌我双方对阵时，我方为更有效地打击敌人，造成一种从某一面进攻的假象，借以迷惑对方，然后攻击其另一面。这种战术策略同样适用于谈判。

在谈判中，一方出于某种需要而有意识地将会谈的议题引到对己方并不重要的问题上，借以分散对方的注意力，达到我方目的。

实际的谈判结果也证明，只有更好地隐藏真正的利益需要，才能更好地实现谈判目标，尤其是在你不能完全信任对方的情况下更是如此。如过去传统的马匹交易，马贩子从来不让卖马的人知道他真正喜欢哪匹马，否则价格就会飞涨。美国大富豪洛克菲勒想使纽约的不动产升值，打算把有影响的机构设在纽约，其中包括联合国大厦。当他已悄悄买下准备建联合国大厦的地皮后，立刻又公开扬言他要以两倍以上的价格购买纽约的房地产，由此房地产价格飞涨，他达到了自己的双重目的。

使用声东击西策略的手段和方式也是多种多样的，因为这一策略使用普遍，又不失效，所以就不能被对方很快觉察或引起其警觉，否则会适得其反。有这样一个台湾企业的事例颇有代表性。若干年前，在台湾劳工运动方兴未艾之际，台南某地一机械厂在投资大陆时遇到了很大的麻烦。员工拒不接受厂里提出的谈判条件，他们态度强硬地拉起白布条，围厂静坐抗议，并提出两项要求：第一，加薪30%；第二，改进员工福利。他们扬言，资方如不妥协，大家骑驴看唱本——走着瞧。造成员工如此坚决对抗的原因是他们担心厂里将主要资金投向大陆，员工都会被辞退。机器是工厂的命脉，资方唯恐员工做出报复行动，因此，找来一位专家，由他代表资方出面谈判。讨价还价后，劳方同意给业主一星期考虑。

资方利用争取到的这段缓冲期，积极部署，联络货柜车、货运船期，准备扭转局势。一个星期后，双方再度磋商，资方暂且答应劳方开出的价码，并且为了显示其诚意，特于次日招待全体员工到台湾溪头旅游。当游览车将兴高采烈的员工送走之后，大卡车便缓缓驶入，资方迅速地将工厂机器拆下，运至码头接驳货轮，驶向大陆。四天之后，员工度假回来，工厂已空无一物，员工已失掉与资方谈判的主要筹码。而资方提出协助转业及依照劳动基本法遣散的做法都有理有据，一场相持不下的劳资纠纷，终于在资方"声东击西"策略的运作下落幕。

一般来说，使用这种策略，其主要目的在于：

（1）尽管双方所讨论的问题对我方是次要的，但采用这种策略可能表明，我方对这一问题很重视，进而提高该项议题在对方心目中的价值，一旦我方做出让步，能使对方更为满意。

（2）作为一种障眼法，转移对方的视线。如我方关心的可能是货款的支付方式，而对方的兴趣可能在货物的价格上。这时声东击西的做法是力求把双方讨论的问题引到订货的数量、包装、运输等方面，借以分散对方对前述两个问题的注意力。

（3）为以后的真正会谈铺平道路。以声东击西的方式摸清对方的虚实，排除正式谈判可能遇到的干扰。

（4）作为缓兵之计，把某一议题的讨论暂时搁置起来，以便抽出时间对有关的问题做更深入的了解，探知或查询更多的信息和资料，或以此延缓对方所要采取的行动。如发现对方有中断谈判的意图，可运用这一策略，做出某种让步的姿态。

在了解、掌握这一策略的目的及作用后，我们就可以更加灵活、自如地运用它。如果你要对某个重要问题让对方先让步的话，就可以利用声东击西策略，故意把这一问题一笔带过，反而强调不重要的部分，造成对方的错觉，这样，你可能就会较容易达到目的。

但也要提防对方在谈判中使用同样办法来拖延时间，或分散我方注意力。如果有迹象表明对方是在声东击西，我方应立即采取针锋相对的策略。

6.2.2 最后期限

大多数的商务谈判，特别是那种双方争执不下的谈判，基本上都是到了谈判的最后期限或是临近这个期限才达成协议的，因为在期限到来时，人们迫于这种期限的压力，会迫不得已地改变自己原先的主张，以尽快求得问题的解决。

有这样一个故事，恰如其分地说明了最后期限的力量。

在美国某乡镇，有一个由 12 个农夫组成的陪审团。在一次案件的审理中，陪审团中 11 个人认定被告有罪，而另一个人则表示了不同看法，认为被告无罪。由于陪审团的判决只有在其所有成员一致通过的情况下才能成立，于是陪审团中 11 个成员花了将近一天的时间劝说不同意者改变初衷。这时，忽然天空乌云密布，一场大雨就要来临，那 11 个农夫都急着要在大雨之前赶回去，收回晒在外面的干草。可是，持不同意见的人仍然不为所动，那 11 个农夫急得如同热锅上的蚂蚁，立场开始动摇了。最后，随着"轰隆"一声雷鸣，这 11 个农夫再也等不下去了，转而一致投票赞成另一个农夫的意见，宣判被告无罪。

在双方谈判中，某一方提出最后期限，开始并不能够引起对方关注。但是，随着这个期限的逐渐迫近，提出期限一方不断地暗示，表明立场，对方内心的焦虑就会不断增加。特别是当他负有签约的使命时，他就会更加焦躁不安，而到了截止日期的时刻，不安和焦虑就会达到高峰。因此，在谈判过程中，对于某些双方一时难以达成妥协的棘手问题，不要操之过急地强求解决，而要善于运用最后期限的力量，规定谈判的截止日期，向对方展开心理攻势。必要时，我方还可以做出一些小的让步，给对方造成机不可失、失不再来的感觉，以此来说服对方，达到我方的目的。

规定最后期限，可以有效地督促双方的谈判人员。因为随着期限的临近，双方会感到达成协议的时间很紧，会一改平时漫不经心的态度，努力从合作的角度出发，争取问题的解决。

当然，提出最后期限的方式也很重要。是委婉、彬彬有礼地提出最后期限，还是强硬、直言不讳地提出要求，对谈判所起的效果是截然不同的。前者会融洽谈判的气氛，使对方为你的诚意所动，而后者只会引起对方的不满，招致报复，以致中断谈判。同时，也要掌握提出最后期限的时机，弄不好，会使谈判发展于己方不利。而提出最后期限又反悔，则是最失信誉的做法。

如果我方代表既负有与对方签约的使命，又有一个最后期限，提出这个问题，恐怕于我方不利，对方会利用期限的压力，逼迫我方让步。例如，最常见的形式就是，当你刚下飞机，对方在安排你的食宿时，他会彬彬有礼地问你："您打算逗留几天？为您安排几号的飞机？"等。如果你毫无戒心地说出你的日程安排，对方也就掌握了你的最后期限的截止日期，他很可能利用这一点，安排讨论的议程，利用最后期限的力量，迫使你做出让步。所以，当你负有签约的使命时，最好不要过早地告诉对方你的行程时间、打算，以免对方钻空子。

在谈判中，日本人最善于运用最后期限策略。德国某大公司应日方邀请去日本进行为期四天的访问，以草签协议的形式洽谈一笔生意，所以双方都很重视。德方派出了由公司总裁带队，由财务、律师等部门负责人及其夫人组成的庞大代表团，代表团抵达日本时受到了热烈的欢迎。在前往宾馆的途中，日方社长夫人询问德方公司总裁夫人："这次是你们第一次光临日本吧，一定要好好观光观光。"总裁夫人讲："我们对日本文化仰慕已久，真希望有机会领略一下东方悠久的文化、风土人情。但是，实在遗憾，我们已经订了星期五回国的返程机票。"结果，日方把星期二、星期三全部时间都用来安排德方的游览观光，星期四开始交易洽商，日方又搬出了堆积如山的资料，"诚心诚意"地向德方提供一切信息，尽管德方每个人都竭尽全力寻找不利己方的条款，但尚有6%的合同条款无法仔细推敲，就已经到了签约时间，德方进退维谷。不签，高规格、大规模的代表团兴师动众来到日本，却空手而归，显然名誉扫地。签约，有许多条款尚未仔细推敲，万般无奈，德方代表团选择了后者，匆忙签订了协议。

相反，如果对方使用这一策略，一定要注意：第一，如果你有期限限制，绝不能泄露出来，这会使己方不利，甚至由主动陷于完全被动的局面。第二，仔细研究对手设立期限的动机，以及不遵守期限可能导致的后果。第三，不要被对方设立的期限所迷惑，绝大多数的期限都是有谈判的余地的。我方可采取一些措施、办法改变最后期限。第四，不考虑对方个人或公司提出的最后期限，按我方事先既定的计划办。

6.2.3　先苦后甜

它也称吹毛求疵。这是指在谈判中，一方为了达到自己预定的目的，先向对方提出苛刻要求，然后再逐渐让步，求得双方一致的做法，以此来获得己方的最大利益。比如，买方想要卖方在价格上打折扣，但又估计自己若不在数量上做相应让步，对方恐怕难以接受这个要求。于是买方在价格以外的其他方面，如商品品质、运输条件、交货期限、付款方式等方面提出了较为苛刻的合同条款，作为双方洽商基础，在针对这些条款的讨价还价中，让卖方感到买方在这些问题上忍痛做了较大的让步，因而比较满意。这样，当买方提出价格折扣问题或其他条件时，卖方就容易妥协了。实施这一策略的关键在于，要让卖方觉得，他在做价格让步之前，已从买方占了便宜，得到了对方的让步，而事实上，这些"让步"是买方本来就打算给予卖方的。

但是，任何谈判策略的有效性都有一定的限度，这一策略也是如此。先向对方提出要求，不能过于苛刻、漫无边际，要有分寸，不能与通行和惯例做法相距太远，否则，对方会觉得我方缺乏诚意，以致中断谈判。

在谈判中运用这一策略时还要注意，提出比较苛刻的要求，应估计是对方不掌握信息与资料的某些方面，或者是双方难以用客观标准检验、证明的某些方面，以增加策略的使用效果。

为了更好地运用这一策略，提出一方可让谈判小组成员分别扮演不同的角色。比如，扮演白脸的谈判者提出苛刻条件，双方在围绕这些条件讨价还价、争得不可开交时，就需要有人扮演红脸的角色，不断妥协、让步，调和双方的关系，缓解紧张气氛，达成双方的谅解。

利用白脸与红脸就是利用谈判者既想与你合作，但又不愿与有恶感的对方打交道的心理，诱导谈判另一方妥协的战术。这种方法有时十分有效。

美国大富豪霍华·休斯是一位成功的企业家，但他也是个脾气暴躁、性格执拗的人。一次他要购买一批飞机，由于数额巨大，对飞机制造商来说是一笔好买卖。但霍华·休斯提出要在协议上写明他的具体要求，内容多达34项。而其中11项要求非得满足不可。由于他态度跋扈，立场强硬，方式简单，拒不考虑对方的面子，也激起了飞机制造商的愤怒，对方也拒不相让，谈判始终冲突激烈。最后，飞机制造商宣布不与他谈判。霍华·休斯不得不派他的私人代表出面洽商，条件是只要能获得他们要求的11项基本条件，就可以达成他认为十分满意的协议。该代表与飞机制造商洽商后，竟然取得了霍华·休斯希望载入协议34项中的30项。当然那11项目标也全部达到了。当霍华·休斯问他的私人代表如何取得这样的辉煌战果时，他的代表说："那很简单，在每次谈不拢时，我就问对方，你到底希望与我一起解决这个问题，还是留待与霍华·休斯来解决。"结果对方自然愿意与他协商，条款就这样逐项地谈妥了。

需要指出的是，如果对方向你使用这一方法，要注意不要落入圈套。有些情况下，不一定是白脸唱完了，红脸再上台，而是白脸、红脸一起唱。不管对方谈判人员如何表现，要坚持自己的谈判风格，按事先定好的既定方针办，在重要问题上绝不轻易让步。

如果对方扮演的"好人""坏人"，不超出商业的道德标准，不以极其恶劣的手段来对待你，就不要采取过分直率的行动，可以婉转指出对方报价的水分，对所要求的不合理之处，提出你的公平建议。如果对方确实在使用阴谋诡计，可以考虑采取退出谈判，向上级提出抗议，要求撤换谈判代表，公开指出对方诡计等形式。

6.2.4 攻心策略

攻心策略也称情绪论。它是一种心理战术，即谈判一方利用另一方心理上不舒服或感情上的软化来使其妥协退让的战术。比较常见的有：第一，以愤怒、发脾气等行动使对方手足无措，感到强大的心理压力，特别是在对方是新手或软弱型谈判者的情况下更为奏效。第二，以眼泪或其他软化方式来博得谈判另一方的同情、怜悯，以使对方让步。这一方式在对待吃软不吃硬，双方有一定合作基础的谈判一方时比较有效。第三，谄媚、过火地恭维谈判另一方，唤起对方的自尊心、虚荣心，使对方在意乱情迷之下失去自我控制能力，或为显示自己能力而做出退让。第四，制造负罪感，使谈判另一方产生赎罪心理。如前一笔交易，给你的让利要在这一笔生意中找回来。第五，采取蔑视或暗示等形式，给对方设置心理障碍，制造自卑感或形成低人一等的感觉，使对方主动让步。

由于攻心策略是针对谈判者本人的，因此具有十分强烈的心理效应。尽管商业谈判多为理智性行为，事先须制订较为周密的计划方案，但是，更重要的是谈判人员临场作用的发挥。所以，在谈判中，心理战术的运用特别重要。

一般来说，谈判者心理素质好，承受能力强，则会很好地控制谈判的局面，使心理战术为我所用。但如果谈判者心理素质差，情况正相反，很可能成为心理战术的牺牲品。毫不夸张地讲，谈判者心理素质的强弱是影响谈判结果最重要的影响因素。

需要指出，运用攻心战术要适可而止。因为不论是感情上的爆发，还是制造负罪感，都不是原则性谈判所提倡的，也很难掌握尺度，弄不好会产生很大的副作用。而以这种方式所获得的合作，在合作的效果上也会大打折扣。

但如果对方采用这种战术，我们可以采取下列对策：第一，保持冷静、清醒的头脑。千万别使自己的心理失去平衡。当出现情绪不宁、心绪烦躁时，要设法中止会谈，采取休息或其他方法，平静自己的心情，保持清醒、镇定。第二，在一般情况下，特别是当对方是初次合作时，只谈事实，不涉及个人感受，要时刻提醒自己，不能凭感情、情绪化地处理谈判中的一切重要问题。第三，对谈判对手充满感情的话语的表达，要进行归纳和重新措辞，使之成为情绪化的表白。在表示你了解他感受的同时，也表明你应坚持的立场及你所承担的责任。第四，明晰对方恭维的真正目的。坚持任何情况下不卑不亢，不为所动。要学会区别对方是发自内心的佩服、尊重你，还是出于某种需要，口是心非。一个优秀的谈判者必须时刻牢记的是谈判目标的达成，而不是虚荣心的满足。

6.2.5　疲劳战术

在商务谈判中，有时会遇到锋芒毕露、咄咄逼人的谈判对手，他们以各种方式表现出其居高临下、先声夺人的挑战姿态。对于这类谈判者，疲劳战术是一个十分有效的策略。这种战术的目的在于通过许多回合的拉锯战，使这类谈判者感觉疲劳生厌，以此逐渐磨去其锐气，同时也扭转了我方在谈判中的不利地位，等到对手精疲力竭、头昏脑胀之时，我方即可反守为攻，促使对方接受我方条件。

心理学研究理论表明，人的心理活动及个性特征有很大的差别。例如，在气质、性格方面，几乎人人不同。而人们个性上的差异，又使人们的行为染上其独特的色彩。一般来说，性格比较急躁、外露，对外界事物富于挑战特点的人，往往缺乏耐心、忍耐力。一旦其气势被扼住，自信心就会丧失殆尽，很快败下阵来。扼制其气势的最好办法就是采取马拉松式的战术，攻其弱点，避其锋芒，在回避与周旋中消磨其锐气，做到以柔克刚。实行疲劳战术最忌讳的就是硬碰硬。因为这很容易激起双方的对立情绪，况且硬是对方的长处，只有以柔克刚，以软制硬，才会收效显著。

在实际谈判中，确实也有许多人以富有耐心或善于运用疲劳战术而著称。一位美国石油商曾这样叙述沙特阿拉伯石油大亨亚马尼的谈判战术："他最厉害的一招是心平气和地把一个问题重复一遍又一遍，最后搞得你精疲力竭，不得不把自己祖奶奶都拱手让出去。"如果你确信对手比你还要急于达成协议，那么运用疲劳战术会很奏效。

采取这种疲劳战术，要求我方事先要有足够的思想准备，并确定每一回合的战略战术，以求更有效地击退对方的进攻，争取更大的进步。

6.2.6　不开先例

不开先例是谈判一方拒绝另一方要求而采取的策略方式。如买方提出的要求使卖方感到为难，他可向买方解释，如果答应了买方的要求，对卖方来说就等于开了一个先例，以后对其他买主要采取同样的做法，这不仅使卖方无法负担，而且对以前的买主也不公平。

例如，"你们这个报价，我方实在无法接受，因为我们这种型号产品售价一直是××元"。再如，"在30%的预付款上可否变通一下，我们购买其他公司的产品一律按20%交预付款"。再如，"××公司是我们十几年的老客户，我们一向给他们的折扣是15%，因此，对你们来讲也是一样"。

在谈判中，拒绝是谈判人员不愿采用，但有时又不得不用的方式。因此，人们都十分重视研究、掌握拒绝的技巧，最主要的就是怎样回绝对方而又不伤面子、不伤感情，不开先例就是一个两全其美的好办法。

当然，既然不开先例是一种策略，那么，提出的一方就不一定真是没开过先例，也不能保证以后不开先例。它只说明，对应用者是不开先例的。因此，在采用这一策略时，必须要注意另一方是否能获得必要的情报和信息来确切证明不开先例属实。如果对方有事实证据表明，你只是对他不开先例，那就会弄巧成拙、适得其反了。

同时，如果对方运用不开先例策略，你的对策首先是具体情况具体分析。如"我理解你给××公司 20% 折扣的理由，因为你们在那个地区已经有许多固定的用户，已经占领了当地的市场，没有必要在价格上进行竞争。但在我们这个地区却不同，这是个新开发的市场，产品还没有知名度，没有固定用户。为了争取用户，就要在价格上进行竞争，你方给我们的折扣要在 30% 才行，否则，难以推销"。其次，认真收集有关信息，判定他的不开先例是借口，还是真实情况，寻找突破口。

6.2.7　争取承诺

一项承诺就是一个让步，有打折扣的效果。如果谈判一方无法得到对方的让步，就该尽量争取对方的承诺。承诺做出后，对方可能履行，也可能不会。若要使对方履行，则必须采取一些措施、步骤，要让对方知道不履行承诺是不妥的。但对大多数有道德的人来讲，一旦做出承诺，都会尽力履行。经验证明，人们维护自己所说的话，就像维护自身一样。

在谈判中，承诺的作用很重要。买方如果争取到卖方的口头承诺，可以增加买方议价的力量。买方应把卖方的口头承诺记下来，妥善保存，以备以后查证。承诺的形式很多，不仅仅局限于一方答应承担某种责任。例如，在买卖交易中，买方的人员称赞卖方所提供的服务时，这也是一种承诺，卖方应巧妙地利用这一点，促使双方达成交易。

通用电气公司的前任董事长杰克·韦尔奇在他的回忆录中列举了一个事例——谈判对手失信的事情，认为这是最不讲道德的。

在 1988 年，杰克与手下的保罗到荷兰的艾恩德霍芬与飞利浦公司的 CEO 会谈。杰克听说他们有兴趣卖掉公司的电器业务，如果那笔买卖能成交，GE 在欧洲的电器市场就拥有了强大的地位，因为飞利浦公司在这个领域是欧洲的第二大公司。

会谈结束后，杰克一行冒雨赶往机场。在路上，杰克对手下的人说："你有没有在一个房间里同时听到过从两个完全不同的角度谈论同样的业务？我们两人不可能都对，我们有一个人最后会火烧屁股的。"那天的会谈后，双方开始谈判飞利浦的电器业务，那个 CEO 安排他的总裁与杰克手下的保罗谈判。经过几个星期的努力后，双方就价格问题达成了一致，便认为可以成交了，但这时却出现了令人震惊的事。

在他们握手后的第二天，那位总裁带来了惊人的消息："对不起，保罗，我们打算和惠而浦合作。"这时杰克给飞利浦的CEO挂了电话，"这不公平"，杰克对那位CEO说。对方表示同意，"你把保罗派过来吧，我们这个星期内解决这个问题"。

结果，保罗立刻飞到艾恩德霍芬。他用了星期四整天的时间就新交易进行谈判，同意为飞利浦的电器业务支付更多的资金。到星期五中午，细节问题也完成了。对方总裁告诉保罗"我们下午四点之前过去，到时我们带去打印好的正式文件，就可以签字了，到时候我们一起喝一杯香槟"。

五点钟左右，飞利浦公司的总裁出现在保罗所住的饭店，他抛出了另一炸弹。"我很抱歉，我们要跟惠而浦公司合作。他们又回来了，报的价比你们的高。"保罗简直不敢相信，当他在半夜时分向杰克汇报时，杰克十分震怒，飞利浦在交易上两次反悔，这在他的高级商务谈判的交易中是从来没有过的。这也是在杰克几十年的经理生涯中最令他感到不愉快的事情。

6.2.8　出其不意

在谈判中，使对方惊奇乃是保持压力的较好方法，在短时间里它有一定的震慑力量，甚至会使对方措手不及。运用这一策略可包括以下几方面：

（1）令人惊奇的问题。如新的要求，出乎对方意料的诘问，提出我方所掌握的机密，揭露对方的底细等。

（2）令人惊奇的时间。截止日期、会谈速度的突然改变，惊人的耐心表现等。

（3）令人惊奇的行动。如退出商谈，拖延的战术，感情上的爆发，坚决的反击。

（4）令人惊奇的人物。谈判人员的更换，更高权威者的出现，技术专家、顾问、律师的到场等。

用此种招数最为奏效的案例是中国与美国的入世谈判，朱镕基总理亲自出马参与谈判，使几近破裂的谈判最终达成协议。对此，龙永图副部长有着生动的回忆。他回忆说，1999年11月15日，当中美入世谈判几乎再次面临破裂之时，朱总理亲自出面，把最棘手的7个问题找了出来要亲自与美方谈。当时，石部长担心总理出面谈，一旦谈不好将没有回旋余地，不同意总理出面。总理最终说服了我们。最后，我方决定，由朱镕基总理、钱其琛副总理、吴仪国务委员、石广生部长和龙永图副部长共五位，与美方三位代表谈判。

谈判刚开始，朱总理就对7个问题中的第一个问题做了让步。当时，我有些担心，悄悄地给总理写条子。朱总理没有看条子，又把第二个问题拿出来，又做了让步。我又担心了，又给朱总理写了条子。朱总理回过头来对我说："不要再写条子了！"然后总理对美方谈判代表说："涉及的7个问题，我已经对2个做了让步，这是我们最大的让步。"美国代表对总理亲自出面参与谈判感到愕然，他们经过商量，终于同意与中方达成入世谈判协议。

运用出其不意策略是在对方尚无准备的情况下，打乱其计划或部署，或者是利用对方意想不到的事物，向对方反击，以使局势朝着对我方有利的趋势发展。因此，谈判人员掌握、运用这一策略是比较重要的。最常使用的、收效较好的出其不意方式就是掌握令对方惊奇的事情、信息、资料，在必要时向对方摊牌，迫使对方在事实面前做出让步、承诺和保证。

美国谈判专家齐默尔曼在《怎样与日本人谈生意》一书中，介绍了他在与日本人谈判时，运用这一策略取得了意想不到的结果。日本人在谈判中的准备工作之充分是首屈一指的，参加谈判的每一个人都是某一方面的专家，他们提出各种细节问题，要求对方予以答复。而要使他们满意，非得把总部的各种高级专家都请来不可，但要这样做十分困难。因此，对付日本谈判人员的最好办法，就是让他们认为，你也准备得十分充分，但不是像日本人那样不厌其烦地提出各种细节问题，而是出其不意，让他们大吃一惊，这样，就打乱了他们的阵脚，使他们忙于研究对策，处理意外问题。例如，齐默尔曼先生常常在下一轮会谈中能清楚地讲出上一轮会谈某一个人提出的某一具体问题，当时是怎样研究的。他甚至能够讲出很久以前会谈的具体细节，这给对方带来的震惊不亚于提出一个爆炸性的问题。日本人怎么也搞不懂他怎么会有这么好的记忆力，随心所欲地说出他所需要的各种情况。这样，他就轻而易举地扭转了谈判中的被动局面，掌握了谈判的主动权。

但是，运用出其不意策略也要慎重，要充分估计到它可能产生的各种后果。因为运用这一策略既能够使对方措手不及，弄不好也能制造出不信任或恐惧的气氛。它很可能会阻塞双方意见的交流，使双方产生更多的隔阂，甚至使对方丢面子，陷入尴尬的境地。

6.2.9 得寸进尺

这是指一方在争取对方一定让步的基础上，再继续进攻，提出更多的要求，以争取己方的利益。这一策略的核心是：一点一点地要求，积少成多，以达到自己的目的。

国外谈判专家的实验证实，这是一个十分有效的谈判战术。实验的内容是：要求家庭主妇支持"安全驾驶委员会"发起的一项运动。先要求家庭主妇在请求以立法鼓励安全驾驶的请愿书上签字，结果绝大部分家庭主妇都签了字。然后实验者又要求这些家庭主妇在她们的院子里竖一块牌子，上面写着谨慎驾驶的字样。有55%的主妇同意这样的要求。而没有被要求在请愿书上签字的主妇，只有17%的人同意竖了牌子。可见，一点一点地要求容易实现，积少成多，也达到了同样的目的。

但这种战术的运用也具有一定的冒险性，如果一方压得太凶，或要求越来越高的方式不得当，反而会激怒对方，使其固守原价，甚至加价，以进行报复，从而使谈判陷入进退维谷的僵局。因此，只能在具备一定条件的情况下，才能采用这一策略。这些条件是：①出价较低的一方有较为明显的议价倾向。②经过科学的估算，确信对方出价的"水分"较大。③弄清一些不需要的服务费用是否包括在价格之中。④熟悉市场行情，一般在对方产品市场疲软的情况下，回旋余地较大。

6.2.10　以林遮木

人们常说"见树不见林"。这是比喻只看到事物的某一面或某一点，而忽略了事物的全局或整体。以林遮木则恰恰相反，是比喻人们被事物的总体所掩盖，忽略了事物的重点、要点。

在商务谈判中，运用以林遮木的方法就是，一方会故意向另一方提供一大堆复杂、琐碎，甚至多半是不切实际的信息、资料，致使对方埋头查找所提供的资料，却分辨不清哪些是与谈判内容直接相关的，既浪费了时间、精力，还没掌握所需情况，甚至还会被对方的假情报所迷惑。这就像人们赴宴一样，这个吃一点，那个吃一点，可能还没吃到主要的一道菜时，肚子就已经饱了。以林遮木的另一种表现手法是，一方介绍较多的情况，以分散对方的注意力，遮盖真实意图或关键所在，造成对方的错觉，争取更多的让步。谈判专家卡洛斯博士在参与一次谈判时，见到卖方为了支持自己的立场，用手推车推了两大箱档案给买主参考。看到大家一脸的惊讶，他解释说："偶然找到，就把它们全带来了。"大家在哄笑之余，不难理解卖方的用意。

如果对方向你使用这种战术，你可以从以下几个方面加以注意：

（1）始终保持清醒的头脑，当对方过于滔滔不绝地介绍枝节、细节时，就要引起你的警觉，设法引诱对方陈述实质内容，并力求让对方按你的思路走。

（2）对复杂的资料要进行分类、排队，去粗取精，去伪存真，进行认真的调查分析。

（3）善于提纲挈领地抓住主要问题，要时常提醒自己是否偏离了商谈的主要目标，可尝试在每一阶段商谈结尾时做一下结论性的提示。

（4）援引政府条例、法规或运用有关程序规定，迫使对方道出实情。

（5）抓住一切机会向对方开展心理攻势，如暗示我方掌握某些情况，必要时可能放弃合作等。

（6）注意谈判截止的时间。对方一般是在时间紧而你又急于求成的情况下运用这一策略的，切记不要上当。

6.2.11　既成事实

既成事实可以理解为先斩后奏，先做后商量。在谈判中运用这一战术是指不顾对方，先为自己取得有利的地位或争取某种做法，然后再应付对方可能的反应和反击。这是在国际上，特别是政治交易中经常采用的策略技巧。如先动用武力，然后再坐下来谈判，这时的局势对某一方可能会有利，有利于取得理想的谈判效果。当然，采取这一策略，必须充分考虑如果行动失败可能导致的后果。

在贸易交往中，交易的两方或某一方常常是先与对方接触，但不一定马上进入实质性洽商阶段，而是在各方面（外围）做工作，如了解情况，增进友谊，寻找权威人物，筹措必要资金，待时机成熟再与对方进行实质性洽商，迫使或诱使对方签合同。这种方法十分有效，既避免了与对方的正面冲突，又巧妙地达到了己方的目的。谈判专家荷伯·科恩的亲身经历证明了这一点。

荷伯·科恩的妻子打算另买一处房子，所以每到周六、周日她都约上荷伯·科恩去看房子。最后，不胜其烦的荷伯·科恩告诉他妻子："买房子事宜由你全权处理，只要买好了，告诉我一声，我与孩子搬进去就是了。"荷伯·科恩自己很得意，认为"把球打到了她的场上"。几周之后，妻子打电话给他，说她买了一所房子。荷伯·科恩以为听错了，修正她说："你是看中了一所房子。"他妻子说："已经写了合同，但得你同意才行。"荷伯·科恩便放下心来，与妻子一同去看房子。在路上，妻子告诉他，邻居朋友们都知道他们要搬家了，他们双方的父母也都通知了，甚至连新房的窗帘都已经做好了，孩子们都选择了自己的房间，告诉了他们的老师，新家具也已订购了。结果怎么样呢？正如荷伯·科恩所说："我妻子告诉我的是一个已经完成了的事实，为了维持我的面子，我只得同意，而且毫无怨言。"在商业上，运用得最为普遍的既成事实是：如果你接到一份不同意的合约，最简捷、有效的方法是，把不同意的条文划掉，签上名字，然后寄还给对方。在一般情况下，对方都会接受这种既成事实。

6.2.12 以退为进

以退为进策略从表面上看，谈判的一方是退让或妥协或委曲求全，但实际上退却是为以后更好的进攻，或实现更大的目标。在谈判中运用这一策略较多的形式是，谈判一方故意向对方提出两种不同的条件，然后迫使对方接受条件中的一个。例如，对方购买你的产品，这时你可以提出："我方出售产品享受优惠价的条件是，批量购买在 2 000 件以上，或者是预付货款40%，货款分两次付清。"这样，对方享受优惠价就要在两个条件中选择其一。多数人的做法是，先向对方提出温和的要求，然后再提出强硬的要求。在一般情况下，对方要在两者之间选择其一，自然就很容易接受你的温和要求。

以退为进策略如果运用得当，效果十分理想。美国一家大航空公司要在纽约城建立一个大型航空站，要求爱迪生电力公司优惠供电，最初被电力公司以公共服务委员会不批准为由所拒绝。为此，谈判陷入僵局，后来航空公司决定，自己建一个发电厂来满足供电需求，消息一传出，电力公司预感到要失去这个大用户，于是立即改变态度，主动请求委员会给予其优待价格。委员会批准后，航空公司还是准备自己建厂，结果电力公司不得不两度请求委员会一再降低价格，这时，电力公司才与航空公司达成协议，航空公司获得了极优惠价格的供电。

在西方国家的劳资谈判中，使用较多的谈判战术就是以退为进，因为其前提条件和采用手段比较灵活，而且成本也比较低。发生在美国艺术品制作行业的一起劳资事件很有意思。在这次谈判中，工会代表劳方利益，希望其成员在补贴上得到全面提升，增幅达5%，因为以前的谈判合同中有这样的先例。

在谈判即将举行的前一个月，忽然传出这样的消息：该公司正在认真考虑关闭这个不赢利的工厂，要在其他地方重新开设。这个消息并不是直接从管理层那里得到的，而是从消息可靠的第三方那里获得的。这一情报促使工会换个角度来考虑他们面临的选择。结果他们非常愿意接受降低15%的工资待遇，同时与管理层合作来使经营活动赢利。

当然，由于撤退或做出消极的姿态是这一策略奏效的主要原因，因此就必须认真考虑使用这一策略的后果。这里的退往往是指提出方的另一条件，但如果不认真考虑退一步的后果，万一后果对你十分不利，即使是能够挽回，也得不偿失。同时，还要考虑对方的反应是什么，如果你对对方的反应没有把握，也不要轻易使用这一策略。

6.2.13　寻找代理

商务谈判中代理人是十分重要的。研究表明，寻找代理人谈判，有时比亲自交涉效果要好。所以，专家建议，在必要的情况下，请代理人出面谈判。

在聘请中间人或代理人时须注意：①要选择层次较高、有威信、商业信誉较好的人。这种人有广泛的人际关系网，他能为你谈成生意，而不是失掉生意。②要选择忠诚可靠、愿意与你合作的人。他能够尽心尽力履行与你的协议，勇于承担其职责并对你负责。③代理人的职业素养也很重要，它体现在如市场判断能力、创新能力、说服能力、应变能力、自信心等多方面。

聘用代理人，可以更好地运用与发挥谈判策略与技巧。如当对方向代理人提出要求时，他一方面会考虑代理人的"有限权力"，所以，要求显得较为"合理"，你的利益损失也小；另一方面，在交易谈判中，代理人的心理状态比较稳定，他不同于交易当事者，买卖成功与否与切身利益直接相关。所以，代理人往往能争取到最优惠的条件。著名谈判专家尼伦伯格以他的亲身经历证明了这一点。一次，他作为一个公司的代理人进行谈判，对方的老板及律师都到场了，而尼伦伯格的委托人却借故没有出席。在谈判过程中，专家发现他可以十分顺当地迫使对方做一个又一个的让步或承诺，而他却可以借委托人未到、权力有限为由，婉拒对方的要求，最后，他以极小的让步为他的委托人争取到很多利益。在涉外交往中，代理人的作用就更为重要，他甚至还起着中间人的作用。我们知道在与日本人交易时，中间人的介绍或担保是很有用的，这时代理人就是理想的中间人。

需要指出的是，寻找代理人有授权范围，有全权委托代理和一般代理之分，究竟采取哪一种代理方式，可根据具体情况灵活处理。

如果对方聘请代理人与你谈判，需要提防他利用权力有限向你施加压力，迫使你做过多的让步。在这种情况下，越权与其老板直接交涉是最好的办法。

本章案例

中俄天然气交易的谈判策略

2014年5月末，中俄关于天然气战略合作谈判，历经10年才最终达成协议。业内人士评价道，此谈判可以用艰苦卓绝来形容。

早在1994年，中俄就签订了天然气管道修建备忘录。1999年，俄气集团和中石油达成意向性天然气出口协议。2004年10月，普京访华，中石油与俄气集团签署了战略合作协议，由此正式拉开了中俄天然气谈判的序幕。几乎每次中俄领导人高层会晤，都会谈及中俄天然气事宜，但价格成为中俄双方谈判的焦点，曾多次使谈判接近破裂。

2012年4月，时任中国副总理的李克强访问俄罗斯，代表中方提出了"上下游一体化"的合作新思路，其基本内容是俄方参股中国天然气管道建设，中方参与俄上游天然气开发，使优势互补、双方共赢和风险共担。在这种情况下，本来搁置的谈判开始出现转机。2013年9月，中国领导人习近平访问俄罗斯并出席G20峰会，中石油与俄罗斯油气公司签署了双方合作协议。协议内容包括定价原则、价格公式、价格与石油市场的捆绑关系等技术性、框架性问题。但谈判的核心问题——价格，却一直是双方分歧的焦点，没有在协议中体现。

2014年年初，俄罗斯卷进乌克兰争端中，国际社会的制裁让俄罗斯经济出现大幅下滑，扩大能源出口，换取紧缺外汇成为俄罗斯平衡国内局势的重要步骤，这也让中方获得了外部环境的有利条件。但俄方一直坚持他们的价格底线，拒不让步。

谈判伊始，作为卖方的俄罗斯精心制订自己的报价方案，即对欧洲的出口价格。俄天然气抵达德国边境的到岸价是400美元，俄方谈判代表要中方也按此价购买，但中方拒不接受。

按照国际惯例，天然气运费一般大于气价（出井价）。中国与土库曼斯坦天然气管道就是一个实例——中土油气管道长达2 000千米，千立方天然气价格从200美元（其中包含了土方的资源主权权益）变成350美元，上涨了150美元。俄罗斯出口到德国的价格为400美元，其中出井价只有100美元，运费则占了300美元。

运费是由于俄罗斯出口欧洲的主力气田分布在西西伯利亚的秋明州和靠近北冰洋的亚马尔半岛，输送到德国国境的管道距离长达4 000千米，300美元运费很正常。而俄罗斯出口中国的天然气，主供气源地为东西伯利亚的伊尔库茨克州科维克金气田和萨哈共和国恰扬金气田，尽管因为要绕过贝加尔湖和外兴安岭，但输送到中国国境（东北满洲里口岸）的距离也只有2 000千米左右，运费为150美元。中国方面参考此标准，将购买价报250美元。

俄方谈判代表也不让步，他们主要担心欧洲客户的比价。于是，双方就此陷入了漫长的讨价还价拉锯战。另外，在俄罗斯与中国接壤的东北亚地区，俄罗斯是唯一的本地性大宗供应者。这也是俄方坚持高报价的原因之一。

2009年，中国与土库曼斯坦达成了天然气交易协议，大量购买该国天然气。潜在交易者的出现，为中方争取了主动权，让俄方坚持的价格出现了松动，给中俄谈判带来了转机。中方提出，请俄罗斯按土库曼斯坦的到岸价（现今为352美元左右）重新定价，但俄方还是没有妥协。因为土库曼斯坦天然气出口到中国，距离中国人口密集区和用气区域还有很长的距离。例如，从霍尔果斯口岸运到北京，需要3 000千米，而从满洲里口岸运到北京只需要1 500千米，有75美元的运价优势。

中俄进入最后75美元或者说50美元运输差价的砍价中。双方搬出各种测算的模型以支持己方报价的理由。在关键阶段，双方甚至进行一美元一美元的拉锯战。最后，中国与俄罗斯达成的购买天然气协议到岸价格是361美元（其国内输送距离有的比"土气"短，有的比"土气"长）。尽管"俄气"比"土气"进价贵9美元，但中方最终能够节约66美元。

直到2014年5月21日凌晨4点，双方才就供气协议价格达成一致。

资料来源　唐驳虎．中俄天然气谈判的讨价还价［EB/OL］．［2014-05-29］．http：//ucwap．ifeng.com．

思考题：

中方与俄方关于天然气谈判使用了哪些战术？你如何评价中俄两国谈判代表？

复习思考题

1. "休会"作为策略手段使用的价值是什么？
2. 为什么说"受到限制的权力才具有真正的力量"？
3. 如何在谈判中使用"声东击西"策略？
4. "最后期限"策略运用的条件是什么？
5. "攻心策略"表现在哪些方面？使用时应注意什么？
6. 比较"得寸进尺"与"以退为进"策略的异同点。
7. "既成事实"作为策略使用有哪些效果？负面作用是什么？

自我评估测验试题六

1. 你怎样运用谈判策略与技巧（　　）
①非常主动
②迫不得已时用
③很少运用
④不喜欢运用
2. 如果休会作为一种策略考虑，它的主要作用是（　　）
①恢复体力与精力
②创造与对方周旋的机会
③解决疑难问题
④拖延谈判进程
3. 假设条件可能会起到下列哪种作用（　　）
①试探对方虚实

②表明我方立场

③争取对方让步

④更好地讨价还价

4.留有余地策略与门户开放策略的关系可以理解为（　　　）

①两者交替使用

②使用留有余地策略是前提

③开放策略失效之时使用留有余地策略

④以开放策略为借口，更好地运用留有余地策略

5.润滑策略的本质应该是（　　　）

①加深相互理解

②保持经常联系

③改进交易关系

④增进双方友情

6."误会"战术使用的前提是（　　　）

①对方不停地提出新的要求

②出现了真正的误会

③制造分歧

④对方有优势

7.你如何看待谈判人员受限制的权力（　　　）

①关键看你怎样运用

②能使谈判人员更好地发挥作用

③不清楚

④束缚了谈判人员

8.如果对方运用有限权力策略，你的反应是（　　　）

①指出他为自己寻找借口

②相信他说的是真实情况

③认真调查，研究其权力范围

④不管它

9.寻找契机的运用可以锻炼人的（　　　）

①商业意识

②决策能力

③与人相处的技巧

④处理危机的能力

10."声东击西"战术在商业上的运用，主要作用是（　　　）

①作为缓兵之计

②作为一种障眼法，转移对方的注意力

③克服谈判中的障碍

④压制对方的士气

11.最后期限策略是指（　　　）

①谈判谋略的最后一招

②协商谈判的最后问题

③谈判者心理的最后防线

④谈判时间的截止期限

12.“吹毛求疵”战术最有效的使用方式是（　　　）

①出其不意地运用

②两个人唱双簧

③造成冲突与矛盾

④创造和气的氛围

13.攻心策略之所以有效的原因是（　　　）

①利用软化手段使人妥协

②利用人负疚的心理感受

③通过影射，使战术奏效

④使用心理压力法

14.疲劳战术适用于哪类谈判者（　　　）

①脾气急躁，性格外向

②性格内向，反应迟缓

③富有忍耐力，不易发火

④怀疑论者

15.“以退为进”战术的实质是（　　　）

①妥协退让，委曲求全

②表面退却，实际进攻

③以退却求对方让步

④以退让达成协议

16.争取承诺策略在使用时要注意（　　　）

①承诺不妥要及时收回

②拖延

③履行

④不认账

17.你怎样理解“出其不意”战术（　　　）

①使用令人惊奇的人物

②采用突然爆发的行为

③利用优势压制对方

④使对方措手不及而产生压力

18.“得寸进尺”战术的实质是（　　　）

①一点一点地争取不会引起对方注意

②利用人们妥协心理

③通过不断争取实现既定目标

④积少成多不会激怒对方

19.使用“以林遮木”战术的前提条件是（　　　）

①有大量的第一手资料

②对方要你提供详细情况

③谈判的内容比较复杂

④你的真实目的需要掩盖

20.你怎样理解"既成事实"战略（   ）

①抓住关键问题要挟对方

②明确提出己方条件并坚持到底

③先谋取有利地位来应对对方的反击

④先损害对方利益再谈补偿

第 7 章

成交的技巧

人们通常认为，对谈判成功与否的检验标准就是是否成交，当然这样的认识并不完全正确，但确实反映了是否达成协议对谈判活动至关重要。

7.1 讨价还价策略

讨价还价是谈判中一项重要内容。一个优秀的谈判者不仅要掌握谈判的基本原则、方法，还要学会熟练地运用讨价还价的策略与技巧，这是谈判成功的保证。这里介绍几种主要的讨价还价技巧。

7.1.1 投石问路

1）投石问路的交易技巧

要想在谈判中掌握主动权，就要尽可能地了解对方情况，尽可能地了解和掌握当我方采取某一步骤时，对方的反应、意图或打算。投石问路就是了解对方情况的一种战略战术。与假设条件相比，运用方主要是在价格条款中试探对方的虚实。例如，一方想要试探对方在价格上有无回旋的余地，就可以提议："如果我方增加购买数量，你们的价格优惠是多少呢？"或者再具体一些："购买数量为100时，单价是5元，如果购买数量为1 000时，单价又是多少呢？"这样，买方就可以根据卖主的开价，进行选择比较、讨价还价。

一般来讲，任何一块"石头"都能使买方更进一步了解卖方的商业习惯和动机，而且对方难以拒绝。

以下是我们选择投石问路的主要方面：

（1）如果我们与你签订了为期一年的合同，你的价格优惠是多少？

（2）如果我们以现金支付或采取分期付款的形式，你的产品价格有什么差别？

（3）如果我们给你提供生产产品所需的原材料，那么，成品价又是多少呢？

（4）我方有意购买你们的其他系列产品，能否在价格上再优惠些呢？

（5）如果货物运输由我们解决，你的价格是多少呢？

（6）如果我们要求你们培训技术人员，你们可否按现价出售这套设备？

（7）如果我方要求对原产品有所改动，价格上是否有变化？

（8）假设我们买下你的全部存货，报价又是多少？

2）投石问路的对策

反过来，如果对方使用投石问路策略，我方应采取什么措施呢？建议从以下几方面考虑对策：

（1）找出买方购买的真正意图，根据对方情况估计其购买规模。

（2）如果买方投出一个"石头"，最好立刻向对方回敬一个。如对方探询数量与价格之间的优惠比例，我方可立刻要求对方订货。

（3）并不是提出所有问题都要正面回答、马上回答，有些问题拖后回答，效果更好。

（4）使对方投出的"石头"为己方探路。如对方询问订货数额为 1 000 的优惠价格，你可以反问："你希望优惠多少？""你是根据什么算出的优惠比例呢？"

有的时候，买方的投石问路反倒为卖方创造了极好的机会，针对买方想要知道更多资料信息的心理，卖方可以提出许多建议，促使双方达成更好的交易。

7.1.2　报价策略

交易谈判的报价是谈判不可逾越的阶段，只有在报价的基础上，双方才能进行讨价还价。报价之所以重要，就是因为报价对讨价还价乃至整个谈判结果产生实质性影响。基于这一点，我们把报价作为策略进行研究。

（1）先报价与后报价。先报价比后报价（还价）更具影响力，因为先报价不仅能够为谈判规定一个难以逾越的上限（卖方的报价）或下限（买方的报价），而且还会直接影响谈判对方的期望水平，起到争取主动的作用。但是，先报价也有不利之处，一方面，一方先报价之后，另一方可根据对方的报价水平调整自己的策略和报价方式，特别是在先报价一方与还价一方价格有较大出入时，更是如此；另一方面，在一方报价之后，另一方不一定马上还价，而是对原报价进行各种挑剔指责，目的是迫使原报价者让步。

由此可见，先报价与后报价各有利弊，一般来讲，有下列报价原则：第一，在预期谈判将会出现激烈竞争的情况，或是双方可能出现矛盾冲突的情况下，"先下手为强"，采取抢先报价的策略，争取在谈判之初占据主动，给对方以较大的心理压力。但是，如果双方是在友好的合作气氛中洽商，有长期的合作关系，彼此对对方都十分了解、熟悉，先报价与后报价没有什么实质性的差异。因为双方都致力于寻求彼此都感到满意的解决方案，不会在枝节问题上做过多的纠缠，讨价还价也只是双方妥协的表现，并不表现为实质利益的划分。第二，就习惯来讲，发起谈判者应带头报价。第三，若对手是较为老练的谈判者，己方则对对方情况不太熟悉，则力争让对方先报价，这样先把球踢给对方，以便我方摸底，了解更多情况。第四，若情况相反，则我方可先要求主动报价，引导对方按我方的意图行事。

但不论处于哪一类情况，如果对手先报价，我方采取的态度是：首先，不要干扰和影响对方的报价，不要中途打断对方的报价。有的谈判者在报价时先报出价格，把让步和优惠条件放到最后，如果你先沉不住气，或想当然地认为对方要求过于苛刻，就会影响对方的思路与情绪，同时也暴露出我方的弱点。其次，在对方报价之后，对一些主要条件和内容，要适当加以重复，以明确自己是否真正了解了对手的报价。最后，如果对方的报价不合理，甚至是故意刁难，也不要马上回绝。对于谈判人员来说，在谈判中，不论你的理由多么充分，立即回绝对方的提议将被视为鲁莽草率，而且将会被认为对对手及提议缺乏合作的诚意。在这种情况下，一种比较可行的做法是，要求对手解释报价的原因。另一种是，考虑对手报出价格中的可接受性，哪一部分有进一步谈判的可能，哪一部分报价则无法接受。

（2）报价起点的确定。要报价，首先，要确定报价目标。报价目标一定要与企业的谈判目标结合起来，先明确己方的最低价格标准，以便明确在什么情况下放弃谈判，什么情况下力争最好的结果。其次，要采取高报价（卖方）和低报价的方式（买方）。

对于卖方来讲，高报价的优势是：①卖方的报价事实上对谈判的最后结果确立了一个终极上限。在谈判中除非有极特殊、极充足的理由，否则报价之后再重新报价是应极力避免的，而且对方也不会接受你报价后的提价。②采取高报价则为卖方让步留有较大的余地，有利于卖方在必要情况下做出让步，打破僵局。③报价高低影响对手对己方潜力的评价，报价越高，对方对报价的潜力评价越高；反之，则低。④报价高低也直接反映报价方的期望水平。一般来讲，期望水平高的，报价也高，成功的可能性也越高，获利也越大。这已为专家们的实验所证实。把两组学生分为谈判的两方，都有同样的机会获得5元的谈判结果。研究人员暗示一方，希望他以7.5元作为谈判目标，而暗示另一方，希望他以2.5元作为谈判目标。结果是，前者的谈判结果接近7.5元，而后者却接近2.5元。这说明，一个人期望水平越高，他将会努力实现或维护这个水平，那么他的成果也会越好。所以，作为卖方来讲，报价越高，结果可能越理想。

但如果你是买方，应采取低报价的策略。这是因为：①买方的报价是向对方表明要求的标准。尽管双方都知道这个标准要有所调整，但报个低价会给对方很大的心理压力。②买方报价的高低也反映了他的期望水平、自信与实力。③报价低为谈判中的价格调整与让步留出了较大的余地。

（3）报价方式。报价的方式、方法也很重要。如果报价一方在报价时犹犹豫豫，含含糊糊，那么就不会获得理想的效果，也就谈不上上述的作用。所以，在报价时要注意：①报价时态度要坚定果断，给人以自信、从容的印象。②报价要非常明确，以使对方能准确无误地了解报价方的要求、期望。因此，在口头报价的同时，最好也要以文字的形式显示出来，以免事后出现误会、纠纷。③在报价期间和报价以后，一般不应附加任何解释说明，如果你主动为你的报价进行解释和辩护，对方会对你的报价产生误解和疑心。只有当对方对你的报价不满或要求对此做出解释时，你再加以说明。

7.1.3 抬价压价战术

1）抬价的作用

这种策略技巧是商务谈判中应用最为普遍、效果最为显著的方法。常见的做法是，谈判中没有一方一开价，另一方就马上同意，双方拍板成交的，都要经过多次的抬价、压价，才互相妥协，确定一个一致的价格标准。所以，谈判高手也是抬价压价的高手。

由于谈判中的"黑箱"，即抬价一方不清楚对方要求多少，在什么情况下妥协，因此这一策略运用的关键就是判定抬到多高才是对方能够接受的。一般来讲，抬价是建立在科学的计算，精确的观察、判断、分析基础上的，当然，忍耐力、经验、能力和信心也是十分重要的。事实证明，抬高价往往会有令人意想不到的收获。许多人常常在双方已商定好的基础上，又反悔变卦，抬高价格，而且往往能如愿以偿。

抬价作用还在于：卖方能较好地遏制买方的进一步要求，从而更好地维护己方利益。美国谈判专家麦科马克列举他参加谈判的一次亲身经历，就很好地说明了这一问题。有一次，他代表一家公司交涉一项购买协议，对方开始的开价是50万元，他和公司的成本分析人员都深信，只要用44万元就可以完成这笔交易。一个月后，他开始和对方谈判，但对方却又声明原先的报价有误，现在开价60万元。这反倒使麦科马克先生怀疑自己原先的估计是否正确。直到最后，当他以50万元的价格与对方成交时，竟然感到非常满意。这是因为，他认为是以低于对手要价10万元之差达成了交易，而对方则成功地遏制了他的进一步要求。

在讨价还价中，双方都不能确定对方能走多远，能得到什么。因此，时间越久，局势就会越有利于有信心、有耐力的一方。中韩的一笔交易，很能说明这一问题。中方某公司向韩国某公司出口丁苯橡胶已一年，第二年，中方公司根据国际市场行情将价格从前一年的成交价每吨下调了120美元（前一年为1 200美元/吨）。韩方感到可以接受，建议中方到韩国签约。

中方人员一行二人到了首尔该公司总部，双方谈了不到20分钟，韩方说："贵方价格仍太高，请贵方看看韩国市场的价，三天以后再谈。"

中方人员回到饭店感到被戏弄，很生气。但人已来首尔，谈判必须进行，中方人员通过有关协会收集到韩国海关丁苯橡胶进口统计，发现从哥伦比业、比利时、南非等国进口量较大，从中国进口也不少，中方公司是占份额较大的一家。价格水平南非最低，但高于中国产品价，哥伦比亚、比利时价均高出南非价。在韩国市场的调查中，批发和零售价均高出中方公司的现报价30% ~ 40%。市场价虽呈降势，但中方公司的给价是目前世界市场最低的价。

为什么韩国人员还这么说？中方人员分析对手以为中方人员既然来了首尔，肯定急于拿合同回国。可以借此机会再压中方一手。那么韩方会不会不急于订货而找理由呢？

中方人员分析，若不急于订货，为什么邀请中方人员来首尔。再说韩方人员过去与中方人员打过交道，订过合同，且执行顺利，对中方工作很满意，这些人会突然变得不信任中方人员了吗？从态度看不像，他们来机场接中方人员且晚上一起喝酒，保持了良好气氛。

从上述分析，中方人员一致认为：韩方意在利用中方人员出国心理，再压价。根据这个分析，经过商量中方人员决定在价格条件上做文章。总之，首先态度应强硬（因为来前对方已表示同意中方报价），不怕空手而归。其次价格条件还要涨回市场水平（即1 200美元/吨左右）。再次不必用三天时间给韩方通知，仅一天半就将新的价格条件通知韩方。

在一天半后的中午前，中方人员电话告诉韩方人员：“调查已结束，得到的结论是：我方来首尔前的报价低了，应涨回去年成交的价位，但为了老朋友的交情可以下调20美元，而不再是120美元。请贵方研究，有结果请通知我们，若我们不在饭店，则请留言。”

韩方人员接到电话后，一个小时，即回电话约中方人员到其公司会谈。韩方认为，中方不应把过去的价再往上调。中方认为，这是韩方给的权力。我们按韩方要求进行了市场调查，结果应该涨价。韩方希望中方多少降些价，中方认为原报价已降到底。经过几回合的讨论，双方同意按中方来首尔前的报价成交。

这样，中方成功地使韩方放弃了压价的要求，按计划拿回了合同。

2）压价的作用

压价可以说是对抬价的破解，如果是买方先报价格，可以低于预期目标进行报价，留出讨价还价的余地。如果是卖方先报价，买方压价，则可以采取多种方式：

（1）揭穿对方的把戏，直接指出实质。如算出对方产品的成本费用，挤出对方报价的水分。

（2）制定一个不能超过预算的金额，或是一个价格的上、下限，然后围绕这些标准，进行讨价还价。

（3）用反抬价来回击。如果在价格上迁就对方，必须在其他方面获得补偿。

（4）召开小组会议，集思广益思考对策。

（5）在合同没有签订好以前，要求对方做出某种保证，以防反悔。

（6）使对方在合同上签署的人越多越好，这样，对方就难以改口。

7.1.4　价格让步模式

价格让步是让步策略中最重要的内容。让步的方式、幅度直接关系到让步方的利益。这里我们介绍价格让步在理论上的几种可能形式：假设谈判的一方在价格上让步的幅度是100，共分4次做让步，那么应怎么让步呢？见表7-1。

表7-1 价格让步的理论模式

让步方法	第一次让步	第二次让步	第三次让步	第四次让步
1	100	0	0	0
2	50	50	0	0
3	25	25	25	25
4	10	20	30	40
5	50	30	25	-5
6	40	30	20	10

第一种让步模式：100/0/0/0

第一种让步，是一次就全部让出，不留任何余地，然后坚守阵地，再也不让了。这种让步方式会让对方觉得不可理解，一次就全让出，会使对方认为你报价的"水分"较大，不然怎么会一下子让出全部，在以后的讨价还价中你没有一点通融余地，会使知足的人感到得到了很多，不知足的人感到你还有余地，所以并不感谢你。这就是做出了让步，却没有收到让步的效果。

第二种让步模式：50/50/0/0

这是分两次做均等让步，让步幅度较大。这也不可取：一是让对方感觉到你的让步是大概的，而不是精确的；二是他还想要求你让步，而你又拒不让步了，这会使对方感到缺乏诚意。

第三种让步模式：25/25/25/25

这是四次做均等程度的让步。这种让步方式更不可取。它只是在理论上成立，会让对方产生无休止要求让步的欲望，而且均等让步不符合成本、价格计算精确的原则。

第四种让步模式：10/20/30/40

这是递增式让步，是最忌讳的让步方式。一次次越让越大，每次让步之后，对方不但感到不满足，反而诱发了要求更大让步的欲望。

第五种让步模式：50/30/25/-5

这种让步模式给人以过头之嫌，让步到最后又加价，会使对方感到不理解，弄不好还容易产生怀疑和不信任。在实际谈判中，也有人使用这种让步方式，但主要是为遏制对方要求让步的无限制，而不是真的要加价。

第六种让步模式：40/30/20/10

这种让步模式最为理想，即每次做递减式让步。它克服了上述几种让步模式的弊病，又能做到让而不乱，成功地遏制了对方可能产生的无限制让步的要求。这是因为：①每次让步都给对方一定的优惠，表现了让步方的诚意，同时保全了对方的面子，使对方有一定的满足感。②让步的幅度越来越小，越来越困难，使对方感到我方让步不容易，是在竭尽全力满足对方的要求。③最后的让步幅度不大，是给对方以警告，我方已经让步到了极限，也有些情况下，最后一次让步幅度较大，甚至超过前一次，这是表示我方合作的诚意，发出要求签约的信息。

中日关于进口三菱汽车索赔案的谈判，就是这种价格让步策略的典型再现。1985年9月，中国就日方向我方提供的5 800辆三菱载重汽车存在严重质量问题，向日方三菱汽车公司提出索赔。日方在无可辩驳的事实面前，同意赔偿，提出赔偿金额为30亿日元。中方在指出日方报价失实后，提出我方要求赔偿的金额为70亿日元，此言一出，惊得日方谈判代表目瞪口呆。两方要求差额巨大，在中方晓以利害关系前提下，日方不愿失去中国广阔的市场，同意将赔偿金额提高到40亿日元。我方又提出最低赔偿额为60亿日元，谈判又出现了新的转机。经过双方多次的抬价压价，最终以日方赔偿中方50亿日元，并承担另外几项责任而了结此案，创造了中外谈判索赔案的最高赔偿纪录。

7.1.5　目标分解

讨价还价是最为复杂的谈判战术之一。是否善于讨价还价，反映了一个谈判者综合能力与素质。我们不要把讨价还价局限在要求对方降价或我方降价的问题上。例如，一些技术交易项目或大型谈判项目涉及许多方面，技术构成也比较复杂，包括专利权、专有技术、人员培训、技术资料、图纸交换等方面。因此，在对方报价时，价格水分较大，如果我们笼统地在价格上要求对方做机械性的让步，既盲目，效果也不理想。比较好的做法是，把对方报价的目标分解，从中寻找出哪些技术是我们需要的，价格应是多少，哪些是我们不需要的，哪一部分价格水分较大，这样，讨价还价就有利得多。

例如，我国一家公司与德国仪表行业的一家公司进行一项技术引进谈判，对方向我方转让时间继电器的生产技术，价格是40万美元。德方靠技术实力与产品品牌，在转让价格上坚持不让步，双方僵持下来，谈判难以进展。最后我方采取目标分解策略，要求德方就转让技术分项报价。结果，通过对德商分项报价的研究，我方发现德方提供的技术转让明细表上的一种时间继电器元件——石英振子技术，我国国内厂家已经引进并消化吸收，完全可以不再引进。以此为突破口，我方与德方洽商，逐项讨论技术价格，将转让费由40万美元降至25万美元，取得了较为理想的谈判结果。

运用这一策略的另一种方式就是将目标分解后，进行对比分析，非常有说服力。例如，一家药品公司向兽医们出售一种昂贵的兽药，价格比竞争产品贵很多，所以，销售人员在向兽医们推销时，重点强调每头牛只需花3美分，这样价格就微不足道了，但如果他们介绍每一包要多花30美元，显然就是一笔大款项了。

7.1.6　文件战术

一家金融公司举行董事会议，12名董事围坐在椭圆形的会议桌前激烈地讨论着。有11名董事面前摆着纸和笔，而另外一位呢，除了纸笔外，还堆满了一沓沓文件资料，每一沓都厚达10厘米。董事们对该次会议的中心议题——有关公司经营方针的变更均踊跃发言，各抒己见，一时之间，难达结论。在混乱当中，那位携带了大批文件资料的董事，却一直保持沉默，而每一位起来发言的董事，都会不约而同地以充满敬畏的眼光，向那堆文件资料行注目礼。待在座人士都发言过后，主席遂请那名似乎是有备而来的董事说几句话。只见这位董事站起来，随手拿起最上面的一沓资料简要地说了几句话，便坐下来。之后，经过一番简短的讨论，11 名董事均认为最后发言的董事"言之有理"，而一致同意他的意见，纷乱而漫长的争论遂告结束。

散会之后，主席赶忙过来与这位一锤定音的董事握手，感谢他所提供的宝贵意见，同时也对其为收集资料所下的功夫表示敬意。

"什么？这些文件资料和今天的开会根本是两回事嘛！这些东西是秘书整理出来的，先交给我看看，如果没有保存的必要，就要烧毁了。而我正打算开完会便出去度假，所以，顺便把它们也带到了会场。至于我发表意见时手上拿的纸条，不过是刚刚边听各位发言边随手记下的摘要。老实说，对于这一次的会议，我事前根本就没有做什么准备。"这位被"误解"了的董事做了如此解释。

任何事情，都不能光看表面。平常的董事会议，除了纸笔之外，大家什么也不带。而这一回，突然出现了一名携带了大堆资料与会的董事，除令在座人士惊讶之外，自然也会叫人联想到——他带了那么多参考资料出席会议，想必在事前已做了充分的准备。正因为有这种联想，所以，不论这位董事说了什么，都会使大家觉得"有分量""言之有理"，从而毫无疑义地采纳了。与开会不同的是，在谈判时若要使用"文件战术"，那么，你所携带的"工具"，也就是各种文件资料，一定要与谈判本身有关。如果你带了大批与谈判无关的资料前去谈判，无疑是自欺欺人。

参加任何谈判，都要留意自己所使用的战术或技巧是否适用于谈判的内容，这是非常重要的。所使用的战术或技巧要是不够高明、不适合于谈判内容都会适得其反。"文件战术"的效果多半产生在谈判一开始，它能产生震慑力量。如果你精心策划准备，要在谈判中通过你与对方的交锋显示出你的力量，那么还不要如此夸张地表现，以不动声色、出其不意为最好。

7.1.7 最后报价

谈判中常有"这是最后出价，我们再也不能让步了"之语。如果另一方相信这一点，这笔生意就能成交；如果不相信，也可能双方继续讨价还价，也可能就牺牲了这笔交易。

要使最后出价产生较好的效果，提出的时间和方式很重要。如果双方处在剑拔弩张、各不相让，甚至是十分气愤的对峙状况下，提出最后报价，无异于向对方发出最后通牒，这很可能会被对方认为是种威胁。为了自卫反击，他会干脆拒绝你的最后报价。比较好的方法是，当双方就价格问题不能达成一致时，如果报价一方看出对方有明显的达成协议的倾向，这时提出比较合适。让对方产生这样一种感觉："在这个问题上双方已耗费了较多的时间，我方在原有出价的基础上，最后一次报价。这是我们所能承受的最大限度了"。在提出最后报价时，尽量让对方感到这是我们所能接受的最合适的价格了。而且报价的口气一定要委婉、诚恳，这样，对方才能较容易接受。最后报价可与原报价有一定出入，以证明我方的诚意。同时，督促对方也尽快采取和解姿态，达成协议。

当然，最后报价能够帮助，也能够损害提出的一方。如果对方相信，提出方就胜利了；如果不相信，提出方的气势就会被削弱。这里遣词造句、见机而行，与这一策略的成功与否休戚相关。从对方的立场来讲，了解、掌握这一策略也是十分必要的。这是因为如果不了解最后出价的奥妙，很可能被对方的虚张声势所迷惑，付出较大的代价。

7.2　掌握让步艺术

7.2.1　谈判中"取"与"舍"的关系

谈判本身是一个理智的取舍过程，如果没有舍，也就不能取。一个高明的谈判者，除了知道何时该抓住利益外，还要知道何时放弃利益。正因为如此，让步的技巧、策略就十分重要。在商业交易中，让步的后果可能是十分危险的，会使你遭受灭顶之灾；也可能你"寸土必争"，与交易失之交臂。让步策略中的关键就是判定在什么情况下你要"取"，在什么情况下你要"舍"。

《强势谈判》作者克里斯·沃斯和塔尔·拉兹讲述了让步技巧的"三不"原则。谈判专家的一位学生要买一个人转让的股份。对方在生意上遇到了困境，主要是夫妻两人对经营方式产生了分歧。其中，丈夫想要卖掉股份，偿还银行借款。买家是专家的学生，按照专家的指引，他很顺利地得到了相关信息，即价格底线。但由于购买者太急于求成，他立刻说出了自己的报价，自认为对卖方很有吸引力，却不成想被卖方一口回绝，对方甚至还摔了电话。

于是，这位买家立刻又求救他的老师——谈判专家。与专家商讨后，买方决定采取迂回拒绝的策略，但却不明确地说"不"，通过这种尝试让对方让步。

事情的进展是这样的。对方虽然拒绝了买方的报价，但并没有完全放弃。第二天用电子邮件发来了他的报价，将他的价格提高到30 812欧元，比买方的23 000报价提高了很多。买方是这样回复卖方的："你们的报价十分公平，我真的希望自己能接受，你也应该得到合理的回报。但非常抱歉，我谨祝你好运。"买方没有指责卖方的报价过高，既没有说"不"，也没有提出新的报价，只是态度鲜明，这个价格我不打算交易了。

结果第二天，卖方的谈判顾问又发来了新的邮件，把价格降到28 346欧元。买方还是如法炮制。回函是："感谢你的出价，你非常慷慨地降低了价格。我真的希望自己能付给你这个价钱。但是我现在付不起。你也知道我现在家里的困境。我筹不到这么多钱。再次祝你好运。"随后，买方收到了对方谈判顾问发来的只有一句话的电子邮件。卖方把价格降到了25 000欧元。买方已经准备接受这个价格了。

但是谈判专家告诉他还有步骤可以实施。他们给卖方的回函是："感谢你的再次慷慨出价。我也非常努力地按照这个目标去筹钱。但遗憾的是，没有人愿意借我钱。甚至我母亲都不肯借给我。如果你希望成交，我能支付给你的价格是23 567欧元。虽然我一开始只能支付1 532.37欧元，剩下的将在一年内付清。这是我能做的最大努力了。祝你好运。"

这个方法行之有效。一个小时之内，卖方谈判顾问就回信同意了。

这一实例为我们揭示了另一层含义，谈判中的让步存在层层递进关系，既有战略层面的考量，也有战术层面的对策，还要从心理学的角度，让对方打消防范心理，乐于商讨问题，解决问题。

7.2.2　让步的策略技巧

让步的策略技巧有多种形式，但主要有以下几个问题需要把握：

1）让步要因人而异

让步的模式不是千篇一律、一成不变的。谈判对手不同，让步战术也应不同。

第一种情况，如果对方是谈判新手，那么在谈判初始阶段，你就采取低姿态，有较大的让步表示，对方很可能并不感激，也不欣赏，即使你明确地告诉他，他也因缺乏经验不敢信任你。在现实生活中，我们每个人常常会遇到这样的情况，当你到商场买你不熟悉的东西时，最开始询问的商品价格是否是最优惠的，你心中无数。所以，最常见的办法就是将商场内同样的东西看个遍，问个遍，然后再决定取舍。尽管这使你颇费周折，但能令你感到放心，这时你所做的决策才是最优决策。这与谈判者的让步策略极其相似。

第二种情况，如果对方是个想向上级邀功请赏的人，或者说是一个狡诈的谈判对手，那么你可能就是个牺牲品。关于这方面的例子数不胜数。日本松下电器公司的创始人松下幸之助在早年的商战中就吃过这样的大亏。当他第一次来到东京，寻找批发商销售他的产品时，与对方一见面，批发商就友善地寒暄说："我们是第一次打交道吧，以前我好像没见过您。"这是批发商以"第一次打交道"与"我好像没见过您"的寒暄托词，实际来探测对手究竟是生意场上的老手还是新手的底细。松下先生缺乏经验，恭敬地回答："我是第一次来东京，什么都不懂，请多多关照。"他的答复却使对方获得了重要信息：新手可欺。批发商又问："你打算以什么价格出卖你的产品？"松下又如实地告知对方："我的产品成本是每件20美元，我准备卖25美元。"其实，按当时的市场价格和他的产品质量，还可以卖更高的价格。但批发商老谋深算，利用松下在东京人地两生，又急于为产品打开销路的愿望，将每件产品的价格压到20美元，结果批发商大赚一把，却使松下先生受到了很大的损失。

第三种情况，如果对方是个谈判老手或是个有智慧、有理性、消息灵通的人，那么，你也不能马上表示妥协，但他能充分理解你，并愿意与你共同协商，以满足各自的要求。

　　归根到底的一点是，无论对任何人，在做出让步时，最好的办法是让他经过一番努力和奋斗，只有这样得来的东西他才会感到有价值，值得珍惜。这不仅是人类生活的准则，也是动物的本能。某个资料上介绍，在美国的天堂动物园里，新来了一个喂河马的饲养员，老饲养员就告诫他，不要让河马吃得太饱。但新的饲养员感到不解，为什么不要让动物吃饱。结果，他不停地给河马喂食物，并到处在河马所及的地方放置食物，人们无不感到他的仁慈和善意。但两个月后，他却发现，他养的这只河马并没有长大多少，反倒是老饲养员不怎么喂的那只长得飞快。他以为是两只河马自身素质有差别。而老饲养员二话没说，跟他换着喂。不久，老饲养员喂的那只河马又超过了他喂的河马，这使他大惑不解。老饲养员告诉他，你喂的那只河马，是太不缺食物，反而拿食物不当回事，根本不好好吃食，自然长不大。我的这一只，总是在食物缺乏中生活，因此，它十分懂得珍惜，好好吃食，很健壮。同理，在日本一家动物园里，一个常年喂猴子的饲养员不是将食物好好摆在那儿，而是费尽心思，将食物放在树洞里，猴子很难吃到。正因为吃不到，猴子反而想尽了办法要去吃，它整天为吃而琢磨，后来终于学会了用树枝努力地去够，把食物从树洞里弄出来。当人们问其中的原理时，养猴子的人说，这种食物猴子是没胃口的。平时，你摆在猴子面前，它都懒得看，根本不会去吃。只有用这办法喂它才奏效。而且，你越让它费劲得到，它越想得到，才会珍惜，使它把认为不好的东西变成了喜欢的东西。天下有许多东西，一旦容易得到，就等于过剩，人们就不重视，甚至抛弃它，而不管它是多是少，它的原有价值都会被降低。这其中的道理不仅适用于谈判中的让步准则，也是人与人交往，正确处理人际关系的规则。

2）让步的基本规则是以小换大

　　让步的规则或策略处处充满着哲学中的辩证关系，关键看我们怎样认识，怎样实践。许多人固守自己的信仰和价值观，对让步表现为极为固执或固守传统，并自以为正确，而还有一些人把让步作为无足轻重的一桩小事，随时准备妥协退让，对让步的后果很少考虑。这两者都是我们应该摈弃的。

　　首先，学会处理让步中"大"与"小"的关系。让步规则中的"小"与"大"不仅具有相对性，还具有辩证性。因为让步既是谈判中的规则，也是我们生活中的准则。我们前面谈到不要轻易让步，因为这样会使我们不珍惜原本很有价值的东西。但是不是我们只要让步了就一定会有所损失，让步中的小与大是怎样体现的呢？曾经有一篇题为《人质之死》的文章颇引人深思。

　　2003年8月，发生在撒哈拉沙漠中的15名欧洲游客被绑架事件最终得以解决。但代价是一名德国女游客米歇尔·施皮策失去了生命。回顾整个过程，米歇尔未能幸免并非偶然，为什么悲剧偏偏发生在她身上呢？为什么只有她未能挺过这6个月的劫难呢？在某种意义上说，是她自己选择了死亡。主要原因就在于她的不妥协、不让步使她走向死亡。

　　2003年3月9日，有6个德国人、4个瑞士人和1个荷兰人组成的临时旅行团在非洲的撒哈拉沙漠中探险。他们一行11人在步行3小时后穿越一个峡谷时迷路了，只好返回。但就在他们回到自己的车旁时，他们被几个戴头巾的武装分子包围。他们当中的两位女士，包括米歇尔不停地哭，瑞士人库尔特劝她们振作，因为眼泪只能惹怒匪徒。后来，匪徒将这些人关在山区中一个1米半宽、近30米长的峡谷里，每天的恐惧和生死未卜都在不停地折磨着这些人质。最后，为了增强活下去的勇气，他们决定住在一起，以便互相鼓励和通气。他们开始商讨与匪徒周旋的策略，怎样延长生命期限，改变生存环境，德国人米歇尔却采取了拒不合作的态度。

绑架者是一些极端分子，他们坚持妇女在他们面前要戴头巾，穿长外套或裙子。他们给了米歇尔一件灰色的长外套，但她拒绝穿。她说她从不穿灰颜色的衣服，也拒绝缠头巾，只肯戴她的太阳帽。当其他人质请她合作时，她一口回绝："我不愿意受约束。"尽管峡谷到处都是刺儿和尖石，她宁愿光脚也不穿鞋。其他人都用一升的瓶子装水，她坚持只用半升的瓶子，其理由是："我喜欢用小瓶喝水。"在炎热的天气里，防晒霜弥足珍贵，但她依然我行我素用来搽脚。

米歇尔与同伴的距离越来越大。她愤怒地看着其他人质和绑架者相处得很融洽。他们彼此用阿拉伯语和德语交流沟通，绑匪甚至向人质咨询，怎样提出索要赎金的要求。米歇尔向同伴嘶喊："为什么你们不反抗？"同伴们告诉她，反抗的结果可能是所有人都难以脱险，莫不如与绑匪合作，争取生存的机会，才能救赎自己。但她一点也听不进去，反倒愈加变本加厉，处处与绑匪唱反调，这不仅增加人质生存的危险，也使得她的同伴越来越远离她，甚至觉得她是危险人物。结果，米歇尔和其他人质之间的关系越加紧张，一点鸡毛蒜皮的小事就能引发冲突。事后看，这不仅是由于她倔强的个性，也受制于她深植头脑中的绝不妥协让步的价值观。

到后来，由于米歇尔总是赤脚走路，她的脚踝受伤，继而伤口感染化脓。为了让脚得到休息，米歇尔便很少喝水，这样就不用一瘸一拐地上厕所。别人劝她多喝水，免得脱水，但她根本听不进去。又走了两天后，米歇尔的脱水症状加重，脸色灰白，皮肤烫人，却不出汗，这是明显的中暑症状。随后，她陷入了昏迷，一小时后毫无痛苦地死去了。随着她的死亡，群体内的氛围也发生了微妙变化，变得更加融洽，更加相互照应了。"因为我们知道，如果我们不能同心同德，不能与绑匪做适当的让步，我们都将难以生存。" 一个人质事后总结道。

当面临生与死的抉择时都不做让步，这种精神是可嘉的，但作为社会中人的策略选择，我们却不能不说，它会使你失去各种选择的机会，也大大缩小了你的生存空间，也就谈不上你做人的价值了。

其次，要把握让步的时机。由于让步是谈判中最重要的策略或技巧，因此，要很好地处理让步问题，明确让步的指导思想和战略目标，注重让步中的具体关系，还要知道在什么时候做大的让步，在什么时候做小的让步。在一些情况下，你可以做较大的让步，甚至看起来是很不合算的一笔交易，但是它却让你在其他方面收回了利益。

国际知名谈判专家，美国人本·洛佩兹讲述了这样一个案例，值得我们深思。专家本人在南美曾经经手这样一个案子。事主是三个兄弟，他们都是做生意的人，每天经手大量的现金。一天，大哥在上班的途中被绑匪绑架了。几个小时之后，绑匪打来电话，索要 5 万美元。另外两个兄弟凑到一起表态说："好，我们明白了，马上就给你钱。"他们说到做到。在没有任何讨价还价的基础上，很快就付了现金，这样大哥回到了家里。整个案子不到 48 小时就结束了。6 个月后，绑匪的钱花光了。于是，二哥又在开车上班的途中被绑架。这次赎金翻番，增值到 10 万美元。结果兄弟们又迅速支付了这笔赎金，二哥在两天后回到家中。他们没有意识到，在绑匪看来，他们三兄弟已经成了摇钱树。工作不到 5 天，就收获 15 万美元。老三认识到了事件的危险性，他为了避免自己被绑匪，就买了把枪以防身自卫。7 个月后，当绑匪又一次花光钱后，在老三开车上班的路上实施绑架时，三弟掏出了手枪，结果在双方交火中被杀。两位兄长悲痛欲绝，他们以非常便宜的价格转让了生意，收拾了行李，离开了这个国家。直到今日，没人知道他们的下落。

许多实例证明，让步中的大与小不是一成不变的，如果我们准备充分，能妥善处理交易中的各种关系，善于沟通，那么让步带来的只能是收益。当然，在多数情况下，商业行为中的让步是交易双方讨价还价的结果，就这一点来讲，要事先充分准备在哪些问题上与对方讨价还价，在哪些方面可以做出让步，让步的幅度是多少。

最后，让步不一定就是利益的转移，你也可以采取变通的方式。专家建议，必须以某种形式来回应对方做出的任何让步。当然这并不是说你也要给对方一样的让步，比较好的形式是答应会认真考虑他们的想法和要求。谈判专家尼伦伯格认为，创造变通的方式也是让步的最佳形式。他列举在美国的劳工谈判中，这样的变通做法十分寻常。如经年累月谈判，使得分歧与危机减至最低限度；利用小组委员会参加谈判，化解危机；一旦你感到危机出现时，马上派代表参与谈判；劳方和资方实行联合交易，各个击破。

7.3　把握成交机会

7.3.1　正确认识成交

谈判的最重要的环节之一就是把握成交机会。它就像百米冲刺一样，你可能在赛跑中一直领先但由于没掌握好冲刺技术，最后功亏一篑，冠军与你失之交臂。许多推销员常常不明白为什么自己多次做工作的客户却与别人做成了交易，那就是你缺少敏锐的洞察力，缺少判断成交迹象的经验和技巧，没有把握住成交机会。结果，虽然你成功地唤起了客户的需要，但却不能将你的产品推销出去。

在商务谈判活动中，随着双方对所商讨问题的不断深入，成交的机会会随时出现，那种认为只有商谈到最后，才是要求成交的最佳时机的想法是极端错误的，见图 7-1。

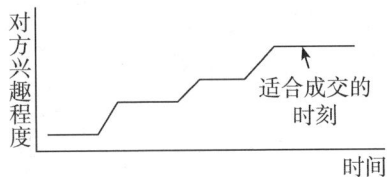

（a）错误的假设

（b）正确的假设

图7-1 适合成交的时刻

由图7-1可见，成交不是双方接触到最熟悉或融洽状态时，才提出达成合约的要求，它可能在交易中随时出现，需要你发掘和判定。

7.3.2 谙熟成交迹象

那么如何判断对方的成交迹象呢？主要有以下几个方面：

（1）对手由对一般问题的探讨延伸到对细节问题的探讨。例如，当你向他推销某种商品时，他忽然问："你们的交货期是多长时间？"这是一种有意表现出来的成交迹象，你要抓住时机明确地要求他购买。

（2）以建议的形式表示他的遗憾。当客户仔细打量、反复查看商品后，像是自言自语地说："要是再加上一个支架就好了。"这说明他对商品很中意，但却发现有不理想之处，只是枝节问题或小毛病，无碍大局。你最好马上承诺做些改进，同时要求与他成交。

（3）当对方对你介绍的商品的使用功能随声附和，甚至接过话头讲得比你还要具体时，这也是可能成交的信号。你就要鼓励他试用一下，以证明他的"伟大设想"。比如，当你介绍某一家用切削器的功能时，对方说："我以前也曾用过类似的，但功能没这么多，你这东西能打豆浆吗？要是那样，每天都可以喝新鲜豆浆，还可以节省15分钟的购买时间，不是吗？"下一步，就是你怎么接过他的话头了。

（4）当谈判小组成员由开始的紧张转向松弛，相互间会意地点头、用眼睛示意时，也是你要求成交的好时机，可以将话题向这方面引，即使是不能马上成交，也会加速成交进程。

（5）抓住一切显示成交的机会，特别是对方讲话时所发出的信号，也许他是无意识的，这样对你更有利。有一家公司和对方谈生意，当双方在砍价时，一方报出48元，对方马上叫起来："你怎么能指望我们在45元以上买你们的商品呢？"这一句话输出了两个信息：一是他们的价位是45元；二是他已准备成交了。再如，一家油漆公司与他的经销代理商谈判经销价格问题，油漆公司认为经销商要价太高，派财务经理与他压价，但对方在与他沟通时，却同时问他，这项计划什么时间开始执行？这立刻暴露出油漆公司已准备与经销商成交了，在这种情况下再指望他降价已是不可能了。

以上从几个方面阐述了谈判的基本策略。需要指出的是，仅仅知道策略还不够，策略的运用要同整个谈判的战略部署结合起来。策略的目标和策略的实施甚至要比策略本身还重要，运用策略是为了要达到谈判的目标，取得谈判成功。

策略的运用是灵活多变的，此时运用的策略，未必适合彼时，适用于卖方的策略，未必适合买方，因此，不能生搬硬套，要因时、因地、因人而异。

为了更好地发挥策略的效用，在谈判中运用策略时，要加以适当的评估，可以采取提问题的形式。例如，根据这次交易的内容及对手的特点，明确可采取什么策略，此刻是否是变换策略的最好时机，对方会对我方的策略有什么反应，是否会反击，可能采取什么方式，如果策略失效，退路是什么等，以增强策略运用的目的性、有效性。

7.3.3　注意成交过程中的问题

在这里，我们为你提供几项促进成交应该注意的问题，有助于你将谈判对手推向达成协议的一方。

（1）适时展现对"结束谈判"的积极态度，可以反复询问对方："既然我们对所有的问题都已达成共识，何不现在就签署协议呢？"就这一点来说，你仔细回想一下，当你到零售店买东西，店员是不是想尽一切办法要求你"现在买了不是更好？"立即成交对卖方来讲什么时候都不是一件坏事。

（2）在要求结束谈判时，话不宜过多，免得忽略了对方的反应。同时，话太多也会让对方觉得你紧张，情绪不稳定。

（3）设法采取不同的方式向对方渗透，达成协议是相当明智的选择，尽量将理由解释充分并"冠冕堂皇"。

（4）采取假定谈判已经顺利达成协议的方式，如果你是买方，将协议要点记下来，并询问对方支票开立的日期；如果你是卖方，询问买家货品该送往何处。

（5）与对方商量协议的具体内容，如遣词用字、送货方式，表示谈判双方在主要议题和价格上已取得共识。

（6）以行动表示达成协议。如业务人员开始动笔填写订单，卖方则给买方购货凭证，相互握手以示成交等等，行动可以具体展现你对达成协议的诚意。

（7）提供一项特别的优惠，诱使对方提早结束谈判。诸如再提供一定比例的折扣；承诺分期付款，提供设备等。

（8）以陈述故事的方式告诉对方，某人或某企业因错失达成协议的机会，以致陷入困境，进而衬托双方成交是十分值得的。

（9）强调未能立刻达成协议可能会招致的一些损失。人们多半是对能得到什么无动于衷，但却非常在意可能受到的损失。如果你是卖方，可以告诉对方，你提供的这种条件已经是公司的最大优惠，如果不马上成交，市场的变化会导致企业修改条件，不要错失良机。

（10）尽管你会遭到对方的拒绝，但不要轻言放弃。国外一位名气不小的共同基金管理员的经历是：他总是在别人拒绝他七次之后才放弃。

总之，了解策略是一回事，运用策略是另一回事，能否在谈判中发挥策略的有效作用，关键就看你如何运用。

7.4 利用直觉

7.4.1 直觉的含义

直觉是一种基本的心理功能，是那种以一种无意识的方式传达感性认识的心理功能。哲学家认为其是"本能的先天思想"。法国哲学家彭加勒认为："逻辑是证明的工具，而直觉是发现的工具。"而经济学家也看重直觉，美国著名学者，同时又是诺贝尔奖获得者，现代决策理论创始人 H.A.西蒙认为："人所把握的信息总是不完全的，但要决策，那么他依据的至少有一半得凭直觉进行判断。"美国战略管理专家罗伯特·沃特曼说："通常人们认为'信息加上机会就可以产生出经营成功的最重要的战略。但是这里还有第三个因素，那就是直觉'。"

人们很早就意识到直觉的作用。在世界三大宗教——佛教、基督教和伊斯兰教的经典中，到处都有关于直觉的预知，但早期人类关于直觉的研究很多并不科学，甚至与巫术、占卜等相关。只有到了近代，随着科学的发达，社会的进步，对直觉的研究与解释才不断引起人们的注意，并做出了令人振奋的探索。对直觉的解释最有代表性的要数"第六感"说。许多人认为，直觉的预知是人们的第六感知。我们知道，人作为生物有机体是通过五种感觉器官，如眼、耳、鼻、口和皮肤感知外界事物的。坚持这一观点的人认为，人们还有"心觉"即我们所说的直觉。这种第六感知包含的种类很多，像"直感""灵感""心灵感应""诀窍""超感觉"等形式。例如，就灵感来讲，诗人、作家、音乐家和画家等都有深刻体会，没有灵感，就会创作枯竭。但在日常生活中，普通人更多的是一种直觉的感受。例如，我们在陌生场合碰到一些人，我们可以凭直觉大体知道这个人的职业，许多细心人甚至还能判断出对方的秉性与行为习惯。一个最典型的例子是，从事反扒的老警察，凭直觉就知道该上哪辆公共汽车，并在拥挤不堪的车厢中能感觉出有没有扒手，他可能什么时候下手扒窃；银行的出纳员在点钱时，能本能地识别出假钞；石匠在凿石块时，会准确地判断哪块石头能裂开。所以，第六感官实际上是眼、耳、鼻、口和皮肤这五大感官对运动着的物体的综合感觉，再加上心理的体验。

某一资料给我们介绍了一位母亲的直觉，使她意外破获了警察都难以侦破的案子。一年冬天，在美国的费城，一户人家无端起火，大火瞬间就吞噬了家里的一切，包括她刚刚出生10天的宝宝。这事发生得真是十分蹊跷，这位母亲不过是到附近的超市买一些婴儿的尿片，结果家里就发生了火灾，当这位母亲踩着火苗冲进婴儿室时，床上却空空如也。小宝宝的尸骸遍寻不见——随之而来的人们告诉这位母亲，那团粉嫩的生命已经成了灰烬。直到6年后……

那是一个朋友的生日派对，这位母亲看到一位女孩。只第一眼，就不由得呆住了：可爱的酒窝、美丽的黑发、似曾相识的眼神。一瞬间，强烈的直觉告诉她：眼前的女孩就是自己的亲生骨肉，也就是6年前在大火中"死去"的那个孩子。

这位母亲急中生智，佯称女孩的头发上粘了口香糖，然后借给她整理头发的机会拿到了五根头发。结果DNA的试验证明，这位孩子果然是那位已"死去"的女孩。警方不得不对当年那场火灾重新调查。曾被认为是电线短路造成的火灾，却是一个精心策划的预谋，当她的孩子被偷走后，罪犯又放火烧了她的家，以销毁证据。母亲的直觉为她找回了孩子，也伸张了正义。

7.4.2 直觉在谈判中的作用

直觉在谈判中的作用主要表现在以下三个方面：

（1）直觉可以帮助我们预测某些事物或人行为的变化与可能的结果。在直觉理论中，最有影响的被称为"体验唤出"，即所谓"巅峰经验的实现"。"巅峰经验"是美国心理学家马斯洛最先提出的，也称为"默契体验"和"纯粹经验"。它指的是：当人们极度专注于某一事情时，会在极短的瞬间体会到以前从未体会的东西，会完全忘掉自我，和他所专注的事情融为一体，并以事物的化身出现。因此这时的人已完全融入事物并代表事物，所以，他很容易知道事情将怎样变化。有这样一个事例。某一天，松下公司的创始人松下幸之助到公司本部召集会议。会上，他突然问，远在另一个城市的分厂发生了什么问题？秘书说："早上刚接过各分厂的汇报，一切正常。""马上打电话去问，那里肯定有问题！"松下说。不一会，通过电话，秘书悄悄告诉松下：那个工厂的工人正在酝酿罢工，那里的经理正准备向总经理汇报。

（2）直觉可以帮助我们决策。决策在任何活动中都十分重要，尽管决策的方法很多，但直觉决策仍不失为一个有效方法。研究表明，直觉决策在以下几个方面都是不可替代的：①存在较高的不确定时；②极少有先例存在时；③变化难以科学预测时；④"事实"有限时；⑤事实不足以明确指明前进道路时；⑥分析数据用途不大时；⑦当需要从几个可行的方案中选择一个，而每一个的评价都良好时；⑧时间有限，并且存在提出正确决策的压力时。

对于谈判来讲，直觉的决策会更多。这主要是由于谈判是一种影响因素较多，最终结果不太确定的行为。例如，对谈判对手是否有成交倾向的判断，对讨价还价的程度，有经验的谈判人员在许多情况下是通过直觉来判断的。

（3）直觉可以影响我们的心理定式，从而左右谈判结果。

著名心理学家荣格对直觉有系统的研究。他认为："直觉是一种本能的领悟，而不管其内容实质。像感觉一样，它是一种非理性的感知功能。直觉的内容具有一种特定的特征，与情感与思维的内容等'派生的'或'推理的'特征形成对照。因此，直觉的认识具有一种内在的必然性与内在的明确性，这种特性使得斯宾诺莎把这种'科学的直觉'确认为最高的认识形式。同感觉一样，直觉具有这种共同的性质，它的物质基础是它的确定性的根本与源泉。同样，直觉的确定性依赖于一种明确的心理事实，不过，主体对这一事实的根源及其完备状态却完全没有意识到。"

"直觉既以主观的形式也以客观的形式出现：前者是对无意识心理事实上的一种感性认识，这些事实的根源基本上是主观的；后者却是对另一些事实的感知认识，这些事实依赖于客体的阈下感受，依赖于由此而产生的思维与情感。"由此可见，直觉作为一种特定的心理现象，不管是无意识的感性认识，还是基于事实的感知，都说明直觉会左右人的心理活动和事物认识，并形成比较定式的认知模式，常常潜意识地影响我们的分析与思考，影响基本判断和决策。例如，我们在交易时可能会突然心血来潮地答应对方增大购买数量，或做出较大的让步，因为你感觉到对方陈述的现状是真实的，问题是可信的，而你的购买可以解决他很大的困难。

本章案例

价格谈判的博弈

2019 年 11 月 28 日，中央电视台、各种纸媒和各家网络平台都发布相关信息，国家医保药品目录正式公布，有 70 个药品通过谈判，新加入医保报销的行列中来。价格平均下降 60.7%。

能获得这样好的结果，除了国家医保政策放宽，药厂愿意为中国庞大的病患市场做贡献外，国家医保局功不可没。

坊间一直流传，这次谈判不是简单的医保局和药厂之间的讨价还价，而是一次灵魂砍价。

这里，我们以达格列净片(安达唐，它是治疗 2 型糖尿病的"标杆"药，降糖效果好)为例，说明药品单价是如何从 5.62 元降到 4.36 元的。

在谈判刚开始时，医保局相关工作人员就公布报价规则："报价有两次，如果两次协商达不到医保局谈判专家的价位，就算自动出局。"

现场制药公司相关人员报完 5.62 元第一次报价后，气氛开始紧张起来。随着双方报价还价的你来我往，气氛越发紧张但有序。

药厂谈判代表喊出第一个报价 5.62 元，医保局专家不为所动。4.72 元！药厂代表再一次喊价。但医保局谈判专家还是不为所动，表示价格并不是预期的理想价位。4.62 元！药厂代表再一次报价；4.50 元，这是我们最具有诚意的报价了。但医保局专家还是希望能降低一点。对此，药厂代表又开始了紧急测算，他们在计算器上不停地按码，代表之间不停地耳语和商量，最后报出了 4.40 元的价格。

医保局专家一路将价格从"5.62 元"砍到了"4.40 元"。但是，你以为这样就完事了吗，且慢，专家最后又来了一波灵魂砍价。

"4.4 元，4 太多了。4 是中国人比较忌讳的数字，也不好听，再降 4 分钱，4.36，行不行？"药厂最终同意以全球最低价 4.36 元成交！

但即便压到全球最低，制药公司人员也十分高兴。他们表示，中国已成为世界第二大经济体，中国市场也非常重要。同时，中国政府一直不断改善投资环境，对外资企业的吸引力也越来越大。一粒药多降一分钱，背后的分量到底有多重，大家心里都明白。

在公布2019年国家医保谈判准入药品名单之前，谈判似乎是决定"一粒药片"能否以低价用到老百姓身上的"生死关卡"。

中国病患的基数大、发病率高，大部分具有高治愈率的进口药品价格昂贵。比如被称作"全球药王"的修美乐，以两周一支的用量计算，每一支的价格在7 600元以上，患者每年需花费20万元左右。经过此次谈判，修美乐也成功以低价进入医保药品准入名单当中，价格与同适应症国产药几乎相差无几。

参与谈判的浙江省医保医药服务管理负责人表示：对有的药品，我们是一分一分往下谈。一分钱，对全国来说，可能就是几十万元甚至几百万元。我们这次谈判总的方向就是尽可能减轻老百姓的负担。

这场谈判只是上百场谈判中的一场。此次共有97个全球进口药成功达成谈判协议，被纳入目录乙类药品范围。其中：70个药品价格平均降幅为60.7%；27个药品价格平均降幅为26.4%。"贵族药"变"平民价"，大多数药品以全球最低价格进入医保目录。

资料来源　凌镜.复盘最强医保谈判，"药王"降价83%，只为带量［EB/OL］.［2019-11-29］. https://www.thepaper.cn/newsDetail_forward_5095642.

思考题：纳入国家医保目录药品谈判价格的达成是基于哪些谈判策略？这种价格谈判模式可以实施在市场交易活动中的其他产品上吗？

复习思考题

1.在价格谈判中，"投石问路"策略主要表现在哪些方面？

2.买卖双方报价策略各有什么特点？

3.价格让步有哪几种模式？哪种最可取？

4.怎样在谈判中处理好"取"与"舍"的关系？

5.如何把握成交机会？

6.直觉在谈判中有怎样的价值？

自我评估测验试题七

1."投石问路"策略的实质是（　　　）

①在价格方面试探对方

②就整个交易问题试探对方

③采取各种方式试探对方

④以问话的形式试探对方

2."投石问路"策略的主要作用是（　　　）

①寻找讨价还价的借口

②了解对方对我方开价的反应

③试探对方的底细

④发现成交的机会

3.如果我方主动要求对方来华洽商，那么应（　　　）

①我方首先报价

②对方首先报价

③双方同时报价

④不专门报价

4.报价策略实施中最关键的问题是（　　　）

①报价的方式

②报价的起点

③报价的神态

④报价的先后

5.你怎样看待"抬价压价"的关系（　　　）

①以抬价方式实现压价的目的

②有抬高价就必有压低价

③抬价与压价战术相辅相成

④压价是对抬价的破解

6.你同意"抬价压价高手也是谈判高手"这一观点吗（　　　）

①同意

②有保留地同意

③不知道

④不同意

7.在价格让步的各种模式中，你最看重的是（　　　）

①实现理想的让步模式

②均等让步

③出其不意的让步

④依此递减的让步

8.在价格洽商上最好的办法是（　　　）

①就价格谈价格

②把价格条款与其他条件相结合

③采取价格分解

④报价固定

9.文件战术的作用主要是（　　　）

①掩盖真实意图

②准备充分威慑对方

③壮大己方实力

④形成戏剧表演效果

10.“最后报价”战术的效果主要是（　　　）

①促进成交

②发出最后通牒

③要挟对方

④表明己方心态

11.当你要对方让步时，采取什么方式（　　　）

①一点一点地要求

②先向对方做出让步，然后再提要求

③适可而止

④一下子全提出来

12.谈判中，你是如何让步与妥协的（　　　）

①非常缓慢

②比较缓慢

③与对方相同

④只要能达成协议能让就让

13.怎样解释“除了知道何时该抓住利益外，还要知道何时放弃利益”（　　　）

①要善于“取”，也要善于“舍”

②要做小让步换取大利益

③先根据对方让步再决定己方让步

④争得的让步再以同等形式还回去

14.你怎样理解让步要因人而异（　　　）

①让步的效果不同

②人们对让步的理解不同

③谈判人员接受让步方式不同

④不同人对让步的期望不同

15.为什么说把握成交机会很重要（　　　）

①因为每次谈判只有一次成交机会

②成交机会很难把握

③成交机会稍纵即逝

④只有把握机会才能有效成交

16.显示成交的迹象预示了（　　　）

①谈判者的下一步行动

②谈判人员心理状态

③谈判的进行状况

④会谈气氛改变

17.你要求对方成交时，最担心遇到什么状况（　　　）

①对方立即结束会谈

②对方直接的拒绝

③对方的沉默

④对方反问

18.你认为什么是直觉（　　）

①仔细思考后有了结论

②讲不出原因，但觉得可行

③突然之间有了灵感

④在别人的启发下

19.使用直觉决策时，你考虑后果了吗（　　　）

①充分考虑

②经常考虑

③偶尔考虑

④不考虑

20.你认为直觉最主要的作用是（　　）

①帮助决策

②预测未来

③影响人的心理定式

④判断科学无法分析的事物

第 8 章

破解谈判陷阱

我们系统地介绍了谈判中常用的策略和技巧，这些都是符合职业道德的。但在实际谈判活动中，一些人为了达到己方目的，常常不择手段，不顾后果，采取行贿、窃听、欺骗、恫吓等手段。对这些手段，我们也应有所认识，有所防备，以便能更有效地反击、自卫，更好地维护自己的利益。

本章介绍几种谈判中常见的不正当、不道德的手段或诡计。

8.1 识破交易中的阴谋诡计

8.1.1 欺骗

这是谈判中经常使用的一种伎俩，即一方在陈述客观情况时，故意隐瞒真实情况，编造一些虚假的事实，欺骗对方。例如，"这种产品是我们用引进国际20世纪90年代末最先进的设备生产的，质量性能是一流的"。实际上，引进的生产设备充其量是20世纪80年代的产物，是外国企业淘汰下来的设备。这就是明显的欺骗行为，是违反职业道德的。尽管其可能一时欺骗了对方，但是很难保证永远不露马脚，对方一旦发现他被欺骗，就会想尽一切办法报复，后果是消极的。

在现实中，欺骗的情形有多种：

（1）别有用心的对手常常会借与你谈判之机，诱使你披露全部或部分情报，而他却并不一定与你做交易。在许多情况下，使用这种伎俩的人是想让你抛出建议，然后再用这些建议向其他目标客户压价，从而寻找他认为最理想的客户，这在当今的贸易洽商中简直是司空见惯。对付这种欺骗手段的有效办法是想方设法澄清对方的谈判动机，除非你确信对方只与你一家进行了实质性接触，否则，不要轻易提供有价值的资料情报。

（2）谈判对方往往提供一大堆有名无实的资料，让你在其中寻找，发现星星点点的有用情报，更多的是以假象欺骗你。如提供过时的价格标准、不符合实际的数字、夸大的产品质量性能、失效的技术专利等，以引诱你洽商。

（3）谈判对方可能派遣没有实权的人与你商谈，以试探你的态度、立场，或故意透露给你错误的情报，诱骗你上当。在有些情况下，当你与对方协商，谈妥条件，准备签署协议时，对方的所谓实权人物出面，否定了你已议好的主要条款，再重新商议。由于你已经花费了许多时间精力，不愿意看到交易功亏一篑，或负有成交的使命，不能空手而归，只好妥协，以求签署协议，这种不道德的做法，也属于故意欺骗。

对付这种情况的办法是：一方面，在进入实质性条款洽商中，要认真考察对方的权限范围，你可以直接询问对方："在这个问题上，你有多大的权力范围？"如果对方回答含含糊糊，你可以要求直接与对方有决定权的人谈判。你也可以通过各种渠道，了解对方在企业中的地位、权力与责任。对方在交谈中常常含糊其词，不讲实质性的内容，要么别有用心，要么无权决定，一定要引起警觉，可采用假设条件策略刺探对方。另一方面，如果对方想在谈妥之后又反悔，绝不能轻易退让。

例如，对方在主要问题谈妥之后突然宣称，他们只将你认为是定案的协议作为进一步谈判的基础，在这种情况下，多数谈判的另一方都感到十分沮丧，不知如何是好，其基本对策是坚持对等的原则。你可以提出，如果你认为这个协议只是个草案，对双方都没有约束力，那么，我们可以再考虑一下，是否还有必要坐下来再提出各自的方案。如果他能体会出你有中止谈判的意思，也许主动权就会转移到你手中。但前提要确定他是否真想与你做交易，否则，你这样做，正好给了他寻找其他客户的借口。

（4）在个别情况下，还会出现谈判一方擅自改动协议书的内容，单方毁约的行为。因此，必须仔细审查协议书的内容，责任条款是否清楚，意思表达是否完整，措辞是否严谨，避免可能出现的漏洞与疏忽。

故意欺骗不同于没有讲出全部情况。有些时候，出于某种需要，并没有讲出全部情况或全部真相，但并没有编出虚假的情况欺骗对方。因此，一定要警惕对方在谈判中使用故意欺骗的伎俩，商谈的重要内容一定要一丝不苟，严肃认真。同时，还要学会察言观色，编假话欺骗对方常常会出现前言不搭后语甚至自相矛盾的情况，仔细观察你就会发现这些破绽。此外，每当对方向你介绍一些比较重要的情况或回答你提出的关键问题时，最好不要只听一面之词就匆忙做出决定，一定要经过调查、核实。任何商店都不会因为听说你在银行有存款，就把商品给你，即使赊销，也要通过一定方式证明你有能力支付货款和保证付款，这对于你也同样适用。寻找机会证明一卜对方说的话，就减少了上当受骗的可能。

8.1.2　威胁

威胁大概是谈判中使用得最多的伎俩。因为威胁很容易做出，它比提条件、说服要容易得多。它只要几句话，而且不需要兑现。

许多谈判人员自觉或不自觉地使用威胁手段。但是谈判专家对一些典型案例的研究表明，威胁并不能达到使用者的目的，它常常会导致反威胁，形成恶性循环，损害双方的关系，导致谈判破裂。例如，"你们如不能保证在第四季度全部交货，我们将拒绝接受你们的货物，一切损失将完全由你方承担。"这种威胁的口吻虽然比不上"你们如果不同意这个条件，我们就将退出谈判"来得直截了当，但其作用却差不多，很容易激怒对方，使被威胁的一方感到有必要进行自卫。

实际上，表达同样的意思有各种方式，如果有必要指出对方行为的后果，就指出那些你意料之外的事，陈述客观上可能发生的情况，而不提出你能控制发生的事。从这一点来讲，警告就要比威胁好得多，也不会引起反威胁。就刚才的例子来讲，如果说："从情况来看你们在第四季度供货确实存在一些困难，但如不能在年底前交货，我们部分车间就会停工待料，造成生产上的损失不说，也会给我们继续履约造成极大困难。"使用威胁的一方虽然看起来很强硬，但实际上却是虚弱的表现，因为对方一旦不惧怕威胁，他便无计可施了，也没有了退路。

威胁的副作用很大，优秀的谈判者不仅不赞成使用威胁，而且尽量避免使用威胁的字眼。研究表明，威胁常常来自那些壮志未酬、虚荣心受挫，同时存在自尊心问题的人。在谈判专家荷伯·科恩看来，凶残和威胁往往来自弱者，而体面和同情往往来自强者。

对付威胁的有效办法是无视威胁，对其不予理睬。你可以把它看成不相干的废话，或是对方感情冲动的表现。你也可以指出威胁可能产生的后果，揭示使威胁成立的虚假条件，这样，威胁就失去了应有的作用。必要时，对威胁进行反击也会效果很好。多年前，美国威斯康星州的一个参议员威廉·普鲁西米尔在华盛顿哥伦比亚特区的国会山附近晨跑时，一个歹徒冲到他面前要抢劫。这位反应机敏的参议员对歹徒说："那好，你接着威胁我好了。说实话，我真希望你这样做。我的癌症已到了晚期，正想着自杀呢。但是，要是我那样做的话，我妻子就得不到我的人身保险了。因此，如果你杀了我，你可真是帮了我们家大忙了。"结果歹徒什么也没勒索到，反倒被吓跑了。

8.1.3　强硬措施

这种伎俩的使用在国际性谈判以及西方国家的劳资谈判中较为普遍，即谈判一方声称某些条款没有任何考虑、商量的余地，他们往往是"要么干，要么算"。在有些方面，他们固执得不近情理，强硬地坚持某些要求，把它当作一种赌博，先向对方摊牌，然后迫使其让步。

一些权力欲型的谈判者，善于坚持强硬的毫不妥协的立场，经常打出这张"王牌"，声称"这个不能改，那个不能变"，竭力攫取一切。在有些情况下，他们的强硬立场可能会占上风，但从长远来讲，这是一种短视的行为。一味的强硬是极不可取的，道理就和拍皮球一样，你拍得越重，反弹得越高，无论是什么内容的谈判，没有哪个谈判对手会默默忍受对方施加的压力。谈判专家把这种伎俩的应用比喻为：两辆卡车在一条单行道上迎面高速驶来，当两车相近时，双方都可能要采取措施避免相撞。一个司机的做法是，把方向盘扔出了车外，这样，车子只能向前走。另一个司机在这种情况下，既可以向前开，使两车相撞，也可以把车子开到马路边的沟里。这说明，采取强硬措施的一方如同司机将方向盘扔出窗外一样，把自己置于毫无选择的境地，虽然强调了自己的要求，却减少了对形势的控制，而另一方增加了选择的余地。但是，无论怎样做，结果都不理想。

在谈判中使用强硬的手段，对双方来讲，都会受到不同程度的损害，要么同归于尽，要么两败俱伤。这里有一个例子对于我们有很大的启示作用。20世纪70年代中期，发生在美国西方石油公司和美孚石油公司之间的一个风波的处理很好地说明了采取强硬措施的结果是什么。

20世纪70年代中期，世界上实力最雄厚的大公司——美孚石油公司想并购美国西方石油公司。一天，美孚石油公司的董事长约翰·斯韦林根从芝加哥打来电话，希望第二天能到洛杉矶西方石油公司的办公室见到哈默。双方就西方石油公司联合开发，展开合作。

但第二天见面后，约翰·斯韦林根明确表示："哈默博士，我们来这是想买下贵公司，而且价格很优惠。"哈默的回答也直截了当："公司不卖。"

约翰·斯韦林根说："你们考虑一下吧，我现在回旅馆去，明天再给你打电话。"

哈默立即召集公司所有高级经理人员以及在家的董事开会。会上，哈默说："我们就要打一仗了。"使哈默气恼的是，约翰·斯韦林根不是在征求他的意见，而是在通知他。更霸道的行为还在后面，约翰·斯韦林根在当天下午给哈默打电话时说："根据证券交易所有关披露新闻的规定，我们已经商讨过合并的可能性。"

哈默简直不敢相信自己的耳朵，他说："我无法阻止你发布消息，但我坚决否认我们对你的建议有任何兴趣。"后来，消息公布了，哈默立即指示律师发表声明，否认对他们的建议有任何兴趣。

哈默的抨击使约翰·斯韦林根迷惑不解，他很难理解哈默为什么对大公司如此害怕，合并又有什么不好？约翰·斯韦林根公开表示：持这种态度的人是"对经济的无知"。

现在看来，这像是一场闹剧，甚至根本算不了什么。这种合并或并购几乎每天都在发生，在什么行业都会发生。但在当时确实闹得沸沸扬扬，彼此相互攻击。原因很简单，一方忽略了另一方的感情，使用强硬手段，要达到自己单方面的目的。这原本应该是两个公司要共同达到的目标，是一个双方都赢的结局，但当时的结果却是双方都输。

因此，在谈判中坚持强硬措施后果是十分消极的。事实证明，谈判中有一方墨守成规、固执己见、立场强硬，很少能达成创造性的协议。如果双方都是如此，那么，谈判将名副其实地成为一场战斗，谈判的最好结果也只是双方机械妥协的产物。

对付强硬措施的办法就是灵活。如果对方强硬，你也强硬，甚至比他更强硬，双方的僵局就不可避免。如果对方强硬，你软弱妥协，很可能你会被剥夺得一干二净。强硬的显著特征就是死抓住某一点不放，这样，要说服对方放弃强硬立场，灵活性是不可少的。有时你可以用打断对方的谈话来对付他："我想我已明白，你的意图是什么，那么，你想听听我们的意见吗？"你也可以提出一些问题，要对方解释他为什么不能改变立场。如"你可以解释你们为什么一定坚持这套设备要采取CIF价吗？"此外，开个玩笑，运用一下幽默也是一个好办法。

强硬措施同威胁不同的一点是，对于威胁你可以置之不理，但对于强硬的要求，却不能不予理会。有时这一问题不协商解决，谈判则无法进行，或不能取得实质性的进展。所以，你必须想尽一切办法把对方的不可以变成可以通融与协商，只要你灵活有方，措施得当，任何强硬的立场都是可以改变的。

8.1.4　假出价

这也是一种不道德的谈判伎俩。使用者一方利用虚假报价的手段，排除同行的竞争，以获得与对方谈判或合作的机会，可是一旦进入实质性的磋商阶段，就会改变原先的报价，提出新的苛刻要求。这时对方很可能已放弃了考虑其他谈判对手，不得已而同意他的新要求。例如，一个工程项目，当一方公开对外进行项目招标时，一些感兴趣的投标者争相投标。其中，有的投标商会以低于其他竞争者的价格投标，结果他被确定为中标者。但当他坐到谈判桌边与对方开谈后，他会千方百计地寻找种种理由与借口，说明最初的报价太低，要重新估价。等到双方就主要条款取得一致意见后，他的报价已提高了5%，对方想要反悔为时已晚，否则，先前的全部劳动就会付诸东流了。这样，假出价的一方就达到了他的目的。

假出价与抬价策略大同小异，其差别主要是：假出价的目的在于消除竞争价，排除其他竞争对手，使自己成为交易的唯一对象。也正是因为这一点，使得假出价成为一种诡计，具有欺骗的性质。如果我们不能对此有所认识，难免会吃亏上当。

如何对付对方的欺骗呢？要认识到要这种手腕的人大都是在价格上做文章，先报虚价，再一步步提升，以达到他原先预想的目标，因此，要围绕这一点采取对策：①要求对方预付大笔的定金，使他不敢轻易反悔。②如果对方提出的交易条件十分优厚，你就应考虑对方是否在使用这一伎俩，可以在几个关键问题上试探对方。③当某些迹象显示出有这种可能时，要注意随时保持两三个其他的交易对象，以便一旦出现问题，主动进退。④必要时，提出一个截止的日期。如到期尚不能与对方就主要条款达成协议，那么就应毫不犹豫地放弃谈判。⑤只要可能，最好请第三者在谈判的合同上签名作证，防止对方反悔。

8.1.5　价格诱惑

价格在谈判中十分重要。这是因为，许多谈判就是价格谈判。即使不是价格谈判，双方也要商定价格条款。它最直接地反映了谈判者双方各自的切身利益。自然，围绕价格的战术策略，常常具有冒险性和诱惑性。

价格诱惑就是卖方利用买方担心市场价格上涨的心理，诱使对方迅速签订购买协议的策略。例如，在购买设备谈判中，卖方提出明年年初，价格随市场行情大约上涨5%。如果对方打算购买这批设备，在年底前签协议，就可以以目前的价格享受优惠，合同执行可按明年算。如果此时市场价格确实浮动较大，那么，这一建议就很有吸引力。买方就有可能乘价格未变之机，匆忙与对方签约。这种做法看起来似乎是照顾了买方的利益，实际上并非如此，买方甚至会因此吃大亏。所以，价格诱惑是交易中的陷阱，其原因主要有以下几点：①在上述情况下，买方在签署合同时，往往没有对包括价格在内的各项合同条款从头到尾地进行仔细认真的谈判，实际上只是在卖方事先准备好的标准式样合同上签字，很少能做大的修改、补充。这样，买方应争取的各项优惠条件，就很难写入这种改动余地很小的合同中。②由于合同订得仓促，很多重要问题都被忽视。卖方也常常会由于事先已"照顾了买方的利益"而在谈判中坚持立场，寸利不让。买方也会为了达成协议，过于迁就对方。③谈判人员签订这种价格保值合同时，为抓住时机，常常顾不上请示其上级或公司董事会的同意而"果断"拍板，由于合同的实际执行要等到很久以后，它所包括的一切潜在问题不会立即暴露出来，但问题一旦出现，其后果已无可挽回了。

由此可见，价格诱惑的实质，就是利用买方担心市场价格上涨的心理，把谈判对手的注意力吸引到价格问题上来，使其忽略对其他重要合同条款的讨价还价，进而在这些方面争得让步与优惠。对于买方来讲，尽管避免了可能由涨价带来的损失，但可能会在其他方面付出更大的代价，牺牲更重要的实际利益。

因此，买方一定要慎重对待价格诱惑，必须坚持做到：首先，计划和具体步骤一经研究确定，就要不动摇地去执行，排除外界的各种干扰。对于所有列出的谈判要点，都要与对方认真磋商，绝不随意迁就。其次，买方要根据实际需要确定订货单，不要被卖方在价格上的诱惑所迷惑，买下一些并不需要的辅助产品和配套件。切忌在时间上受对方期限的约束而匆忙做出决定。最后，买方要反复协商，推敲各项合同条款，充分考虑各种利弊关系，签订合同之前，还要再一次确认。为确保决策正确，请示上级、召开谈判小组会议都是十分必要的。

8.1.6　百般刁难

这是在谈判中以及合同履行过程中经常出现的做法，许多人并不认为这种做法不道德。自然，买别人的东西就不能说东西好，否则就没法讲价钱了。但是如果不顾客观事实，硬是要在鸡蛋里挑骨头，就未免做得太过分了。特别是当合同执行过程中出现问题，负有责任的一方为了掩盖过错、推卸责任，往往采取百般刁难的做法，甚至不惜歪曲事实，编造假证，这就非常不道德了。这种伎俩之所以能奏效，是施计一方通过不断地纠缠，无理挑剔，故意拖延时间，把对方磨得精疲力竭，无计可施，在万般无奈的情况下，妥协让步。

谈判中的百般刁难表现为各种形式，在多数情况下，对方这样做是出于某种目的或居心叵测，对此，我们要有所防备。破解的办法主要是：①探明对方的目的。如果在索赔谈判中，一般是要推脱责任或索要高额赔款。如果在商品交易谈判中，买方对卖方的产品百般挑剔，只能是借机压价。如果在招标工程项目谈判中百般刁难，那就是承包方企图提高标价。所以，一定要针锋相对，绝不退让，必要时提出讨论问题的截止时间，绝不能让对方把问题无休止地拖下去。②揭露对方的企图，表明我方立场。③直接向对方上级申诉或运用法律上、政治上的压力。④绝不屈服于对方的压力。没有得到某个交换条件，不要轻易让步，否则，对方就会得寸进尺，更加纠缠不休。

8.1.7　车轮战术

在谈判中，一方出于某种目的，不断地更换谈判人员，借以打乱对方的部署。例如，一个公司的采购经理常常使用这种战术，他向部下指示，在谈判时，要强硬地提出要求使讨论进入低潮，当双方都精疲力竭或者形成相持不下的僵局时，这个经理就亲自出马处理这笔交易了。卖主因为不愿意失去这笔交易，就迁就买方的要求，这个经理就达到了要求低价或更多服务的目的。

当然，如果新换的对手是个新手，对你可能有利，但如果对你使用这一伎俩的一方是借此让你妥协，他就不会让没有经验的谈判人员出场，对此，一定要有所警惕。

通用电气公司（GE）的杰克·韦尔奇早在20世纪80年代中期，就想在奥地利或匈牙利建造照明企业，后来杰克找到了一个有利时机，稳稳地买下了匈牙利最大、最古老的企业之一的通斯拉姆公司的大部分权益，使GE在欧洲动力领域立了足。

当时的情况十分有趣。杰克手下的保罗带着一小队人马到了匈牙利，开始与对方谈判，对方不停地围绕股权价格等几个主要问题，进行车轮战术。到了晚间，通用电气公司的首席谈判代表保罗就从他在布达佩斯下榻的希尔顿饭店给杰克打电话，做详细汇报。第二天的谈判还是围绕着前一天的内容，但通用电气公司的谈判对手似乎了解了保罗私下里与杰克通话的内容。通用的谈判人员感到匈牙利人在监听他们的电话。于是，他们设计了一些圈套，看看第二天谈判桌上对手有没有反应。不出所料，对方的确有反应。于是，杰克与保罗就利用对方监听电话来设计谈判。

当保罗告诉杰克，对方要求他们用3亿美元购买大股东权益时，杰克告诉他："听着，明天，如果他们要你花1亿美元以上的话，我要你立刻离开谈判室。"第二天，美方发现他们的对手对价格表现得比较实际了些。一旦杰克和他的下属需要秘密联系时，就会安排一名GE主管坐火车越过边境去维也纳，或使用美国使馆的隔音电话厅。而在其他的时候，他们就用饭店的电话"玩游戏"。当然，游戏的结果是大家都没有受到伤害。

最终双方达成了交易，GE用1.5亿美元买了通斯拉姆公司51%的股权，剩余部分分5年购买。

如果对方使用车轮战术，应付的方法是：

（1）我方最好不要重复已讨论过的条款，这会使你精疲力竭，给对方乘虚而入的机会。

（2）如果新的谈判对手否认过去的协定，你要在耐心等待的同时，采用相应的策略技巧，说服他回心转意。或者，你也可以借此否认你所许过的诺言。

（3）必要时，寻找一些借口使谈判搁浅，直到原先的对手再换回来。

（4）不论对方是否更换谈判者，对此要有心理准备。

（5）在对方更换谈判对手时，如果不是处理谈判僵局的需要，很可能就是在使用车轮战术。此时，必须申明我方的立场、要求，对方至少要保证先前谈妥的一切不做改动，否则，不要轻易同意对方更换谈判人员。

（6）对于新换的谈判对手，不要急于正式谈判，先进行一些私下交往，待双方关系比较融洽、互相摸底之后再谈判。

8.2 陷害谈判对手的卑鄙伎俩

谈判者是谈判活动的主体，而且谈判的最终结果也取决于谈判人员的策略选择和战术运用。但如果谈判主体受到攻击和刺激，处于非理性状态，那么，谈判的天平就会倾斜，并很可能左右谈判结果。我们强调谈判要使用符合职业道德和标准的策略技巧，但现实中，最常见的，也可能是最奏效的却是谈判中使用的阴谋诡计的伎俩，而对谈判对手的攻击和陷害就是其中之一。

8.2.1 人身攻击

1）人身攻击的表现形式

一提到人身攻击，常常会使人想到，愤怒的一方面红耳赤，唾沫横飞，指责、谩骂另一方，有的人甚至拍桌子，高声叫喊。这种做法的目的就是企图用激烈的对抗方式向对方施加压力，迫使其屈服。因为在日常生活中，人们惯于忍耐，常常把自己的愤怒、恐惧、冷漠或者绝望等情绪深埋在心底，一旦在特殊的场合遇到这种情况，便不知所措了，妥协恐怕是他首选的出路，否则，谈判对峙或破裂就是不可避免的了。

人身攻击的另一种表现就是寻找各种讽刺挖苦的语言嘲笑对方，羞辱对方，使对方陷入尴尬难堪的境地，借以出心头之气，或激对方让步。这种伎俩有时可能达到目的，但更多的情况是把对方推到了自己的对立面，使谈判变得愈加困难。也有的时候，人们是想突出自己，强调自己的力量和能力。最著名的要数苏联领导人赫鲁晓夫在一次联合国会议上的发言，他为了强调自己，竟然用鞋子敲打会议桌。事实上，他这样做也确实达到了他想要的效果，人们对他的发言内容不一定记得了，但对于这样一件事却经久不忘。

人身攻击的第三种表现是采用或明或暗的方式，使你产生身体上和心理上的不适感，你为了消除这种不适而向对方屈服。例如，对方可能暗示你没有知识，拒绝听你说话，或故意让你重复说过的话，对方还很可能不用眼睛看你讲述一些问题。实践证明，大多数人对此感到不舒服，却又无法提出。此外，还可以故意给对方造成不舒服的环境，如过高、过矮的椅子，别扭的座位，过亮、过暗的光线，低劣的饮食，持续不间断的会谈等，都会给对方造成极不愉快的心理，许多人会因此变得蛮不讲理、沮丧甚至丧失理智。自然，妥协让步是他们为改变这种状况的最简便、最省事的办法了。

2）如何应对人身攻击

首先，要保持情绪上的镇静，保持清醒、冷静的头脑。当对方向你大喊大叫、挥拳击掌时，就是希望看到你心慌意乱、不知所措的样子。如果你能顶住压力，处变不惊，以局外人的身份观看他的"表演"，最先泄气的一定是他。相反，如果我们也意气用事，"以其人之道，还治其人之身"，则很可能会导致一场"混战"，双方的情感都会受到难以弥补的伤害，谈判也成为一场充满火药味的战斗。但如果你也是这种类型的谈判者，要控制自己很困难，那么"以暴制暴"也会有效，但副作用是不可避免的。

其次，对于一些人的讽刺挖苦，有时要表现出忍耐，采取不理会的态度。但更多时候，适时的反击会更有效。美国总统林肯在参加一次国会会议时，在换衣间里擦皮鞋，一位议员见状说："林肯先生还自己擦鞋。"语气中显然带有挖苦的含义。这时林肯反驳说："那么，议员先生，你擦谁的鞋子呢？"这种适时、适度的反击，要比不反击有效。对待比较严重的人身伤害，我们不能无动于衷，特别是在极其正式、庄重的场合，有时需要义正词严指出，必要时予以警告，要使对方认识到，他的做法对你丝毫无损，只会破坏他自己的形象。

最后，对于环境给你造成的不适，要明确地提出来，必要时，抗议或退出谈判也是一种有效的反击策略。

8.2.2　"暗盘"交易

1）"暗盘"交易的概念

许多人把谈判中的贿赂称为"暗盘"交易。贿赂历来都被人们视为可耻的，有些人甚至深恶痛绝。但是在商业活动中，贿赂存在却是不争的事实。贿赂即为了达成某种交易或创造更有利的交易条件，利用金钱、商品向他们选定的人行贿。

贿赂行为的危害性极大，它不仅腐蚀了人们的灵魂，败坏社会风气，损害了国家和企业的利益，也破坏了交易的公平、合理性。贿赂本身就意味着用不道德的手段达到不道德的目的，获取他不应该得到的东西。一些人通过行贿，获得重要的商业情报，以低价购进稀缺物资，以高价出卖滞销商品等，总而言之，试图通过贿赂解决交易中的一切问题。因此，必须坚决抵制贿赂行为。

2）"暗盘"交易产生的原因

"暗盘"交易在世界各国都是广为存在的一种现象。这种行为产生的原因是多方面的，既有文化、历史的原因，也有社会制度、企业外在环境原因，更与谈判者个人自身素养、职业道德等密切相关。

（1）"暗盘"交易与一些国家的文化传统有关。在一些国家送礼（指较为贵重，含有贿赂）并不受文化的谴责，甚至成为一种普遍的社会习俗。例如，在日本，送礼是司空见惯的社会行为，企业的高管人员之间的礼尚往来，成为一种相互之间联系的重要纽带，以至于在日本人们在意的是礼物的内容和等级不要搞错了，但人们通常对认为比较重要的客户或交易对象送贵重的礼物是合适的。在这种情况下，你很难区别这一礼节是表示个人对你的心意还是你应当在生意中关照他。在亚洲通过送礼而达到个人目的、企业目的并不是个别现象，尽管人们认为这样做不妥，但受谴责的程度和人们对此的态度与欧美有很大不同，所以，这样的做法还是有很大的市场。

（2）惩罚的制度措施。社会的正常运行，法规和制度是必不可少的，而且，对于违反规定和制度的人要有有效的惩治措施。在西方社会，市场经济的历史比较长，社会运行的方方面面是通过法规、制度来治理，人人要遵法、守法。特别是西方社会的法律体系健全，法规条例较细，这使得违规的人需要付出较大的代价，因此，这种"暗盘"交易的行为较少。但在许多不发达国家，社会制度处于转型期，甚至百废待兴，想方设法为个人或小群体牟取私利是人们快速发财致富的一个重要途径，更重要的是人们这样做付出的代价较小，甚至不受惩治，这也是"暗盘"交易屡禁不止的原因。

（3）市场经济是法治经济，也是公正经济，几百年市场经济历史所积淀的严密的法规制度使西方人很少或不去采用不公正的手段来获取个人或企业的额外利益，并将其视为不道德。此外，西方国家文明程度较高，公然做违法事情的人很少，人们也养成了一种自觉遵守纪律或制度的习惯。但在一些发展中国家，情况会有所不同。由于少数人的违规交易，特别是拥有权势的人，利用权力为自己牟得大量的利益，法规的惩治有限，道德谴责较弱，这就起了极坏的示范作用，许多人也千方百计创造机会为个人牟取私利，所以，"暗盘"交易不但难以禁止，甚至在一些地区愈演愈烈，"权钱交易"已成为一些官员腐败的特征。在这里，什么谈判策略、技巧都毫无意义。

3）怎样消除"暗盘"交易

（1）要弘扬一种文明文化，提高公民的自身修养和文化，创造一个依法治国，人人懂法讲法的大环境。

（2）要建立健全社会的各项法规制度，加大对违规人的惩治和处理，特别是加大从经济角度的处罚，提高其违规的代价。

（3）要教育谈判人员树立牢固的法治观念并制定严格的办法、措施，减少可能发生类似行为的机会，特别要加强对交易进程的监督管理。

（4）要严格选用谈判人员，实施人员轮换制度。与此同时，严格查账制度，杜绝财务漏洞。

（5）主要领导必须廉洁奉公，以身作则，并经常对有关人员进行职业道德的教育，以防患于未然。

需要指出的是，要注意区分什么是贿赂行为，不能将贿赂与礼节性馈赠相混淆。在商业交往中，互相宴请、送礼品也是常有之事，它有助于加强双方的交往，增进双方的感情，这种"润滑"也是必要的。

8.2.3　"人质"战略

1）何为"人质"战略

在商业竞争中，"人质战略"的运用也是司空见惯的，只不过有的人认为这一伎俩符合商业习惯，可以广泛使用，而有的人则认为这种做法不道德，不应采用。我们认为，超出职业道德或完全利用这一点为己方获得利益的，应该属于被谴责或限制使用的谈判战术。

商业交易中的"人质战略"不同于政治斗争中那种以扣押人质作为交换条件的做法。这里的"人质"泛指对谈判双方有某种价值的东西，包括金钱、货物、财产或个人的名誉。例如，A公司与B公司谈判，购买B公司的设备。在交易中，B公司采取的战术是："你必须从我这儿购买设备的附件和其他零配件，否则，我们无法提供这套设备的关键部分。"这就是"人质战略"的具体运用。这里的"人质"就是机器设备。B公司看准了A公司必须购买它的机器设备，就借机向对方提出进一步的要求，迫使对方接受。像这样的情况，谈判中会经常出现。

2）常见的"人质"战略类型

在商业交易中，人质战略是最经常使用的一种手段。但当这种手段的使用是合乎职业道德并主要不是以损害对方利益为己方牟利时，这种策略是允许使用并十分有效的。但如果不属于上述情况，使用者是通过自己拥有的优势或某种东西以损害对方利益为己方牟利，就超出了职业道德和规范。

在商业交易中，买方经常采用以下手段：

一是以低于赊欠额的汇票或支票作为清偿债务的全部。例如，买了500万元的货物，支付了350万元的费用。

二是先侵犯卖方的利益，然后再商谈补救措施。剽窃卖方的商业机密或专利权，待卖方发现后再想法补偿。

三是先将购进的设备安装妥当，然后要求退换设备，或先使用卖方的物品，如汽车，再以性能不好为由要求退还。

四是先将材料使用，再谈改变付款条件。由于对方的产品在你手里，主动权就掌握在你手中，因此，现在比较流行的做法是找一个有实力的中间人。

五是先向法院控告，再设法庭外调解，做出一种姿态，利用对方不愿对簿公堂的心理，先发制人。

卖方经常采用以下手段：

一是先动手修理设备，然后再议定修理费。一些城市流行的街头小贩擦皮鞋，对于这种简单劳动绝大多数人都认为不会超过5元钱，结果他们可能会索要上百元。人们被他们这种做法给套牢。

二是延期交货，使买方没有时间要求更换。这主要适用于赶工程，有紧急任务情况。但如果对方不付全款，吃亏的是卖方。

三是收取较高或较多货款，交付较差或较少的货物。这种做法于情于理都说不过去，但却屡见不鲜。

由于采取"人质"战略，许多情况下会损害对方利益，有时可能造成非常严重的后果，因此，有人称之为商业欺骗或阴谋诡计。

商务谈判的实例表明，使用"人质"战略往往能达到目的，对于很多困难、复杂的问题，能够轻易获得解决。但是，这种解决并不是靠公平合理、平等互利，而是一方通过手中的王牌压迫另一方接受不合理的条件来实现的。所以，即使达成协议，双方的关系也不会融洽，更不会保持长久的合作。在合同的履行中，被迫接受不合理协议的另一方，也会千方百计地找借口不履行合同。因此，靠"人质"战术达成谈判协议，其后果也是十分消极的。

3）如何破解"人质"战略

如果在谈判中碰到对手使用这种伎俩，我们必须予以反击。对付的方法，主要考虑到对方是利用手中的"王牌"向我们施加压力，如果我们也有张牌，就会改变我们的劣势。

（1）我们要寻找一张王牌，在必要时向对方摊牌。无数经验证明，交易中，如果你有牵制对方的筹码，他会认真考虑使用这一手段的后果。但如果不是这样，对方可能肆无忌惮。

（2）找一个仲裁者，由他提出一个较为公平合理的方案。谈交易比较保险的一个做法就是寻找中间人，这个中间人越有权威，效果越好，而且一旦出现矛盾，也比较容易协商。

（3）必要时，向对方的上级申诉。越级处理不失为一个有效办法，许多问题常常是下属搞糟了。

（4）合同签订应尽量严密，不给对方以可乘之机，在没有得到可靠的保证时，切勿预付款或付货。最重要的一点是，在买卖合约中严格规定：双方应承担的责任、违约条款、处罚措施。在必要的条件下，果断采取法律行动。其他诸如要求数目可观的预付款、寻找可靠的担保人等都是较好的办法。

8.3　冲突与谈判

有这样一句名言："在企业中，如果两个人总是意见一致，那么其中一个人肯定是不必要的。"这揭示了在实际生活中，人们的观点和行为是不同的，这种不同推动了企业和社会的进步，造就了人类的文明。但这种不同也给我们带来了烦恼，就是当分歧发展到一定的程度时，就产生了冲突。谈判行为是几方协商达成一致的过程，冲突是不可避免的。那么冲突的影响是什么，谈判中的冲突怎样解决，就成为我们要研究的一部分。

8.3.1　冲突的表现

专家将冲突定义为：人们一方感觉到另一方对自己关心的事情产生消极影响或将要产生消极影响。由于冲突是一种过程，因此，冲突并不是我们简单认为的双方产生的矛盾，它可以表现为如图8-1所示的形式。

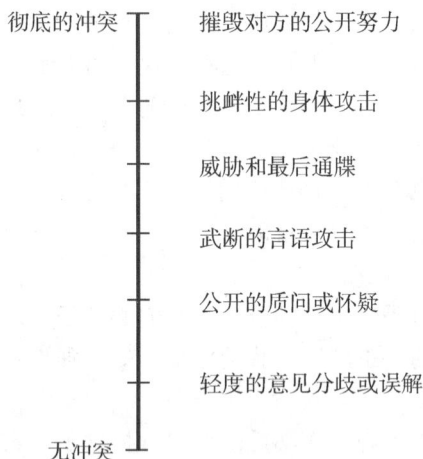

彻底的冲突　——　摧毁对方的公开努力

　　　　　——　挑衅性的身体攻击

　　　　　——　威胁和最后通牒

　　　　　——　武断的言语攻击

　　　　　——　公开的质问或怀疑

　　　　　——　轻度的意见分歧或误解

无冲突　　　——

图8-1　冲突的发展过程

由此可知，冲突并不是一种模式，它可以是上述的某种形式之一，也可能是由下而上，渐进发展，愈演愈烈。不论我们处于上述哪种状态，都是出现了冲突，当然，轻度的意见分歧或误解是比较容易解决和消除的，因此，人们也常常感觉不到这是冲突。但如果是后几种情况，往往事情比较复杂。在谈判行为中，如果当事人陷入冲突之中，很容易导致问题僵化，协议的达成也就比较困难了。所以，冲突是应该避免或消除的。当然，在比较特殊的情况下，如管理理论强调的，群体内部的适当冲突有助于激发灵感，提出考虑问题的不同思路，增加创造性等，说明冲突可能是有益的。但仅就谈判行为来讲，冲突是不当的，后果也是消极的。

8.3.2　冲突的成因

引发冲突的原因很多，主要集中在以下几方面：

1）沟通

就沟通来讲，沟通不良和沟通过度都可能引发冲突。一篇研究综述披露：沟通过少和过多，都会增加冲突的潜在可能性。当沟通达到一定程度时，效果是最佳的。另外，沟通的渠道也影响到冲突的产生。如语义理解的困难、信息交流的不充分以及通道中的"噪声"等都可能构成沟通的障碍。谈判中的沟通不同于组织中的沟通，组织中的成员利益是完全一致的，而且也有着比较系统和顺畅的沟通渠道。但在谈判活动中，情况却完全不同。首先，双方利益是不同的，尽管从大局上讲，合作对双方都会有益，但在实际问题上，可能会处处有别。所以，信息传递顺畅与信息不对称都有某种效果，这要看使用者的策略。其次，谈判中沟通的方式和渠道并不固定，也很难确定什么方式有效。如果再加上谈判者带有防备心理的"解码"，可能在正式组织中很容易传递的信息，在这里却极其困难。最后，过度沟通也会给一方带来远高于组织内部的严重危害和消极后果。现实中，这种事例屡见不鲜。

2）个人因素

谈判者的个性特点对冲突也有直接影响。我们在第3章中曾提到的"本能敌对者"，就是指一些可能与你没有过隙，但你却无法与之融洽相处的人。或者换个角度说，你是否曾经遇到过第一眼你就不喜欢的人，由此而来，他说话的声音、微笑的神态或走路的动作都令你讨厌。如果你的谈判对手是这样的人，就容易引发冲突，甚至难以消除。

此外，谈判各方之间很多冲突之所以不断升级，是基于"归因"原理，即一方对另一方进行错误的归因。比如，甲方可能会指责乙方：为什么不及时通知他们，第二批货交货期延长。这其中的原因可能是乙方忘记了，但是甲方却认为，一定是乙方故意的，这是他们惯用的伎俩。

关于人们相互关系的研究有一个结论很有借鉴意义，就是7-38-55规则。加州大学洛杉矶分校的心理学教授阿尔伯特·梅拉比在人为何喜欢或不喜欢他人的研究中发现：只有7%的信息是通过语言表达的，38%的信息是通过语调表达的，而有55%的信息是通过说话人的肢体语言和表情表达的。所以，我们在判断一个人的情绪和态度时，一定要关注语言之外的东西。越敏感的人越能体察到紧张或者不安的情绪，越能提早避免冲突的发生。

3）谈判活动的特点

谈判活动与其他活动最基本的差别就是要有两方以上的人员参与，通过协调与沟通，达成一致，并保证各方的利益。这种行为本身就可能蕴涵着冲突。人与人打交道，其影响因素是多方面的，对利益分割的看法也各不相同，我们坚持这样的观点，谈判是建立在双方分歧的基础上，如果没有分歧，就不需要协商，就不用谈判。

8.3.3　冲突的处理

1）准确地判断形势，分析冲突发展的可能倾向或走势

对冲突发展趋势的把握与分析，是解决和化解冲突的前提。在多数情况下，冲突是随着谈判进程的延伸不断升级的，许多人对冲突不敏感，或者希望借冲突来为己方牟利，这种观点我们是不赞同的。但要区分复杂谈判中多种因素导致的冲突或矛盾，并获得理想的解决结果，是需要经验和智慧的。比较著名的"伊朗人质危机"的冲突谈判就是一个比较好的事例。解救人质谈判是一种非常复杂、涉及面极广的活动，也是冲突中最高级别的类型。要准确判断劫持人质一方的心理与行为，

需要把握的时机和策略是十分重要的。

2）减轻对方的防备心理

研究表明，情绪对知觉的影响有着重要作用，消极情绪会导致过于简单地处理问题，降低了信任感，并对对方的行为做出消极的解释。相反，积极的情绪则增加了在问题的各项因素中发现潜在联系的可能性，以更开阔的眼光看待现状，所采取的办法也更具有创造性。所以，当你表现出对自己谈判对手的兴趣时，你要展示自己的热情和友好的态度，要让他们觉得你是真挚和诚实的，即使你犯了错误，你也要毫无保留地表达自己的全部歉意，要努力营造一种相互尊重和信任的气氛。这一点可以通过多种方式来实现。

（1）不要以与对方对立的立场或想法表达你的意见或观点。专家建议，在表达自己的观点时，可以略带犹豫，语气柔和。如果你过于决断，特别是你的提议可能会威胁到个人或群体的价值观，那么对方很可能会表现出拒绝妥协的强硬态度，双方之间的对抗也就在所难免了。

（2）你的言行尽量不要让对方感到烦躁不安。倘若你的知识或经验没有得到很好的体现，结果很可能就是这种局面。

（3）通过保持视线接触和记录讲话来表明你在认真听对方讲话。当你在努力领会他们内心所关切的问题、利益和需要时，你要表现得彬彬有礼。稍微的犹豫所形成的意味深长的停顿，表明你在认真考虑对方说过的每一句话，也可以吸引他们的注意力，同时形成一种悬念。

此外，在"怎样排除谈判中的障碍"一章中，如何处理谈判僵局中的解决办法也适用于冲突的解决，如更换谈判人员、寻找理想的中间人等。

《强势谈判》的作者克里斯·沃斯讲述他亲身经历的解救人质的谈判，为我们在谈判中很好地控制己方的情绪，并能牢牢地引导对方，特别是打消对方的敌对情绪起到了很好的示范作用。

2000年8月，菲律宾南部的军事组织阿布萨耶夫宣布，他们抓获了一名中央情报局（CIA）的探员。他们绑架了杰弗里·席林——一位24岁的美国人。他当时正在该组织的大本营霍洛岛附近旅游。绑匪索要的赎金是1 000万美元。

专家沃森当时是联邦调查局（FBI）精英危机谈判部门的一名特别监察员，由于他以前在纽约联合反恐小组期间有过反恐解救经验，并熟悉菲律宾，因此，被派参与指挥解救行动。他飞到了马尼拉，同菲律宾反恐官员磋商。沃森负责制定谈判战略、申请批准并执行落地。

他们的敌人是阿布·萨巴亚，他是叛军的首领，并直接负责席林赎金的谈判。萨巴亚是老资格叛军首领，十分冷血暴力，曾经犯过强奸、谋杀和斩首的罪行。他喜欢把自己的血腥行为拍摄下来并寄给媒体。萨巴亚有一个大鹰钩鼻，他经常戴着墨镜，穿着黑色T恤和迷彩裤子。他认为这样看起来更威武。他也非常擅长运用媒体，把自己的电话号码告诉菲律宾媒体。记者们用当地语言给他打电话、提问题，他却用英语回答，因为他想让全世界听到他的声音。

沃森想要知道对手的谈判底线是什么，是依据什么提出1 000万美元的赎金要求。萨巴亚认为这是经过精心计算的。美国政府曾悬赏500万美元征集1993年世贸大厦爆炸案在逃罪犯的信息。另外，阿布萨耶夫组织的另一分支，从6名西欧人质身上获得了2 000万美元。所以，他认为席林值1 000万美元。萨巴亚拒绝讨价还价。他还不定期地威胁，表示他正在折磨人质。

这期间菲律宾的反恐指挥官建议对萨巴亚采取强硬行动，但沃森建议保持对话，以便发现他敌对行动的根本原因。专家对菲律宾指挥官解释道，即便对萨巴亚这种十恶不赦的恐怖分子，也要控制住自己的情绪，建议使用沉默、重复、关注等谈判技巧，甚至对叛军的处境表示同情。通过不断努力，让萨巴亚的态度软化，并转变他的看法。最后一次通话结束后，萨巴亚的部分赔款要求不见了，绑匪也开始懈怠了，使人质从叛军手中逃脱，后被菲律宾特种部队救出。在人质逃脱两个星期之后，萨巴亚给菲律宾反恐指挥官打来电话："你获得晋升了吗？如果还没有，我觉得你应该被晋升。""为什么？"指挥官问道。萨巴亚说："我当时正打算杀了席林。我不知道你是怎么阻止我的，但无论如何，你的策略奏效了。"

本章案例

谈判中的鹰派人物——撒切尔夫人

作为世界上最有影响力的政治家之一，撒切尔夫人于2013年4月8日逝世，享年87岁。1979年5月3日，英国保守党大选获胜，撒切尔夫人出任首相，任期长达11年之久。英国人眼中撒切尔夫人的形象是分两极的，特别极端。右派的人认为她是英雄，重振了英国的经济，让英国又展现了大国形象，但在左派人士的眼中，她简直就是心狠手辣的独裁恶魔，几乎毁掉了英国的福利制度。以至于现在还有人抱怨说，就是这个人结束了英国小学生免费牛奶的供应。

1982年9月23日，撒切尔夫人访华，中英两国围绕香港前途的谈判正式开始。会谈进入正题后，撒切尔夫人按照事先设计好的方案摆出强硬姿态，打出"三个条约有效"和"维护香港繁荣稳定离不开英国"这两张牌。她明确地对邓小平说："如果中国收回香港就会给香港带来灾难性的影响，要想维持香港的繁荣就必须继续由英国来管理它。"邓小平寸步不让。会谈结束后，撒切尔夫人落寞地从门口走出，脸色凝重，当她继续往下走时，高跟鞋与石阶相绊使身体顿失平衡，倒在石阶下。一位深知铁娘子和邓小平性格的记者分析切中要害：撒切尔夫人锋芒毕露，邓小平绵里藏针。经过1年多22轮的艰苦谈判，两国终于达成协议。1984年12月18日晚8时20分，一架大型民航客机呼啸着降落在北京机场，撒切尔夫人二次访华正式签署中英香港问题的联合声明，19日下午5时30分签字仪式正式开始，当两国领导人互换声明文本时，大厅里爆发出热烈的掌声。

资深评论员何亮亮评论道：撒切尔夫人作为一个铁娘子，她第一次碰到了一个真正的对手。美国前总统里根不是对手，因为他是盟友，那些苏联领导人跟她也不是一个等级的，但是邓小平有钢铁意志，个子虽然很小，但是代表中国的文化。撒切尔夫人不论作为一个资深的政治家，还是一个优秀的谈判家，她没有碰到过跟她同一个等级的对手。虽然中国和英国的文化不同，历史也完全不同，但是强人都有强人的性格，当强人碰到强人的时候，就是精彩的对决，当然不是你死我活的对决，而是为了各自所代表的利益。撒切尔夫人最喜欢讲的就是法律和秩序，在她看来香港问题是个法律问题，但是在邓小平看来这不是一个法律问题，这是一个主权问题或者是道德问题。

资料来源　节选自凤凰卫视2012年2月4日《环球人物周刊》，谈话人物：何亮亮、陶杰。

思考题：

撒切尔夫人作为一个政治家和谈判家的区别是什么？作为一个强硬的谈判者，其所显示的心理作用是什么呢？

复习思考题

1.如何理解"威胁"所具有的正面和负面效应？

2.为什么说"价格诱惑"是谈判陷阱？

3."百般刁难"与"车轮战术"的异同点是什么？

4.谈判中的"人身攻击"有哪几种表现形式？如何应对？

5."人质战略"作为谈判陷阱与谈判手段的区别是什么？

6.在谈判中的冲突有哪些表现？如何化解？

自我评估测验试题八

1.什么是阴谋诡计的战术策略（　　）

①以不道德的手段获取利益

②以损害别人为乐趣

③陷害和攻击谈判对方

④以损害对方利益为己方获利

2.你认为谈判策略与谈判中的阴谋诡计区分的标准是（　　）

①使用的后果

②采用者的出发点

③是否符合职业道德

④是否符合谈判的原则

3.欺骗战术的危害性就在于（　　）

①使软弱可欺的人上当

②使对方相信虚假事实

③使对方落入你布置的陷阱

④使对方相信你只与他做生意

4.你是否有威胁别人的倾向 （　　）

①从来没有

②偶然如此

③有时如此

④常常如此

5.你认为威胁的效果是 （　　）

①能使对方妥协

②能有效促进谈判协议的达成

③导致反威胁，陷入恶性循环

④会损害双方的关系

6."强硬措施"的本质是 （　　）

①寻找自己可以接受的答案

②在气势上控制谈判对手

③主张缺乏灵活性

④对人对事采取强硬的态度

7.为什么说"强硬措施"是陷阱 （　　）

①损害了双方的关系与利益

②使用措施的一方十分受益

③把对方置于毫无选择的境地

④不能创造性地解决谈判问题

8."暗盘"交易危害在于 （　　）

①通过行贿获得重要的商业情报

②腐蚀人们的灵魂

③以不道德的手段达到不道德的目的

④破坏了公平交易的原则

9."百般刁难"在什么情况下成为陷阱 （　　）

①攻击谈判对手

②恶意诽谤污蔑

③制造各种谈判障碍

④颠倒黑白，歪曲事实

10."车轮战术"之所以奏效，其原因是 （　　）

①反复谈条款，让对方失去耐心

②通过一遍又一遍的谈判给对方增加压力

③用不断更换人员的手段打乱对方部署

④可以不兑现诺言

11.价格诱惑之所以是陷阱，是由于买方 （　　）

①为低价购买产品而忽视其他条款

②为协议价格而忽视了市场价格

③为排斥其他竞争者而高价购买

④先出低价然后再加价

12.假出价与抬价策略的主要区别是（　　）

①方法不同

②目的不同

③标准不同

④后果不同

13."人身攻击"不同于情绪论，是由于（　　）

①超出了道德界限

②利用人们情绪变化影响谈判结果

③使对方处于窘境而妥协

④利用对方生理缺陷制造己方优势

14.谈判中的"人质"战略，是指（　　）

①向对方谈判人员施加压力，迫使其让步

②利用一切可以牵制对方的手段，迫使其让步

③采用白脸、红脸扮演形式，迫使其让步

④感情爆发，迫使其让步

15."人质"战略的危害在于（　　）

①损害双方的利益

②达成的协议不牢固

③无法履行协议

④损害对方利益

16.冲突的本质是（　　）

①不可调和的矛盾

②谈判双方的对峙

③一方对另一方关心的事物产生的消极影响

④谈判中出现的僵局

17.在谈判中，冲突有什么样的作用（　　）

①积极与消极的作用

②积极作用

③消极作用

④没有什么影响

18.你赞同谈判中出现冲突吗（　　）

①利用冲突使对方妥协

②出现冲突会伤害谈判各方

③冲突可以使人创造性地解决问题

④绝对避免冲突

19.解决冲突问题主要应（　　）

①在思想上认识冲突

②通过让步避免冲突

③采取强硬手段消除冲突

④灵活变通化解冲突

20.你认为形成冲突的客观原因是（   ）

①双方沟通不够

②双方沟通过度

③谈判者个性特点

④谈判活动特点

第 9 章

怎样排除谈判中的障碍

谈判既是双方关系的协商，又是双方在某项合作中的利益分配，因此，不论是什么类型的谈判，总会出现影响谈判顺利进展的各种不利的情况，如果我们不能很好地掌握处理谈判障碍的各种方法和技巧，就难以达到预期的目的，更谈不上运用谈判、驾驭谈判更好地处理经济生活中的各种问题了。

9.1 打破僵局

即使最有经验的谈判者，有时也会遇到一些难以解决的问题，使谈判无法达成一致，甚至出现僵局，这无疑是谈判人员都不愿看到的。因此，在双方都有诚意的谈判中，应尽量避免出现僵局。但是，不论是和风细雨的谈判，还是激烈争辩的谈判，出现僵局几乎是不可避免的，仅从主观愿望上不愿出现谈判僵局是不够的，也是不现实的。正确认识、慎重对待这一问题，掌握处理僵局的策略技巧，可以使我们更好地争取主动，达成谈判协议。

9.1.1 谈判僵局产生的原因

谈判中的僵局是指在谈判过程中，双方因暂时不可调和的矛盾而形成的对峙。出现僵局不等于谈判破裂，但它严重影响谈判的进程，如不能很好地解决，就会导致谈判破裂。

当然，并不一定在每次谈判中都会出现僵局，但也可能一次谈判出现几次僵局。那么，在什么情况下，僵局出现的可能性更大呢？

（1）谈判的双方势均力敌，同时，双方各自的目的、利益都集中在某几个问题上。比如，一宗商品买卖交易，买卖的双方都非常关注商品价格、付款方式这两个条款，这样双方通融、协调的余地就比较小，很容易在此问题上抬价压价，互不让步，形成僵局。

（2）双方对交易内容的条款要求和想法差别较大，也容易形成僵局。例如，一桩进口机械设备买卖，卖方要价为 20 万元，而买方报价为 10 万元，卖方要一次性付款，买方则坚持两次付款。这样一来，要满足双方的要求就比较困难。通常的办法是双方各打五十大板，都做同等让步，以15万元的价格成交。如有任何一方不妥协，僵局就会形成。

（3）在谈判中，由于一方言行不慎，伤害对方的感情或使对方丢了面子，也会形成僵局，而且较难处理。一些有经验的谈判专家认为，许多谈判人员维护个人的面子甚于维护公司的利益。如果在谈判中，一方感到丢了面子，他会奋起反击，挽回面子，甚至不惜退出谈判。这时，这种人处于一种激动不安的状况，也特别固执，语言也富于攻击性，明明是一个微不足道的小问题，也毫不妥协、退让，自然双方就很难继续交谈，使谈判陷入僵局。

（4）在谈判中，以坚持立场的方式磋商问题也容易使谈判陷入僵局。一方宣称要做什么，不做什么，另一方也针锋相对，这就大大缩小了双方回旋的余地，增加了妥协的难度。

（5）与政治目的相联系的商务谈判也容易陷入僵局。进入21世纪，由于经济全球化和地缘冲突的加剧，贸易谈判更多地与政治相关联，甚至成为地缘政治的附属品，越来越难以驾驭。如乌克兰与俄罗斯的天然气谈判，一波三折，难以达成有效协议，就是产品交易谈判融入了更多的政治因素。

9.1.2 打破僵局的对策

僵局使谈判双方陷入尴尬难堪的境地，它影响谈判效率，挫伤谈判人员的自尊心，因此，应尽力避免在谈判中出现僵局。在僵局已经形成的情况下，我们应采取什么对策来缓和双方的对立情绪，使谈判出现新的转机呢？

（1）应抛弃旧的传统观念，正确认识谈判中的僵局。许多谈判人员把僵局视为失败的概念，企图竭力避免它，在这种思想指导下，不是采取积极的措施加以缓和，而是消极躲避，在谈判开始之前，就祈祷能顺利地与对方达成协议，完成交易，别出意外麻烦。特别是当他负有与对方签约的使命时，这种心情就更为迫切。这样一来，为避免出现僵局，就事事处处迁就对方，一旦陷入僵局，就会很快地失去信心和耐心，甚至怀疑起自己的判断力，对预先制订的计划也产生了动摇，还有的人后悔当初如何如何……这种思想阻碍了谈判人员更好地运用谈判策略，事事处处迁就的结果，就是达成一个对己不利的协议。

应该看到，僵局出现对双方都不利。如果能正确认识，恰当处理，会变不利为有利。我们不赞成那种把僵局视为一种策略，运用它胁迫对手妥协的办法，但也不能一味地妥协退让，这样，不但僵局避免不了，还会使自己十分被动。只要具备勇气和耐心，在保全对方面子的前提下，灵活运用各种策略、技巧，僵局就不是攻克不了的堡垒。

（2）运用有效的谈判策略。在谈判战术中，处理僵局问题，避重就轻，转移视线也不失为一个有效方法。有时谈判之所以出现僵局，是僵持在某个问题上。这时，可以把这个问题避开，磋商其他条款。例如，双方在价格条款上互不相让，僵持不下，可以把这一问题暂时抛在一边，洽谈交货日期、付款方式、运输、保险等条款。如果在这些问题的处理上，双方都比较满意，就可能坚定了解决问题的信心。如果一方特别满意，很可能对价格条款做出适当让步。

采用避重就轻的策略是需要灵活掌握的，一种办法是缩小问题的范围，把注意力集中到问题本身。在有些情况下，谈判出现僵局是因为局限在一些大方面，难以达成一致意见。但如果尝试着将问题分解，变成一些小问题，恐怕就容易解决了。把问题缩小还有一个好处就是将解决问题的着眼点放在具体方面，容易发现更好的选择。另一种办法是扩大问题的范围。这种方法在所有的解决方案单独看起来都很好，但对于一些未列入计划范围内的方面产生负面影响时使用起来比较奏效。还有一种做法是将双方的注意力集中到意见一致的领域，回顾一下已解决的问题，提醒双方都已经走了这么远了，要珍惜获得的成果，这样解决问题的动力就会增加。

（3）运用休会策略。谈判一旦出现僵局，双方情绪都比较激动、紧张，会谈一时也难以继续进行，这时，提出休会是一个较好的缓和办法。东道主可征得客人的同意，宣布休会。双方可借休会时机冷静下来，仔细考虑争议的问题，也可以召集各自谈判小组成员，集思广益，商量具体的解决办法。

（4）改变谈判环境。即使是做了很大努力，采取了许多办法、措施，谈判僵局还是难以打破，这时，可以考虑改变一下谈判环境。

谈判室是正式的工作场所，容易形成一种严肃而又紧张的气氛。当双方就某一问题发生争执，各持己见、互不相让，甚至话不投机、横眉冷对时，这种环境更容易使人产生一种压抑、沉闷的感觉。在这种情况下，一方可以建议暂时停止会谈或双方人员去游览、观光、出席宴会、观看文艺节目，也可以到游艺室、俱乐部等处娱乐、休息。这样，在轻松愉快的环境中，大家的心情自然也就放松了。更主要的是，通过游玩、休息、私下接触，双方可以进一步增进了解，消除彼此间的隔阂，增进友谊，也可以不拘形式地就僵持的问题继续交换意见，寓严肃的讨论于轻松活泼、融洽愉快的气氛之中。这时，彼此间心情愉快，人也变得慷慨大方，谈判桌上争论了几个小时无法解决的问题，在这儿也许就迎刃而解了。

（5）利用调解人。当出现了比较严重的僵持局面时，彼此间的感情可能都受到了伤害。因此，即使一方提出缓和建议，另一方在感情上也难以接受。在这种情况下，最好寻找一个双方都能够接受的中间人作为调解人或仲裁人。

在这里，仲裁人或调解人可以起到以下的作用：

①提出符合实际的解决办法。

②出面邀请对立的双方继续会谈。

③启发双方提出有创造性的建议。

④不带偏见地倾听和采纳双方的意见。

⑤综合双方观点，提出妥协的方案，促进交易达成。

调解人可以是公司内的人，也可以是公司外的人。最好的仲裁者往往是与谈判双方都没有直接关系的第三者，一般要具有丰富的社会经验、较高的社会地位、渊博的学识和公正的品格。总之，调解人的威望越高，越能获得双方的信任，越能缓和双方的矛盾，达成谅解。

（6）调整谈判人员。当谈判僵持的双方已产生对立情绪，并不可调和时，可考虑更换谈判人员，或者请地位较高的人出面，协商谈判问题。

双方谈判人员特别是主要谈判人员如果互相有成见，那么，会谈就很难继续进行下去，即使是改变谈判场所，或采取其他缓和措施，也难以从根本上解决问题。形成这种局面的主要原因是在谈判中不能很好地区别对待人与问题，由对问题的分歧发展为双方个人之间的矛盾。当然，也不能忽视不同文化背景下，人们不同的价值观念的影响。据某资料介绍：美国一家公司与日本一家公司进行一次比较重要的贸易谈判，美国派出了认为最精明的谈判小组，小组成员大都是30岁左右的年轻人，还有1名女性。但到日本后，他们却受到了冷遇，不仅总公司经理不肯出面，就连分部的负责人也不肯出面接待。在日本人看来，年轻人，尤其是女性，不适宜主持如此重要的会谈。结果，美方迫不得已撤换了这几个谈判人员，日本人才肯出面洽谈。

在有些情况下，如协议的大部分条款都已商定，却因一两个关键问题尚未解决而无法签订合同，这时，我方也可由地位较高的负责人出面谈判，表示对僵持问题的关心和重视。同时，这也是向对方施加一定的心理压力，迫使对方放弃原先较高的要求，做出妥协，以利协议的达成。

9.2　改变谈判中的劣势

谈判是一场双方实力的竞争。如果一方在谈判中处于劣势地位，那么就难以进行势均力敌的较量，至少失去了与对方抗衡的筹码，难以达成令双方都满意的协议。

9.2.1　正视谈判中的劣势

在谈判中，某一方处于劣势既可能是由于对方有优势，使己方处于劣势，也可能是由于己方自身有不利因素。主要出于以下几方面原因：

（1）对方实力雄厚，企业规模大，资金来源充足，能够从各个方面提供较优惠的条件，或者是公司经营状况良好，知名度较高。如由于苹果公司手机等电子类产品在全球具有高知名度和市场份额，与苹果公司合作的供应商在谈判中很难有议价空间。

（2）市场货源紧缺，对方具有垄断的优势。在这种情况下，卖方会利用产品在市场上占有较大比例的优势，提高产品售价，迫使买方接受不利条件。在谈判中，垄断优势有许多方面，市场份额、生产规模、交易平台甚至信息等都可以成为谈判筹码。

（3）产品具有较强的竞争力。这里指产品的性能、质量及新颖性等都比较好，也许是名优产品，这些都会成为谈判桌上讨价还价的筹码。21世纪的前10年，中国经济的强劲发展，使中国成为世界上最大的铁矿石买家，但中方与必和必拓、力拓和淡水河谷等公司的铁矿石购买协议一直无法顺利签订，就是因为购进的铁矿石价格难以协商。这成为世界级谈资——买方不能定价。原因就是这些企业抓住了中国的软肋，你们不买我们的产品，任何其他卖家都不能满足你们的大胃口。

（4）能够提供独特的技术或服务，竞争对手难以望其项背，这使得卖方能够从各方面迫使买方做出让步。如对于许多需要购买美俄先进武器、战舰或飞机的国家来说，谈判双方协商的主要内容是方案的执行，而不是购买的价格。

（5）市场供过于求，买方可以从容选择卖主，并以此要求卖主提供各种优惠条件。这是最为常见的导致一方处于谈判劣势的原因。

（6）一方急于达成协议也会使自己处于劣势。如急于推销存货，或迫切需要资金等。

此外，公司的信誉，谈判者所掌握的知识、信息，也会影响双方的地位、实力。

9.2.2　怎样改变谈判中的劣势

上述情况的出现都可能造成某方在谈判中的劣势，进而影响双方的利益分配。那么，能否改变在谈判中的不利地位，掌握谈判的主动权呢？答案是肯定的。

当然，我们这里讲的劣势，是指在某一方面或某一条件下的劣势，并非是双方实力相差极为悬殊的优劣对比。如果所有的优势都掌握在对方手中，那就别指望靠谈判技巧来取得平等的利益。这就如同一位顾客要到商店去买价格上万元的珠宝，而他兜里只有100元的货币一样，是不可能实现的。在任何谈判中都存在着难以改变的事实。我们这里讲的是在可能的条件下怎样改变在谈判中的劣势地位。

1）维护自己利益，提出最佳方案

谈判处于劣势，最常见的一种情况是担心不能成交，过于迁就对方，从而达成了一个自己不满意的协议。为了避免出现这种情况，许多谈判人员习惯于事先制定一个所能接受的最低限度标准，也就是最坏的结果。一般来讲，如果买东西，最低限度就是所能出的最高价格；如果卖东西，最低限度就是你所能接受的最低价格。

运用这种方法对于改变劣势地位有一定作用，它可以使你保持比较清醒的头脑，当出现较大压力或诱惑时，能够随时考虑原先规定的标准，绝不轻易动摇或妥协。

使用最低限度标准也有不利的一面，从某种意义上说，它限制了谈判策略与技巧的灵活运用。这是因为最低限度是不能轻易变更的要求，只有你下定决心，坚持规定的标准，才会避免屈服于对方的压力。

最低限度也限制了人们的想象力，不能启发谈判人员去思考，提出特别变通的解决办法。例如，引进某种机器设备，你可能预先定出不能以高于10万元的价格买进，但是，在谈判中可能有许多新情况出现，促使你考虑一些其他的变通办法。

你可能发现对方在维修、服务、运输、付款等方面能提供较优惠的条件，这样，就使你能从其他方面得到补偿。在价格上让步，整体利益并没有受到损失，这也是值得考虑的方案。如果事先预定的标准过高或过低，也会造成不良的后果。

由此可见，应用最低限度标准并不是一个万全之策，它可以使你避免接受一个不利的协议，也可以使你无法提出和接受有利的方案。

我们认为，要避免谈判中处于劣势地位可能带来的不利后果，比较好的方法是根据实际情况，提出多种选择方案，从中确定一个最佳方案，作为达成协议的标准。在这些方案中至少要包括：对谈判结果的设想，对方根据什么向我方提出条件？不利于我方的因素有哪些？怎样克服？在什么样的情况下中断谈判？我们所能达到的目的是什么？在哪些方面进行最佳选择等。

在谈判中，对讨论的协议有多种应对方案，就会大大增强你的实力，使你有选择进退的余地。有时，能否在谈判中达成协议，取决于你所提出的最佳选择的吸引力，你的最佳选择越可行，越切合实际，你改变谈判结果的可能性就越大。因为你充分了解和掌握达成协议与不达成协议的各种利弊关系，进而就比较好地掌握了谈判的主动权，掌握了维护自己利益的方法，就会迫使对方在你所希望的基础上谈判。

2）尽量利用自己的优势

谈判对方有优势，并不是说在所有的方面都有优势，因为所有的优势都掌握在对方手中，仅靠谈判技巧要达成一个双方都满意的协议恐怕是不可能的。当谈判双方实力相差较大，我方处于劣势时，在谈判之前的准备工作中，就应包括对双方优劣势的分析，摆出对方的优势，再看看我方的优势是什么，如何利用我方的优势。这样，你就能够对双方的实力进行比较，以及对由此产生的问题心中有数。例如，我方要购买一批产品，谈判的对手是实力雄厚的大公司，产品很有竞争力，生产批量大、周期短、交货迅速，这些都是它的优势。但是，它急于出售产品以加速资金周转，这就是它的短处，也恰恰是我方的优势。

在谈判中双方的优势、劣势并不是绝对的。在谈判初期，就双方的实力对比来看，你可能处于劣势。但是，随着多种方案的提出，增加了你的实力，也增加了你的优势。

有时，你的优势可能被掩盖了，表现不明显，也可能对方没有认识到你的优势的重要意义。因此，在谈判中如何利用自己的优势，发挥自己的长处，攻击对方的短处、薄弱环节，也是谈判人员应掌握的策略技巧之一。著名谈判专家尼伦伯格为我们介绍了一个他亲身经历的例子。他受聘于人帮助解决一桩关于房产纠纷的案子。他的委托人租了一个办公间，还有两年合同到期，但出租方要将此楼拆掉，另建新的大厦，这样，原有房客都要搬迁，由出租方负责搬迁和违约的费用，但双方在支付多少费用上交涉起来。

房东第一次见尼伦伯格先生是自己亲自来的，这在专家看来是失策的，这使他无形中将自己置于被动的地位，但房东如果委派律师来就不会形成这样的局面。因为律师不能马上谈到价格问题，而房东首先需要了解租房者的打算。结果，房东一见面就问尼伦伯格："你要多少？""很抱歉，你虽是买方，但我不卖。"这是尼伦伯格的回答，一下子就把球踢到对方，并强化了租房者的优势——因为我想继续租下去。

协商中，房东不停地加价，但尼伦伯格就是不松口，房东无奈，采取拖延的战术，而这恰恰是租房者希望的。最后，房东又请来律师与尼伦伯格交涉，将房屋的搬迁费涨到5万美元时，尼伦伯格提出了他的开价——12.5万美元，这是他经过精心计算的结果。等到律师将付款的支票交到尼伦伯格手里时，律师告诉他，如果再多要5美元，就会有一台推土机将那栋房子撞倒，而且房东会宣称那是无意的，这样尼伦伯格和他的客户就什么也得不到。在尼伦伯格看来，这样告诉对手结果也是不明智的。但实际上，尼伦伯格得到了最大限度的赔偿，这是源于他对谈判对手的深入分析并最大限度地利用了自己的优势。

总之，要改变谈判中的劣势，在坚持上述原则的基础上所应采取的具体步骤有以下三点：

（1）制定达成协议所必需的措施。如果双方不能达成协议，是否还存在着与其他公司洽谈的可能？如果按照对方的条件，是自己生产合算，还是购买合算？

（2）改进自己的最佳设想，把这些变为实际的选择。如果认为与对方谈判达成协议比不达成协议要有利，就应努力地把这种可能变为现实，最主要的是在谈判中不断充实、修改自己的最佳方案、计划，使之更加切合实际。

（3）在确定最佳方案的同时，也应明确达不成协议所应采取的行动。

3）要掌握更多的信息情报

不可否认，企业具有一定规模，产品有一定的知名度，确实是企业本身具有的优势。但如果我方不具备这方面的优势，而对方又恰恰有这样的优势，做改变的办法之一，就是广泛收集信息、情报，了解更多的内幕，可以有效地避免谈判中的被动局面，并发现更多的机会。比如，交易双方就价格问题反复磋商，对方倚仗商品质量一流，不提供优惠价。但购买一方的企业如果掌握了市场行情、变化的走向趋势，如产品价格可能下降，或有更新的产品出现，那么，就可以据此向卖方企业施加压力，利用卖方急于出售产品的心理，掌握谈判的主动权。

有这样一个事例：英国一家颇有实力的公司希望在东南亚寻找一个代理商，准备全权委托代理商处理这一地区的业务。他们找到华裔商人张先生，希望与他谈成此事。为有实力的厂商作代理人，这对许多商人来说是求之不得的事，但张先生却没有轻易应允，而是进行了认真详细的调查，了解到英方在向张先生发出邀请之前，已经对所有可能的候选人做了充分的调查分析，结果认为张先生本人及他所领导的公司最为理想，从而排除了其他候选人。据此，张先生认为：第一，英方十分具有诚意与我洽商代理一事；第二，自己是唯一理想的候选人；第三，英方公司资信、实力均属一流。由此，他确立了有理、有利、有节的谈判对策，使双方都满意地达成了代理协议。

4）要有耐心

耐心就是力量，耐心就是实力。如果你不具有其他方面的优势，那么，一定要有耐心或寻找没有耐心的对手。这样，你也有了防卫的筹码，在必要时，打乱对方的部署，争取胜利。

持续20年的越美之战，使越南人耗尽了一切，资源设备均遭严重破坏，民不聊生，越南人确实想尽快结束战争。但在怎样结束的问题上，他们却使实力雄厚的美国人着实吃了一惊。越南政府放出信息："我们要把这场战争打627年，如果我们再打128年的话，那有什么要紧呢？打20年战争对我们来说只是一场快速战。"真是出语惊人，一场20年的快速战。

越南人之所以这样，就是利用美国国内大选，竞选人急于想结束旷日持久的战争，以换取美国民众拥护的心理。越南人这种无所谓、不在意的态度，越发使美国人着急，本来主动权在美国，但却变得十分被动，费了九牛二虎之力才使越南人坐到谈判桌上来。

在巴黎和谈时，以黎德寿为首的越南代表团没有住旅馆，而是租用了一栋别墅，租期是两年半。而以哈里曼为首的美国代表团则是按天交付旅馆的房费，他们只准备了几个星期的时间，甚至随时准备结束谈判，打道回府。结果怎样呢？越南在最不利的条件下，取得了最理想的谈判结果，这就是耐心的力量。

在实际谈判中，无数事例证明，如果你感到你的优势都不明显或局势对你不利的话，千万别忘记了运用耐心。

9.3　学会处理反对意见

任何一项谈判协议的达成都不是一帆风顺的，要克服重重困难。每一条款的提出，都会遭到这样或那样的反对意见，经过不断的磋商才确定下来，因此，学会处理各种反对意见的方法与技巧，也是克服谈判障碍的一个重要内容。

一般来讲，每一笔交易都是妥协让步的产物，交易条件也都有好与不好两个方面，对于当事人双方总是既有利又有弊。所以，任何一项建议，不论其条件多么优越，总会遇到这样或那样的不同意见，以至于现在人们已经形成一种观念，不经过反对的提议，不是不成熟、不适用，就是根本没有考虑的余地。有些时候，由于我们不能正确对待、处理各种不同的反对意见，而失去了达成交易的机会。

要学会处理不同的反对意见，我们必须清楚地了解谈判中可能出现哪些类型的反对意见。

9.3.1　不同类型的反对意见

1）一般性的不同意见

这是谈判中最常见的反对意见。每当一项提议拿到谈判桌上来，另一方就可能会提出不同意见或疑问。有些是由于提议带有明显的偏颇性，但即使是对双方都有利的提议，也会遭到反对。这是由于提出的问题越多，越能引发逆反心理。所以，有时会出现一方把提议的好处介绍得越多，越容易引起对方的疑心，遭到对方反对的情况。

2）偏见与成见

这是带有较强感情色彩的主观性反对意见，也是最难处理的反对意见。对方可能出于先入为主的印象，片面强调某一点。如购进机器设备，必须包括零配件；产品包装，只能统一规格；交易一定是强者胜、弱者败；通过中间商做生意不好等。那么，你摆事实、讲道理则很难改变他的看法，因为对方的看法带有一定的感情成分，有些则是由于不同文化背景形成的根深蒂固的观念。要在不影响磋商合同条款的前提下，尽可能避免讨论由偏见引起的分歧。

3）借口

借口不是真正的反对意见。它是对方出于某种原因不想说明，但又拒绝对方要求的理由。在有些情况下，对方代表受有限权力的约束，可能对商品价格、购买数量或支付能力不能做最后决策，但又不便公开申明，便寻找种种借口。这时，我方不必过多地周旋这一问题，因为即使你消除了这些借口，对方也不会与你达成最终协议，弄不好反倒使他感到有必要对他的借口进行辩护，使借口转化为真正的反对意见。比较好的处理方法是采取回避的方式，可装作没听见，也可建议对方回头再讨论，随着业务洽谈的进展，对方很可能就不再坚持了。

4）了解情况的要求

提出这种反对意见的目的是要了解更多的详细情况，一般是以问话的形式提出的，如"这种材料的质量为什么比价格贵的还好呢？""我们不能同意你们更换这部分材料的做法，除非你们能做出恰当的解释"。这类反对意见是建立在对方诚意或善意的基础上，比较容易处理。反驳这种意见一定要举出令人信服的、以事实为根据的证据，表达也应委婉客气，要让对方明白我方不同意的理由。有时对方的要求不太高，但却需要我方付出很大代价，这样，对方也不会过于坚持自己的意见。

5）自我表现式的不同意见

谈判一方为表明自己掌握某些情况，或说明他有独立见解，不易被对方说服，喜欢找机会表达他自己的某些看法，提出不同意见，并列举他认为是正确的、有说服力的事例。遇到这种情况，我方最好不要急于驳斥，要让对方把意见讲完，必要时也应予以肯定，并注意一定不能伤其自尊心，但也不能因怕失去交易而盲目迎合，可以用事实去说服，间接指出或暗示他讲得不正确、不全面。

6）恶意的反对意见

提出这种反对意见的目的是给对方出难题，有意搅乱视听，甚至对个人进行人身攻击。处理这类反对意见，一定要冷静、清醒，不要鲁莽行事、大动肝火，可以假装没听见，也可以义正词严地指出其错误，也可以根据当时具体情况，采取积极灵活的各种方法消除对方的火气。这样，恶意的攻击会变成一般的意见，事情就简单化了。

9.3.2 处理反对意见的技巧

（1）当对方提出反对意见时，要辨析他提出的反对意见属于哪一种形式。如果是从偏见或成见出发，就不要急于去驳斥，要尽量寻找其偏见形成的根源，然后，以此为突破口，证明他的见解不符合客观实际。如果对方只是一般性地反对你的提议，或者在找借口，那么，你不必过于认真，只要恰如其分地解释说明就可以了。

区别对方反对意见最简单的办法就是提问，"你这样讲的根据是什么呢？""为什么会这样想呢？"对方提出反对意见的理由越不充分，他就会觉得你的问题越难以回答，你从他的讲话里了解的情况越多，你就越可能发现他提出意见的真正目的，并及早对症下药，予以消除。

（2）回答对方反对意见的时机也很重要。这不仅有利于避免矛盾冲突，还会增加说服效果。当你观察到对方在仔细审议某一项条款，可能提出某种意见时，可以抢先把问题指出来。这样，你可以争取主动，先发制人，避免由于纠正对方看法时可能发生的争论，并引导对方按你的想法、思路去理解问题。有时对方提出的问题有一定难度，或是当场回答不合适，你可以把问题岔开，当你准备好了，或是感到时机成熟时，再予以回答，否则，匆忙反驳对方的意见，会给对方造就再提出意见的机会。此外，还有些意见会随着业务洽谈的进展逐渐消失，你可以不必回答。

（3）保持冷静、清醒的头脑，以谨慎、平和的态度回答对方的反对意见，是十分必要的。如果你带着愤怒的口吻回答对方的问题，对方会认为你讨厌他的意见，对他有看法，这样，要想说服他也就更困难了，甚至还会遭到对方更强烈的反对。所以，态度平和、友好，措辞得当是十分必要的。有时，运用幽默也具有很好的效果。美国前总统林肯在1843年与卡特莱特共同竞选伊利诺伊州议员，两个人因此成了冤家。一次，他们碰巧一同到当地教堂做礼拜。卡特莱特是一名牧师，他一上台，就利用布道的机会转弯抹角地攻击林肯，最后他说："女士们，先生们，凡愿意去天堂的人，请你们站起来。"全场都站起来，只有林肯仍坐着。牧师又说："凡不愿去地狱的人，请你们站起来。"人们又都站起来，林肯仍坐着。牧师以为奚落林肯的机会来了，他大声问："林肯先生，那么你打算去哪呢？"林肯不慌不忙地说："卡特莱特先生，我打算去国会。"全场的人都笑了，牧师反被窘住了。

（4）回答对方的问题，要简明扼要，不要离题太远。如果你回答得长篇大论、啰啰唆唆，很可能会引起对方的反感，也使对方有进一步反驳的口实。一般来讲，你只要回答对方提出疑问的疑点就可以了，必要时，再加以适当的解释和说明。例如，对方问："你们的交货时间难道不能提前一点吗？"你可以说："前面我们在讨论产品的规格、质量时已经讲了产品的生产周期问题，这里我们是根据这一点来推算的交货期限，恐怕不能提前了。"这就避免重复双方已经明确了的内容。

（5）间接地反驳对方的意见是一种较好的处理方法。有时直截了当地驳斥对方，容易伤害对方，使他丢面子，所以间接地反驳、提示、暗示都比较好。在任何情况下，避免正面冲突，采取迂回前进的办法都是可取的。

在绳鹏主编的《销售行为学》一书中，讲述了一个销售代理的故事，很能说明这一点。苏姬是德国商用软件供应商SAP公司在美国的销售代表之一，2000年，她的销售业绩是定额的400%，为德国公司带来了4 000万美元的收入。她的业绩在300位美国同事中位居第二，她的良好业绩归功于她的"坚持"以及她对"否定"的灵活处理。

苏姬经常采用的方式是直接同企业负责该方面的领导联系，但并不是电话一打，对方就能接受你的游说，在经济不景气的时候尤其如此。在和半导体制造商AMD公司打交道的1个多月的时间里，AMD的首席信息官弗雷德·马普没有回过她一次电话。马普是SAP强劲的竞争对手——甲骨文公司的一贯支持者，他不考虑别的公司的产品。然而，苏姬却不放弃。她不停地打电话，不仅打给马普，还打给直接向马普汇报的下属。一直打到马普的下属明确告诉她，"别再给马普打电话"。随后，苏姬换了一种方式，AMD的德国分部曾向SAP采购过产品，苏姬便和德国负责这单子的销售代表电话联系，请后者帮助，找到了德国AMD的联系人，请他出差去美国时与苏姬见面。会面促成了苏姬与马普手下一位IT经理的面谈，这位经理随后又向马普引荐了苏姬。苏姬认真聆听了马普对新软件的要求并表示理解，她的这些行为让马普对她有了好感。马普也告诉苏姬对她的感受。马普欣赏苏姬的热情与执着，愿意听取客户的意见并及时补救出现的问题。最终，马普放弃了甲骨文公司的产品，而苏姬与马普的交易超过了2 000万美元。马普现在说：他愿意为苏姬做任何事情。

9.4 控制谈判气氛

任何谈判都是在一定的气氛中进行的。谈判气氛的发展变化直接影响着整个谈判的前途，谁能够控制谈判气氛，谁就能在谈判中占据主动。

谈判气氛伴随着谈判的始终。在谈判的不同发展阶段上，谈判气氛是温和、友好，还是紧张、强硬？是沉闷、冗长，还是活跃、顺畅？这都会影响谈判双方人员的情绪，甚至改变双方在谈判中的地位。所以，良好的谈判气氛是使谈判顺利进行的保障。

一些西方谈判专家把谈判气氛分为以下四种类型：①洽谈气氛是冷淡、对立、紧张的。在这种气氛中，谈判双方人员的关系并不融洽、亲密，互相表现出的不是信任、合作，而是较多的猜疑与对立。②洽谈气氛是松松垮垮、慢慢腾腾、旷日持久的，谈判人员在谈判中表现出漫不经心、东张西望、私下交谈、打瞌睡、吃东西等。这种谈判进展缓慢，效率低下，谈判也常常因故中断。③洽谈气氛是热烈、积极、友好的，谈判双方互相信任、谅解、精诚合作，谈判人员心情愉快，关系融洽，会谈有效率、有成果。④洽谈气氛是平静、严肃、谨慎、认真的。对意义重大、内容重要的谈判，双方态度都极其认真、严肃，有时甚至拘谨。每一方讲话、表态都思考再三，决不盲从，会谈有秩序、有效率。

显然，上述第三种会谈气氛是最有益，也是最为大家所欢迎的。怎样才能创造一个热烈、轻松、和谐的谈判气氛，并利用谈判气氛有效地促进会谈呢？我们认为主要有以下三个方面：

9.4.1　积极主动地创造和谐的谈判气氛

谈判气氛在双方开始会谈的一瞬间就形成了，并影响以后会谈气氛的发展。因此，在谈判初始阶段形成的气氛十分重要，双方都应重视，力图有一个良好的开端。

会谈伊始，双方见面，彼此寒暄，互相正式介绍，然后大家围坐在谈判桌前开始洽谈。这时的会谈气氛还是客气的、友好的，彼此可能聊一些谈判以外的话题，借以使气氛更加活跃、轻松，消除互相间的生疏感、拘束感，为正式谈判打下基础。在这一期间能否争取主动，赢得对方对你的好感，很大程度上取决于对方对你的"第一印象"。第一印象在人们的相互交往中十分重要，如果对方在与你初次交往中，对你的言行举止、风度、气质反映良好，就会对你产生好感、信任，并愿意继续保持交往；反之，就会疏远你，而且这种印象一旦形成，就很难改变。因此，要创造相互信任的谈判气氛就要争取给对方留下良好的第一印象。

创造和谐、融洽的谈判气氛，开局阶段是重要的。这就是双方都重视"开场白"的原因。美国前总统尼克松在他的回忆录中，对1972年访问中国时，与周恩来总理的初次会面有深刻的描述，并把这次会面与同江青的会面做了比较。周总理与他见面时的第一句话是："您从大洋彼岸伸出手来和我握手。我们已经25年没有联系了。"而江青见到尼克松的第一句话就是："你为什么从前不来中国？"同样是短暂的见面语，周恩来的机智、高雅、诚挚、友好与江青的愚蠢、盛气凌人和缺乏幽默感形成鲜明的对照，给人留下的印象也就不同了。但是，并不是说有良好的开端，就一劳永逸，会谈气氛就永远是融洽、和谐的。随着谈判的不断深入发展，分歧也会随之出现，如果不注意维护，不采取积极的措施，会谈气氛也会发生变化，良好的会谈气氛也会转向其反面，形成剑拔弩张、唇枪舌剑的紧张对立气氛，这无疑会阻碍谈判的进行。因此，还应随着谈判的深入发展，密切注意会谈的气氛，有意识地约束和控制谈判人员的言行，使每个人自觉地维护谈判气氛，积极促进谈判。

当然，维护和谐的谈判气氛，并不是要我方一味迁就、忍让、迎合、讨好对方，这样，只会助长对方的无理要求，破坏谈判气氛。和谐的谈判气氛是建立在互相尊重、互相信任、互相谅解的基础上的，我方在谈判中应本着"有理、有利、有节"的原则，该坚持的一定要坚持，该争取的一定要争取，该让步时也要让步，只有这样，才能赢得对方的理解、尊重和信任。如果对方是见利忘义之徒，毫无谈判诚意，只想趁机钻空子，那么，就必须揭露其诡计，并考虑必要时退出谈判。

9.4.2　随着谈判的进展调节不同的谈判气氛

　　会谈一般应在紧张、严肃、热烈、和谐的气氛中进行。但是，在实际谈判活动中，谈判气氛并不能完全遂人愿地变化。这是由于：①人是生命的有机体，要受其生理机能的制约，长时间的紧张严肃，会使人丧失承受能力，不利于会谈的进行。②谈判的结果随机性特别大，当双方关系融洽时，会谈气氛既热烈又和谐；当双方关系僵化时，会谈气氛就紧张。这种情况如果持续下去，会严重影响会谈的进行，应想法调节会谈气氛，利用幽默是最好的形式。例如，美国总统里根到加拿大访问时，双方的会谈时常受到屋外反美抗议示威的干扰。加拿大总理特鲁多感到十分尴尬和不安。此时，里根却幽默地说："这种情况在美国时有发生，我想这些人一定是特意从美国来到贵国的，他们想使我有一种宾至如归的感觉。"几句话使得在场的人都轻松下来。应该说里根总统深受美国人民的爱戴，与他"自我贬损式"的幽默是分不开的。研究美国大选的专家认为美国人认同普通人，那些谦虚、优雅而且愿意贬低自己的人在人际交往中尤其受欢迎。里根总统身边的人在回忆总统时印象深刻的内容之一就是他年龄偏大，经常遭人挖苦。对于这一点他从来不回避。一次在一个医疗会议上发表演讲时，他对与会者说："要是我需要做一次移植手术，那么我肯定会碰到一大难题：我所需要的器官他们不再生产了。"结果受到与会者的热烈欢迎。这样做的效果：一是它可以使演讲者富有人情味，使听众们认同他，形成一种与之融为一体的感觉；二是它还可以让听众感到自己更有尊严、更有价值；三是它可以使人们换个角度来看问题，赋予一个普通事件以新的含义。

　　幽默对缓和谈判双方的僵局也十分有效。在卡普尔任美国电话电报公司负责人的初期，在一次董事会议上，众人对他的领导方式提出许多批评和责问，会议充满了紧张的气氛，人们似乎都无法控制自己的激动情绪。有位女董事质问："过去的一年中，公司用于福利方面的钱有多少？"她认为应该多花些。当她听说有几百万美元时，说："我真要晕倒了！"卡普尔诙谐地回答："我看那样倒好！"会场上爆发一阵难得的笑声，气氛也随之缓和下来。

9.4.3　利用谈判气氛调节谈判人员的情绪

　　气氛是在谈判双方人员相互接触中形成的，又对谈判人员的情绪影响甚大。在紧张、严肃的谈判气氛中，有的人冷静、沉着；有的人拘谨、恐慌；有的人振奋、激昂；有的人则沮丧、消沉。为什么人们会产生各种各样的情绪体验呢？根据心理学所阐述的理论，这是人的大脑对外界刺激信号的接收和反应不同造成的。

　　随着正式谈判的开始，谈判人员大脑的运动加快了。大脑的运动轨迹有两条：首先，是对外部刺激信号的接收，如谈判各方人员进入会谈室的方式、姿态、动作、表情、目光、谈吐的声调变化等都对人的大脑产生影响；其次，是大脑对这些信号的反应，反应的方式取决于信号的强弱。有的人会积极反应，有的人会消极反应。如内容重要或分歧较大的谈判，会谈气氛是紧张严肃的。积极反应者则情绪振奋，对谈判充满信心；消极反应者情绪沮丧，信心不足，疑虑重重。这会直接影响双方在谈判中应采取的行动。

人的情绪的形成及变化受环境的影响极大。心理学家实验证明，如果把一个人关进一个与外界隔绝、听不到任何声音的屋子里，那么，用不了多久，他就会情绪烦躁，难受至极，甚至有发病的感觉。人的情绪，如喜、怒、哀、乐，都是随外界条件变化产生的种种心理感受。在谈判过程中，双方人员的心理压力较大，如果会谈的气氛过于紧张、严肃，就会使一些人难以承受。如有的谈判人员会歇斯底里地情绪爆发，就是承受不了心理压力的表现。因此，谈判人员应考虑谈判气氛不能过于严肃、紧张，至少不能长时间如此。注意随时采用各种灵活的形式调整会谈的气氛，如休会，查询有关资料，插入一些轻松愉快的话题，提供水果、饮料、点心，改变谈判座位等。

相反，如果谈判气氛松松垮垮，慢慢腾腾，谈判人员的情绪也振奋不起来，会出现漫不经心、沮丧消极、无所谓等现象。这会严重影响谈判效率，当然也是应当避免的。

由于情绪具有感染性，因此，在某种气氛下，某个人的情绪表现也会影响其他人，这个人越有威望、越有地位，影响力也就越大。在谈判活动中，如果谈判小组负责人在困难面前沉着坚定，充满必胜的信心，也会给其成员带来极大的鼓舞；反之，他若表现出惊慌失措，就容易使其成员动摇、颓丧，乃至丧失信心。

本章案例

菲亚特与克莱斯勒的并购谈判

1）背景简介

菲亚特汽车公司始建于 1899 年，是世界十大汽车公司之一，创始人是意大利人乔瓦尼·阿涅利。它是世界上第一个生产微型车的汽车生产厂家。如今菲亚特集团也是世界上最主要的工业集团，除主营汽车外，集团还经营商用车辆、农用机械和建筑机械、冶金、零部件、生产系统、航空、出版通信、保险和相关服务，共涉及十大领域。其轿车主要有菲亚特、法拉利、阿尔法和蓝旗亚品牌，工程车辆有依维柯。

2009 年年初，由于金融危机的影响，美国的克莱斯勒汽车公司每天的损失高达 1 亿美元，负债已经超过 100 亿美元。因此，克莱斯勒在全球寻找合作伙伴，菲亚特成为理想合作者，建立全球汽车联盟有助于企业应对危机。但由于美国汽车工人联合会和部分债权人的谈判始终有分歧，没能建立汽车联盟。

若克莱斯勒重组失败，不仅意味着 3.85 万名工人将因此失业，更重要的是，这个结果对同样通过破产保护寻求生路的通用汽车极为不利，后者体量是克莱斯勒的数倍，已经千疮百孔的美国经济将难以承担这两大汽车巨头的坍塌。因此，奥巴马政府仍顶住各方压力，敦促美国最高法院放行克莱斯勒与菲亚特的交易案，并警告阻止交易会带来严重的后果，会危及美国和加拿大的经济。这也是克莱斯勒与菲亚特快速完成合并的主要推动力。

2）谈判准备和谈判过程

克莱斯勒作为美国第三大汽车公司，曾经历了其发展历程上的大起大落。早在20世纪80年代，企业就因为巨额负债陷入困境，原福特汽车公司的总经理艾柯卡到任后，经过大刀阔斧的改革，使公司起死回生。进入21世纪，特别是自2007年开始，公司又频出危机。

经过一系列的拯救方案（见表9-1），克莱斯勒公司仍希望与债权人就债务削减达成一致，以此满足政府的要求，并最终和意大利菲亚特达成合作联盟。

表9-1 **克莱斯勒的自救过程**

时　　间	自救历程	结　　果
2007年10月	克莱斯勒用110亿美元平息罢工	罢工范围遍及全国14个州
2008年12月	终止与奇瑞汽车小型车项目合作	在北美市场与日产展开战略合作
2008年12月	提交复兴计划，2012年前投放24款车型	削减了120万辆产能，裁减员工超过3 200人
2008年12月	美国政府提供40亿美元救助克莱斯勒	必须在3个月内拿出切实的改革计划
2009年1月	菲亚特和克莱斯勒将结成战略同盟应对危机	菲亚特以技术方式入股35%接管克莱斯勒
2009年2月	向美国财政部提交重振计划	将根据要求于2009年3月31日完成最终稿
2009年3月	就全球联盟计划框架与菲亚特达成协议	达到进一步申请60亿美元联邦政府贷款的要求
2009年3月	与长城汽车终止谈判	收缩战线节省开支
2009年4月	戴姆勒将退出克莱斯勒	戴姆勒将免除向克莱斯勒提供的贷款偿还
2009年4月	克莱斯勒拒绝美国政府提供的7.5亿美元贷款	选择来自私人银行的更昂贵的金援借贷
2009年4月	克莱斯勒贷款商拟将该公司债务削减46%	保留政府向其提供的40亿美元扶持贷款
2009年4月	克莱斯勒准备将破产保护计划作为备选方案	仍致力于与菲亚特达成结盟协议
2009年4月	政府与债权人谈判破裂	克莱斯勒破产

财政部与债权人谈判前，美国总统奥巴马的汽车团队成功说服掌握克莱斯勒70%债权的4家银行同意政府给出的债权换现金条件。因此，4月29日财政部把开价从原先的20亿美元提至22.5亿美元，希望以现金换取银行和对冲基金免去克莱斯勒所背69亿美元债务。不过，克莱斯勒的命运最终捏在大约40家对冲基金手中。这些对冲基金掌握克莱斯勒30%的股权，投票表决结果是许多对冲基金投否决票。这也意味着政府挽救克莱斯勒的最后一次谈判以失败告终。

克莱斯勒庭外重组的努力虽在债权人身上碰壁，却在劳资谈判方面取得进展。汽车工人联合会成员4月29日晚些时候以压倒性多数票赞成与克莱斯勒达成削减劳动力成本协议。由于环境压力和政府挽救克莱斯勒的最后一次谈判失败，克莱斯勒只能寻求破产重组。

2009年4月30日，克莱斯勒负债超过100亿美元，正式向美国纽约南区破产法院自愿申请进入破产保护程序，但克莱斯勒的墨西哥、加拿大和其他国际运营机构不在此次破产申请之列。按照美国《破产法》第11条规定来"重组"业务，即克莱斯勒公司作为"债务人"仍可照常运营。美国与加拿大政府将提供150亿美元来帮助克莱斯勒在破产保护过程中继续运行。美国财政部与安大略政府将提供大约30亿美元进行破产保护过程中的债务处理。美国政府还为该公司的产品质量提供了担保。当天，美国总统奥巴马在美国白宫宣布，美国政府支持陷入困境的克莱斯勒公司申请破产保护，克莱斯勒公司已与意大利制造商菲亚特达成合作协议。

3）谈判结果——克莱斯勒正式宣布与菲亚特共同建立新公司

克莱斯勒同时依据美国《破产法》第363条提出申请，要求法院快速批准其与菲亚特的协议，以及将克莱斯勒的主要资产出售给新公司。这一类型申请程序的优点是快速。在这一程序下，一家更加精益的新公司将在30~60天内诞生，并充分具备长期发展的能力。

这些举措促进菲亚特与美国克莱斯勒之间的谈判升温。为回避风险，意大利菲亚特汽车集团29日退出了收购欧宝的谈判，重点转向收购美国克莱斯勒汽车公司。同时，加拿大汽车工会也表示，计划恢复与克莱斯勒谈判，这项谈判从4月初以来陷入停摆。这些谈判攸关克莱斯勒能否完成与菲亚特结盟。2009年5月1日，克莱斯勒正式宣布与菲亚特集团汽车股份有限公司建立全球战略联盟，以组成一家充满活力的新公司。

资料来源　中国广播网和新浪财经。

思考题：

1.这次谈判成功的最重要因素是什么？两家公司是如何协调的？

2.从这个合并案例中我们可以得到什么启示？

复习思考题

1.谈判中的僵局对谈判结果有怎样的影响？如何破解？

2.为什么说改变谈判中的劣势取决于怎样认识谈判的劣势？

3.怎样理解处理反对意见的技巧来自辨识反对意见的类型？

4.谈判气氛的重要作用表现在哪些方面？为什么？

自我评估测验试题九

1.在谈判中遇到棘手的问题，你是如何处理的（　　）

①采取灵活的变通办法

②给对方施加压力

③坚持立场、原则

④向上级汇报

2.你愿意与谈判对手进行正当的私人交往吗（　　）

①很愿意

②比较愿意

③可有可无

④不愿意

3.通常你以什么方式形成创新性的建议（　　　）

①征求对方意见

②自己思考

③寻找以前案例

④小组讨论

4.面对僵局，你做何感想（　　　）

①积极寻找解决办法

②泰然处之

③躲避

④妥协

5.处理谈判难题，你的成绩如何（　　　）

①非常好

②比较好

③一般

④很差

6.你采取什么办法对待对方的反对意见（　　　）

①认真考虑

②有时考虑

③假装没听见

④立即驳斥

7.你能很好地适应各种谈判环境吗（　　　）

①完全能

②一般

③不能够

④非常不适应

8.如果你具有谈判优势，你将怎样利用（　　　）

①施用策略暗示对方

②利用它向对方施加压力

③直截了当地告诉对方

④借此提出威胁

9.你在谈判中是否常常征求对方的意见（　　　）

①是的

②有时如此

③很少这样做

④根本不考虑

10.面对强大的谈判对手，你会如何做（　　　）

①尽量做出强硬的姿态

②更加谨慎从事

③争取对方的同情

④比较被动

11.在反对意见中，你认为哪一种最难处理（　　）

①偏见

②借口

③自我表现式的反对意见

④恶意的反对意见

12.你认为谈判中的最低限度标准的作用是（　　）

①束缚了谈判人员

②限制了谈判技巧的运用

③兼有上述两个特点

④保证自己最低利益

13.谈判僵局是最难处理的谈判障碍，这是因为（　　）

①僵局会形成巨大的压力，使人举棋不定

②僵局意味着谈判破裂

③缓和僵局要某一方做出重大让步

④僵局是矛盾冲突中最激烈的形式

14.你如何看待谈判中的优势、劣势（　　）

①优势与劣势都是相对而言的

②只要努力，劣势可以变为优势

③劣势可以消除，但不能变为优势

④优势、劣势各有利弊

15.你认为消除反对意见较好的方式是（　　）

①直接反驳对方

②间接反驳对方

③采取行动证明

④置之不理

16.你是否认为掌握信息有助于扭转在谈判中的被动地位（　　）

①完全同意

②有保留同意

③不同意

④两者没有直接的联系

17.你认为耐心与谈判成功有什么关系（　　）

①变被动为主动

②争取最佳成交机会

③消除谈判障碍

④获得你想要的一切

18.为了改变谈判中的劣势，你认为应采取下面哪种做法（　　）

①使用最低限度标准

②提出多种选择方案

③提出有利于己方的方案

④寻找并利用对方的弱点

19.如果你在谈判中运用借口,是想（　　）

①婉拒对方

②提出问题

③试探对方

④开脱自己

20.良好融洽的谈判气氛有助于（　　）

①减轻谈判双方的心理压力

②达成协议

③避免僵局

④调节谈判人员情绪

第 10 章

谈判中的语言艺术

在谈判中，语言表达能力十分重要，因为叙事清晰、论点明确、证据充分的语言表达，能够有力地说服对方，取得相互之间的谅解，协调双方的目标和利益，保证谈判的成功。正如谈判专家指出的那样：谈判技巧的最大秘诀之一，就是善于将自己要说服对方的观点一点一滴地渗进对方的头脑中去。

10.1　谈判中的语言表达

10.1.1　语言表达的作用

在谈判中，双方的接触、沟通与合作都是通过语言表达来实现的，说话的方式不同，对方接收的信息、做出的反应也就不同。这就是说，虽然人人都会说话，但说话的效果却取决于表达的方式。例如，当对方阐述某一观点你没理解时，你可以说："对不起，我没能理解你讲的意思，你是说……"你也可以说："你讲的是什么？我不明白。"前者婉转、客气地指出了没能理解对方讲话的意思，把责任归为己方。后者也说明了没理解对方讲话的客观事实，但却暗示责任在对方。这两种表达方法没有太大的差别，但输出的信息却很不同，自然，对方的反应也不一样。所以在谈判中，语言的表达是十分重要的。

1）准确无误地陈述谈判者的意图，表达双方各自的目的与要求

谈判双方代表聚在一起，讨论某项交易内容，首先要介绍各自的观点、要求。能否运用语言把它明确、清晰、简要地表达出来，就要看谈判者的说话艺术了。正因为如此，谈判人员都非常重视谈判伊始的"开场白"，这里我们不妨举例来分析一下。如我国某出口公司的一位经理在同东南亚某国商人洽谈大米出口交易时，开头是这样讲的："诸位先生，我们已约定首先由我向几位介绍一下我方对这笔大米交易的看法。我们对这笔出口买卖很感兴趣，我们希望贵方能以现汇支付。不瞒贵方说，我们已收到了某国其他几位买主的递盘。因此，现在的问题只是时间，我们希望贵方能认真考虑我方的要求，尽快决定这笔买卖的取舍。当然我们双方已是老朋友了，彼此有着很愉快的合作经历，希望这次洽谈会进一步加深彼此的友谊，这就是我方的基本想法。"我方这几句开场白，措辞得当，简明扼要地表明了我方的主要观点、态度，以及达成协议的诚意。

一般来讲，在阐述问题时，要论点突出，论据充分，逻辑层次清楚，简明扼要。在解释问题时，可以详细、具体一些，避免使用一些鲜为人知的行话、术语，尽量通俗易懂，深入浅出。

2）说服对方，达成一致

在谈判中，谈判者常常为各自的利益争执不下，这时，谁能说服对方接受自己的观点，做出让步，谁就获得了成功；反之，不能说服对方，就不能克服谈判中的障碍，也就不能取得谈判的胜利。

当你提出一个论点要对方理解和接受时，必须清楚地说明它的作用，特别是对对方的好处。许多实际经验表明，强调双方处境的相同、愿望的一致，要比强调双方的差异、分歧更能使人理解和接受。当你认为某一问题十分重要，必须要取得对方的谅解与合作时，可以试着从多个角度去阐述，正面不行，侧面进攻，直接不行，迂回进攻，使对方在不知不觉中接受了你的观点。

需要指出的是，尽量避免以辩解的口气说话，如果这样做，就会显得比对方矮一截而失去气势。所以，在辩论中保持不卑不亢的态度也是十分重要的。

（1）要说服对方，就必须认真听取对方的要求，进而明确哪些要求可以理解，哪些要求可以接受，哪些要求必须拒绝，寻找机会把正在争论的问题和已经解决的问题联系在一起，这样，既可以使对方认识到不能让争执的问题影响协议的达成，又可以促使对方改变坚持的立场，做出妥协。

（2）要说服对方，运用实例证明或逻辑分析也十分有效。善于劝说的人大都清楚人们做事主要受个人的具体经验影响，抽象地讲大道理远不如运用经验和实例更有说服力。

第二次世界大战期间，一些美国科学家试图说服罗斯福总统重视原子弹的研制，以最有效地打击德国法西斯，尽快结束战争，减少无谓的人员伤亡。他们委托总统的私人顾问——经济学家萨克斯出面说服总统。但不论是科学家爱因斯坦的长信，还是萨克斯的陈述，总统一概不感兴趣。为了表示歉意，总统邀请萨克斯次日共进早餐。第二天早上一见面，罗斯福就以攻为守地说："今天不许再谈爱因斯坦的信，一句也不谈，明白吗？"

萨克斯说："英法战争期间，在欧洲大陆上不可一世的拿破仑，在海上屡战屡败。这时，一位年轻的美国发明家富尔顿来到了这位法国皇帝面前，建议把法国战船的桅杆砍掉，撤去风帆，装上蒸汽机，把木板换成钢板。可是拿破仑却想，船没有帆就不能行走，木板换成钢板就会沉没，于是他二话没说就把富尔顿轰了出去。历史学家们在评论这段历史时认为，如果拿破仑采纳了富尔顿的建议，19世纪的欧洲史就得重写。"萨克斯说完，目光深沉地望着总统。

罗斯福总统默默沉思了几分钟，然后取出一瓶拿破仑时代的法国白兰地，斟满了酒递给萨克斯，轻缓地说："你胜利了。"萨克斯顿时热泪盈眶，他终于成功地说服了总统做出美国历史上最重要的决策。

（3）要说服对方，必须要寻找对方能接受的谈话起点，即寻求与对方思想上的共鸣。先表示出自己对对方的理解，然后步步深入，把自己的观点渗透到对方的头脑中，不能急于求成，否则，往往事与愿违。美国的人际关系专家戴尔·卡内基把寻求谈话共同点的方式称作"苏格拉底式"的谈话技巧。

苏格拉底是两千多年前古希腊的哲学家，他以辩论见长。他创立的问答法至今还被世人公认为"最聪明的劝诱法"。其基点是：与人辩论，开始不要讨论分歧的观点，而是着重强调彼此共同的观点，取得一致后，再自然地转向自己的主张。这一方法的特点是：提出一系列的问题让对方称是，同时要避免对方说"不"，进而促使对方发生态度转变。卡内基举了这样一个例子：一家公司的总工程师通知西屋公司说，不准备订购他们的发动机了，理由是发动机的温度过高。西屋公司的推销员前去交涉，他就是从"是"开始进行说服的。推销员说："我同意你的意见，如果发动机太热，不应该买它。发动机的温度不应该超过国家规定的标准。"对方答："是。""有关规定说，发动机的温度可以高出室内温度华氏72度，对吗？"对方说："对。""厂房有多热？"对方答："大约华氏75度。""75度加上72度是147度，是不是很烫手呢？"对方答："是的。"结果，推销员就是用这种方式，把自己的意见通过对方的"是"灌输到对方的头脑中，使对方又接受了订货。这种方法实际上就是按对方的思维逻辑去考虑问题，承认对方赖以做出决定的依据，再委婉地指出依据的不合适或依据的基础不正确。这样，在驳倒对方观点的同时，也使对方接受了你的观点。这种说明方式在经济索赔谈判中尤其有效。

3）能够缓和紧张气氛，融洽双方关系

谈判是双方面对面的交锋，它自始至终受谈判气氛的影响。气氛是随双方的交谈而不断变化的，形成一个和谐融洽的谈判气氛，往往需要双方的艰苦努力，而要破坏它，可能仅仅是一两句话。所以，精明的谈判者，往往在语言表达、措辞上都十分谨慎、小心。即使是讨论双方的分歧问题，也绝不会轻易发火、指责，当然，更不会出现侮辱人格、伤害感情的语言。

创造良好的谈判气氛，开局也很重要。一般来讲，不能双方刚一接触，就马上开始谈正题，弄不好会适得其反，在进入正题前，要选择一些其他话题。中性话题是大家公认的较好的话题。

中性话题的范围很广，一切与正题不相干的话题都是中性的，这里我们把它归纳为四个方面：①来访者旅途的经历。②体育新闻或文娱消息。③个人的爱好。④双方熟悉的有关人员等。通过对题外话的简单交谈，双方的感情就比较接近了，气氛也融洽了，再谈正题就显得自然、不唐突。但是，中性话题也有积极、消极之分，谈判人员应设法避免令人沮丧的话题。

就谈判活动来讲，说话的另一大忌是口吐狂言、目中无人。说话者表现出轻狂傲慢，自以为是，瞧不起别人，会引起对方的反感、厌恶，招致对方的攻击。口若悬河、滔滔不绝地讲话，会使人失去倾听对方讲话的机会，忽略对方要求，或者给

对方抓住口实。在多数情况下对方不是在听你的"讲演",而是在欣赏你的"表演"。要避免犯类似错误,可以经常问自己:"我是不是讲得太多了?是否给对方留出了讲话的机会?""他为什么没有讲?"这样,你就能时刻保持清醒的头脑。

10.1.2　语言表达的技巧

说话总要表达某种内容、观点,传达一些信息。在这个前提下,说话技巧就是关键因素,小则可能影响谈判者个人之间的人际关系,大则关系到谈判的气氛及谈判的成功与否。语言表达是非常灵活、非常有创造性的。因此,几乎没有特定的语言表达技巧适合所有的谈话内容。就商务谈判这一特定内容的交际活动来讲,语言表达应注意以下几点:

1)准确地应用语言

谈判就是协商合同条款,明确双方各自的责任、义务,因此,不要使用模棱两可或概念模糊的语言。当然,在个别的时候,出于某种策略需要则另当别论。例如,卖方介绍产品质量时,要具体说明质量、性能所达到的标准,不要笼统地讲性能良好、质量过硬。在产品广告宣传上也要加以注意,人们在对广告语言使用的研究中发现,使用具体、准确并有数字证明的语言,比笼统、含糊、夸大的语言更能打动消费者,使人信服。

在谈判中,运用准确的语言,还可以避免出现误会与不必要的纠纷,掌握谈判主动权。美国谈判专家尼伦伯格在他的《谈判的奥秘》一书中曾举了这样一个例子:美国大财阀摩根想从洛克菲勒手中买一大块明尼苏达州的矿地,洛氏派了手下一个叫约翰的人出面与摩根交涉。见面后,摩根问:"你准备开什么价?"约翰答道:"摩根先生,我想你说的话恐怕有点不对,我来这儿并非卖什么,而是你要买什么才对。"几句话,说明了问题的实质,并掌握了谈判的主动权。

2)不伤对方的面子与自尊

在谈判中,维护面子与自尊是一个极其敏感而又重要的问题。许多专家指出,在洽商中,如果一方感到失了面子,即使是最好的交易,也会留下不良后果。当一个人的自尊受到威胁时,他就会全力防卫自己,对外界充满敌意,有的人反击,有的人回避,有的人则会变得十分冷淡。这时,要想与他沟通交往,则会变得十分困难。

在多数情况下,丢面子、伤自尊心都是由于语言不慎造成的。最常出现的情况是由双方对问题的分歧发展到对对方的成见,进而出现对个人的攻击与指责。曾有一个保险公司的推销员,在几次拜访了一个客户后,却未能说服他,临走时,他说了一句话:"我将来会说服你的,老家伙!"这句充满感情色彩的话表明了他值得称赞的决心,但这却是他绝不该说的话。对方立刻嚷道:"不,你做不到——绝无希望!"后来,尽管这位推销员在近十年的时间持续不断地拜访这名客户,但他却没有成功。所以,绝不能站在与客户对立的立场上,去试图说服他,因为很多情况下,没等你说服他时,却很可能刺伤了他。当对方提出某种观点而你并不同意时,你可以说："根据你的假设，我可以推知你的结论，但是你是否考虑到……"或者是"有些资料你可能还不晓得"。这要比"你们的意见是建立在片面考虑自身利益的基础上，我们不能接受"要好得多。前者既指出了对方用意的偏颇，表明了我方的态度，又避免了直接正面冲突，从而避免了招致对方不满的可能。而后者，虽然维护了己方立场，但很可能激怒对方，使谈判陷入僵局。

在谈判中应避免的言辞主要包括以下几个方面：

（1）极端性的语言。这类语言如"肯定如此""绝对不是那样"，即使自己看法正确，也不要使用这样的词汇。

（2）针锋相对的语言。这类语言特别容易引起双方的争论、僵持，造成关系紧张。如"开价5万元，一点也不能少""不用讲了，事情就这样定了"。

（3）涉及对方隐秘的语言。这类语言如"你们为什么不同意，是不是你的上司没点头？"与国外客商谈判尤其要注意这一点。

（4）有损对方自尊心的语言。这类语言如"开价就这些，买不起就明讲"。

（5）催促对方的语言。这类语言如"请快点考虑""请马上答复"。

（6）赌气的语言。它往往言过其实，造成不良后果，如"上次交易你们已经多赚了5万元，这次不能再占便宜了"。

（7）言之无物的语言。这类语言如"我还想说……""正像我早些时候所说的……""是真的吗……"许多人有下意识的重复习惯，俗称口头禅，它不利于谈判，应尽量克服。

（8）以我为中心的语言。过多地使用这类语言，会引起对方的反感，起不到说服的效果。如"我的看法是……""如果我是你的话……"在必要的情况下，应尽量把"我"变为"您"，一字之差，效果会大不相同。

（9）威胁性的语言。这类语言如"你这样做是不给自己留后路""如果你这样做，后果自负"。

（10）模棱两可的语言。这类语言如"可能是……""大概如此""好像……""听说……""似乎……"

3）说话的方式

讲话过程中的一些细节问题，如停顿、重点、强调、说话的速度等，往往容易被人们忽视，而这些方面都会在不同程度上影响说话的效果。

一般来讲，如果说话者要强调谈话的某一重点时，停顿是非常有效的。实验表明，说话时应当每隔30秒钟停顿一次，一是加深对方印象，二是给对方机会，对提出的问题进行思考或加以评论。当然，适当的重复，也可以加深对方的印象。有时，还可以运用加强语气，提高说话声音以示强调，或显示说话者的信心和决心。这样做比使用一连串的形容词效果要好。

说话声音的改变，特别是如能恰到好处地抑扬顿挫，会使人消除枯燥无味的感觉，吸引听话者的兴趣。此外，清晰、准确的发音，圆润动听的嗓音，也有助于提高讲话的效果。

在商务洽谈中，应注意根据对方是否能理解你的讲话，以及对讲话重要性的理解程度，控制和调整说话的速度。在向对方介绍谈判要点或阐述主要议题时，说话的速度应适当减慢，要让对方听清楚，并能记下来。同时，也要密切注意对方的反应：如果对方感到厌烦，那可能是因为你过于详细地阐述了一些简单易懂的问题，说话啰唆或一句话表达了太多的意思；如果对方的注意力不集中，可能是你说话的速度太快，对方已跟不上你的思维了。

总之，你要收到良好的说话效果，就必须注意说话的方式。

此外，谈话中的随机应变也是十分重要的。

语言的运用要达到说服人的效果，针对说话对象、客观环境的变化加以灵活调整是十分重要的。语言的魅力或艺术性，就在于它的创造性。只有创造性的语言，才具有鲜活的生命力，才能很好地发挥语言的作用。

有这样一个事例，一位把大量时间和金钱都奉献给心脏病研究的慈善家一直想要建立一个心脏病研究基金会，经过一番奔走呼号，美国参议院终于开始对设立这个基金会的可能性进行调查，并请这位慈善家到国会作证。慈善家精心准备了内容翔实的演说词，但到开会时，他发现被安排在第六个发言，前面发言的是那些在各个领域学有专长的医生、科学家等。于是，他决定临时改变发言内容。

他对议员们说："先生们，我准备了一篇发言稿，但我决定不用它了，因为我怎么能同刚才发表过高见的那几位杰出人物相提并论呢？他们已向你们提供了所有的事实和数据，而我在这里，则是要为你们的切身利益而向你们做出呼吁。像你们这样辛劳的人，正是心脏病的受害者，你们正处于生命最旺盛的时期，处于一生事业的顶峰，但是，你们也正是最容易得心脏病的人。"接着，他一口气说了45分钟，那些参议员们似乎还没听够。不久，全国心脏病基金会就由政府创办了，他被任命为首任会长。

10.2　倾听对方的讲话

倾听和讲话一样具有说服力。谈判专家麦科马克认为：如果你想给对方一个丝毫无损的让步，你只要注意倾听他说话就成了，倾听就是你能做的一个最省钱的让步。

倾听是人们交往活动的一项重要内容。据专家调查，人在醒着的时候，至少有1/3的时间花在听上，而在特定条件下，倾听所占据的时间会更多。谈判就是需要更多倾听的交际活动之一。

在交际中的倾听可以分为积极和消极的两种。在重要的交谈中，倾听者会聚精会神，调动知识、经验储备及感情等，使大脑处于紧张状态。大脑接收信号后，立即加以识别、归类、编码，做出相应的反应，表示出理解或疑惑、支持或反对、愉快或痛苦等。这种与谈话者密切呼应的倾听，就是积极倾听。积极倾听既有对语言信息的反馈，也有对非语言信息，即表情、姿势等的反馈。听一番思想活跃、观点新颖、信息量大的讲话，倾听者甚至比讲话者还要疲劳。因为倾听的人总要不断调动自己的分析系统，修正自己的见解，以便与说话人同步思维。而对一般性质的谈话，倾听者会处于比较松弛的状态中，如闲谈、一般性介绍等。这时，人们都在一种随意状态中接收信息，这就是消极倾听。

一般来讲，积极倾听有助于我们更多地了解信息，启发思考。但在多数情况下，消极倾听也是一种必要的自我保护形式。人们由于生理上的限制，不可能在任何情况下都能做到全力以赴、全神贯注地倾听，人们的注意力集中的时间是有限度的，因此，消极倾听会有助于人们放松神经，更好地恢复体力、精力。此外，人们在积极倾听的时候，要受到各种因素的干扰，在一定程度上影响了倾听的效果，使信息传递受到阻碍，这点应适当注意。

10.2.1 倾听的作用

倾听是了解对方需要，发现事实真相的最简捷的途径。

谈判是双方沟通和交流的活动，掌握信息是十分重要的。一方不仅要了解对方的目的、意图、打算，还要掌握不断出现的新情况、新问题。因此，谈判的双方十分注意收集整理对方的情况，力争了解和掌握更多的信息，但是没有什么方式能比倾听更直接、更简便地了解对方的信息了。

倾听使你更真实地了解对方的立场、观点、态度，了解对方的沟通方式、内部关系，甚至是小组内成员的意见分歧，从而使你掌握谈判的主动权。例如，一家日本公司同美国公司的谈判，就是运用倾听的方法获得了成功。日本一家公司向美国某公司购买技术设备，方案确定后，他们先派了一个谈判小组到美国去。谈判小组成员只是提问题，边听边做记录，然后还是提问题。美国人对此项交易很有信心，也做了认真的准备，用三台放映机展示各种图片，整个谈判一直是美国人滔滔不绝地介绍。日本人在第一个谈判小组回国后，又派出了第二个谈判小组，又是提问题，做记录，美国代表照讲不误。然后日本人又派了第三个谈判小组，还是故技重演，美国人已讲得不耐烦了，但也搞不清日本人要什么花招。等到美国人几乎对达成协议不抱什么希望时，日本人又派出了前几个小组联合组成的代表团来同美国人谈判，弄得美国人不知所措。因为他们完全不了解日本人的企图、打算，而他们自己的底细则全盘交给了日本人。结果是日本人大获全胜，以最不利的交易条件争取到最大的利益。可见，会利用倾听也是一种非常有用的谈判战术。

不能否认，讲话者也会利用讲话的机会，向你传递错误的信息或是对他有利的情报，这就需要倾听者保持清醒的头脑，根据自己所掌握的情况，不断进行分析、过滤，确定哪些是正确的信息，哪些是错误的信息，哪些是对方的烟幕，进而了解对方的真实意图。

注意倾听是给人留下良好印象，改善双方关系的有效方式之一。因为专注地倾听别人讲话，则表示倾听者对讲话人的看法很重视，能使对方对你产生信赖和好感，使讲话者形成愉快、宽容的心理，变得不那么固执己见，更有利于达成一个双方都妥协的协议。迪特公司的经理迪特先生运用倾听改变了客户的敌对立场就是生动的一例。

一天，一位客户突然专程赶到迪特公司，声称他接到一份通知，催他归还欠迪特公司的 15 美元的货款。这使他感到特别恼火，因为他从不欠这家公司的款项，而且还是这么少的一笔。同时，他生气地告诉公司经理，以后再也不买这家公司的产品了。迪特先生耐心地倾听，让他讲了个痛快，最后感谢他专程来芝加哥提意见，承认可能错误在公司方面，很大度地向他推荐其他公司，并按惯例请他吃饭。结果，这位客户不仅消了气，反而又在这家公司签了一大笔订单。回去后他重新检查了自己的账目，发现有一张放错了位置，正是这 15 美元的账单，他马上给公司寄了一张支票，并附上一封道歉信。迪特的做法很简单，就是耐心地听对方的倾诉，甚至是指责，就使对方消了气，因为对方感到受了尊重和理解。但如果迪特不这样做，而是更加严厉地指责对方，并拿出证据让他下不来台，后果会怎样呢？也许客户会当场归还所欠的 15 美元，但以后的关系就可想而知了。

倾听和谈话一样具有说服力，它常常使我们不花费任何力气，取得意外的收获。有一家美国汽车公司，想要选用一种布料装饰汽车内部，有三家公司提供样品供汽车公司选用。公司董事会经过研究后，请他们每一家来公司做最后的说明，然后决定与谁签约。三家厂商中，有一家的业务代表患有严重的喉头炎，无法流利地讲话，只能由汽车公司的董事长代为说明。董事长按公司的产品介绍讲了产品的优点、特点，各单位有关人员纷纷表示意见，董事长代为回答。而布料公司的业务代表则以微笑、点头或各种动作来表达谢意，结果，他博得了大家的好感。

会谈结束后，这位不能说话的业务代表却获得了 50 万码布的订单，总金额相当于 160 万美元，这是他有生以来获得的最大的一笔订单。事后，他总结说，如果他当时没有生病，嗓子还可以说话的话，他很可能得不到这笔大数目的订单，因为他过去都是按照自己的一套办法去做生意，并不觉得让对方表示意见比自己头头是道地说明更有效果。

倾听还会使我们了解、掌握许多重要语言的习惯用法，这些习惯用法在谈判中往往会成为人们运用谈判策略的技巧之一。例如，我们经常听到有人说："说来……"这表示说话者故意给人一种印象是他刚想到什么，但十之八九他所要说的是重要内容，却以随便的口吻伪装成不重要，掩人耳目。再如，一个人说话之前可能会用"坦白地说""说实在的"，这很可能表示他根本不坦白、不实在，用这种说话方式，也属于一种掩饰。

我们理解和应用上述惯用语，不仅仅限于其语言上的意义，更要注意其心理上的意义。在许多情况下，它都是暗示说话者心中所想的问题。因此，我们要仔细倾听对方说什么、怎么说，这样，对方比较隐蔽的动机和企图一旦流露出来，你就能立刻捕捉到，为你所用。

倾听对方的谈话，还可以了解对方态度的变化。有些时候，对方态度已经有了明显的改变，但是出于某种需要，却没有用语言明确地表达出来，但我们可以根据对方"怎么说"来推导其态度的变化。例如，当谈判进行得很顺利，双方关系很融洽时，双方都可能在对方的称呼上加以简化，以表示关系的亲密。如李××可以简称为小李，王××可以简称为老王等。但是，如果突然间改变了称呼，一本正经地叫李××同志，或是他的头衔，这种改变是关系紧张的信号，预示着谈判将出现分歧或困难。

10.2.2 影响倾听的障碍

倾听可以使我们更多地了解对方，隐蔽自己。倾听可以使我们做出更好的决策，掌握谈判的主动权。但是，许多谈判人员只注意怎样在谈判中更好地表述自己的立场，劝说对方，他们字斟句酌地精心筹划发言提纲，常常陶醉在自我表达的良好感觉之中，却不肯用一点时间考虑一下怎样去倾听，从对方的谈话中获取什么，接受什么。

是什么影响谈判人员更好地倾听呢？归纳起来，至少有以下几种原因：

（1）许多人认为只有说话才是表白自己、说服对方的唯一有效方式，若要掌握主动，便只有说。

（2）先入为主的印象妨碍了我们耐心地倾听对方的讲话，如对某人看法不佳。

（3）急于反驳对方的观点，好像不尽早反对，就表示了我们的妥协。

（4）在所有的证据尚未拿出之前，轻易地做出结论。

（5）急于记住每一件事情，结果主要的事情反而没注意到。

（6）常常主观地认定谈话没有实际内容或没有兴趣，不注意倾听。

（7）因一些其他事情而分心。

（8）有时想越过难以应付的话题。

（9）忽略某些重要的叙述，因为它是由我们认为不重要的人说出来的。

（10）从心理学角度来讲，人们会主动摒弃他们不喜欢的资料、消息。

（11）思维方式。有的人喜欢定式思维，不论别人讲什么，他都马上用自己的经验套在一起，用自己的方式去理解。这种思维方式使人难于接受新的消息，不善于认真倾听别人说什么，而喜欢告诉别人。

许多人忽略了倾听对方，但却常常自我安慰，他讲的没有什么内容，对于重要的内容我们已掌握了或以后会掌握的。不幸的是，他并没有掌握，而且以后再也不会掌握了。如果这种花费最小、最直接、最方便的信息来源渠道不加以利用，那么，你只能付出更大的代价。

10.2.3 学会倾听

在谈判中，倾听是重要的，也是必需的。一个优秀的谈判者，也一定是一个很好的倾听者。富兰克林认为，与人交谈取得成功的重要秘诀就是倾听，永远不要不懂装懂。这就告诉我们要学会倾听，善于倾听。

当然，要很好地倾听对方谈话，并非像人们想象的那样简单。专家的实验证明，倾听对方的讲话，大约有1/3的内容是按原义理解，1/3被曲解地听取了，1/3则丝毫没听进去。

（1）要求倾听者一定要心胸开阔，要抛弃那些先入为主的观念，只有这样，才能尽可能正确地理解对方讲话所传递的信息，准确地把握讲话者的重点，才能很好地与对方沟通和交流。

（2）要全神贯注，努力集中注意力。倾听对方讲话，必须集中注意力，同时，还要开动脑筋，进行分析思考。注意力是指人对一定事物的指向和集中。由于心理上的原因，人的注意力并不总是稳定、持久的，它要受到各种因素的干扰。在一般情况下，人们总是对感兴趣的事物才加以注意。同时，注意力还受到人们的信念、理想、道德、需求、动机、情绪、精神状态等内在因素的影响，受外界因素的影响就更多了。如人们说话并不总是套在一定的框架里，有时，出于某种需求，要掩饰主要内容，强调不重要的内容；有时条理不清，内容杂乱，这些都会干扰和分散听者的注意力。因此，要认真倾听对方讲话，必须善于控制自己的注意力，克服各种干扰，始终保持自己的思维跟上讲话者的思路。

（3）倾听对方讲话，还要学会约束、控制自己的言行。如不要轻易插话，或打断对方的讲话，也不要自作聪明地妄加评论。通常人们喜欢听赞扬的语言，不喜欢听批评、对立的语言。当听到反对意见时，总是忍不住要马上批驳，似乎只有这样，才说明自己有理。还有的人过于喜欢表露自己。这些都会导致在与对方交流时，过多地讲话或打断别人讲话。这不仅会影响自己倾听，也会影响对方对你的印象。

要学会倾听，善于倾听，也包括创造倾听的机会。就是说，倾听者要采取一些策略方法，促使讲话者保持积极的讲话状态。其主要有以下三种形式：

第一，鼓励。面对讲话者，尤其是没有经验、不善演讲的讲话者，需要用微笑、目光、点头等赞赏的形式表示呼应，显示出对谈话的兴趣，促使对方继续讲下去。

第二，理解。这种方式比较常见，也比较自然。在对方讲话时，可以"是""对"等表示肯定，在停顿处，也可以指出讲话者的某些观点与自己一致，或者运用自己的经历、经验，说明对讲话者的理解，有时可以适当复述。这些方式都是对讲话者的积极呼应。

第三，激励。适当地运用反驳和沉默，也可以激励谈话。这里的反驳不是指轻易打断对方讲话或插话，有时对方在讲话时征求你的意见或停顿，只有这时，反驳才是适宜的。沉默不等于承认或忽视，它可以表示你在思考，是重视对方的意见，也可能是在暗示对方转变话题。

总之，倾听是谈话艺术的重要组成部分，你要想掌握谈话的技巧，就必须学会倾听，善于倾听，这是一个优秀谈判者的基本技能。

10.3 成功地运用发问

要了解对方的想法和意图，掌握更多的信息，倾听和发问都是必要的，这两者相辅相成。倾听也是为了发问，而发问则可以更好地倾听。当我们了解、掌握了倾听的一般技巧与方法后，发问则成为我们研究的内容。

10.3.1 问话的作用

（1）引起他人的注意，为他人的思考提供既定的方向。例如，"你好吗？""今天天气很好，是不是？""你能否告诉我……"这是最为普遍、应用十分广泛的问话。由于这种问话往往得到的是期望之内的回答，问话的内容也比较明确，很少会引起别人的紧张和焦虑，许多时候是为谈话做铺垫的。

（2）获取自己所需要的信息。发问人通过问话，希望对方提供自己不了解的情况。例如，"这个卖多少钱？""你们对这一点是怎么考虑的？"这类问话归结起来，有一些典型的、常见的引导词，如"谁""什么""什么时候""怎么""哪个方面""是不是""会不会""能不能"等。在提出这类问话时，如果不事先把问话的意图表明，很可能引起对方的焦虑与担心。比如，双方在洽谈商品交易中一项条款，如果买方在提出了自己对价格的看法后，再询问卖方的意见，那么卖方心里就会踏实，他会根据对方所提供的信息，斟酌自己的回答。但如果对方并没有讲述自己的观点，径直问卖方要开什么价，那么，他很可能有些担心和焦虑，因为他不知道对方是怎么想的，会对他的开价做出什么反应。

（3）传达消息，说明感受。有许多问题表面上看起来似乎是为了取得自己希望的消息或答案，但事实上，却同时把自己的感受或已知的信息传达给了对方。例如，"你真有把握保证质量符合标准吗？"这句问话像是要对方回答保证质量的依据，但同时也向对方传达了问话人担心质量有问题的信息，如果再加重语气，就说明你十分重视这一问题。这样的问话也给对方一定的压力，但切忌形成威胁。

（4）启发对方思考。这种问话常是"你是否曾经……""现在怎么……""这是指哪一方面？""我是否应该……"

（5）鼓励对方继续讲话。当你觉得对方的话还没有说完，或有些问题你还不清楚，那么，可以提问的形式鼓励对方继续讲下去，如"你说完了吗？""还有什么想法？"等，进而了解更详细的情况。

（6）当出现冷场或僵局时，可运用提问打破沉默，如"我们换个话题好吗？"

（7）得出结论。借助问话使话题归于结论。例如，"我们难道还不应该采取行动吗？"

总之，问话的功能是很多的。许多问题在某些特定的场合具有特殊的功能。如制止别人行动时，你可以说"请不要这样做，难道你就没有别的办法吗？"问话在什么条件下发挥什么样的作用，关键是看使用者怎样运用，要达到什么目的，这就是我们将要阐述的第二个问题。

10.3.2 问话的技巧

问话的技巧重要吗？许多人对此不以为然，这里有个小例子很能说明这个问题。有一位牧师问一位长老："我可以在祈祷时吸烟吗？"他的请求遭到坚决的拒绝。另一位牧师又问同一位长老："我可以在吸烟时祈祷吗？"因为提出问题的措辞不同，结果，他被允许了。这就是问话的技巧。后者从不同的角度请求了与前者同样的问题，却得到了不同的结果。

掌握问话的技巧应注意以下三个方面：

1）明确提问内容

提问的人首先应明确自己问的是什么。如果你要对方明确地回答你，那么你的问话也要具体明确。例如，"你们的运费是怎样计算的？是按重量计算的，还是按交易次数估算的？"提问一般只是一句话，因此，一定要用语准确、简练，以免使人含混不清，产生不必要的误解。

问话的措辞也很重要，因为发问容易使对方陷入窘境，引起对方的焦虑与担心。因此，在措辞上一定要慎重，不能有刺伤对方、为难对方的表现。即使你是谈判中的决策人物、核心人物，也不要显示自己的特殊地位，表现出咄咄逼人的气势，否则，问话就会产生相反的效果了。例如，中美的一次谈判堪称经典。当时美方谈判首席代表梅西开场就给中国代表团一个下马威，连起码的外交寒暄都没有，上来就是一句"我们是与小偷谈判"。中方主帅吴仪反应机敏，马上回应说"我们是在同强盗谈判，看看你们博物馆里陈列的那些物品，有多少是从中国掠夺的"。这种语言表述在谈判中主要是一种心理战，双方一开始就剑拔弩张，通过语言交锋打乱对方阵脚。

要更好地发挥问话的作用，问话之前的思考、准备是十分必要的。思考的内容包括：我要问什么？对方会有什么反应？能否达到我的目的等。必要时也可先把提出问题的理由解释一下，这样就可避免许多意外的麻烦和干扰，达到问话的目的。

2）选择问话的方式

问话的方式很重要，提问的角度不同，引起对方的反应也不同，得到的回答也就不同。

在谈判过程中，对方可能因为你的问话而感到压力和烦躁不安。这主要是由于提问者问题不明确，或者给对方以压迫感、威胁感。这就是问话的策略性没有掌握好。例如，"你们的报价这么高，我们能接受吗？"这句话似乎有挑战的意思，它似乎告诉对方，如果你们不降价，那么我们就没什么可谈的了。但如果这样问："你们的开价远超出我们的估计，有商量的余地吗？"很显然，后一种问话效果要比前一种好，它使尖锐对立的气氛缓和了。

同时，在提问时，要注意不要夹杂着含混的暗示，避免提出问题本身使你陷入不利的境地。例如，当你提出议案，对方还没有接受时，如果问："那你们还要求什么呢?"这种问话,实际上是为对方讲条件,必然会使己方陷入被动,是应绝对避免的。

有些时候,之所以提出问题,并不是为了从对手那获得利益,而是在澄清疑点,因此,提出的问题要简明扼要,一针见血,指出关键所在。

3)注意问话的时机

提问的时机也很重要。如果需要以客观的陈述性的讲话作开头,而你则采用提问式的讲话,就不合适。就谈判来讲,双方一接触,主持人就宣布:"大家已经认识了,交易内容也都清楚,有什么问题吗?"显然,这是不合适的。因为这时需要双方代表各自阐述自己的立场、观点,提出具体条件,过早的问话使人摸不着头脑,也使人感到为难。

把握提问的时机还表现为,交谈中出现某一问题时,应该等对方充分表达之后再提问,过早过晚提问会打断对方的思路,而且显得不礼貌,也影响对方回答问题的兴趣。

掌握问话的时机,还可以控制谈话的方向。如果你想从被打岔的话题中回到原来的话题上,那么,你就可以运用发问。如果你希望别人能注意到你提的话题,也可以运用发问,并借连续的提问,把对方引导到你希望的结论上。

最后,考虑问话对象的特点也很重要。对方坦率耿直,提问就要简洁;对方爱挑剔、善抬杠,提问就要周密;对方羞涩,提问就要含蓄;对方急躁,提问就要委婉;对方严肃,提问要认真;对方活泼,提问可诙谐。

10.4 巧妙地回答对方的提问

正像提问是交谈中所必需的一样,回答也是交谈中不可缺少的一部分。通常人们认为,提问是主动的,回答是被动的,回答是遵循提问的内容。如果你仅仅这样认为,那么你就不会很好地掌握和运用回答的技巧,发挥它的作用。美国心理学家钱德勒·华欣本教授曾提出了回答问话的一些技巧,有些很值得我们借鉴。以下我们提出几种回答对方问话的策略:

10.4.1 不要彻底回答

不要彻底回答,就是指答话人将问话的范围缩小,或只回答问题的某一部分。有时对方问话,全部回答不利于我方。例如,对方问:"你们对这个方案怎么看,同意吗?"这时,如果马上回答同意,时机尚未成熟,你可以说:"我们正在考虑、推敲,关于付款方式只讲两点,我看是否再加上……"这样,就避开了对方问话的主题,同时,也把对方的思路引到你讲的内容上来。

这种回答是给己方留有余地,因为对有些问题的阐述并不一定是你深思熟虑的,如果回答很干脆,或者回答很彻底,就失去了再调整的余地。这在较为重要的会谈中是比较危险的。特别是一些记者会抓住你的把柄,穷追不舍,造成被动的局面。2008年,我国发生了汶川大地震,许多企业和个人纷纷捐款,救助受害地区。

其中，我国的房地产领军企业万科也在第一时间向震区捐助200万元人民币。这本来是好事，但网民关注的是万科为我国最大的房地产企业，又是上市地产第一股，2007年的业绩超过500亿元，为什么只捐了200万元。应该说这一质疑也有道理。但王石在博客回应道：捐200万元是万科董事会授权捐助的最高限额，员工在万科内部捐款也以10元为限……中国是一个地震频发的国家，不能使每次的捐助成为员工和企业的负担。结果这一回应引发了网民的愤怒，出现了一边倒对万科和王石的声讨。网民甚至扒出王石的年薪，万科股价也大幅下跌。王石被迫公开发表道歉声明，万科又捐出1亿元建设汶川小学，才平息了这场风波。

10.4.2　不要马上回答

对于一些问话，不一定要马上回答。特别是对一些可能会暴露我方意图、目的的话题，更要慎重。例如，对方问："你们准备开价多少？"如果时机还不成熟，就不要马上回答，可以找一些借口谈些别的，转移话题；或是闪烁其词，所答非所问，如产品质量、交货期限等，等时机成熟再摊牌，这样，效果会更理想。

对这类问题的处理技巧不仅是谈判者需要掌握的，明星或公众人物同样如此，如果处理不好，不仅后果严重，还会衍生其他问题。2011年7月，我国甬温线动车追尾事件之所以引发了民众的广泛关注，一方面是由于事故不仅造成200多人员伤亡，而且还带来了巨大的财产损失。另一方面与铁路系统的危机处理不力也有一定的关系。当时铁道部发言人王勇平在新闻记者会上的应答不仅令普通民众不满，就连专业人士也认为缺少危机时处理问题的策略技巧。有记者问："在你们宣布没生命体征、开始拆解车厢时，为什么又发现一个活着的女孩？"王勇平回答："这只是一个奇迹。"记者："那你们做的决策是不是错了？为什么说没人活着又发现了呢？"发言人："我只能说，它就是发生了。"此话一出，立刻引起轩然大波。其实，按照当时情况，王勇平也不清楚现场执行人员的具体做法。他完全可以不马上回答。但现场可以表示，会尽快了解详细情况，再给予解答。

10.4.3　不要确切回答

模棱两可、弹性较大的回答有时很必要。许多谈判专家认为，谈判时针对问题的回答并不一定就是最好的回答。回答问题的要诀在于知道该说什么和不该说什么，是否需要确切回答也取决于当时的情况，甚至不必考虑所答的是否对题。例如，对方问"你们打算购买多少？"如果你考虑先说出订数不利于讲价，那么就可以说"这要根据情况而定，看你们的优惠条件是什么？"这类回答通常采用比较的语气，"据我所知……""那要看……而定""至于……就看你怎么看了"。

在销售活动中，推销人员会感觉到有些客户并不一定了解产品的特点和性能，只是一味地觉得价格贵，这时将产品分拆开来计算，更能打动顾客。比如，一桶涂料500元可能价格比较高，但如果算到每平方米的费用就会很少，这样具体介绍比较能打动顾客。但有时确切回答并不利于增加客户好感，那么含糊一点或者策略一点的回答就更有说服力。日本著名的推销员原一平，几乎每单生意的获得都不是从保险话题开始的。他认为，因为你是保险公司的员工，所以，一见顾客就提保险会引起对方的反感。但他关心的事情都是与保险息息相关的，如财产权继承问题、法律问题、棒球运动等。这些看似与人寿保险风马牛不相及的话题却都是原一平能引起客户兴趣的话题。

10.4.4 使问话者失去追问的兴趣

在许多场合下，提问者会采取连珠炮的形式提问，这对回答者很不利。特别是当对方有准备时，会诱使答话者落入其圈套。因此，巧妙地回避或设法阻止其追问应该是谈判人员要熟练掌握的技巧。罗斯福在当选美国总统之前，曾在海军担任要职。有一天，一位朋友向他打听海军在加勒比海一个小岛上建立潜艇基地的计划。罗斯福向四周看了看，压低声音问："你能保守秘密吗？"那位朋友回答道："当然能。"罗斯福笑着说："那么我也能。"

因此，要尽量使问话者找不到继续追问的话题和借口，比较好的方法是，在回答时，可以说明许多客观理由，但却避开自己的原因。例如，"我们交货延期，是由于铁路运输……许可证办理……"但不说自己公司方面可能出现的问题。

有时，可以借口无法回答或资料不在，回避难以回答的问题，冲淡回答的气氛。此外，当对对方的问题不能清晰、有条理地回答时，可以降低问题的意义，如"我们考虑过，情况没有你想的那样严重"。

本章案例

语言的力量

事情发生在20世纪80年代。1985年8月21日中午，黑龙江省援助利比里亚医疗队的两位同志开车从医疗队所在医院到首都蒙罗维亚办事，回程途中，开车的吴队长撞上了一个突然间横穿马路的当地小孩。尽管小孩被很快送到蒙罗维亚北郊的海岛医院，但还是没有抢救过来。

事发之后，死者所在村庄的一些青年人在出事地区等候，手持棍棒，扬言要对中国人进行报复。等到我方驻扎该地的使馆负责人赶到医院时，见到了被当地人扣押的两个医疗队员，他们已被打得满脸满身是血，看样伤势不轻。肇事的队员一看见我方领导便放声大哭，而会议室里边的20多个当地人，个个表情严肃。随后由警察局官员带领大家到警察局处理这一案件。死者的家属也在警察局等候。

在利比里亚处理车祸案件是最棘手的。对此，驻扎在该国的各国外交官都深有感受。北欧某国驻利比里亚使馆的一个司机到机场接人，回程时将一骑自行车在逆行道上行驶的青年人撞死，按理死者违反交通规则，是有责任的，但当地居民不管这些，他们闻讯赶来，将司机扒光衣服，反手捆绑，拳打脚踢，关押起来。大使馆来人探视，必须先交钱，每次不得少于50美元，不交钱不准见面，一连关押了5天。大使心急如焚，担心这位遍体鳞伤的司机被折磨致死，不惜花钱请客，托人说情，最后以 20 000 多美元的代价才将司机赎回。所以，此时，可能面对死者的母亲连哭带喊地要儿子，亲属凄惨又愤怒的表情……中方负责人也倍感紧张，但走进警察局的会议室后，现状却令人大感不解。只见 10 多个妇女和 4 个男人都静静地坐在那里，无一人流泪，我方甚至弄不清哪一位是死者的母亲。他们怀疑的态度、愤怒的眼神令人感到来者不善。

警察局长介绍了使馆代表后，又介绍了死者的母亲和他们的族长及死者的亲属和邻居，然后说："死者家属提出先拿出 2 500 美元，安葬死者，然后再谈善后事宜。"中方代表当即表示同意，马上交了 1 500 美元，其余的随后补上。随即，警察局长要中方代表讲话。此时处理问题的主动权转移到中方，这是最重要、最关键时刻，能够有什么样的结果，就看中方代表能否取得当地人的谅解了。他们是受害者，对中国人有情绪，我方代表说的每一句话，要尽可能打动对方。一定要使对方听了说"是"，尽可能避免对方说"不"，只有这样才能平息他们的愤怒情绪，把他们引导到最终解决问题的目标上来。

下面是中方代表的发言："我想在座的朋友们都知道中国人是利比里亚的忠诚朋友。"说完这句话，他停顿了一下，注意大家的情绪，发现有人默默点头。他接着又说："中国人不远万里来到利比里亚。这里不仅有中国的医疗队，还有建筑队帮助你们修建体育馆，农业队帮助你们种植水稻。他们告别家乡和亲人来到你们国家已经 3 年了，尚未回家。他们每天不分昼夜地埋头工作，并表示不完成任务，决不回家。"在场的人听到这些话面带微笑，这给了讲话者很大的信心。于是中方代表把话锋一转，说道："你们知道吗？现在已经有两名中国人为你们的国家献出了宝贵的生命，他们被安葬在蒙罗维亚公墓，将永远和利比里亚人在一起。"他们一听这话感到很吃惊，没想到还有这样的事，于是交头接耳，议论纷纷，打破了会议室的沉静。接着代表又说："中国医疗队来到你们的国家，本来是要救死扶伤，为你们解除病痛的，万万没有想到会发生不幸的车祸，给你们带来痛苦。每一位中国人听到这一不幸的消息，心里都感到十分难过。你们失去亲人的悲痛心情，我们完全理解。"此时中方代表手抚胸脯说："朋友们，从内心说一句话，我们也有儿女，我们也和大家一样，十分疼爱自己的儿女，如果我们能用自己儿女的生命，使你们的孩子死而复生，我们将十分高兴。"

这时他们的愤怒情绪消退了，从眉宇间流露出友好的神色，可以看出，他们愿意继续听下去。利比里亚是一个信仰基督教的国家，不论大人小孩都是虔诚的基督教徒。我方要借上帝的名义，抚平他们悲痛的心灵，并为死者祈祷。

最后，代表又说："你们都信奉了上帝，请问：一个人的命运能由自己决定吗？上帝要让谁去，谁也留不住。我们只能向上帝祈祷，让死者得到安宁，这就是我最大的愿望。在上帝面前，我们不能有别的要求。"这话说到他们的心坎上，个个频频点头。

警察局长又接着说："你们回去商量一下，有什么要求可以向中国大使馆的代表提出。"这时大家纷纷退出。我方根据具体情况推测：他们除提出 2 500 美元的安葬费以外，还要算两笔账：养育一个年满 8 岁的小孩要花费多少钱？孩子长大后，每年要创造多大价值？这些账谁都算不清，只能由他们漫天要价了。若能出一两万美元了结此案，我方两名队员不再受折磨，就谢天谢地了。

过了 40 多分钟，警察局长招呼大家进屋，男男女女鱼贯而入，各归原位。死者的母亲和其他几位妇女对中方代表说："费尼士（Finish，意为完事）。"中方代表简直不敢相信自己的耳朵，一时没有反应过来，正在发愣。他们意识到中方没听明白，几乎同时把手向外一摆，再次放大声音说："费尼士！"这太使中方意外了，代表激动地说："太感谢你们了！中利友谊重于生命。只有我们真诚的朋友才能做到这一点。"这时族长告诉中方代表："只收你们 1 500 美元的安葬费，再不向你们提任何要求了。"警察局长也站起身说："问题圆满解决，马上释放肇事者。"死者家属和村民纷纷出门，中方人员紧随其后，在门口向他们依依握别，感谢声、再见声交织在一起，像亲朋好友依依惜别，彼此竟有些眷恋。

资料来源 问道，王非. 思维风暴［M］. 北京：华文出版社，2012：142-145.

思考题：

为什么中方代表的一席话有效化解了对方的愤怒情绪，进而使事件得到了圆满解决？你认为中方代表的讲话内容和方式具有哪些方面的启示？

复习思考题

1.语言表达的技巧表现在哪些方面？

2.为什么说倾听与讲话一样具有说服力？

3.你同意"问话的技巧是谈判者应掌握的重要技能"的观点吗？

4.谈判者的应答策略主要表现在哪些方面？

自我评估测验试题十

1.你很注意自己说话的方式吗（ ）

①非常注意

②有时注意

③不知道

④不注意

2.你对"行为语言"敏感度如何（ ）

①高度敏感

②较敏感

③一般化

④不敏感

3.你的讲话常常能引起别人的注意吗（ ）

①是的

②有时

③偶尔

④几乎没有

4.你喜欢与对方辩论谁是谁非吗（ ）

①非常不喜欢

②不喜欢

③喜欢

④非常喜欢

5.在谈判中，你常采用哪种形式 （　　）

①问话

②回答

③解释

④辩论

6.你能否很好地表达自己的观点 （　　）

①非常擅长

②比较好

③一般水平

④很差

7.你讲话的语言幽默吗 （　　）

①是的

②有时如此

③不幽默

④讨厌

8.你善于倾听别人的讲话吗 （　　）

①是的

②有时如此

③偶尔如此

④不善于

9.当对方在陈述与你不同的观点时，你如何对待 （　　）

①注意听

②有时注意

③不太注意

④不想听

10.在紧张严肃的谈判气氛中，你的思路一直很清楚吗 （　　）

①非常清楚

②比较清楚

③不太清楚

④根本不行

11.你是否时常有这样的感觉，嘴上表达的与心理感受的不一样 （　　）

①经常有

②偶尔

③没注意

④没有这种情况

12.你认为听对方讲话的主要作用是 （　　）

①了解他心里想的

②检查他行动做的

③判断对方的能力水平

④观察对方表里是否一致

13.如果你想鼓励对方讲话，你习惯上采取什么形式（　　）

①插话

②肯定对方

③认真倾听

④装作不在意

14.对对方的讲话，你最初的反应是（　　）

①怀疑

②问为什么

③相信

④不在意

15.你认为优秀的谈判者哪一特点是主要的（　　）

①擅长讲话

②善于倾听

③善于理解别人

④善于博得别人同情

16.你在表达己方立场、观点时，是否注意用语的准确和简练（　　）

①注意并完全能够做到

②一般状况

③不太注意

④不能够做到

17.如果对方表达的意思你没理解，你的做法是（　　）

①打断他，当场请教

②等他讲完之后再提出

③询问己方其他人

④装作理解了

18.你认为说服对方最有效的方式是（　　）

①从不同方面劝诱

②让对方感到你诚实可信

③让对方敬佩你

④让对方感到震慑

19.你在与别人交谈时，常常处于什么地位（　　）

①引导话题

②跟着别人话题

③揣摩别人意思讲话

④不善于讲话

20.你在躲避别人提问时，习惯采取什么方式（　　）

①缄口不言

②以雄辩震慑对方

③转变话题

④反问

第 *11* 章

谈判心理

谈判心理是指围绕谈判活动所形成的各种心理现象及心态反应。它不仅影响谈判当事人的行为活动，也直接关系到交易协议的达成和合同的履行。

11.1 谈判的心理基础

需要、动机、态度都是人最典型的心理现象，它们时刻支配、统治着人们的行为活动。因此，了解谈判的需要心理，探索谈判的具体动机，改变影响态度的消极因素，有助于我们更好地了解与掌握谈判者的行为活动，更好地运用谈判的基本策略与技巧，取得理想的谈判结果。

11.1.1 需要

1）需要的含义

需要是人对客观事物的某种欲望。它同人的活动相联系，是人的行为活动的内在驱动力。

人的活动总是受某种需要所驱使，而行动的目的又总是反映某种需要。所以，我们认为，谈判活动也是建立在人们需要的基础之上的。对于产品贸易洽商，卖方想要出售自己的产品，买方想要购买所需的产品，这样促使交易双方坐下来，磋商具体条款。需要是谈判行为活动的动力基础，谈判是满足各方需要的过程。无论任何个人、组织、团体、企业甚至国家，采取什么样的洽商形式，都是建立在产生需要并满足需要的基础上的。

要研究需要对人行为的支配作用，有必要了解需要的一般特点：

（1）需要具有对象性。这是指需要总是包含具体的内容，如想要购买一批价格适宜、性能良好的计算机；以市场价出售一批配件等。

（2）需要具有选择性。人们形成的需要是多种多样的，已经获得满足需要的经验，使人们能够对需要的内容进行选择。如要购买计算机，既可以通过函电洽商，也可以通过采购人员面谈洽商；既可以把销售者请到企业来，也可以走出去上门购买。当然要购买哪一家的产品，可供选择的对象就更多了。

（3）需要具有连续性。这是指人的需要不断地出现、满足、再出现、再满足，周而复始，不断上升。如交易双方出于合作的需要，坐到谈判桌边，准备洽商合作的事宜。而反复磋商的结果，达成了双方都满意的协议。当合同顺利执行后，双方可能还会产生合作的欲望，也许交易的规模更大了。

（4）需要具有相对满足性。这是指人的需要在某一具体情况下所达到的满足标准。人的行为活动要达到一定的目的，但目标的满足只是相对的。比如，一个产品滞销的企业在一次交易中能签约售出数百件，可能是值得庆贺的事，但对于一个产品畅销的企业来讲，很可能是微不足道的。

（5）需要具有发展性。人的需要出现与满足，再出现，不是简单的重复，而是不断发展、不断上升的。这一方面表现为标准的不断提高；另一方面表现为需要的内容不断变化。

2）需要层次论

因为人的需要是多种多样、不断发展的，所以，从需要的种类上讲，需要是无穷无尽的。这正是推动人类不断进化的根源。但是，人的需要的产生又是有层次的，研究需要的层次性，可以从根本上揭示需要对人行为的支配作用。

需要的层次性可分为以下几方面：

（1）生理需要。人的需要首先是生理需要。人要维持生存，就会对食物、空气、活动、睡眠产生需要，而且必须得到满足。这是人最基本的需要。现代各种类型的交易洽商活动，无论怎样紧张、激烈，参加谈判的人员都要保证这种生理上需要的满足，以恢复体力。许多事例证明，在洽商活动中，像就餐、住宿、休息、娱乐等安排得越好、越周到，谈判活动的效率也就越高，成效也越显著。相反，当人的这方面需要不能得到很好的满足时，会直接影响谈判效果。

（2）安全需要。其主要指人的安全感、稳定感、秩序。一个最具有代表性的现象就是参与交易的洽商者普遍对交易中的风险比较关注、担心。对安全需要较为敏感的人，宁可放弃很有吸引力的大笔交易，而选择比较稳妥保险的小额交易，甚至放弃交易。这里我们指的风险，主要是指交易者感觉到的风险，如资金风险、产品性能风险。有些风险尽管实际存在着，但却没有被觉察到，是不会影响其决策行为的。

（3）社会需要。其主要是指寻求和改善人际关系的需要。这是在前两种需要满足基础上又产生的进一步的要求。任何人都不是在社会上孤立地生活的，人们相互之间需要交往，组织家庭，参加组织，参与各种社会活动。因此，这方面的需要就成为人们行为活动的主要目标和动力。所以，社会需要是人的一种较高层次的需要。在经济文化较发达的社会，人们的行为活动更多的是表现社会需要，通过谈判协调行为的活动就是典型的社会交际活动。

（4）尊重的需要。其包括自尊、自重、威信和成功，具体表现为希望自己有能力、有成就，能胜任工作，渴望得到别人的赏识和高度评价，得到名誉和荣耀。这种心理需要在谈判活动中表现得最典型的就是有人喜欢显示自己的身份、地位、权威，有的人特别要面子，有的人喜欢听别人的恭维话，也有的人喜欢排场、阔气与豪华。人们在谈判时可能会为了维护面子与尊严愤而退出谈判，放弃他原打算进行的交易，也可能为了取得令人钦佩的谈判业绩，废寝忘食、夜以继日地工作。

（5）自我实现的需要。当上述种种需要都已得到充分的满足之后，人们需要的层次又会上升，这就是自我实现的欲望，即每个人都处在最适合他的工作岗位，充分发挥每个人的能力。所以，人们也称这一层次的需求为创造性的需求。就拿谈判活动来讲，有项目负责人、专业人员、辅助人员，每个人所具备的能力与应发挥的作用是不一样的。领导者不但要能够把谈判小组中每个成员协调在一起，充分发挥集体的智慧，还要使谈判小组的成员明确各自承担的具体的工作，各司其职，使谈判活动取得理想的结果。

3）需要与谈判

谈判活动是建立在人们需要的基础上的，正是因为有了需要，才使谈判的各方坐下来进行磋商，最后达到满足彼此需要的目的。我们研究需要与谈判，是要研究哪一层次的需要支配着人的活动，是显性的需要还是潜在的需要，在什么条件下人的需要会发生转化，从而更好地探究人的行为变化的内因。

潜在需要是人们的一种下意识的欲望，它没有被明确地表示出来，但在某种情况下，更能影响谈判者的思维活动。买卖交易谈判双方能够坐下来洽商，彼此都清楚有合作的要求，经过初步的洽商，卖方的具体条件、买方的要求也都摊牌了，但是谈判的结果却可能是多样的：谈判非常成功，各方都十分满意；只获得了一方的赞许；双方都不满意；谈判破裂，没有达成协议。之所以会出现多种谈判结果，一个最重要的原因就是需要的满足。

我们知道，人的需要是可以变动的，是受许多因素影响的，满足需要的方式也是多种多样的。尽管我们所研究谈判活动的需要是集体的需要，是理性的需要，但是，它是由代表企业的人来实现的，它的满足与否是由人来评价的，这就难免会带有个人感情的因素，受个人需要的影响。常见这样的场面，在谈判中由于一方语言或行为的不慎，使另一方感到受了不公正的待遇和丢了面子，即使他的目的达到了，他也会感到不满意，甚至还可能出现为维护面子愤而反击，中止谈判的行为。也有这样的情况，双方在最初的洽商时，都感到各方的要求差异很大，很难协调，但随着谈判的进展、关系的融洽、感情的加深，居然达成了双方都十分满意的协议。其原因很简单，就是谈判双方都感到了他们的要求被满足。

应该指出的是，这里需要的满足，不一定就是达到企业原有的既定目标，而是谈判者认为需要的满足。谈判所签订的协议条款，很可能与企业原计划相差较大，这可能是在双方的洽商中，制订计划的一方认为原有的标准过高，不符合实际情况，或者情况发生了变化，谈判的结果是合理的。或许他认为，不管怎么说，签订这个协议是值得的。这就是需要对谈判的影响。如果我们细心观察现实生活中各种谈判，情形大抵如此。一个企业职工感到他在企业的贡献与劳动报酬不相符，他会向经理要求增加工资或奖金。但是他与经理谈话之后却改变了这种想法，企业处于艰难时期，他是企业核心岗位的职工，理应为企业振兴做出贡献，而不是先考虑个人的得失。我们认为，谈判之后，他的增加劳动报酬的需要（生理需要）没有得到满足，而他的自尊需要却得到了满足。可见，满足不同层次的需要是取得理想谈判结果的关键因素，同时，也是解开谈判僵局的症结所在，它有利于谈判人员采取灵活变通的办法，取得双方满意的结果。

美国著名谈判专家荷伯·科恩在他所著的《人生与谈判》一书中，讲述了他亲身的经历，很能说明问题。一次，他代表一家大公司去俄亥俄州购买一座煤矿，矿主开价 2 600 万美元，而科恩则还价 1 500 万美元，显然，两方的报价差别较大，必须给予调和，才能达成协议。但矿主态度十分强硬，拒不让价。最后，当科恩开价上升到 2 150 万美元时，矿主仍不妥协，这使科恩感到奇怪。按理说，这个开价比较客观、合理，那么，为什么卖主不接受这个显然是公平合理的价格呢？为了找出原因，他邀请矿主共进晚餐，矿主的几句话讲出了他不让价的原委。

原来他兄弟的煤矿卖了 2 550 万美元，还有一些附加利益。这使科恩明白了，矿主除了想卖矿山以外，还有其他的需要，这是最根本的问题，而他却完全忽略了，这就是自尊的需要。随后，科恩开始调查矿主的兄弟从卖矿上得到多少附加利益，协商的结果，达成了一个双方都满意的协议。买方所付出的价格没超过公司的预算，而卖方则觉得他的出卖条件要比他兄弟好得多。这是一笔因满足自尊需要而达成的协议。

再如，美国与墨西哥的一笔交易。美国想用低价购买墨西哥的天然气。他们认为，这笔买卖只有美国人愿意与墨西哥人做。美国能源部长拒绝同意美国石油财团与墨西哥人进行增加价格的协商结果。但是，墨西哥人的主要利益不仅在于天然气要卖一个好价钱，而且希望受到尊重，求得平等。美国的行动看上去像是在利用权势，即唯一潜在的购买者，结果引起了墨西哥人的极大愤慨，墨西哥政府决定不出售天然气而将其烧光，任何签订低价格购买天然气协议的机会已经不存在了。

通常，我们还见到这样的情况，一些谈判协议的签订，对某一方来讲并不合算，但他们却感到很值得。那么目的是什么呢？显然，是为了建立关系和联系，为了交朋友，为以后的长期交易打基础，这是出于社会的需要。至于从满足谈判各方的生理需要来实现理想的谈判结果就更为常见了。比如，在就餐、娱乐、休息方面精心安排，热情款待，希望以此达到自己生意上的目的。但如果这样做达不到目的，那么很可能情况会颠倒过来，给来客造成种种生活上的不便，形成一定的心理压力，迫使对方妥协。

同样，满足人的自尊与自我实现的需要也是谈判活动中比较常见的心理现象。一次著名谈判专家科恩在北美洲的墨西哥旅行，被一个当地的土著人缠住了。他向科恩推销一件毛毯披肩，而他根本不想买这东西，所以刚开始他没太理会，继续赶路。小贩的开价由开始的 1 200 比索一直向下降，当降到 200 比索时，科恩开始动心了。对方说："好吧，你胜利了，只对你 200 比索。"科思接过披肩，边走边想："我喜欢吗？我需要吗？都不是，但是我却改变了不想买的主意。是我把他的要价由最初的 1 200 比索降到现在的 200 比索。"于是，科恩开始与小贩讨价还价。

小贩告诉他，在墨西哥城的历史上，以最低价格买到这样一件披肩的人是一个来自加拿大的温尼塔格人，他花了 175 比索。最后，科恩花了 170 比索买下了披肩，他创造了墨西哥城历史上买毛毯披肩的新纪录。所以，直到他回到旅馆见妻子之前，还一直沉醉在他的成功喜悦之中。回到旅馆，他迫不及待地向妻子报告他的胜利："一个土著谈判家要 1 200 比索，而一个国际谈判家花 170 个比索就买下来了。"当他的妻子告诉他，她花了 150 比索买到了同样的披肩时，他兴奋的喜悦顿时烟消云散。他仔细回想不由得感叹道，这个土著的谈判家最巧妙地利用了他的自我实现或自尊的心理，因为最能打动他的是"你是墨西哥城历史上以最低价格购买毛毯披肩的人"。

在实际谈判活动中，像这样的事例比比皆是。人们在谈判时经常运用的一个策略是最低报价，就是利用这一心理。诸如"这是我们最优惠的价格""这是特别优待价"等，就是利用另一方追求自我实现的心理。实际上，这是人们最普遍的心理要求。谁都承认，人人爱听赞美之词，谁也不能否认，当你经过努力，使别人给予你特殊优待时，你的满足可能达到了顶点。这就是自尊与自我实现需要的体现。如果你能掌握人的需要特点，巧妙地满足人们各个层次的需要，你就是个成功的谈判家。

在谈判中，需要的心理主要表现在以下几方面：

（1）权力的需要。这实际上是自尊需要心理，它是个人控制环境的需要，这在自我表现欲强的人身上表现得最为明显。通常在谈判中他们表现得咄咄逼人，立场强硬，支配欲望强，目标要求高，他们为掌握权力、支配他人、控制局面，可以牺牲其他方面的利益，甚至为了获得权力而不择手段。

（2）交际需要。谈判是一种社会交往活动，而广泛的社会交往、良好的人际关系是谈判成功的保证。在很多情况下，人们为了建立关系、寻求友谊而谈判。

（3）成就需要。这是自我实现需要的表现。敢于冒险的人目的是为追求更大的成就，也是为了获得自我满足。

总而言之，需要是谈判的心理基础，没有需要，就没有谈判。一方的需要越迫切，越想达成谈判的协议，要取得理想的谈判结果就越困难，而形势对另一方就越有利。从这一点上说，需要程度直接影响谈判活动的结果。

11.1.2　动机与谈判

1）动机心理

（1）认同。通常我们认为，认同是人们怎样看待自己与他人形象的关系。打个比方说，为什么你逛商业区十分喜欢到某一家商店而不喜欢到另一家商店呢？为什么你在单位同事中有的关系很密切，而有的却很疏远呢？为什么你寻找工作要选择这一家公司，而不是另一家呢？这不仅仅是因为那家商店货全、价格合理，那个同事通情达理、与人为善，那家公司规模大、形象好，还有一个共同特点就是你所选择的对象与你有着某种相似性。比如，那家商店卖的东西从价格、牌号、商品质量等主要方面来看都大致符合你的要求，服务员的服务也获得了你的好感与信任，使你觉得到这家商店买东西正合心意。而你愿意密切交往的同事，则与你有着共同的语言、相似的性格或爱好，与他相处，使你感到十分愉快。同时，他也了解和信任你，那么，这就是认同。

这里，我们举一个能获得别人认同的例子。一天，一位推销员来拜访拿破仑·希尔，希望希尔订阅一份《周六晚邮》，他把那份杂志拿到希尔面前，希尔回答道，你不会为了帮助我而订阅吧，结果希尔拒绝了。

此后，另一位推销员来见希尔。她一共推销六种杂志，其中一种就是《周六晚邮》，但她的推销方法则大为不同。当这位女推销员刚刚走进来的时候，希尔正在看手中的一份文稿，这时，希尔把稿子放下来，想要听听她说些什么。她首先看了看希尔的书架，发现他的书架上摆了几本杂志，然后，她又看看他的办公桌，忍不住"惊呼"起来："哦，我看得出来，你十分喜爱阅读书籍和杂志。"

用短短的一句话，加上一个愉快的笑容，再加上真正热忱的语气，她已经成功地中断了希尔的工作，使希尔对她有了兴趣。这时她走到希尔桌边的书架旁，取出一本爱默生的论文集。在以后的10分钟内，她不停地谈论爱默生的那篇"论报酬"的文章，并谈得津津有味，使希尔忘记了她是来推销杂志的，竟然产生了想与她探讨问题的欲望。

在取得希尔认同的基础上，她把话锋一转，问希尔："你定期收到的杂志有几种？"希尔向她说明以后，她脸上露出了笑容，把她的那卷杂志展开，摊放在希尔面前的桌子上，开始一一分析这些杂志，并且说明希尔为什么应该每一种都要订阅一份。《周六晚邮》可以让人欣赏到最干净的小说；《文学书摘》以摘要的方式把新闻介绍给读者，像希尔这样的大忙人最需要这种方式的服务；《美国杂志》可以向希尔介绍工商界领袖人物的最新生活动态等。但希尔并没有像她想象的那样反应强烈，于是，她向希尔提出了这样一项温和的暗示，像你这样有地位的人物，一定要消息灵通，知识渊博，如果不是这样，也一定会在工作中显示出来。

接着，希尔问她，订阅这六种杂志共需要多少钱？她很巧妙地回答："多少钱？整个数目还比不上你手中拿的那一张纸的稿费呢。"就这样，当她离开时，带走了希尔订阅的这六种杂志的订单和12元订报费，同时，还带走了希尔的五位职员的订报费。

在商务谈判中，认同的作用是十分重要的。如果谈判的对方认同你就意味着他与你有着共同的语言，可交流信息，相互理解，互相信任，相互合作。最为典型的表现就是，当我们问一个用户："你为什么总是购买那家公司的产品？"被问者会毫不迟疑地回答："他们的产品我们用来正合适""我们感觉很好"，这就是认同的结果。因为如果你认真调查，你就会发现，他们认为十分满意的产品，不见得在市场上就是一流的，而用户的心理感觉却是最佳的。关于这一点，已经从国际上一些著名的谈判专家的研究中得到证实。

与认同相对立的就是排斥。认同带有感情色彩，如喜欢、信任、偏好等，排斥也带有感情色彩，如厌恶、怀疑、固执等。他由不认同你个人，导致他不同意你的观点，甚至扩大到其他方面。如果在谈判中，对方对你不认同，而是排斥，要达成交易就比较困难。

形成排斥和对立的原因很多。一般来讲，丢面子、伤感情，都会造成双方的排斥。但有些情况下，也会由于性格差异、文化层次不同、社会环境不同等因素造成交流堵塞，形成排斥。那么，怎样消除排斥，使别人认同你呢？就专家意见，如果你在与别人的交流中，表现出你是职业和理性的人，就比较容易获得对方的合作、真诚与信任。同时，不要过高地评价和表现你的职权、你的优越感和与众不同，而应尽量强调你与他的感情一致，看法相近，要想办法表现你理解他的需要、观点甚至是立场。如果你能坚持这样做，你就会获得别人的认同。

（2）臆测。心理学所讲的臆测，是指在某一客观条件下人的主观猜想、揣测。这是十分重要的心理现象。人们做任何事情，不管情报来源何处，信息是否准确，都要对可能变为事实的结果或行动的结果加以估计和推测。在多数情况下，这样的估计和预测是建立在科学分析计算基础上的，但是，并不排除人的主观臆测。事实证明，人们做任何事情，都喜欢臆测，多数是自然地根据习惯、经验进行推测。所以，臆测是影响人的思维和行为活动的主要因素。正如专家指出的："臆测不易显现，因此，我们常不知道它的存在。像冰山一样，臆测有9/10是埋藏在下意识里的。"

人们喜欢臆测的本能使人们对犯更多错误有了一定的防卫性。因为如果能事先推测事情可能发生的结果，人们就会做好心理准备或采取一定的预防措施。

但是，我们更要注意的是，在许多情况下，人们把臆测当作事实，形成主观断想。如果与实际情况不符，会带来损失，导致犯错误。我们最容易犯的毛病就是，先入为主地下结论，这就是臆测的影响。

臆测是一种猜测和概率。如果把臆测作为肯定，不仅会影响谈判者清楚、真实地了解现实，而且还可能被对手加以利用。著名谈判专家尼伦伯格曾介绍这样一个事例，说明臆测的反作用。他与某一公司在签订一个房地产协议时，对方聘请了一位专业律师。交易所涉及的主要内容依照美国的《不动产租约手册》。这种范本内容包罗万象，即使是执业50年的律师，也不可能记住全部的条文。在谈判中，尼伦伯格的同伴对对方的律师说："这是标准的租约手册，像你这样资深的律师，早已熟悉全部的内容了吧？"这样一来，这位律师就觉得有必要维护自己的权威，他不使用标准本了，认为再看它，就表示自己缺乏经验，他希望别人把他作为真正的专家对待。结果他忽视了主要条文，反倒被对方利用了。这种臆测在谈判中经常发生，并被有经验的对手加以利用。

臆测最为典型的是，我们常常根据习惯、经验对某事的结果加以推断、假设。专家们用试验证明了这一点。试验者手中握有一物，让被试者猜测是什么？于是大家根据日常经验，纷纷猜专家手中之物是橡胶做的铅笔，当被猜之物抛到桌子上时，大家才发现是金属一类的物质，这说明了按常规推断的东西并不一定如此，也证明了臆测的主观性。

人们喜欢对他人的动机、行为进行猜测，即带有个人的主观偏见去看待一些事物，而却没有意识到，这样有时会产生很大的负面作用。例如，我们常常不听完别人的讲话，就认定他要讲什么，结论是什么，甚至别人还未讲话，就推断他会说什么。这不仅仅失去了了解真实情况的机会，也失去了与对方交流的机会。所以，在谈判中臆测的作用是重要的，一方面它帮助我们预测未来可能发生的事情，另一方面，我们不要被头脑中想当然的思想所左右，克服的最好办法就是谈判的双方都参与发现事实，分析论证，寻找真实情况。经过双方确定的事实是解决问题的基本要素，只要有充裕的时间分析和发现事实，就能找出双方的分歧，同时，又能发现有价值的事实。那么，谈判时所坚持的或不可改变的一切就不会那样不可动摇，一切都可以商议，都可以谈判。

（3）洞察力。洞察力在心理学上作为观察力、注意力来研究。我们在这里之所以称之为洞察力，是强调在实际生活中的观察注意力，经验起着十分重要的作用。一个具有很强洞察力的人，会对外界事物进行深入、细致的了解，掌握最可靠、最直接的第一手资料，更好地实现谈判目标。

尽管洞察力在一个人所处的环境中是这样重要，而且专家再三强调，敏锐的洞察力是谈判者必不可少的，但是许多人却缺乏商谈中应有的警惕性，特别是一些中高层管理人员。其原因在于，他们太过于在意他们自己的想法，而无法去倾听别人说什么；他们过于沉湎于自己的思考中，顾不上或注意不到别人做的事情。这在某种程度上大大地影响了谈判的效率，影响了谈判者臆测的准确性。

在多数的商业场合或贸易谈判中，谈判对手不会轻易让你了解事情的真实情况，甚至一些表面现象与实际正相反。这就需要运用你的洞察力，注意观察从他的言谈举止中偶尔流露出来的真实自我和真正信息，更清楚地了解对方的真实意图。

房地产领军企业——万科董事长王石是大家都熟悉的著名企业家。许多人羡慕王石掌管着上千亿资产的大企业，发展如日中天，却不像许多整日操劳的老板，失去了许多人生的乐趣。殊不知王石做企业一个最重要的特质就是具有敏锐的前瞻性和很好的洞察力。王石创业初期做的是贸易。在20世纪80年代初的时候，他由东北进货向深圳代理商销售玉米，一次就赚30万～40万元，这在当时是一个稳赚不赔的买卖。但1983年8月，风云突变，一家香港媒体报道，鸡饲料中发现致癌物质。几乎一夜之间，香港人由吃肉鸡改为吃肉鸽。这直接导致珠三角销往香港的鸡肉开始大量滞销。鸡卖不出去，曾经畅销的鸡饲料——玉米也成了烫手的山芋，结果王石手里压的上千吨玉米，一下子就让他损失了70多万元。这使得王石的公司濒临绝境。但睿智的王石判断，吃鸡是中国人上千年的习惯，不会因一时的危机而改变。于是，他决定赌一把。

他立刻从广州飞到大连，找到大连粮油进出口公司的负责人，与对方谈起了玉米生意。他将粮油公司 1.5 万吨的库存全部拿下，条件是："达到目的地深圳蛇口后 100 天再付货款。"随后，王石又去了天津和青岛，也如法炮制把当地库存的玉米全买下来，总共 3 万多吨。

1983 年夏天，台风频繁，大连到深圳的货船船速十分缓慢。就在载着玉米的万吨轮离深圳还有两天路程的时候，好消息传来了：香港报纸勘误：之前的报道有误，饲料中不存在致癌物质。消息一出，香港市民开始报复性地吃白斩鸡、盐水鸡。而王石也一下子来了精神，他雇了 20 台 8 吨翻斗车，早早来到港口等着卸货……

这一次，王石不仅补上了 70 万元欠款，还赚了 300 多万元。许多人都觉得王石这次是"赌"对了，但是，王石在多次场合讲，我对自己做商业的直觉还是非常自信的。这就是我们所说的洞察力。王石具有非凡的洞察力，不仅使万科在多次发展的转折点和关键时期转危为安，成为时代引领者，而且王石本人也成为政府的高级管理顾问，他的每次"发声"都能引起巨大反响。

敏锐的洞察力并非意味着过于匆忙地下结论和对一些微不足道的小事做过敏的反应，更不是捕风捉影、无中生有，而是通过对对方言行举止的观察，分析和探询他内心世界的真实意图，确定自己的思考和行动。比如，会谈的一方到另一方处拜访，如果对方沏茶倒水招待你，并认真归拢桌上物品，坐正姿势，下意识地身体前倾，双手并拢，认真地望着你，那么，这表明他准备认真与你交谈，而对方靠在椅子上，全身放松，一副无所谓的样子，那么，你最好不要打算谈实质性问题。当然这只是一般情况下如此。有时还要具体问题具体分析。如果对方是你的老朋友、知交，那么也可能出现上述状态，但却并不影响你与他谈些重要内容。但要指出，几乎任何有效的观察，除了你看到、听到的以外，还要对整个情况做全盘思考和推敲。

有助于锻炼人们洞察力的一点就是积极倾听。这是因为你在讲话时，很少注意到别人的表情，更无暇顾及对方内心在想什么。而当你倾听时，就可以在仔细地、专注地听他讲的同时，猜测他的内心世界，发现他的真正用意或言外之意。

2）动机类型

建立在不同心理动机基础上的谈判者的思维活动会有很大差别，表现为多种类型：

（1）经济型。这类谈判者以追求交易中最低成交价格为目标，不遗余力地讨价还价，迫使对方让步。在他们看来，只要能以最低价格成交或获取最大利润就是胜利。为达到这一目的，他们也愿意在其他方面做出让步，比如，付款方式、购买期限、数量、包装、运输方式、交货时间、地点等，但在价格、利润分配比例或费用分摊上却态度强硬，不轻易让步。再进一步讲，经济型的谈判者对进行交易的经济利益十分看重，只有有利可图，他才考虑交易的可能性，并为达成一切有利的交易竭尽全力。

（2）冒险型。这类谈判者的动机类型是追求冒险。如果洽商的项目风险大、利润高、富有挑战性，会对他们有较大的吸引力，能迅速调动大脑神经系统，全力以赴地投入到谈判中去。喜欢冒险的谈判者，一般自信心较足，期望水平也比较高，自我实现欲望强烈。他们喜欢通过做别人不敢冒险的事来证明自己的能力，满足自我成就感的心理。因此，这类谈判者在比较大型、复杂的、风险大的谈判中挥洒自如，镇定自若，决策果断，取得的业绩也比较好。

（3）疑虑型。这种人的动机特点与冒险型正相反。冒险者尽管也觉察到事物的风险，但一般都往成功处想，更多考虑的是怎样克服困难，达到最终目的。而疑虑心理动机者考虑事物时大多看到的是问题，凡事都往失败、困难处想，他们体验或知觉到的风险比一般人要大得多。他们担心产品使用性能风险、资金风险、社会风险、舆论风险等。这样，这种高风险知觉者宁愿把他们的选择限制在一个很小的范围内，他们为了避免做出错误的选择，宁可放弃一些好的选择。同时，他们为了减少产品购买风险，还喜欢选择自己熟悉或习惯的牌号的商品。而低风险知觉者的选择范围要大得多，他们也喜欢购买新产品，对牌号的忠诚度也远不如高风险知觉者。受疑虑动机支配的人，在谈判中不大放得开，他们缺乏创造性、灵活性，习惯于按既定计划行事，每当对方提出新问题或新建议，他们都是持怀疑态度，不轻易表示自己的意见，处事谨慎，因此，他们成功的概率高，但开拓性差。

（4）速度型。这类人心理动机的特点是注重效率和速度，雷厉风行。他们不喜欢无效率、拖拖拉拉的谈判方式。他们看问题尖锐，提问题一针见血，分析问题切中要害，解决问题雷厉风行，不喜欢烦琐的交易方式，讨厌长时间、无结果的磋商。他们不计较能否在每次交易中获得最大的利益，而追求高效率，只要双方都认为合理合适，就是理想的结果。他们认为，为某一条款争执不下，耗费几天甚至是更长的时间是划不来的，时间上的损失也是金钱的损失。

（5）创造型。创造型动机占主导的谈判者，喜欢标新立异、与众不同。尽管他们也要认真详细制订各种谈判方案，进行计划，预先考虑可能出现的各种问题，解决的方法、途径，但是他们思维比较活跃，喜欢创造性地解决问题，处理冲突，缓和僵局。对在谈判中出现的问题，按常规方式也能解决，但他们更欣赏与众不同、独出心裁的处理方法。如果谈判对手也是这种动机类型，可以取得良好的效果。但如果谈判对手是疑虑型的就比较困难，面对新的解决途径，他们看到的更多是风险，可能会轻易地加以拒绝。这就是为什么灵活的交易谈判形式并不能解决一切问题。我们在谈判原则中强调灵活、变通、创造性对于成功谈判的积极意义，但并不是人人都能很好地运用这一原则。

11.2　知觉在谈判中的作用

通常我们把知觉理解为人对客观事物的各种属性的整体的、概括的反应，它对于我们认识客观事物是十分重要的。以下我们介绍几种主要的知觉现象：

11.2.1　首要印象

在知觉认识中，一个最常见的现象就是第一印象决定人们对某人或某事的看法。这在心理学上被称为"首要印象"。

当我们与某人初次见面时，有时会留下比较深刻的印象，甚至终生难忘。在许多情况下，我们对某人的看法、见解、喜欢与不喜欢，往往来自第一印象。如果对第一面感觉良好，很可能就会形成对对方的肯定态度，否则，很可能就此形成否定态度。

2014年，《中外管理》杂志第7期刊登了这样一个小故事，很令人深思。

威尔逊是假日酒店的创始人。一次，威尔逊和员工聚餐，有个员工拿起一个橘子直接就啃下去，原来那个员工高度近视，错把橘子当苹果了。为了掩饰尴尬，他只好装作不在意，强忍着咽了下去，惹得众人哄堂大笑。

第二天，威尔逊又邀请员工聚餐，而且菜肴和水果都和昨天一样。看到人都来齐了，威尔逊拿起一个橘子，像昨天那个员工一样，大口咬下去。众人看了看，也跟着威尔逊一起吃了起来。结果，大家发现这次的橘子和昨天完全不同，是用其他食材做成的仿真橘子，味道又香又甜。大家正吃得高兴时，威尔逊忽然宣布："从明天开始，安拉当我的助理！"所有人都惊呆了，觉得老板的决定很突兀。

这时，威尔逊说："昨天，大家看到有人误吃了橘子皮，安拉是唯一一个没有嘲笑他，反而送上一杯果汁的人。今天，看到我又在重复昨天的错误，他也是唯一一没有跟着模仿的人。像这样对同事不落井下石，也不会盲目追随领导的人，不正是最好的助理人选吗？"

正是由于首要印象的决定作用，比较优秀的谈判者都十分注意双方的初次接触，力求给对方留下深刻印象，赢得对方的信任与好感，增加谈判的筹码。

人们首要印象的形成主要取决于人的外表、着装、举止和言谈。在正常情况下，仪表端庄，着装得体，举止大方稳重，较容易获得人们的好感。但心理学家研究发现，如果一个人很善于沟通或感染别人，那么他给人的首要印象也比较好。

11.2.2　晕轮效应

晕轮是指太阳周围有时出现一种光圈，看上去，好像使太阳扩大了许多。晕轮效应是指人对某事或某人好与不好的知觉印象会扩大到其他方面。最典型的是，如果一个人崇拜某个人，可能会把其看得十分伟大，其缺点、怪癖也会被认为很有特点，而这些如果出现在其他人身上，则不能忍受。

这种晕轮效应就像太阳的光环一样，把太阳的表面扩大化了，这是人们知觉认识上的扩大。如果个人的见识、经验比较少，这种表现就更加突出。

2010年前后，中国企业乘着4万亿大投资的东风，一路上高歌猛进，不断书写经济发展的奇迹，这其中家电企业美的也不例外。为了庆祝美的总部大楼落成以及美的进入"千亿俱乐部"，美的组织了一场前所未有的盛大典礼。主会场背景板上有几个白色大字"圆千亿梦想，创世界美的"，台下一片花海，数万员工、上千合作经销伙伴、十几个城市的书记和市长以及广东省的官员都前来祝贺，彩带喷发，气球悬空，会场上弥漫着无比喜悦的气氛。现场68岁的企业创始人和掌门人何享健宣布了美的未来发展的新五年计划："再造一个美的，销售收入达到2 000亿元，进入世界500强……"

在此目标的驱使下，美的的高层都处于亢奋状态，追逐销售增长的欲望使他们竞相攀比，看当年的财报：2011年第一季度美的的制冷集团同比增长90%，日电集团同比增长60%，最低的机电集团也实现增长50%。公司董事长请高管们吃饭，未能跻身高速增长行列的负责人如坐针毡，反复向下属打电话，确认增速指标。当时大家感觉，不用到2015年，公司就能突破2 000亿元的销售目标。一时间，公司内部争相拓展新领域，生产项目遍地开花，天天办喜事，月月有剪彩。这种对业务拓展无限放大的晕轮效应激励着每一个美的人。尽管事实并非如此，但人们都相信，不怕做不到，只怕想不到。

晕轮效应在谈判中的作用既有积极的一面，又有消极的一面。如果谈判一方给另一方的感觉或印象很好，那么，他提出的要求、建议都会引起对方积极的回应，他们要求的东西也容易得到满足。如果他能引起对方的尊敬或更大程度的崇拜，那么，他就会具有威慑力量，完全掌握谈判的主动权。

但如果给对方的首要印象不好，这种晕轮效应就会向相反的方向扩大，他会对你提出的对双方都有利的建议也不信任，对你提出的一切都表示怀疑、不信任或反感，寻找借口拒绝，甚至回避你个人。

11.2.3　先入为主

这是指人们习惯于在没有看到结论之前就主观地下结论。常见的有不等某人说完话就打断他，想当然地认为对方就是这个结论。先入为主直接影响人们的知觉认识，影响人们的客观判断。这是由于人们日常活动的经验、定向思维和习惯作用的影响。比如，我们看到照片上长条会议桌的两边坐着两行人，中间插着两国国旗，不用看说明，我们就知道是国际谈判。

先入为主的结果可能是正确的，也可能是错误的。最主要的是它影响、妨碍人们对问题的进一步认识，是凭主观印象下结论。这在谈判中常表现为猜测对方的心理活动，自觉不自觉地走向自己认识的误区。

11.2.4　认知偏差

我们对知觉理论的分析，不能忽略认知偏差对谈判者带来的影响。

僵化的歪曲，是指将原本非常复杂的认知环境进行简化的倾向，这样人们就可以比较容易地将一些信息分解成某些比较容易辨识的类型，如好与坏、黑与白、支持与反对等。心理学家将其定义为"镜像"，如镜子里的形象一样。这在国际争端，特别是国际冲突中，谈判的己方在描述另一方所使用的词汇中表现尤为突出。

如在冷战的高峰期，每一方都形容对方"十恶不赦"，而自己则是"真理和正义的传播者"。

"归因歪曲"是认知偏差的另一种形式。

归因是指人们对他人或自己行为原因的推论过程。归因理论是人们对他人的行动过程或自己的行为过程所进行的因果解释和推论。这种解释和推论归结于四个方面的因素：努力、能力、任务难度和机遇。从内外因方面来看，努力和能力属于内因，而任务难度和机遇则属外部原因；从稳定性来看，能力和任务难度属稳定因素，努力与机遇则属不稳定因素；从可控性来看，努力是可以控制的因素，而任务难度和机遇则超出个人控制范围。

如果一个人把失败归之于天生能力低、智力不够等自己难以控制的内因，他在失败后再从事同样行为的概率就比较低，这主要基于能力是难以改变的认知。如果一个人把失败归之于不够努力这种可以由个体主动控制的内因，失败后加倍努力的可能性比较大，因为他确信，可以通过重复类似的行为，付出更多的努力而获得成功。如果一个人把失败归之于偶然的不可控制的外因，失败后一般能坚持同样行为，争取在下次获得成功。但如果一个人把失败归之于必然的不可控制的外因，就会降低努力程度。

日本著名的推销员原一平在36岁那年成为美国百万圆桌协会成员，还创下了世界寿险推销的最高纪录，并且连续20年都保持着这个纪录。他成功的信条之一就是信念从不动摇。原一平在刚入保险业时，定下的目标是每天拜访15个客户，这个习惯他坚持了数十年。在原一平的客户中，有的他曾经拜访上百次，有的他坚持拜访十几年。

但许多人并不认为原一平的成功来自他多年的不懈努力，认为他的运气好，甚至还有独门诀窍。有一个初入道的年轻人给他写信，在羡慕原一平的地位、资产的同时，也抱怨保险的工作不好做，并表示很嫉妒原一平为什么能成功。原一平在给他的回信中表示："我不会教你什么推销技巧，因为那不是什么技巧，而是一个人在磨难中摸索出来的。况且你现在也学不下去。我能做的只是告诉你，为什么我能取得成功。我的成功主要是我认识了个好老师，那就是磨难。当你在磨难这个学校'毕业'后，你就知道了。"

归因歪曲是指歪曲了本应归属的原因。例如，谈判中冲突方往往带有这种偏见，对手善意的行为可能是为了某种不可告人的目的，而那些无情的行为则有可能是因为更恶毒的心理。反过来，自己的善意行为可以归结为自己本来就是一个友善的人，而自己那些不友善的行为则是由于当时的环境或其他人的行为造成的。

人们在解释他人的行为时，倾向于强调性格因素，而在解释自己的行为时，倾向于强调环境因素，这种双重标准被称为"基本归因谬误"。经验数据表明，当谈判者就他们所面临的冲突追究责任的时候，他们往往会低估共同的外部环境的影响，而高估其他方面的影响。此外，"自利偏差"是指因成功而得到好评，却不愿意为失败承担责任，也是归因歪曲的重要现象。在谈判环境中，这些偏差会形成一种认知，即谈判中的冲突因素主要是由其他方造成的，很少是由环境引起的，而最不可能的是由自己的因素引起的。研究表明，在这些偏差中，还有可能出现"标点"现象，就是指在一系列行动中，两个人就哪个行动是促进因素，哪个行动是反应持不同看法。例如，2014年的克里米亚危机事件，以美国为首的欧美国家认为是俄罗斯的介入导致乌克兰局势恶化，形成克里米亚的内部冲突，在俄军的"帮助"下成为俄罗斯一部分，而俄罗斯则认为是乌克兰要加入北约导致局势恶化，俄罗斯自愿接受克里米亚族人加入俄罗斯的请求。对克里米亚的公投，两大阵营也持完全不同看法。

11.3 谈判中的心理挫折

11.3.1 什么是心理挫折

人们的行为活动很少有一帆风顺的，都会遇到这样或那样的困难，碰到各种各样的障碍，当实际活动受阻时，会影响到人的心理，从而形成各种挫折感。所以，心理挫折是指人在实现目标的过程中遇到自感无法克服的阻碍、干扰，而产生的一种焦虑、紧张、愤懑、沮丧或失意的情绪性心理状态。

心理挫折是人的一种主观感受，有别于实际上的行动挫折。人们的行为活动在客观上遭受挫折是经常的。但是，并不是一遇到了挫折，人就会产生挫折感，面对同一挫折，人们的感觉反应也不相同。例如，在商务谈判中，当双方就某一问题各不相让、僵持不下时，形成了活动中的挫折，对此，人们的感受是不同的。有的人遇到了困难，反而可能会激起他更大的决心，要全力以赴把这一问题处理好，而有的人则感到沮丧、失望乃至丧失信心。

人们心理挫折的产生有主观、客观两方面的原因。其主观原因在于人的知识、经验、能力水平、智商等方面，而客观原因则是活动对象、环境条件的复杂、困难程度。在人的行为活动遇到挫折时，人们的主观心态由于各种原因会产生不同的反应，如对行为挫折的情境的主观判断、遭受挫折目标的重要性、抱负水平及对挫折的忍受力都会影响人们遭受挫折后的心态反应。

11.3.2 心理挫折的行为反应

心理挫折是人的内心活动，它是通过人的行为表现和摆脱挫折困扰的方式反映出来的。

（1）攻击。人在受挫时，生气、愤怒是最常见的心理状态。这在行动上可能表现为攻击。诸如，语言过火、激烈，情绪冲动，易发脾气，并伴有挑衅、煽动的动作。

攻击是在人产生心理挫折感时可能出现的行为，但攻击的程度却因人而异。理智型的人善于自我调节，比感情易冲动的人能更容易控制自己；文化程度低的人受挫后产生攻击行为的可能性比较大；经验丰富、见多识广的人受挫后会有多种排解方法，攻击的可能性就比较小。此外，受挫目标的期望程度、动机范围等因素都可能影响人的攻击性。

（2）倒退。它是指人遭受挫折后可能发生的幼稚的、儿童化的行为，如像孩子一样的哭闹、暴怒、耍脾气等，目的是威胁对方或唤起别人的同情。

（3）畏缩。它是指人在受挫后发生的失去自信、消极悲观、孤僻离群、盲目顺从、易受暗示等行为表现。这时其敏感性、判断力都相应降低。

（4）固执。顽固地坚持某种不合理的意见或态度，盲目地重复某种无效的动作，不能像正常情况下那样正确合理地做出判断，表现为心胸狭窄、意志薄弱、思想不开朗。这都会直接影响人们对具体事物的判断、分析，导致行动失误。此外，不安、冷漠等都是心理遭受挫折的表现。

美国谈判专家斯图尔特·戴蒙德认为，一个人在大众场合的表现是他内心的反应，得体和应对技巧会极大赢得人们的好感，反之，就会有很大的负面影响。他说，2008年美国总统大选，奥巴马为什么会获胜，主要取决于第二场总统选举辩论。每一次，当共和党人约翰·麦凯恩要对奥巴马施以猛烈抨击的时候，奥巴马总是面带笑容，表现得非常合作，沉着冷静，显示一派总统风范。当时，《纽约时报》和哥伦比亚广播公司联合开展的一项民意调查显示，麦凯恩怒气冲冲的语气和对奥巴马进行人身攻击的行为给60%的选民留下了负面印象。

11.3.3　摆脱挫折困扰的心理防卫机制

在出现挫折时的情绪状态是人的应激状态，无论对谁，都是一种不适的困扰，甚至是苦恼的折磨。人人都会自觉地采取措施来消除心理挫折，摆脱困扰，比较常见的有：

（1）理喻作用，是指人在受挫时，会寻找理由和事实来解释或减轻焦虑、困扰的方式。如谈判所签订的协议没有达到原定的价格标准，会不自觉地拿"今年价格上涨"的理由来安慰自己。

理喻的作用有积极与消极之分，如果是不合逻辑的"自我理喻"，则被称为文饰，即寻找不符合客观实际的理由推卸个人的责任。

（2）替代作用，即以调查目标来取代遭受挫折目标，主要采取升华、补偿、抵消等形式。例如，在上笔交易中吃了亏，在下笔交易中赚回来的心理就是如此。消极意义的替代，是将自己的不当、失误转嫁到旁人身上，以减轻自己的不安。如自己憎恨某人，却大谈某人憎恨自己，以小人之心度君子之腹。

（3）转移作用，是指将注意的中心转移到受挫事件之外的事情中，以减轻和消除心理困扰。消极的转移称为逃避。常见有的人现在失意，却大谈自己过去的辉煌。

（4）压抑作用，是指人有意控制自己的挫折感，从而不在行动上表露出来。通常所讲的临危不乱、受挫不惊，具有大将风度，就是压抑作用的结果。这也是一个优秀谈判者所应具备的。

我们每个人在从事各项活动时，受各种因素影响，总会伴有各种情绪的反应，控制自己的情绪，是每个人，特别是富有责任与使命感的人需要认真思考和对待的。越是在这方面有良好心理素质的人，越能担当大任。俄罗斯总统普京就是这样的人物。

众所周知，东西德合并时，东德的苏联领事馆遭到了民众的冲击。领事馆负责人赶紧向上面请示，希望派部队来保卫，但由于管理混乱，并没有部队出面保护。身在使馆工作的普京挺身而出，用十分机智的方式，平息了那些准备冲击领事馆的民众。同样在 1991 年 8 月 19 日，苏联总统戈尔巴乔夫被扣留，政变发生时，普京在外地度假，他马上赶回圣彼得堡，营救他的导师——该市的市长索布恰克。由于普京事先得到情报，在索布恰克乘坐的民航飞机还未停稳时，接机的轿车迅速开到飞机舷梯下，先于政变分子将索布恰克接出机场，保护起来。普京冷静睿智的头脑和果敢有效的行动帮助索布恰克控制了圣彼得堡的局势，给叶利钦以有力的声援，有力地化解了当时的危机。

11.3.4　谈判活动与心理挫折

谈判活动是一种协调行为，即协调交易各方的利益与冲突。在谈判活动中，谈判人员会遇到这样或那样的矛盾，碰到各种挫折，难免会产生心理波动，并直接影响其行为活动。

谈判活动所产生的心理挫折主要表现在以下几方面：

1）成就需要与成功可能性的冲突

成就感在人的需要层次中表现为自尊和自我实现，是一种高层次的追求。正是这种追求，促使人认真努力，希望有所作为，希望获得良好的工作业绩。但是谈判活动的不确定性又造成了谈判人员谈判结果的不确定性，由此构成了成就需要与成功可能性的矛盾。交易洽商既涉及交易各方的实际利益，又具有很大的伸缩性和变动性。就连什么是成功的谈判，什么是理想的结果，都众说纷纭，没有统一的标准。即使谈判前制定详细的目标与计划，谈判的结果在很大程度上也取决于双方力量的对比和谈判人员作用的发挥。这既增加了取得工作业绩的难度，也为谈判人员更好地发挥个人潜力创造了条件。这里努力、勤奋、创造性都是获得成功的必要因素。

心理挫折对人的行为有直接的影响，但并不只是消极的影响。对于振奋的人来讲，遭受挫折后，尽管使人的心理蒙上阴影，但却可以激励、鞭策人，取得成功。1968 年，英国人对美国总统大选做出了错误的判断，将与尼克松交恶的英国人弗里曼任命为驻美大使。尼克松当选总统后，提议英国人更换人选，但遭到英方拒绝，这曾使尼克松大为不快。但当后来英国首相威尔逊在唐宁街 10 号为尼克松总统举行招待宴会时，尼克松起身向费里曼祝酒说："有些人说现在有一个新的尼克松，他们要知道是否有一个新的费里曼，我倒愿意把那些都看作过去的事情。毕竟你是新的外交官，我是新的政治家，我们都想尽最大努力争取世界和平。"这时威尔逊给尼克松写了一张便条："你不能保证你一生下来就是一位勋爵，但是生来就是一位君子却是可能的。你已经证明了这一点。"弗里曼为此感动得流下泪来。后来，他与尼克松合作得非常愉快。

2）创造性与习惯定向认识的冲突

谈判是一种创意较强的社交活动，没有哪两个谈判是完全一致的。适用于上次谈判的方式、方法，可能完全不适用于这一次。虽然每进行一定规模的交易活动，各方都要进行详细、周密、认真的准备，但很大程度上要取决于谈判人员的"临场发挥"。所以，谈判人员的应变能力、创造力、灵活性都是十分重要的。

但是，人们的认知心理都存在着一种思维惯性，这在心理学上被称为"习惯定向"，即人们在思考认识问题过程中，习惯于沿着某一思路进行，这样考虑问题的次数越多，采用新思路的可能性就越小，这种习惯思维对人的束缚性就越大。这就导致人们习惯于用某种方法解决问题后，对又出现的新问题，不寻求更好的方法，还是机械地套用老方法去处理。所以，习惯定向是影响谈判人员创造性地解决问题的主要障碍。如何摆脱定式思维对人认识活动的影响，怎样既重视经验，又不依赖于经验，创造性地解决洽商活动的问题，可能是每一个参与谈判活动的人都面临的问题，最重要的是使谈判人员具有良好的心理素质、正确的工作态度和坚强的意志。

3）角色多样化和角色期待的冲突

在实际生活中，每个人在不同的情况下可能会充当不同的角色。如一个人在家里是父亲，在单位可能是位领导者，而从事洽商活动又是临时组织的负责人或专业人员，还可能是其他组织负责人等。不同的角色，所处的社会地位不同，社会规范的行为方式也不同。由于在不同的情况下担任不同的角色，而不同的角色又要求人有不同的行为方式，彼此之间必然会有矛盾冲突。作为具体的个人，要承担如此众多的角色，而且都要符合角色的要求，难免会出现挫折，形成心理冲突。特别是当原有角色与洽商活动中所扮演角色相冲突时，会直接影响谈判者的心理活动，影响其作用的发挥。例如，一个人在原单位是一名技术人员，但在谈判活动中成为一个主谈人，还承担着决策重任，那么，他很可能不适应这种角色的变化。而一个在单位是主要负责人，但在谈判活动中，他只扮演了一个从属的角色，他会感到不受重用，也会影响其作用的发挥。可见，原有角色与实际角色的心理冲突是值得我们认真研究并加以注意的。

美国谈判专家尼伦伯格为我们讲述的一个案例非常具有代表性。一名优秀的职业运动员想使自己的年薪有所增加。他连续几个赛季，都自己去找俱乐部老板谈判，但每次谈判都不能达成令自己满意的合同。这主要是由于运动员的怕羞和老板的无情，特别是面对老板时，这个运动员总觉得无法有效表达自己的意愿，因为他被老板的强势压住了。赛场上成绩辉煌的他，谈判桌上却总遭失败。运动员转会均须征得所在俱乐部同意，否则不得擅自跳槽，这个规定成了老板手中的王牌。

老板既不让他转会，又运用该条款一再迫使他不得不签订低于应得报酬的合同。这让运动员感到无比的恼怒、无奈与害怕，最后只能用通信的方式与老板谈判，但也没有什么起色。此时，有一个代理人找到了这个运动员，他建议虽然老板可以阻止你跳槽到别的俱乐部，但无法阻止你退出体育界。这位运动员虽然性格腼腆，但举止和长相却很讨人喜欢。代理人建议运动员去影视圈发展。于是，运动员开始同一位制片商接触，双方达成了为期5年的合作意向。

这样一来，俱乐部老板突然感到了压力，没了讨价还价的筹码，如果这个运动员真的挂靴而去，球迷们肯定不答应。激怒了球迷，老板的生意会大受影响。于是，老板主动找到这位运动员，为其加薪并提供一些其他的待遇条件。结果，运动员没有和老板正面接触，反倒实现了自己的目标。这个案例说明，如果你只能适应一种角色，那么找一个代理人是一个不错的选择。

11.4　决策中的非理性行为

1978年诺贝尔经济学奖获得者西蒙对决策理论的研究表明，人们由于认知资源的有限性以及真实决策环境的不完备性和复杂性，使得决策者在判断和选择时出现系统性偏差，加之心理因素的影响，不可能完全理性，因而并不是做最优决策，而是做满意决策。

2002年获诺贝尔经济学奖的美国行为学家卡尼曼（Kahneman）等人的研究成果表明，决策者最容易发生的非理性行为的特征是——框架效应、损失厌恶、锚定效应、过度自信和实证偏好。

11.4.1　框架效应

理性决策理论的观点是，对于内容一致的备选方案，其描述方式的变化不应改变决策者的判断。但现实中人们常常因为问题的表达方式不同而有不同的选择，这就是框架效应。著名学者奚恺元教授对美国和中国的EMBA学员所做的测试证实了这一点。一个项目已经投入了500万元，若再投资50万元，产品就可以正式上市了。这时，获悉另外一家公司刚刚开发类似的产品。面临的选择是：如果继续投入，公司有很大的可能性（90%）会再损失500万元，有很小的可能性（10%）会盈利2 500万元，你会继续投资该项目还是放弃。

测试的结果是，绝大多数人"坚持继续投资"。原因是框架效应的影响，决策者在头脑中会形成这样的"决策框架"：甲：若不继续投资，前期的500万元就绝对收不回来，即100%损失500万元；乙：若继续投资，90%损失1 000万元，但还有10%得到2 500万元。在这个决策框架下，甲方案的结果是100%损失，而乙方案则是高风险投资。因此，大多数学员坚持投资。

如果管理者认识到，前期投入的500万元是沉没成本，不管是否继续投资，它都是已经发生的，决策时不应该考虑它，那么他们的头脑中就会构建这样一个"决策框架"：甲：若不继续投资，就不用支付 50 万元，相当于 100% 得到 50 万元；乙：若继续投资，90% 的可能性是损失 500 万元，仅有 10% 的可能性得到 2 500 万元。在这个决策框架中，方案甲为肯定的收益，方案乙为冒风险的投资，因此，会选择方案甲，不继续投资。可见，原有的框架不知不觉地影响了人们的决策。

卡尼曼提出两种有效减少框架效应的方法：一是采用一个程序，将任何问题的等价版本转换成同样规范的表达。例如，根据整个资产而不是收益和损失考虑每个投融资决策问题，同时将决策的所有结果进行合并。二是根据实际，而不是心理的结果评价选项，为决策方案构建客观的决策框架。

11.4.2　损失厌恶

在现实生活中，人们常常具有"损失厌恶"的非理性行为特征——损失对人们造成负的刺激度远远高于同等收益时对人们正的刺激度。例如，丢掉 10 万元的难受程度是拣到 10 万元高兴程度的若干倍。因此，人们在面对"获得"时倾向于"风险规避"，尽量获得确定性的收益，而在面对"损失"时倾向于"追求风险"，即为了避免确定的损失而甘愿冒更大的风险。

在上述例子中，由于"损失厌恶"，人们不愿意接受 100% 损失或浪费而表现为风险偏好，在第一个决策框架所显示的两个方案中，人们不愿意选择第一个方案而接受确定的损失，而宁愿选择第二个方案——追加资金进行一搏。投资过程的不确定性给予决策者赌博的客观环境，而主观的损失厌恶情绪使他们抱有避免遭受损失的愿望，甘愿做出冒险的赌博行为，这可能使决策者不停地追加投资，从而一错再错。

11.4.3　锚定效应

锚定效应是指当人们需要对某个对象做出定量估计时，会受某些特定起始值（像锚一样）的影响。如果这些"锚"定的位置有误，那么估计值就会发生偏差。一般而言，第一印象就是一种可以定位的"锚"，一旦定下来，后面接收的信息常常会受到这个"锚"的影响，而且在很多情况下人们是没有察觉到的。

锚定效应正是刻画了这样一种人们常常出现的判断或认知上的偏差。在上述情形中，由于锚定效应，管理者会认为既然已经投入了 500 万元，那么再追加 50 万元在他们眼里就不是一个大数目了。所以，管理者不会撤回已经投入的 500 万元，会很容易促使他们下决心选择投资方案，不惜承受更大的损失。

11.4.4　过度自信

过度自信不同于我们经常说的自负或者信任，而是在特定条件下的概念，是指决策者往往过于相信自己的判断能力，高估成功的机会。例如，当一个人只有 70% 的成功率时，却认为自己还有 90% 的成功率。过度自信反映了决策者认识自我的偏差。实证研究表明，过度自信的决策者更倾向采用比较激进的融资政策，以债务融资支持投资，并且消极采取风险管理措施。这在谈判行为中比较常见。

这一现象在维克托·克里蒙克所著的《国际谈判》一书中有较为详细的分析。由于人们倾向于低估问题的复杂性而高估自己的认知能力，谈判环境的不确定性越高，决策者对他们自己做出判断的过分自信就越明显，越固执地认为自己知道对手将如何思考或行动。所以，他们喜欢假设对手会按照自己设想的方式来接受和解释他们的信息。如果对手忽略了某个信号，他们就认为这是遭到了对方的拒绝，但事实可能是对方根本就没有收到这个信号。

11.4.5 实证偏好

实证偏好是指人们常常有一种证实自己观点的倾向。当人们相信一种观点时，就会有意或无意地寻找证据去证实它。如一个资深烟民可能会对诸多由于吸烟造成健康受损的实例熟视无睹，但却能发现某位不吸烟的人得了肝癌。决策者往往倾向于过度关注支持自己观点的证据，而忽略那些否定该设想的新信息，从而促成决策者选定自己心目中的方案。

这在《国际谈判》一书中被称为"前景理论"。该理论假设，人们提出问题的方式将会影响他们做出的选择。这里需要特别指出，对于同等收益和损失，人们往往会过高地估计损失（即损失规避），考虑到收益以及与风险相关的损失，人们往往都是风险规避型的。这一理论用于分析谈判行为，则意味着，谈判双方都倾向于将自己的让步作为损失，而将对方的让步作为收益，由此，相对于谈判对手做出的让步，他们往往高估自己的让步，最后，谈判者就更有可能冒着使谈判陷入僵局的风险。

本章案例

疯狂的盲盒

一夜之间盲盒铺天盖地而来。在朋友圈、微博、各大网站上，关于盲盒的信息如雪花般飘落，年轻人似乎不再炒鞋，改为炒盲盒了。盲盒的概念最初源自日本的扭蛋，是指装有不同公仔手办、外包装上没有任何款式提醒的盒装玩具。购买者在拆封之前不知道盒子里装的是什么，具有随机性，但却极大地激起了购买者的好奇心。用专业人士的话讲，刚开始"入坑"的玩家就是被这种未知感吸引。

2018年，泡泡玛特旗下Molly的年销售量突破500万个，若依均价59元计算，Molly销售额接近3亿元，主要归结于其电商业务的持续增长，2018年上半年比去年同期增长183.43%，2018年"双11"当天，泡泡玛特天猫旗舰店就卖出超过2 700万个的盲盒。

盲盒的单价不高，一般在30~79元之间，但新品不断，各家公司根据各系列特点，都会按照季节发售，每一个系列中包含十几个款式，每个款式的人偶动作、表情、服装上都有细节变化。其可爱的外表对当下年轻人具有一定吸引力，而购买时充满未知感，打开后惊喜连连的形式也对消费者具有巨大的黏性。

正因为如此，玩家的消费金额越来越高，有人经常重复购买，有人直接整盒购买。

随着盲盒的风靡，其二手市场也异常火爆。2019年6月闲鱼发布的数据显示，过去一年闲鱼上有30万盲盒玩家进行交易，每月发布闲置盲盒数量较一年前增长32%，最受追捧的盲盒价格狂涨39倍。

根据泡泡玛特官方提供的用户数据，18～24岁的女性是盲盒消费的主力。在职业方面，白领占33.2%，学生占25.2%；收入方面，月薪在5 000～20 000元的消费者占90%。

杭州多家泡泡玛特实体店的情况印证了这些数据。店里经常有年轻女孩光顾，不少女孩会直接抱走一整箱的盲盒。一箱共有144个盲盒，费用一般在8 000元以上。

在闲鱼上有不少盲盒交流社群，很多交易都是通过社群进行的，更多的是进行互换。互换的盲盒大都是普通品种，一般会在淘宝或闲鱼上出售。原价59元的盲盒，能10～30元售出，甚至打包5元一个出售。当然，也有价格数百元甚至千元的稀缺品种。一款Dimoo的盲盒娃娃售价达到9 500～14 500元，溢价161~245倍。

在线下实体店里，类似的社群交易更是遍地开花。在杭州，泡泡玛特共有6家专卖店，都有各自对应的微信群。在超高的溢价和疯狂的利润刺激下，不少人萌生了豪赌的想法。据北京日报报道，北京的一对夫妻，4个月时间花费20万元购买盲盒娃娃，而一位60岁的玩家一年花费70多万元购买盲盒。有许多消费者表示，刚开始对盲盒并没有太大的兴趣，偶然购买后，特别是买到稀缺的款式时，兴趣大增，很快就变成了盲盒的粉丝，每月花费几千元和上万元不等。也有些盲盒粉丝自控力比较强，每月保持在千元左右的消费金额。

在玩家眼中，购买盲盒是一种收藏和投资，能够获得回报，但收藏家和投资人的观点恰恰相反。收藏家认为，收藏品要具有原料的特殊性，还要具有天然的艺术价值和人为艺术价值，但盲盒娃娃由树脂和塑料制成，就是一种普通制成品，其价格推高，完全是人为因素。投资人认为，一般投资品至少具有容易变现和强背书这两个前提，但盲盒娃娃的变现没有像贵金属、外汇等容易，其产量受企业控制，没有与其他强背书产品锚定，也具有人为操纵的特点。

天眼查的数据显示，泡泡玛特的主体公司为北京泡泡玛特文化创意有限公司，成立于2010年10月。该公司于2017年2月登陆新三板，2019年4月份终止挂牌。挂牌以来，公司主要财务数据实现了大幅增长，销售毛利率超过55%。公告显示，该公司的摘牌原因是提升公司的决策效率，降低成本，促进公司更好发展。

资料来源　朱光涵. 疯狂的盲盒［N］. 每日商报，2019-09-20.

思考题：

你认为目前国内盲盒热销是哪些原因造成的？交易的心理因素体现在哪些方面？

复习思考题

1. 需求对谈判的直接和潜在影响表现在哪些方面？

2. 为什么说人的臆测能影响谈判的结果？

3. 知觉理论中的"首要印象""晕轮效应""先入为主"等是如何影响谈判进程与结果的？

4. 为什么说消除谈判者的心理挫折要从挫折困扰的心理防卫机制入手？

5.简述归因理论的基本内容。

6.如何理解谈判行为中的归因偏差？

7.决策中非理性行为的五点因素对谈判者的影响体现在哪些方面？为什么？

自我评估测验试题十一

1.你在进行谈判活动时，哪一层次的需要对你的行为影响最大（　　）

①完成上级指示，以免受批评

②实现自己最佳目标

③喜欢与对手打交道

④本职工作的要求

2.促使你努力实现谈判目标的因素是（　　）

①优厚的待遇

②项目的规模与重要性

③谈判对手的挑战性

④个人的兴趣与专长

3.臆测通常指人的猜想、揣测，它对谈判的影响是（　　）

①既有积极作用，又有消极作用

②只有积极作用

③消极作用是主要的

④没有什么影响

4.你是否具有这样的认识倾向（　　）

①说不出什么理由喜欢别人或厌恶别人

②喜欢夸大别人的优点

③总是看到对方的缺点

④尽量客观地评价事物

5.你是否经常这样观察对方（　　）

①当对方话一出口，马上就明白他的意思

②不等对方说完，就明白他的意思

③一看对方的表情，就明白他的想法

④根据他所说、所做的下结论

6.在谈判中，你是否会流露内心的感受（　　）

①非常容易

②比大部分人容易

③程度一般

④不容易

7.你做事情通常是下面哪种情况（　　）

①不达目的决不罢休

②进行到什么程度就算什么程度

③尽最大努力

④试试看，干不成也有退路

8.你通常采取什么办法保持你的耐心（   ）

①制定严格的时间日程表

②时常提醒自己、控制自己

③不用什么特别办法，总能保持心绪平稳

④采取什么方法也不容易控制情绪

9.在社交场合中，你是否会被人们接受（   ）

①会很快被人们接受

②缓慢地被接受

③不容易被接受

④孤僻，不合群

10.你时常觉察别人讲话所隐含的其他可能的要求吗（   ）

①非常注意

②比较注意

③不太注意

④根本没觉察

11.你与对方交易后，最深切的感受是（   ）

①达成协议的喜悦

②做交易的风险

③达到己方目的的兴奋

④如释重负

12.通常你知觉的风险是哪一类（   ）

①产品风险

②资金风险

③价值风险

④社会舆论风险

13.你是否认为期望水平高低与制定谈判目标有直接的关系（   ）

①肯定如此

②大概如此

③不清楚

④没有必然联系

14.人的自我意向是指自我评价，它的作用是（   ）

①确定人对事物的态度

②调整个人的行为方式

③影响人的自我感觉

④塑造人的个性特点

15.你认为冒险型谈判者的心理特征是（   ）

①寻求挑战，与众不同

②过于看重物质利益

③追求惊人、辉煌的业绩

④盲目、狂妄

16.疑虑心理较重的人是否是高风险知觉者（　　　）

①一般是

②绝对是

③不是

④不清楚

17.对于谈判中的矛盾冲突，你的感觉是（　　　）

①更加振奋，看作挑战

②沮丧、失望、悲观

③没有特别的心理感受

④具体问题具体处理

18.如果遇到十分震惊的事，你的反应是（　　　）

①保持镇静

②惊讶之余能很快恢复

③情绪起伏波动较大

④反应迟缓

19.你对陌生人的了解是通过什么方式（　　　）

①某人介绍

②最初的接触

③外表的观察

④处理具体问题

20.如果你碰到棘手问题，处理的方法是（　　　）

①千方百计寻找最有利的办法，绝不敷衍

②尽管风险大，但喜欢采用与众不同的方法

③用老办法比较稳妥

④请求上级指示，减少自己的责任

第 *12* 章

个性与谈判

人的个性（也称个性心理特征）与谈判有着极其密切的关系，在任何交易活动中，双方都力图有所多得。但究竟是什么因素影响着谈判结果呢？重要的一点，也往往是被人们忽略的一点就是心理因素，它能改变谈判双方的地位，使谈判的最终结果发生潜移默化的转移。

影响人的行为的心理因素是多方面的，如需要、动机、态度、个性等，从谈判的特定内容来讲，个性与谈判的关系最为密切，其影响也最为重要。

个性是指个人带有倾向的、本质的、比较稳定的心理特征的总和，包括人生观、兴趣、爱好、能力、气质、性格等多方面。它是在人的一定心理基础上，在社会实践活动中形成和发展起来的。它体现了个体独特的风格、独特的心理活动，以及独特的行为表现。

个性对人们社会活动的影响是十分重要的，它在很大程度上决定了人们活动效率的高低、活动成果的大小。因此，我们把个性与谈判的关系也作为一个重要的研究内容。

12.1 谈判中的角色

12.1.1 何谓角色

角色是指个人在特定的社会和团体中占有的适当的位置，以及被该社会和团体规定了的行为模式。这里，位置可以被理解为身份、地位。

任何人要很好地扮演或充当其在特定情境中应当承担的角色，首先要实现对角色的认同，即按照社会规范及大多数人的要求，使自己的态度、观念、形象及全部行为，都符合角色要求的模式。例如，家庭中父亲这一角色，意味着角色扮演者在家里占有一家之长的地位，他要参加工作，抚养子女，教育孩子，计划家庭生活等。他的一切语言与行为都应该像一个父亲的样子。而服务员的角色，则要求扮演者在商店里出售商品，他必须具有耐心、周到、热情的服务态度，掌握熟练的服务技巧和丰富的业务知识。2008 年汶川地震发生时，万科本是第一家向地震地区捐款的企业，但其董事长王石在回应网民质疑捐款数额少时，认为公司捐200万元是合适的，员工捐10元也是正常的。结果引起了轩然大波，甚至激起了公众的愤怒。其根本原因就是王石忘记了自己作为公司董事长高知名度的角色，公众认为你们不仅应该带头捐，还应该捐最多。

角色是每个人在特定的情境里所具有的某种特定身份、所处的特定位置。所以，情境改变，角色也要发生变换。人的一生可以扮演多种角色，甚至同时扮演多种角色，如在家里可以是家长，在火车上是乘客，在团体中是成员，在工作中则可能是推销员。

充任角色最重要的一点是对角色的装饰，即按照自己承担角色所应有的观念、规范来调节自己的语言、仪态及行为。在与人交往中表现得恰当得体，给人以良好的印象，以获得他人的信赖和喜欢，这一点对于谈判人员来讲是特别重要的。

谈判人员这一角色，不仅社会职能相当重要，而且实现它的难度也很大。一些谈判专家认为，谈判人员实现角色行为的过程，不单单是实现产品或服务的交易，更重要的是在"推销"他自己，或者说是显现他自身的人格特征，并以此来感染和威慑对方，获得他人的信任与接受。

12.1.2 角色在谈判中的作用

角色不同，谈判人员在谈判中所发挥的作用是不同的，表现为以下两个方面：

（1）角色在原团体中所处的地位，使其形成了固有的行为模式，从而影响谈判活动的效率。如某企业经理角色，意味着他在单位负有一定的领导责任，因而，领导这一角色就有一套被规定好了的行为，参与企业决策，决定其他职员的升迁、职务的任免，发号施令，交际应酬等。总之，他的言论与行为都应该与领导这一角色相符。当他适应这一角色后，其言行自觉不自觉地开始按角色要求做。因此，在谈判中，也常常会表现出原角色的言行，显得自信坚定，从容不迫，具有一定的权力欲，希望成为谈判的核心人物。当然，如果原角色没有这样的惯例言行，要想在谈判中做到这一点是很困难的。

杰克·韦尔奇在他的回忆录中，将他手下的一员大将加里·温特誉为GE金融服务集团发展的大祭司，认为加里天生就擅长做企业兼并工作，对他在GE的杰出贡献赞不绝口："加里把业务开发放在公司文化一个重要组成部分的位置上。在加里的影响下，除了200多人从事寻找收购机会的工作以外，GE金融服务集团的每个领导每天早上来上班时都在思考有哪些潜在的交易。《哈佛商业评论》将GE金融服务集团视为成功收购的典范，大量评述加里和他的一班人马是如何开展公司收购业务的——引用的案例不胜枚举。"1990年，加里和丹尼斯·内登完成了400多笔收购交易，涉及总资产价值超过2 000多亿美元。

杰克评论加里生来就是做生意的，谈判就是加里的一切。他的伙伴回忆他与加里在中国香港的时候，加里走进一家商店买收音机，他与售货员讨价还价了一个小时，要把价格降下来，最后，高高兴兴地买了便宜货。但当他们在街上继续行走时，加里在一个橱窗看到了一个跟他刚才买的收音机一模一样的展品，标签上的价格比他费尽九牛二虎之力砍下来的价格还要低，他险些晕了过去，结果，整个周末他都是气急败坏的。

杰克评论加里，认为他极具天赋，个性超群，甚至有些古怪。"你永远不知道他会从哪里冒出来，或者处于什么样的心情中。他尤其讨厌的是监督""任何老板的监督都会使他暴跳如雷。如果身边有个老板时不时地跟他说'不'，那么他真会怒不可遏"。但是，杰克让加里担当了恰如其分的角色，充分发挥了他的才能。

（2）在谈判中所扮演的角色。谈判中的角色与原角色并不都是一致的，原先在企业中并不一定是负责人，但却要在谈判中承担起主谈的作用，这在心理学上被称为角色冲突。当个体不能克服原有角色所带来的内心矛盾冲突时，往往会发生言行变异。就谈判人员来讲，角色要求他必须善于同各种人物交往，善于辞令，灵活、敏锐、富有进取心，但他在原单位的角色却并不要求他具有这些特点，也无从表现，因此，他扮演这种角色，常常感到力不从心，难以胜任角色的要求。克服的办法就是努力在实践中锻炼自己，并辅以一定的心理训练，以符合角色的要求。

12.2　期望水平

期望是指个人根据以往的经验在一定时间里希望达到的目标或满足要求后的心理冲动。期望心理与人的行为密切相关，期望水平的高低直接影响人们的活动效率。期望水平的高低受多种因素的影响，如人的经验、能力等，但最重要的影响因素是自我评价。

自我评价是指人们对自己的评价、看法。在谈判之前，谈判人员必须对自己的优点、缺点及自尊心、能力有一个清楚的认识、正确的估价，特别是要找出自己的不足之处，以便更好地发挥自己的长处，克服自己的缺点。

谈判人员自我评价应包括以下几个方面：

12.2.1　自我尊重感

这是成功的谈判者必须具有的特点。自我尊重感的强弱可以通过自问的形式检验。如你认为自己有价值、有能力吗？你是否都能完成你真正打算做的事？你如何看待自己的成功？你对挑战的态度是什么？你喜欢接受艰巨任务，并有信心完成吗？谈判中的交往不同于我们生活中的人际交往，一般谈判者个人是以某类组织的代表身份，为各自的利益集团来交涉，因此，谈判中人的尊严体现的不仅是个人方面，还表现为一个群体或组织的尊严。

自我尊重感主要体现在个人的自尊，即一个人看待自身的形象和能力。只有当一个人有自尊并将其体现出来时，别人才会感受到。恰到好处的自尊表现会为你赢得尊敬和赞赏，也有助于你实现个人目标。人们通常喜欢和自己类似的人交往，也喜欢与比自己强大的人打交道。一个缺乏自尊的人，目标值也比较低，不会使自己处于比较有利的地位，想要争取好的谈判结果也十分困难。自我尊重感还表现为所代表组织的地位与尊严，这在某些情况下对行为的影响更为重要。1995年，中美之间贸易大战一触即发，吴仪代表中国政府与美国政府谈判，美国驻中国大使尚慕杰特会见吴仪，就双边贸易进行磋商。一见面，吴仪就告诉尚大使，她带来两张单子，一张是中国几十亿美元的采购清单，另一张是同样金额的中国反报复清单。吴仪表明一旦美国宣布对中国报复，中方将在半个小时之内公布反报复清单，清单的中英文文本都已拟好，反应绝不会超过半个小时。尚大使表示不希望这样的事情发生，但只能保证吴部长在美国期间不会报复。吴仪道："我在美国期间风平浪静，双方大谈生意，而回到北京，却听到了贸易报复的消息，爆发了一场贸易战？如果出现这种情况，个人的乌纱帽是小事，更重要的，我无法向全国人民交代！"这其中"我无法向全国人民交代"讲的是个人对所代表国家的尊严感。

12.2.2 责任感

这在自我估价中占有重要地位。多项研究表明，一个具有高度责任感的人将是一个很好的领导者。对于谈判者来讲，责任感有助于在谈判整个过程中保持较好的斗志和自我控制。一个自我评价高的人，也应具有高度的责任感，这种责任感促使其努力去实现目标，同时，在失败时勇于承担责任。一个自我评价甚高的人其责任感也是与生俱来的。美国南北战争期间南方军的李将军就是一个具有高度责任感的人，他率领的部队在一次战争中失利，主要的原因是他的一个下属自作主张，改变作战方案，擅自行动造成的。但是，李将军在向南方临时总统杰弗逊·戴维斯提出辞呈时，将失败的责任承揽下来，他单独前往前线视察部队，以诚恳的态度向战士们道歉："这都是我的过失。"对此，戴尔·卡内基评价道：有勇气说这句话的人，在世界战史上寥若晨星，屈指可数。

12.2.3 乐观主义

乐观主义的态度通常与自信心相互关联。乐观态度使人在困难中看到光明，遇挫折而不气馁。哈佛大学的一项研究显示，成功、成就、升迁等原因的85%是由于人的态度，而仅有15%是取决于人的专门技术。而态度的一个最显著的差异就是乐观与悲观。悲观者说："当我看见它时我相信它。"乐观者说："当我相信它时我看见它。"乐观者看到半杯水时说它是半满，悲观者看到同样的半杯水说它是半空。理由很简单，乐观者把水加进玻璃杯，悲观者从玻璃杯中取水。乐观者会为他所看到的目标努力并充满自信，这是成功的基石。著名推销员兼作家拿破仑·希尔以20年的时间研究出成功的17个要素，并总结出PMA黄金定律。所谓PMA（positive mental attitude），就是积极乐观的心态。作者认为PMA黄金定律是打开"成功之堡"的钥匙，它鼓励和支持你做出正确选择，扭转劣势，追求并实现更高的目标。美国著名演讲家吉格勒讲了一件他亲身经历过的事。他的弟弟做厨具销售员，在一年的岁尾来到吉格勒的办公室。哥哥问他下一年准备销售多少？他说不知道，但要比今年多。于是吉格勒对他的弟弟说："你是不是想在厨具生意这一行赢得不朽的声誉？"弟弟说："怎样才能做到呢？"哥哥说："很容易，只要打破公司所有的纪录就行了。"但弟弟反应冷淡："说起来容易，但是没有人打破公司的纪录。因为那些纪录不真实，是销售员的女婿帮他实现的。"吉格勒明白，不是公司的纪录不能打破，而是弟弟头脑中的框框束缚了他，一定要让弟弟保持积极的心态，一切都可以打破。吉格勒说服了弟弟，使他确信，如果他打破所有纪录，公司会把他的照片同董事长的照片一起挂在办公室，而且会用在全国性的广告与文章中，他将会成为世界一流的推销员，公司会为他制作一个金壶或赠给他仿金的壶。结果奇迹出现了，吉格勒的弟弟将每天销售都做以记录，以前一年销售从未超过3.4万美元，但在这一年他卖出了10.4万美元，打破了公司的所有纪录。

12.2.4　创造性

它反映了人们解决问题的灵活性与创新性。是寻找切合实际的办法，还是盲目效仿别人？是喜欢与众不同，还是跟随大流？是力求稳妥、少冒风险，还是甘冒风险，争取更大成功？这是检验创造性的分水岭。创造性并不仅仅是科学家的事情，它实实在在就存在于我们的生活中。你做什么事情如果只是墨守成规，就很难有好的结果，但如果尝试用不同的方法和思路，可能问题会很快解决了。人际关系专家卡内基先生为我们讲述了他熟知的一件事，很有启发性。

美国菲德尔费电气公司的韦普先生有一次到宾夕法尼亚州，一群荷兰农夫到农业区去观察他们用电的情形。但韦普先生感到非常奇怪，一间间整洁的农舍竟没有一家用电。他向附近的一位同行请教这个问题，对方告诉他："这里的居民崇尚俭朴，对用电和电力公司都十分反感。"这反倒激起了韦普的兴趣。于是，他来到一家农户访问。一位老太太给他开了门，但她十分警觉，只将门开了个缝。当这位农妇知道他的身份后，立刻将门关上。韦普不死心，继续敲门，但对方将门打开后，不等韦普说话，就破口大骂。韦普在这种情形下说："很对不起，打扰您了。我想买您的一些鸡蛋。"老人的态度稍稍缓和了，门也开大了。韦普又说："您家的鸡长得真好，看它们的羽毛多漂亮。这些鸡大概是多明尼克种吧？"门又开大了一点。"你怎么知道这是多明尼克种的鸡呢？"老太太问，显然，韦普的话已经打动了她。"我家也养了一些鸡，可是像您养得这么好的，我还是第一次见到。""那你自己家的鸡蛋应该够用了！"老人的口气略带怀疑。韦普解释说："我养的是来亨鸡，只会生白蛋。您老应该知道，做蛋糕黄褐色的蛋比白色的蛋好。我太太今天做蛋糕……"这时老人恍然大悟，跑到门廊来。韦普借机打量四周的环境，发现这里有整套的酪农设备。他继续说："您养的鸡是不是比您先生养乳牛得到更多的好处呢？"这话说到了点子上，因为她想把自己得意的事情告诉别人。

结果，老妇人热心地带韦普参观她的养鸡场，韦普又不失时机地称赞他们自己建设的一些设施和装备，虚心请教一些问题并向老人介绍养鸡饲料的牌子和养鸡的温度等，使他们变得很亲近。最后老人主动问韦普，周围一些农舍在装了电灯之后，养鸡获得了很大效益，是不是这样，请韦普客观地说明。两个星期后，老太太所养的鸡都生活在明亮的灯光下。她在养鸡方面获得了更高的效益，韦普也收到了源源不断的订单。

12.2.5 交际能力

真正的交际能力不是花言巧语的伎俩，而是与人沟通感情的能力。在这方面，你是否具有特长，你能做到细心倾听别人的讲话，并力争把握其实质内容吗？你能让别人信任你和追随你吗？交际能力在谈判中还特别表现为一个人化解矛盾、消除隔阂、平息冲突的能力。

随着许多史料的逐步解禁，我们对于民国时期的许多事件和人物有了全方位的了解。其中，最为著名的一位就是蒋介石夫人宋美龄。众所周知，抗日战争中，中国争取到美国的援助在很大程度上要归为宋美龄的贡献。其中，一篇刘爱军《既是翻译家又是外交家》的文章披露了宋美龄对于达成《开罗宣言》的作用。1943年1月21日，美国总统罗斯福、英国首相丘吉尔和中国当时的最高行政首脑蒋介石举行了举世瞩目的"开罗会议"。地点是在埃及尼罗河畔的梅纳大厦。经过6天的讨价还价，三大国彼此做了让步，产生了著名的《开罗宣言》。宋美龄身兼中国代表团的顾问及蒋介石的翻译，自始至终出席了这次会议并陪同蒋介石与英美两国的首脑举行了单独会谈。

会议能达成如此协议与宋美龄高超的外交能力和机智的谈判手段有着密不可分的关系。中国代表团一到开罗，宋美龄就帮助蒋介石仔细审阅了中国提案草稿，将打通滇缅路作为头等提案，然后以他们夫妇的名义，举行了一个邀请丘吉尔一行的茶话会，向英国首相丘吉尔正式提出在缅甸战场上共同击溃日本军队的要求。茶话会后，蒋介石换上戎装，偕宋美龄去拜访罗斯福。宋美龄在翻译时，巧妙地说服了罗斯福协助中国，要求丘吉尔出兵缅甸。

23日上午开会，蒋介石宣读提案，宋美龄翻译。谁知，丘吉尔一听中国要首先开辟缅甸战场，马上摇头："要我们出动海军，恐怕为时尚早吧。"其实，丘吉尔已与罗斯福达成协议，英国首先以海军收复新加坡。蒋介石对丘吉尔的老谋深算，不顾中国利益甚为不满。宋美龄却并不发火和抱怨，而是耐心地、机智地从中斡旋。她提醒丘吉尔："尊敬的首相先生，贵国如果不及时出兵，支援中国，打败缅甸日军，那么，英属殖民地印度就有可能落入日本人手里，更谈不上新加坡了。"宋美龄又示意蒋介石重提了英国在抗战之初采取弃缅甸保英军的错误决策，最终英军临阵逃脱，致使中国远征军陷于孤立无援而惨败的往事。

紧接着，宋美龄请罗斯福对中国提案发表意见。罗斯福表示：中国的提案是不错的，我们三国都要出兵缅甸，如果让缅甸继续留在日本人手里，对我们都不利，至于英国出动海军嘛，要看适当的时候……丘吉尔考虑到缅甸确实与英国有着直接的利害关系，也不愿意开罪中美两国，于是，也做了让步。宋美龄在谈判桌上的卓越表现，让英美两国的首脑十分敬佩。丘吉尔在后来的许多公开场合表示，宋美龄是他最欣赏的少数女性之一。

开罗会议的另一个问题是，中国代表团坚持欧洲战场和亚洲战场一视同仁的观点，提出改变1943年1月罗斯福和丘吉尔在卡萨布兰卡会议上强调物质分配"欧洲第一"的政策。当时，宋美龄见到美国军方的马歇尔将军便痛陈利害："尊敬的马歇尔将军，您还记得我在贵国国会上的发言吗？你们关心要打败德国时别忘了日本，日本在占领区掌握的资源比德国还要多。何况，中国早日打败日本直接关系到美国的利益，在中国战区，你们出钱，我们出人，目标都是一致的呀。"在其他方面，宋美龄更是抓住美国援助中国问题不放。经过反复磋商，罗斯福答应装备中国90个师，给蒋介石10亿美元贷款，增加援华飞机……

会议期间，各国代表和贵宾都知道宋美龄是发起研究战后问题"四大国"（中、美、英、苏）会谈的关键人物，也对她产生了浓厚的兴趣。每当宋美龄出入会场、宴会厅，总被人们团团围住，向她提出有关中国的各种问题，她都能从容不迫，应对自如。其实，宋美龄没有明确的领导职务，但却能在极有个性的各国领导者之间发挥重要的协调作用，这要归功于她非凡的交际能力。

12.2.6　信任他人

信任他人是与人交往的前提，这包括你能否真正信赖别人，愿意与他人合作，把权力交给下属部门和相关人员是否感到放心。

以上是几个最基本的自我评价标准。如果你对上述几个问题大部分做出肯定的回答，那么，你就具备了一个成功谈判家的条件。如果不全是，也不必担心，可以改造自己，提高自己。

就一般情况来讲，自我评价高，期望水平相对也高，谈判目标也就越高，取得的成果也就越大；反之亦然。实际经验表明，在谈判中，那些信心百倍、个人期望值高的人，通常比那些不敢奢望的平庸之辈能取得更多的利益。

对于具有坚定的自我形象的人来讲，他们的期望水平很高，在谈判中，总是追求最优而不是较好的结果。他们定出较高的谈判目标，并全力以赴去实现。如果在能做好的情况下没有做好，或者在应多干的情况下留有余地，会被他们认为是对自我形象的背叛。即使别人不指责，他们也会感到自尊心受到挫伤。而期望水平低的谈判人员，会把目标定得较低，只要对方做出很小的让步，他就感到很满足，从而放弃争取更大让步的要求和行动。

当然，期望水平也不是一成不变的。一个人从事活动，能够经常很顺利地达到活动目的，长此以往，他就会提高目标值，以获取更大的成果。当他经常受挫，或者总是达不到预定的目标时，他就会降低标准，以求得心理平衡。

个人期望值是影响谈判效果的重要因素，优秀的谈判者十分重视这个问题。但是，期望值的确定主要取决于谈判者的自我评价。建立在客观自我分析基础上的高水平的自我想象力是赢得谈判成功的保证。在实际谈判中，也确实是这些人取得了成功。他们具有树立高目标的勇气和冒风险的精神，具备了不断追求和锲而不舍的耐心，具有高度的创造性、非凡的洞察力和理解力。而那种缺乏自我想象力的人则正相反。他们老是强调事情的不利因素，害怕失败，缺乏自信，总是担心目标定高了，力求风险越小越好。这样做，虽然保险系数可能增大，但其机会损失却是不可估量的。

由此可见，培养谈判人员较强的自我评价力，使其具有较高的期望水平是十分重要的。

12.3 能力与谈判

12.3.1 能力的概念

人们进行任何一项活动都需要一定的能力保证，如读书需要理解力、注意力；写作需要创作力、文字表达能力；绘画需要观察力、注意力。能力是指人能够顺利地完成某种活动，并直接影响活动效率的个性心理。人必须具有一定的活动能力，才能顺利地完成各种活动，达到预期的目的。

由此可见，能力是人的一种主要的心理功能。但是，由于人的各种心理机能系统及其结构上的组合不同，以及人们所从事的工作和社会环境的不同，在不同的人身上体现出来的能力则有很大的差异。如有的人实际操作能力强，心灵手巧；有的人语言表达能力强，口齿清楚，能言善辩等。

谈判活动是一种内容复杂、参加人员较多的社会交往活动，需要人的多方面能力。如在谈判中要陈述我方的立场、观点，说服对方做出妥协、让步，这需要一定的语言表达能力；根据对方的情绪、表情的变化，推测其心理活动，调整对策，需要敏锐的观察注意力；当双方就合同的主要条款讨论协商后，进行拍板定案时，决策能力又是十分必要的了。可见，谈判人员所具备的能力及其水平的发挥直接影响谈判的效果。日本著名谈判专家矢部正秋在《犹太人谈判绝招》一书中指出："一个人如果缺乏了谈判能力，则无论他在其他方面多么有才能，仍无法在社会里获得成功，甚至无法获得生存。光有才华却不具备谈判能力的人，就像一颗没有经过琢磨的钻石，永远无法闪耀出璀璨夺目的光芒。"

12.3.2 谈判人员应具备的能力

就谈判这一特定形式的活动来讲，谈判人员应具备的能力主要有以下几个方面：

1）语言表达能力

语言是交际的工具，语言表达能力对谈判人员来说是十分重要的。对谈判人员来说，首先是能够用准确、规范的语言陈述立场、观点，提供消息，交流感情，说服对方。这是对谈判人员语言表达能力最起码的要求。如果说话含混不清，吐字不准，措辞不当，或前言不接后语，词不达意，没有逻辑性，会极大地影响谈判人员相互之间的沟通、交流，也是谈判人员讲话的大忌。语言表达能力差，不仅不能很好地阐述自己的观点、要求，也不能很好地说服对方，甚至会引起对方的反感。在许多情况下，谈判的障碍都是由语言障碍造成的。这一点，在国际贸易谈判中表现得尤为突出。

当然，要求谈判人员具备良好的语言表达能力，能言善辩，并不是要求他能够滔滔不绝地讲演，甚至是夸夸其谈，自吹自擂。谈判不是演讲比赛，也不是领导讲话，而是双方的沟通与交流，因此，要求谈判者既能够清晰明了地说明个人的意见，也能够虚心地听取对方意见，即也应有"听话"的能力。

语言表达能力主要是人们在社会实践的活动中锻炼形成的。当然，由于人们生理条件上的差异，人的这种能力有高有低。但是，只要经过一定的系统训练和在实践中有意识地锻炼，是会得到提高和加强的。对谈判人员来讲，比较切实可行的方法是举行模拟谈判，草拟对方可能提出的问题，并让我方人员扮演对方代表，这样既锻炼了语言表达能力，又对谈判中可能出现的问题做了准备，有较好的实用效果。

2）观察注意力

在谈判中，察言观色是很重要的。美国传播学家艾伯特·梅拉比将人们之间的信息沟通用一个公式来表示，即信息的全部表达=7%语调+38%声音+55%表情。稍加注意，你就可以发现，不论是个别交谈，还是小组聚会，谈判人员的表情神态是很不相同的。有的人在倾听的同时频频点头，有的人则发出会意的微笑，还有的人全神贯注、目不转睛地望着讲话者，有的则边听边若有所思。各种神态表情反映了人们不同的心理活动，也表现出人们对讲话者的一定看法，在传递某种信息。对这些信息的捕捉就靠我们的观察注意能力。

观察是人的一种知觉认识。它是通过眼睛看、耳朵听、手触摸等形式了解周围事物的活动。特别是人的眼睛，在正常情况下，人们视线之间的接触占全部谈话时间的30%～60%，由此可判断人们对谈话内容感兴趣的程度。同语言表达能力一样，人的观察注意能力也有一定的差别，这在心理学实验中已经得到证实。

在谈判中，观察注意力较强的谈判者在与对方的简单接触中，就能很好地发现对方的特点、爱好，甚至经历，并据此做出相应的推断。这非常有助于谈判人员的相互沟通、了解。当你在讲话时，你可以细心观察对方的表情、动作，判断自己的观点是否被接受，在什么程度上被接受，对方对你讲的内容是否热心等。当你作为倾听者时，也能从说话人的姿势、表情上判断出他对听话人的重视与否，有没有诚意。如果谈判人员观察注意力较差，就不能很好地了解这些非语言信息传递的内涵，无法进行有效的信息反馈，自然，也就不能及时地调整自己的表达方式，有时会使你陷入比较被动的地位。

观察注意力与人的经验密切相关，经验越丰富、阅历越广泛，人的观察注意力也就越强。所以，培养和提高观察注意力，首先，应加强实践锻炼，积累更多的经验。其次，要确定明确的观察目标，如果一个人漫无目的地观察一切，就不能把自己的注意力很好地集中起来，就不能有效地控制自己的知觉去观察、认识所确定的目标结果，必然对外界事物与现象熟视无睹，即使有所觉察，也是一知半解、印象模糊。如果有明确的观察目的，就可以避免知觉的偶然性和自发性，排除不利的干扰，提高观察的积极主动性。最后，还应养成有顺序、系统地观察事物的习惯。不能东瞧一眼，西望一下，对一种事物要有顺序、有步骤地去体验认识，这样才能看到事物的各部分之间的联系，而不至于遗漏一些重要的特征。

3）记忆力

记忆是指人们对过去经历过的事物在头脑中的保存，并在一定的条件下再现出来。记忆在人的生活实践中占有十分重要的地位。如果没有记忆，人的一切活动都无法进行。

人的记忆能力是有差别的，有的人识记后，保持既长久又准确，有的人则很快就忘掉了；有的人数字记忆好，有的人形象记忆好等。人的这种记忆差别还与人的年龄、经验、所从事的职业和实践范围有着密切的联系。良好的记忆力对谈判人员是十分重要的，它不仅有助于谈判人员更好地掌握各种信息、情报，处理洽谈中的各种问题，而且还会增加个人的魅力，给对方留下良好的印象。在谈判中，记忆就像一架摄像机，能不花任何成本记录在谈判场合中双方的言行，以备在需要时随时取用。记忆提醒你曾允下的诺言，熟悉接触过的人物，积累更多的经验。所以，谈判人员应注意培养和提高自己的记忆能力。

4）判断力

良好的判断能力对谈判人员来说也很重要。谈判专家认为，谈判是人们所从事的工作中最困难的一种，一个优秀的谈判者需要具备其他职业中所不常见的特质，这就是良好的职业判断力。

判断是指确定事物和现象之间的联系。在现实活动中，事物和现象之间的联系往往被各种假象所干扰，影响人们正确认识其相互之间的关系，这就需要人们运用判断力去排除各种干扰因素，了解事物的本质。

在商务谈判中，良好的判断能力会使谈判人员及早地发现问题或分歧的关键所在，准确地分析、预见事物发展可能产生的各种结果，从而确定相应的策略，决定买卖的取舍。判断力与风险有密切的联系，判断力越准确，所冒风险就越小，成功的把握就越大。在许多情况下，判断力只是人们的某种直觉，当然，这种直觉的产生是建立在接收外界大量信息的基础上的。判断也与人的经验密切相关，经验越丰富，过滤信息的能力越强，分析判断就越准确、越敏锐。

5）决策能力

决策能力是谈判活动中比较重要的一种能力。当谈判人员就交易的具体内容协商讨论之后，进入拍板决策阶段，是签合同，还是不签，需要谈判人员做出决断。

谈判者的决策能力的高低与其自信心等有直接的关系。自信心强，处理问题迅速、果断。敢于冒风险的人，决策能力相对较强；反之则较弱。决策过程持续的时间长短也反映了人的决策能力的差别。一般地讲，行为谨慎的人决策时可能费时较长，甚至反复考虑斟酌，但一旦拍板定案，则义无反顾，坚决执行。决策能力较差的人，决策时间也比较长，老是犹豫反复、拿不准主意。决策能力的强弱，还要根据决策结果和决策所考虑的内容去分析。当一个人决定做某件事或不做某件事，事实证明他经常是对的，那么，他的决策能力就相对较强。决策能力不单单是人的某一方面能力的表现，从某种程度上说，它是人的各种能力的综合体现。它是建立在人们观察、注意、分析的基础上，运用判断思考、逻辑推理做出的决断。因此，培养锻炼谈判人员的决策能力，必须要注意各种能力的平衡发展。

6）应变能力

应变能力是指人对突然发生的情况或尚未料到情况的适应、应付能力。在谈判活动中经常会出现各种意外的突发情况，如果谈判人员不能很好地应付和处理，就会陷于被动，甚至功亏一篑，导致谈判失败。

应变能力的强弱与人的灵活性、创造性有密切的联系，当眼前出现的情况同原先预想的有较大的出入时，应变能力强的人能够发挥自己的想象力，提出各种灵活的办法、变通的方案，尽量妥善解决。同时，对对方提出的方案、措施，也能够冷静分析思考，权衡利弊关系，做出正确的抉择。但应变能力差的谈判人员却做不到这一点。他们习惯于按老办法去处理新问题，常常是这个我不能接受，那个我不能考虑，从不去寻找更好地解决问题的方法。显然，这种类型的谈判人员是达不成有建设性的协议的。

综上所述，能力是谈判者顺利完成谈判活动，达成谈判协议的根本保证。因此，谈判人员所具备的能力以及这些能力的培养和提高有着十分重要的意义。这就要求不仅谈判者个人要注意在实践中培养与锻炼自己的能力，还要以各种方式专门训练谈判人员的能力，如进行心理训练、模拟谈判等。

12.4 性格与谈判

性格是指人对客观现实的态度和行为方式中经常表现出来的稳定倾向。它是个性特征的核心，决定人的活动的内容和方向。所以，性格的形成与发展对人的行为活动有重要的影响。在现实活动中，人们的性格是千差万别的，比如在交际方面，有的人活泼外向，喜欢结交朋友，有的人孤寂内向，爱独自沉思；在待人处事上，有的人诚实、和蔼，有的人虚伪、狡诈；在情绪特点方面，有的人乐观进取，有的人悲观失望；在行动上，有的人果敢坚强，有的人则谨慎怯懦。这些都会在谈判活动中淋漓尽致地表现出来，直接影响人们的行为方式。

例如，在各国政府的首脑中，苏联领导人赫鲁晓夫是极具个性的代表人物，曾传闻他在联合国会议上用鞋子敲桌子，以表达他的感情。在 20 世纪 50 年代中期，他与当时的联邦德国总理阿登纳的谈判更显示出两个人的性格特征。赫鲁晓夫的性格是专横跋扈、咄咄逼人，阿登纳也据理力争，毫不让步，结果他们的谈判一直是硝烟弥漫，火药味十足。赫鲁晓夫在回答阿登纳的一项建议时说："在我同意你的这一项建议时，我肯定看到你在地狱里！"阿登纳回击说："如果你看到我在地狱里，那是因为你比我先到地狱！"在谈判桌上，当赫鲁晓夫愤怒地挥拳时，阿登纳则站起来，挥舞他的双拳。当赫鲁晓夫威胁要退出谈判时，阿登纳则命令飞机准备起飞回国。最后，赫鲁晓夫终于发现阿登纳的强硬姿态是性格使然，不是装出来的，从那以后他的谈判态度有了很大的收敛。

总之，人与人之间的性格差别是极大的，有的甚至截然对立。对于性格类型的分析是难以穷尽的，这里，我们就谈判这一特定形式的活动，分析几种具有一定代表性的谈判人员的性格类型，具有一定的现实意义。

12.4.1　权力型

这种类型的人根本特征是对权力、成绩狂热地追求。为了取得最大成就，获得最大利益，他们不惜一切代价。在多数谈判场合中，他们想尽一切办法使自己成为权力的中心，我行我素，不给对方留任何余地。一旦他们控制谈判，就会充分运用手中的权力，向对方讨价还价，甚至不择手段，逼迫对方接受条件。他们时常抱怨权力有限，束缚了他们谈判能力的发挥。更有甚者，为了体现他们是权力的拥有者，他们追求豪华的谈判场所、舒适的谈判环境、精美的宴席、隆重的场面。

权力型谈判者的另一特点是敢冒风险，喜欢挑战。他们不仅喜欢向对方挑战，而且喜欢迎接困难和挑战，因为只有通过接受挑战和战胜困难，才能显示出他们的能力和树立起自我形象，一帆风顺的谈判会使他们觉得没劲、不过瘾。只有经过艰苦的讨价还价，调动他们的全部力量获取成功，才会使他们感到满足。

权力型谈判者的第三个特点是急于建树，决策果断。这种人求胜心切，不喜欢也不能容忍拖沓、延误。他们在要获得更大权力和成绩的心理驱使下，总是迅速地处理手头的工作，然后着手下一步的行动。因此，他们拍板果断、决策坚决。对大部分人来讲，决策是困难的过程，往往犹豫、拖延、难下决断。而这种人则正相反，他们乐于决策，总是当机立断，充满信心。

总而言之，贪权人强烈地追求专权，全力以赴地实现目标，敢冒风险，喜欢挑剔，缺少同情，不惜代价。在谈判中，这是较难对付的一类人，因为如果你顺从他，你必然会被剥夺得一干二净；如果你抵制他，谈判就会陷入僵局，甚至破裂。

要对付这类谈判对手，必须首先在思想上有所准备，要针对这类人的性格特点，寻找解决问题的突破口。正像这种人的优点一样，他们的弱点也十分明显：①不顾及冒险代价，一意孤行；②缺乏必要的警惕性；③没有耐心，讨厌拖拉；④对细节不感兴趣，不愿陷入琐事；⑤希望统治他人，包括自己的同事；⑥必须是谈判的主导者，不能当配角；⑦易于冲动，有时控制不住自己。

针对他们的弱点，可从以下几个方面采取对策：

要在谈判中表现出极大的耐心，靠韧性取胜，以柔克刚。即使对方发火，甚至暴跳如雷，也一定要沉着冷静，耐心倾听，不要急于反驳、反击。如果能冷眼旁观，无动于衷，效果会更好。因为对方就是想通过这种形式来制服你，如果你能承受住，他便无计可施，甚至还会对你产生尊重、敬佩之情。

努力创造一种直率的并能让对手接受的气氛。在个人谈判中，面对面直接冲突应加以避免，这不是惧怕对方，而是因为这样不能解决问题，应该把更多的精力放在引起对手的兴趣和欲望上。例如，"我们一贯承认这样的事实，你是谈判另一方的核心人物"。（引诱其权力欲）"我们的分析表明，谈判已经到了有所创造、有所建树的时刻。"（激起挑战感）与此同时，要尽可能利用文件、资料来证明自己观点的可靠性，必要时，提供大量的、有创造性的情报，促使对方铤而走险。

12.4.2 说服型

在谈判活动中，最普遍、最有代表性的人是说服型的人。在某种程度上，这种人比权力型的人更难对付。后者容易引起对方的警惕，但前者却容易被人所忽视。说服者在温文尔雅的外表下，很可能暗藏雄心，与你一争高低。

说服者的第一特点是具有良好的人际关系，他们需要别人的赞扬和欢迎，受到社会的承认对他们来说比什么都重要。他们也喜欢帮助别人，会主动消除交际中的障碍，在和谐融洽的气氛中，他们如鱼得水，发挥自如。同时，这种人与下属的关系比较融洽，给下属更多的权力，使下属对他信赖、忠诚。

说服者的第二个特点是处理问题绝不草率盲从，都是三思而后行。他们对自己的面子、对方的面子都竭力维护，绝不轻易做伤害对方感情的事。在许多场合下，即使他们不同意对方的提议，也不愿意直截了当地拒绝，总是想方设法说服对方或阐述他们不能接受的理由。

与权力型不同的是，说服者并不认为权力是能力的象征，却认为权力只是一种形式。虽然他们也喜欢权力，认识到拥有权力的重要性，但他们并不以追求更大的权力为满足，而是希望获得更多的报酬、更多的利益、更多的赞赏。

要辨别此类人的需要和弱点是十分困难的，因为他们把自己掩藏于外表之下，处事精明，工于心计，说话谨慎，不露锋芒，外表和蔼，充满魅力。他们比较随和，善于发现和迎合对手的兴趣，在不知不觉中把人说服。总之，他们的弱点并不十分明显，在认识这一类人时，要透过表面现象分析其本质。他们的性格可能潜藏着这样的弱点：（1）过分热心与对方搞好关系，忽略了必要的进攻和反击；（2）对细节问题不感兴趣，不愿进行数字研究；（3）不能长时间专注于单一的具体工作，喜欢考虑重大问题；（4）不适应冲突气氛，不喜欢单独工作等。

明确了这类谈判者的性格弱点，就可以制定相应的策略。首先，要在维持礼节的前提下，保持进攻的态度，并注意双方感情的距离，不要与对手交往过于亲密。必要时，保持态度上的进攻性，引起一些争论，使对手感到紧张不适。其次，可准备大量细节问题，使对方感到厌烦，产生尽快达成协议的想法。再次，在可能的条件下，努力营造一对一的谈判局面。说服者群体意识较强，他们善于利用他人营造有利于自己的环境气氛，不喜欢单独工作，因为这使他们的优势无法发挥。利用这一点，我们可以争取主动。最后，准备一些奉承话，必要时给对方戴个高帽，这很有效，但必须恭维得恰到好处。

12.4.3 执行型

这种性格类型的人在谈判中并不少见，他们的最显著特点是，对上级的命令和指示，以及事先定好的计划坚决执行，全力以赴，但是拿不出自己的主张和见解，缺乏创造性。维护现状是他们最大的愿望。

这类人的另一特点是工作安全感强。他们喜欢安全、有秩序、没有太大波折的谈判。他们不愿接受挑战，也不喜欢爱挑战的人。在处理问题时，往往寻找先例，如果出现某一问题，以前是用A方法处理的，他们就绝不会采用B方法。所以，这类人很少在谈判中能独当一面，缺少构思能力和想象力，决策能力也很差。但在某些特定的局部领域中，工作起来得心应手，有效率。这种性格的人喜欢照章办事，适应能力较差，他们需要不断地被上级认可、指示。特别是在比较复杂的环境中，面对各种挑战，他们往往不知所措，很难评价对方提出新建议的价值，自然，他也无法拿出有建设性的意见。

找出这种人的弱点并不困难，但困难的是怎样利用这些弱点，实行相应的策略：①他们讨厌挑战、冲突，不喜欢新提议、新花样；②没有能力把握大的问题，不习惯也不善于从全局考虑问题；③不愿意很快决策，也尽量避免决策；④不适应单边谈判，需要得到同伴的支持；⑤适应能力差，有时无法应付复杂的、多种方案并存的局面。

根据上述特点，在谈判中可注意这样一些问题：第一，努力造成一对一谈判的格局，把谈判分解为有明确目标的各个阶段，这样容易获得对方的配合，使谈判更有效率。第二，争取缩短谈判的每一具体过程，这类人反应迟缓，谈判时间越长，他们的防御性也越强，所以，从某种角度讲，达成协议的速度是成功的关键。第三，准备详细的资料支持自己的观点。由于执行者常会要求回答一些详细和具体的问题，因此，必须有足够的准备来应付，但不要轻易提出新建议或主张，这会引起他们的反感或防卫，实在必要时，要加以巧妙地掩护或一步步提出，如果能让他们认识到新建议对他有很大益处，则是最大的成功；否则，会引起他们的反对，而且这种反对很少有通融的余地。第四，讲话的态度、措辞也很重要，冷静、耐心都是不可缺少的。

12.4.4 疑虑型

怀疑多虑是这类性格人的典型特征，他们对任何事都持怀疑、批评的态度。每当一项新建议拿到谈判桌上来，即使是对他们有明显的好处，只要是对方提出的，他们就会怀疑、反对，千方百计地探求他们所不知道的一切。

这种性格类型人的另一特点是犹豫不定，难于决策。他们对问题考虑慎重，不轻易下结论。在关键时刻，如拍板、签合同、选择方案等问题上，不能当机立断，老是犹豫反复，拿不定主意，担心吃亏上当，结果，常常贻误时机，错过达成更有利的协议的机会。

这种人的特点之三是对细节问题观察仔细，注意较多，而且设想具体，常常提出一些出人意料的问题。此外，这种人也不喜欢矛盾冲突，虽然他们经常怀疑一切，经常批评、抱怨他人，但很少会弄到冲突激化的程度，他们竭力避免对立，如果真的发生冲突，也很少固执己见。

因此，与他们打交道应注意的问题是：提出的方案、建议一定要详细、具体、准确，避免使用"大概""差不多"等词句，要论点清楚，论据充分。在谈判中耐心、细心是十分重要的，如果对方决策时间长，千万不要催促，逼迫对方表态，这样反会更加重他的疑心。在陈述问题的同时，要留出充裕的时间让对方思考，并提出详细的数据说明。在谈判中要襟怀坦荡、诚实、热情。如果他发现你有一个问题欺骗了他，那么再想获得他的信任是不可能的。虽然这类人不适应矛盾冲突，但也不能过多地运用这种方法，否则，会促使他更多的防卫、封闭自己，来躲避你的进攻，双方无法进行坦诚、友好的合作。

本章案例

稻盛和夫的人生哲学与谈判风格

2019 年 7 月 18 日，来自世界各地的 4 800 位企业家和稻盛和夫的仰慕者齐聚日本的横滨，准备聆听稻盛和夫的退休演讲。最后，稻盛和夫的委托人发表了一个简短声明，世界著名实业家、哲学家，日本经营之神稻盛和夫先生辉煌的经营生涯就此谢幕。

稻盛和夫创办了两个世界 500 强企业：27 岁创办日本京瓷公司；52 岁创办 KDDI 公司。2010 年，在日本航空公司宣布破产之际，稻盛和夫以 78 岁的高龄重新出山，担任日航公司董事长。在不到 3 年的时间内，就使日航扭亏为盈，目前为全球第三大航空公司。

稻盛和夫生于 1932 年，毕业于鹿儿岛大学工学部，就业后在部门只剩一个员工的情况下坚持努力工作，不断钻研，由此掌握了非常专业的关于精细陶瓷方面的技术。稻盛和夫长期在基层做专业技术管理工作，发现问题时积极向管理层反映，但管理层却不以为然。没有得到管理层的支持，稻盛和夫并没有选择放弃，而是自己亲自到生产第一线去，将自己的发现告诉工人们，同时手把手地教他们怎么去改进工艺，结果收效显著，不但提高了产品质量，而且也让他成为员工们最为尊敬的技术员。此后，他在这个企业中的威望越来越高，甚至比一些领导人都更受员工的尊敬和爱戴，从而由技术员升为企业的管理者。后来，他开始创立京瓷公司，希望真正按照自己意愿管理企业并为社会服务。

稻盛和夫经营企业不是单纯追求利润，而是当作使命。他的这种情怀也深深地感染了京瓷的员工。稻盛和夫说："在京瓷集团中，我希望每一个员工都认识到自己所做的工作对于社会的重要性，你们的努力不但是为了让自己生活得更好，也是为了让整个社会更加美好。"

所以，稻盛和夫在京瓷集团从来都不提倡直接用金钱奖励员工，他总是会选择用一些特别有纪念意义、有荣誉感的东西激励员工。手冢博文是稻盛和夫手下的得力干将，有一年他的业绩非常突出，稻盛和夫为他颁发了有纪念意义的金质奖章，上面镌刻着这样一行字——"你的努力感动了很多人，你的付出让很多人受益，你没有英雄的功绩，却有英雄身上让人感到温暖的东西。"手冢博文在得到这个奖章的时候非常激动，他说："这是比一大笔钱更为珍贵的奖励，他让我看到了我存在的价值，我的一切工作都是对社会有益的，这是一个人在企业中得到的最高荣誉，我深深地感谢我身边的每一个人。"之后，手冢博文的业绩不但比以前提升得更高，还比之前更加受员工的欢迎。因为他变得更加谦虚，在关心业绩的同时，也更加关心员工。

在稻盛和夫的坚持下，京瓷集团每选出一个领导人的时候，都会进行严格的道德水平考察，人力资源部门会将他即将当选的消息公布出来，然后接受员工的监督，如果有道德方面的问题则一票否决。此外，京瓷集团还把加强员工的道德培养作为企业活动和培训活动的重要内容。

稻盛和夫的人生哲学还包括"感恩"。他认为感恩是一种精神，是成功道路上不可或缺的东西，拥有一颗感恩的心是一个人成功的必备条件。

1975年，稻盛和夫受邀访问冲绳一家企业，企业邀请歌舞团为稻盛和夫一行表演了当地最受欢迎的感恩舞蹈。这对稻盛和夫的内心产生了巨大影响。稻盛和夫先生认为冲绳在历史上是一个饱受战火和灾乱的地方，当地人有那么多心酸的经历却依然对上苍心怀感恩，并且非常好客和热情，他们太令人感动了，我也应该向他们学习。在这之后，1986年，京瓷集团在日本全国开设了多家赛罗拉电话分公司后，他特别提出应该在冲绳设立一个单独的电话公司。这让公司的管理层都很吃惊。因为冲绳并不是有很强经济实力的地区。但是稻盛和夫说服了公司董事会。当地的企业们也非常激动。一位冲绳商业界的代表说："从外地来冲绳，您是第一个提出这一方案的人，真是为冲绳着想。"结果，几乎所有的冲绳企业都愿意出资与京瓷集团合作成立移动通信公司。冲绳电话公司成立之后，除了会长和一名董事是由京瓷集团派人担任之外，包括社长在内的所有领导者是由冲绳本地人担任。这个公司几乎每个人都认为：这是我们的公司，是上天赐给我们的事业，我们需要感谢所有帮助我们的人，我们要努力工作，用成功来回馈社会。结果，冲绳赛罗拉公司获得了快速发展，在短短的几年之内就成为全国唯一一个超越NTT的电话公司，并成功上市。

稻盛和夫在卸任京瓷和KDDI公司董事长后，在京都八幡的圆福寺出家。在此期间，每天化缘是他必做的事情。他经常身着深蓝色布衣，光脚穿着草鞋行走于大街小巷中。有一天稻盛和夫去化缘，不巧天降大雨，他正在一处屋檐下避雨时，过来一个脚蹬三轮的拾荒者。这位拾荒者看到稻盛和夫蜷缩在墙角瑟瑟发抖，赶忙将车停下，并将身上的雨衣递了过来，他将稻盛和夫拉上了车，载着他来到一处简陋的地下室。随即这位拾荒者又给稻盛和夫先生做了热米汤，为他暖心暖胃。这些举动让稻盛和夫内心充满了感激，他没有想到这样一位穷苦的拾荒者却有如此大爱精神。后来，稻盛和夫以拾荒者的名义建立了一个扶贫基金会，主要用于救助社会上的贫困者。

资料来源 石川康. 稻盛和夫的经营哲学——日本经营之神的管理密码 [M]. 北京：电子工业出版社，2019.

思考题：

在谈判者的类型中，价值观起怎样的作用？哪些要素是谈判行为的基石？

复习思考题

1.如何认识谈判中的角色？

2.谈判者的期望水平对谈判结果有怎样的影响？

3.谈判者应该具有哪些能力？

4.四种性格类型的谈判者异同点是什么？

自我评估测验试题十二

1.你的商业判断能力如何（　　　）

①非常好

②比较好

③一般

④不太好

2.你希望谈判对手是什么样的人（　　　）

①能力较强

②讲道理

③没有明显特点

④软弱退让

3.对上级的指示，你持何种态度（　　　）

①根据情况考虑执行

②坚决贯彻执行

③大部分能够执行

④少部分能够执行

4.你是否容易感情冲动（　　　）

①能很好控制

②基本能控制

③有时冲动

④很容易冲动

5.当你决定做某件事情时，常常能够成功吗（　　　）

①是的

②并不经常

③偶尔成功

④经常失败

6.你擅长与人交际吗 （　　）

①非常擅长

②比较擅长

③一般化

④不擅长

7.你对别人的暗示是否敏感 （　　）

①十分敏感

②比较敏感

③不太敏感

④很不敏感

8.你的领导方式是下面哪种形式 （　　）

①征求各方意见再做决定

②有时考虑其他人意见

③以大家意见为主

④自己决定了就干

9.获得别人的信任对你来说是否重要 （　　）

①非常重要

②比较重要

③不在乎

④不重要

10.你是怎样看待权力的 （　　）

①关键是怎样运用权力

②越大越好

③应有适当的权力

④有权比没权强

11.你喜欢征求别人的意见吗 （　　）

①经常如此

②一般化

③很少征求

④没有必要征求

12.你分析问题的特点是 （　　）

①全盘分析，不做决策

②一下子抓住要害

③先听别人意见，然后归纳出自己的意见

④思路不很清晰

13.面对压力，你的感觉如何 （　　）

①思路清楚，反应敏捷

②有些不知所措

③能做到沉着应付

④极力摆脱

14.当你兴奋时，是否也会激动（　　）

①很镇静

②看具体情况

③常常伴随激动

④由激动引起兴奋

15.你认为自己是否具有魅力或个性（　　）

①非常具有

②还可以

③程度一般

④不具有

16.面对地位较高的谈判对手，你的感觉如何（　　）

①十分兴奋

②非常适应

③有些畏惧

④很不舒服

17.你欣赏对手哪种个性（　　）

①直率坦诚

②谦虚稳重

③热情干练

④狡猾世故

18.你是否能获得别人的尊重（　　）

①很容易

②一般能够

③偶尔能够

④不能够

19.不同气质类型谈判者参与谈判（　　）

①会影响谈判的成功率

②有不同的表现形式

③会取得不同的谈判结果

④对人心理活动起积极或消极作用

20.影响谈判者决策能力的因素主要是（　　）

①心理素质

②气质类型

③意志品质

④性格特征

第 13 章

谈判合同的履行

谈判的最终目的是达成协议，签订合同。但是，签订了协议，并不等于谈判的终结。合同的签订、履行、变更与解除都与谈判有着直接、密切的关系。谈判的准备工作如何，谈判进行得顺利与否，都会影响合同的签订和履行。反过来，合同的履行状况也反映了谈判工作情况及谈判中的问题，影响谈判的最后完成。

13.1 签订合同应注意的事项

合同是交易双方为明确各自的权利和义务，以书面形式将其确定下来的协议，具有法律效力。就是说，合同一经双方签订，就成为约束双方的法律性文件，双方必须履行合同规定的各自应尽的义务，否则就必须承担法律责任。合同还是仲裁机关处理矛盾纠纷的依据。

因此，在谈判中，必须十分重视合同的签订，不仅要严肃、认真地讨论合同的每个条款，还要慎重地对待合同签订的最后阶段。因为在合同的敲定阶段，每一个漏洞都可能影响合同的实际履行，造成不可挽回的损失。例如，我国某钢铁公司在引进某一套设备时，由于粗心大意，把填料也列入引进之列，合同签完之后，才发现引进的填料就是黄沙。黄沙我国到处都有，何必用外汇去购买，我方想退掉，对方不同意。好说歹说总算不装运了，但钱得照付，这真是花钱买教训。从实际情况来看，在谈判中签订合同应注意以下几方面的问题：

13.1.1 合同文本的起草

当谈判双方就交易的主要条款达成一致意见后，就进入合同签约阶段。这涉及合同文本由哪一方来起草。一般来讲，文本的起草很重要，它关系到哪一方掌握谈判的主动权。因为口头上商议的东西要形成文字，还有一个过程，有时，仅仅是一字之差，意思则有很大区别。起草一方的主动权在于可以根据双方协商的内容，认真考虑写入合同中的每个条款，斟酌选用对己方有利的措辞，安排条款的顺序或解释有关条款，而对方对此则毫无思想准备。

有些时候，即使认真审议了合同中的各项条款，但由于文化上的差异，对词意的理解也会不同，难以发现于己不利之处。特别是在涉外谈判中，我方应重视合同文本的起草，尽量争取起草合同文本，如果做不到这一点，也要与对方共同起草合同文本。但现在我们的一些涉外谈判，往往是一开始外商就提出一份完整的合同文本，迫使我方按照合同文本的内容讨论每项条款，这种做法会使我方在谈判中处于极为被动的地位。一方面，由于思想准备不足，容易让对方塞进一些对我不利的条款或遗漏一些对方必须承担义务的条款；另一方面，按一方事先拟好的合同文本进行谈判，极大地限制了我方谈判策略和技巧的发挥，并且我方很难对合同进行比较大的修改和补充，甚至有的只是在对方的合同上签字。

另外，如果以外文文本作基础，对我方也有诸多不利，不仅要在翻译内容上反复推敲，弄清外文的基本含义，还要考虑法律上的意义，一些约定俗成的用法，包括外文的一词多义，弄不好就会造成麻烦，出现意想不到的问题。例如，20世纪70年代初，美国总统国家安全事务副助理亚历山大·黑格率团来华，为尼克松总统的访问打前站时，我方发现对方的公告草稿中出现了这样的字句：美国政府关心中国人民的生存能力（viability）。周恩来立刻要求我国有关部门的专家们进行查阅，以弄清viability一词的确切含义。经反复研究，viability的词意是"生存能力"，尤指"胎儿或婴儿的生存能力"。在第二天的谈判中，周恩来严肃地指出："中国是一个独立的主权国家，不需要美国政府来关心其'生存能力'。我们欢迎尼克松总统来我国访问，但不能使用侮辱中国人的字眼。"一番义正词严的讲话，既捍卫了祖国的尊严，又增加了对方对周恩来的敬佩之情。

起草合同的文本，需要做许多工作，这可以同谈判的准备工作结合起来。例如，在拟订谈判计划时所确定的谈判要点，实际上就是合同的主要条款。起草合同文本，不仅要提出双方协商的合同条款，以及双方应承担的责任、义务，而且我方还要对所提出的条款进行全面细致的讨论和研究，明确哪些条款不能让步，哪些条款可做适当让步，让步到什么程度。这样，当双方就合同的草稿进行实质性谈判时，我们就掌握了主动权。

13.1.2　明确合同双方当事人的签约资格

由于合同是具有法律效力的文件，因此，签订合同的双方都必须具有签约资格，否则，即使签订了合同，也是无效的合同。在签约时，要调查对方的资信情况，应该要求当事人相互提供有关法律文件，证明其合法资格。一般来讲，对于重要的谈判，签约人应是董事长或总经理。有时，虽就具体业务进行谈判，出面签约的不是上述人员，但也要检查签约人的资格。如了解对方提交的法人开具的正式书面授权证明，常见的有授权书、委托书等，了解对方的合法身份和权限范围，以保证合同的合法性和有效性。

在审查对方当事人的签约资格时，一定要严肃认真，切忌草率从事。改革开放以来，我国经济发展迅速，对外贸易急剧增长，但是，在与外商、港商谈判时，由于盲目轻信对方，草率签订合同，以至于吃亏受骗的现象屡有发生。有些企业急于开展招商引资，发展外贸业务，仅凭熟人介绍，不进行任何资信调查，就签订数额巨大的合同，结果给企业和国家造成重大损失。所以，了解对方的企业信誉及其行为能力和责任能力是十分重要的，是签约的前提条件。此外，与外国公司打交道，子公司与母公司也要分开。如果与子公司打交道，不要只看母公司的信誉和资产情况，实际上母公司对子公司是不负连带责任的。也不要轻易相信对方的名片，名片不能代替证书，有的人名片头衔很大，实际上是空的。

13.1.3　合同要明确规定双方应承担的义务、违约的责任

许多合同只规定双方交易的主要条款，却忽略了双方各自应尽的责任和义务，特别是违约应承担的责任，这样，无形中等于为双方解除了应负的责任，架空了合同或削减了合同的约束力。还有一种情况是，有些合同条款写得十分含糊笼统，即使是规定了双方各自的责任、义务，但如果合同条款不明确时，也无法追究违约者的责任。例如，我国南方某一城市与港商签订了一个出售矿渣的合同，合同中只明确港商可以每天拉一车，时间为一个月。由于没有明确提出货车的型号，结果对方拉货的车越来越大，我方明知吃亏，却也无可奈何。

在签约中，最容易出现的问题就是合同标的不详，质量条款笼统含糊和缺少索赔条款，给不义之徒造成可乘之机。如果整个合同文字含糊不清、模棱两可，后果更不堪设想，往往争议纠纷、扯皮不断，甚至遗祸无穷。例如，某一合同中有这样一条："合同生效后不得超过45天，乙方应向甲方交纳××万美元的履约保证金……超过两个月如未能如期交纳，则合同自动失效。"这里"两个月"究竟从哪一天开始算起，是合同生效之日开始算起？还是合同生效45天以后算起，写得不明确。

此外，对合同中的一些关键词句，一定要谨慎推敲，不能含糊迁就，有时仅一字之差，却"失之千里"。例如，福建某企业在与外商谈判合同履行保证书时，外商要求写上"在发生受方索取损失补偿时，要先取得供方认可"。为保留或取消"认可"两字，双方展开了辩论，僵持了两天，最后我方以理服人使外商放弃了"认可"要求。如果我方同意保留"认可"这一条，则供方银行的《履约保证书》就失去了任何意义。如果供方不认可，出具《履约保证书》的银行就可以不受理受方索赔的要求，《履约保证书》只不过是一纸空文，成了骗取信任的一种形式。

13.1.4　合同中的条款应具体详细、协调一致

合同条款太笼统也不利于合同的履行。例如，某化肥厂从日本引进一套化肥设备，合同中有这样一条，"某某管线采用不锈钢材料"，没有具体指明管线应包括阀门、弯管、接头等。结果，在合同履行中，日方认为管线只指管子，我方则认为包括其他，但由于合同没有写明，也无从交涉，我方只能干吃哑巴亏。

同时，也应注意合同中的条款不能重复，更不能前后出现矛盾。例如，我国一企业与外商签订了一份合同，在价格条款中有这样一条规定："上述价格包括卖方装到船舱的一切费用。"而在交货条款中却又出现了这样的规定："买方负担装船费

用的1/2，凭卖方费用单据支付。"这种前后矛盾的现象，最容易被人钻空子。

13.1.5　注意合同执行中的免责因素

许多就大型谈判项目所签的合同，执行期限都比较长，在这一过程中，会发生很多意外情况，需要注意如"不可抗力"等免责条款在执行合同中的作用。例如，20世纪90年代初，我国的"引大工程"对外招标。在这一工程中，国家投资了几十个亿，在几十座山中打通一条水渠，将南部的一条大河引入西北部。此工程向全世界招标，意大利一家世界著名的工程公司（简称E公司）中标。在施工中，E公司向我一公司购买了几十万吨的12MM线材，但他们接货后，却以我方延期交货构成违约为由，拒付几十万美元的货款。我方公司由于对交易的免责条款的法律规定不清楚，盲目与对方交涉了三个月未果。最后，中方公司聘请了律师与E公司交涉。律师了解到，我方之所以延迟一天交货，是因为发生水灾，冲毁铁路所致。证据拿到后，我方考虑各种原因，决定先与E公司法庭外调解。经过我方律师有力、有理、有节的一番交涉后，E公司终于支付了全部货款。双方纠纷的根本原因就是中方不知道不可抗力在合同执行中的免责作用，既没有通知对方延迟交货的原因，也没有利用这一点去追索货款。

13.1.6　争取在我方所在地举行合同的缔约或签字仪式

对比较重要的谈判，在双方达成协议，举行合同缔约或签字仪式时，要尽量争取在我方所在地举行。因为签约地点往往决定采取哪国法律解决合同中的纠纷问题。根据国际法的一般原则，如果合同中对出现纠纷采用哪国法律未做具体规定，一旦发生争执，法院或仲裁庭就可以根据合同缔结地国家的法律来做出判决或仲裁。

2009年6月1日凌晨，法航空客A330-200在大西洋海域上空失踪。客机上有机组成员12人，乘客216人。灾难造成的损失赔偿成为外界关注的焦点。

法航作为承运人，有两个方面的损失：一是损毁客机的损失；二是作为承运人对遇难者的责任赔付。由于航空公司事先购买了飞机保险，将得到保险人的赔付。空客A330-200的保险金额约为1亿美元。

在北美、西欧和日本等发达国家，空难遇难者家属的赔付以遇难者的收入能力为基础，每名乘客的赔偿在240万~410万美元。主要依据是《蒙特利尔公约》。《蒙特利尔公约》第17条和第21条规定了承运人对乘客安全的责任及其赔付责任。首先，对乘客的死亡或损害赔偿，不论承运人是否有过错，都要承担不超过10万特别提款权的赔付责任。其次，如果承运人有过错，乘客可以要求超过10万特别提款权的赔偿。而且，要求承运人在事故发生后向索赔人及时付款。例如，根据2009年6月1日的汇价，1SDR=1.55761美元，可以据此推测法航面临的索赔额度。

遇难者家属得到的赔偿并不限于法航的赔付，如果遇难者有人寿保险、意外伤害保险等，他们也可以同时得到其承保人的赔付。例如，此次遇难的9名中国籍乘客中，已有5人获得人保寿险、太平洋财险和中国联合财险的赔付。其中1位购买了人保寿险"畅享人生年金保险"的遇难者，其家属获得960万元的保险赔付。其他4位遇难者购买的均为意外伤害保险（航空意外保险或交通意外保险），其家属得到50万元的保险赔付。

13.2 谈判协议的鉴证和公证

13.2.1 谈判协议的鉴证

经济谈判协议的鉴证是指国家有关合同管理机关根据双方当事人的申请，依据国家法律、法令和政策，对经济协议的合法性、可行性和真实性进行审查、鉴定和证明的一项制度。经济合同是一种法律文件，要保证其合法性、可行性和真实性，仅仅由合同双方当事人签字同意是不够的，还要得到国家有关部门的认可，经过国家管理部门的审查，这是由于：

（1）鉴证是保证谈判协议合法有效的必要手段。谈判协议是由协议双方在自愿原则基础上互相协商取得一致意见后签订的。但是，签订的协议是否合法？能否在合法的前提下履行？这就需要通过鉴证和公证来审查、证明，包括审查协议内容是否符合国家的法律、法令、政策的要求，是否符合国家指导性计划的要求，谈判协议的主体是否具有合法身份，是否具有权力能力和行为能力，以及主体身份是否合格等。此外，双方协议的标的物是否是国家允许流通的商品，是否会危害国家利益和社会利益也是审查的主要方面。对谈判协议进行鉴证，审查双方当事人的法人资格及交易内容的合法性，可以有效地保证谈判的合法性、可行性，也为在协议的履行中对出现的矛盾和纠纷的调解与仲裁提供了可能性。

（2）实行鉴证是国家有关部门进行合同管理的有效措施。谈判协议的合法性与可行性，不仅直接关系到谈判双方当事人的切身利益，还关系到社会效益。在我国，主要经济活动都是在国家的宏观指导下进行的，任何交易行为都要符合国家的法令、政策规定，要有良好的社会效益。因此，国家必须要对合同的签订及履行实施监督管理，以保证交易活动的合法性和有效性。例如，鉴证机关有必要审查交易双方的当事人有没有欺骗行为，代理人是否超越了代理权限与对方签订协议，当事人的履行能力状况是否符合协议内容的要求等。

（3）实行鉴证有利于保证谈判双方有效地履行协议。履行经济协议的唯一依据就是协议书。因此，协议书是否合法，其条款是否完备，文字表达是否清楚、准确，双方当事人的权利、义务和责任是否明确，以及协议的签订是否符合法律程序等，都会直接影响协议的履行，影响协议双方的利益，有时仅仅是一时的疏忽，但却带来难以弥补的损失。国家有关部门对合同实行鉴证是十分必要的。它能有效地保证经济协议的履行，通过对合同内容的审查，明确合同中双方当事人的责任、义务，从而保护当事人的合法权益，有利于促进谈判协议的履行。因此，一般的经济谈判协议都应该实行鉴证和公证，包括国内和涉外经济协议。国内经济谈判协议鉴证要按照《关于经济合同鉴证的暂行规定》执行。在我国，市场监督机关是经济协议鉴证机关。

经济合同的鉴证应当由当事人双方到市场监督机关办理。如果需要委托他人代办鉴证的，代理人必须持有委托证明。在申请鉴证时应当提供经济合同正、副本，营业执照副本，签订经济合同法定代表人或委托代理人资格证明，以及其他有关证明材料。

13.2.2　经济合同的公证

经济合同的公证是指国家公证机关根据当事人的申请，依法对经济协议进行审查，证明其真实性、合法性，并予以法律上的证据效力的一种司法监督制度。这是对合同实行法律监督，运用法律手段加以管理的一种方法。

实行合同的公证，首先，可以更好地贯彻执行党和国家的方针、政策，支持和保护合法的经济活动，制止和打击违法的经济活动。其次，增强合同双方的法制观念，促使双方以严肃认真的态度对待合同的签订与履行。再次，及时发现与纠正可能影响合同履行的问题，做到防患于未然。最后，便于从法律上监督合同的履行，提高履约率。

经济合同的签证与公证的作用基本相同，但是其监督的性质和作用范围却略有差别。鉴证是由市场监督机关负责，是对协议进行行政监督，而公证是由国家专门公证机关负责，是一种法律监督手段。因此，在合同执行中出现问题，市场监督机关有权采取措施，加以妥善处理，如果发生纠纷，则要负责调解、仲裁，而公证机关不具有上述职责。

13.3　谈判协议的履行

13.3.1　谈判协议履行的原则

履行经济谈判协议，要求当事人必须全面履行合同规定的义务。要实现这一点，必须贯彻实际履行和适当履行的原则，两者缺一不可。

所谓实际履行，就是要严格按照协议规定的标的履行，协议怎么规定，就怎么履行，不能任意用其他标的来代替，也不能用支付违约金或赔偿金的办法来代替合同原定的标的履行。因此，要求双方在谈判中，对有关标的物的内容讨论要尽可能详尽、清楚、明确，并在合同中明确规定供货一方交付产品的质量、性能、规格、特点等方面的内容以及检验的标准。如果供方未能履行协议，必须按合同规定承担全部责任，向需方支付违约金和赔偿金，但此时，协议并没有终止，违约方仍然要执行实际履行的义务。所以，原则上罚款不能代替标的履行。

总之，合同签订后，必须按照合同规定的内容认真履行，除非出现不具备实际履行的情况，才允许不实际履行。这种情况包括：

（1）以特定物为标的的协议，当特定物灭失时，实际履行协议的标的已不可能。

（2）由于债务人延迟履行标的，标的的交付对债权人已失去实际意义，如供方到期不交付原材料，需方为免于停工待料，已设法从其他地方取得原材料。此时，如再交货，对需方已无实际意义。

（3）法律或协议本身明确规定，不履行协议，只负赔偿责任。如货物运输原则一般均规定，货物在运输过程中灭失时，只由承运方负担赔偿损失的责任，不要求做实际履行。

所谓适当履行原则，就是要求协议的当事人，不仅要严格按协议的标的履行协议，而且对协议的其他条款，如质量、数量、期限、地点、付款等都要以适当的方式全面履行，凡属适当履行的内容，如果双方事先在协议中规定得不明确，一般可按常规做法来执行，但这是在不得已情况下采用的。严格来讲，适当履行原则本身就要求当事人在订立协议时，尽量做到具体明确，以便双方遵照执行。

实际上，贯彻实际履行原则和适当履行原则，就是要求双方当事人必须严格按照协议的条款去履行。

合同履行中出现的纠纷最多，双方如果就这样的问题进行谈判被称为索赔谈判。这也是比较棘手的一种谈判。由于这种情况的出现是合同义务不能履行或不完全履行，很可能会给一方或双方造成损害，因此，谈判中针锋相对、剑拔弩张的情况比较常见。但要始终坚持重合同、重证据，注重逻辑推理和系统分析，注重借助各种现代分析工具、测量方法和高科技手段来处理纠纷问题，尊重科学。这种谈判特别需要睿智、机敏、理性的头脑，对谈判人员的素质要求较高。有这样一个事例。上海宝山钢铁公司收到了日本新日钢铁公司发来的一箱资料。在发货通知上注明资料一共是6份。但是，我方人员在开箱验收时，却发现只有5份资料。于是与之进行交涉。但日方代表说，他们在发出资料的时候，至少要3个人经手，不可能发生差错。中方说开箱时有5个人在场，反复核对，也不会错。结果双方各执一词，不欢而散。

第二次会谈，中方采取了逻辑推理论证的方法，提出了资料丢失的3种可能性：一是在运输过程中丢失；二是在中方收到资料后，由于保管不善而丢失；三是日方在发送时资料便短缺。第一种情况，如果资料是在运输过程中丢失的，则装运资料的包装箱必然会有破损的地方。中方代表出示了包装箱的照片，照片显示，包装箱完好无损。第二种情况，每份资料重32千克，5份资料共重160千克。6份资料应重192千克，而在包装箱上标明的净重是160千克，由此可推论日方只发来5份资料。因此，第二点"在中方收到资料后，由于保管不善而丢失"这一条也是不能成立的。那么，剩下的只有第三种可能性，即"日方发送时资料便短缺"。日方代表听了中方的推理论证之后，无话可说，当即表示回去向总部汇报请示。不久，日方将一份补发的资料寄到了上海宝山钢铁公司。

13.3.2　谈判协议的担保

谈判协议的担保是保证协议切实履行的一种法律关系。担保是指在谈判时，一方或双方请保证人或以其他的方式来保证其切实履行协议的一种形式。担保是由国家法律规定的或由双方当事人协商确定的。贸易谈判协议的担保主要有以下几种形式：

（1）保证。它是保证人以自己的名义担保被保证人履行合同，当被保证人不履行合同或不完全履行合同时，由保证人连带承担赔偿损失的责任。保证的作用：一是监督被保证人认真履行合同；二是在被保证人不履行合同时，由保证人连带承担赔偿损失的责任。被保证人不履行合同或不完全履行合同时，另一方当事人有权请求保证人连带承担赔偿损失的责任，同时，有权请求被保证人继续按约履行合同。所谓连带承担赔偿损失的责任，即保证人和被保证人都负有承担赔偿另一方当事人经济损失的义务。保证人追偿被保证人违约造成另一方当事人的经济损失后，有权向该被保证人请求偿还所赔偿的损失。

（2）定金。定金是签订经济合同的一方当事人，为证明合同的成立和保证合同的完全履行，在标的物价款或酬金的数额内，预先给付对方当事人一定数额的货币。定金的作用：一是证明合同的成立。一方当事人在签订合同时，担心对方当事人毁约而给付定金，只要对方当事人接受定金，就是经济合同成立的法律依据。二是一种担保形式。它是在没有第三人参加的情况下，双方当事人为了保证合同的切实履行而协商约定的法律关系。因此，如果接受定金一方不履行合同，应当双倍返还定金；如果给付定金的一方不履行合同，则无权请求返还定金。所以，定金既有担保作用，又可以补偿不履行合同所造成的经济损失。

定金与预付款不同。定金的主要作用：一是证明合同的成立；二是保证合同的履行。而预付款却没有这样的作用，给付预付款的一方不履行合同时，在承担由此造成的经济责任后，有权请求返还预付款或抵作赔偿金、违约金；当接受预付款的一方不履行合同时，在承担经济责任后，应如数返还预付款，但无须双倍返还。

（3）留置。留置也是协议担保的一种法律手段，是指由于对方不履行合同，当事人一方对于对方的财产采取的一种扣留措施。这种担保形式常常用于来料加工、保管和工程项目的合同关系。如加工承揽合同中，定作方把一定的原料交给承揽方加工，如果定作方不按约定期限领取定作物，承揽方有权留置其定作物；如果超过领取的期限仍不领取，承揽方有权将定作物变卖，所得价款在扣除报酬、保管费用之后，用定作方的名义存入银行，承揽方的这种权利，叫作留置权。

（4）违约金。违约金也是保证协议履行的一种形式，是指一方当事人不按标的履行或者不适当地履行协议时，按法律或双方约定向对方支付的金额。这是经济合同的主要担保形式。它的作用有以下两个方面：一是带有惩罚性质，起经济制裁的作用；二是带有补偿性质，起补偿损失的作用。这里，违约一方不履行协议时，不论是否给对方造成损失，都应付给违约金。这与赔偿金有所区别，赔偿金是指给对方造成损失后支付的补偿金。

（5）抵押。抵押也属于一种担保形式，是指协议当事人一方或第三人为履行协议向对方提供的财产保证。提供抵押的一方当事人或第三人称抵押人，接受抵押财产的当事人称抵押权人。抵押人不履行协议，抵押权人有权依法变卖抵押物，从所得价款中优先得到清偿。但是，不能把国家法律、法令禁止流通和禁止强制执行的财产作抵押，如人、枪等。

山西从事煤炭生意的李先生此前一直在为经济的不景气而揪心，不过，最近他却相当高兴，而同在山西的孙先生心情却跌到了谷底，引起他们心情百转千回的其实是同一件事——"极草的代理权"。

近年来，横空出世的极草是商界最热的话题之一，从冬虫夏草行业一个完全的新丁成长为领军品牌只用了短短四五年，2012年的销售额轻松迈过50亿元。极草有多受消费者的追捧？以哈尔滨为例，极草进入前全年冬虫夏草销量不过几百万元，进入1年后，极草单月销量便超越了从前全年销量。

会"下金蛋"的代理权如此诱人的项目自然吸引很多投资者的目光，极草代理权炙手可热。从矿主到上市公司董事长，申请极草代理权的人满是各界商业大亨。不过，其申请的成功率不到1%，不仅要求资金、人脉等资源充沛，而且必须拥有良好的诚信记录。而李先生已经顺利通过了各项审查即将签约，抱回一只会下金蛋的金凤凰，自然心情不错。但拿到代理权并不代表一劳永逸，如果代理商在经营中存在违规行为，面临的处罚也相当严厉。孙先生2012年便已拿到极草的代理权，收获颇丰，不过由于存在串货行为，被极草代理商们民主选举出来的自律委员会发现并查实，自律委合议决定取消他的代理资格。这对孙先生可谓晴空霹雳，他四处求告，主动提出缴纳罚金200万元，并上交未来3年的所有赢利，只求能保住代理权。但自律委最后仍维持决定不变。孙先生在处罚单上签字时悔恨地说道："最大的处罚，是不带我玩了。"

13.4　谈判协议的变更、解除、转让与纠纷处理

谈判双方共同协商后签订的经济协议，具有法律效力，要求双方认真履行，任何一方无权单方面变更和解除。但是，客观情况是不断变化的，有些时候，签订协议时的客观条件发生变化，实际履行协议已变为不可能或无意义，这就要求变更和解除协议。所以，绝对不允许谈判合同的变更与解除也是不切合实际的。

13.4.1　谈判协议的变更和解除

所谓变更，是指对原协议的修改和补充；所谓解除，是对原协议宣布无效。由于签订协议是非常严肃认真的事情，因此修改、变更和解除协议也必须严肃认真，不能草率从事，必须有法律依据，并通过一定的程序进行，不能单方面随意变更或

解除，否则视为违法行为，应负法律责任。

允许变更或解除协议主要有以下几种情况：

（1）由于内部原因，协议中的一方出现了一些必须修改合同的因素，在不影响、不损害国家利益和对方利益的前提下，经双方协商同意，并通过一定的法律程序，允许变更协议。

（2）由于签订协议时的客观条件发生变化，如协议订立所依据的国家计划的修改或取消，相应地，所订协议也可以变更或解除。

（3）协议一方的企业或公司，由于停产、倒闭等原因无法继续履行协议，也允许协议变更或解除。

（4）由于不可抗力或由于一方当事人虽无过失但无法防止的外因致使合同的履行成为不必要，受害的一方可依法律规定，变更或解除合同。

（5）由于协议一方违约，使对方受到严重损失。

一般来讲，只要具备上述情况之一者，即可变更或解除协议。但是应当指出，如果原来参与签订协议的承办人或法人代表发生变更时，则不能作为变更或解除协议的理由。根据有关法律规定，法人原有的权利和义务关系不能因人员变更而消失，应由变更后的新法人来承担。

13.4.2　谈判协议的转让

谈判协议除了可以变更和解除以外，还可以转让。谈判协议的转让，并非转让协议本身，而是指协议主体的转让，具体来说，就是协议中一方当事人由于某种原因退出原来的经济法律关系，在征得原协议当事人同意并在不变更协议内容、条款的情况下，可将原协议规定的权利、义务转让给第三者。

谈判协议的转让和协议的变更是不同的。转让不改变协议的内容，仅仅改变协议的主体。而协议的变更则恰恰相反，它不改变协议的主体，只改变协议的内容。协议的转让要首先保证得到原协议当事人的同意，而协议的变更则不需要这个前提。

有些特殊的协议转让，还必须经过有关部门的同意。例如，涉及国家指令性计划的产品转让的协议，除了要事先征得原当事人的同意外，还要取得下达该计划的业务主管部门的同意，否则，转让无效。

此外，协议的转让还必须符合法律要求，不得违背国家的有关法令、政策，不得侵犯国家的公共利益。在转让前，还要审查第三者的权利能力和行为能力及经营范围，如果发现第三者没有转让协议中规定的经营项目，就不得转让，否则，转让应视为非法与无效。

13.4.3　利用调解与仲裁处理合同纠纷

在合同的实际履行过程中发生矛盾、纠纷也是正常现象，这不仅关系到合同当事人双方切身的经济利益，也关系到合同能否继续执行的问题。因此，一旦出现矛盾纠纷，必须及时、合理地加以解决。

我国的合同法规定：经济合同发生纠纷时，当事人应及时协商解决。协商不成时，任何一方均可向国家规定的合同管理机关申请调解或仲裁，也可以直接向人民法院起诉。从我国经济合同纠纷处理情况来看，多数都是由调解和仲裁解决的。

（1）调解。所谓调解，就是通过第三方的努力来帮助合同当事人各方消除纠纷。它与仲裁明显的区别是：调解不能强制执行者接受解决办法，它只能通过建议、方案或利用其威信促使执行人接受某种解决办法。

要进行调解，就要有调解人。调解人既可以以一个组织身份出现，如企业的主管单位或上级单位、市场监督部门等，也可以是一个组织中的成员，如法院的工作人员、上级主管部门的负责人、企业的经理人员等。

调解人的调解办法是，通过倾听各方的意见，了解有关情况，收集有关资料，并进行客观分析，提出一个公正可行的解决方案。在一般情况下，由于调解人站在中立的立场上，不带有偏见或感情色彩，提出对双方都有利的处理办法，往往能够为纠纷的双方所接受。这里，协调人的威望也很重要。

需要指出的是，如果调解人以组织的形式出面，则调解的形式有所不同。由合同纠纷双方提出申请，由市场监督部门出面进行调解叫行政调解。双方一旦达成协议，当事人都应当履行。如果纠纷当事人的一方或双方向法院提出申请，要求法院依法裁决，在仲裁之前，法院进行的调解属于司法调解。如果调解有效，达成协议，就具有法律约束力，双方应坚持履行，否则，法院可强制执行。

（2）仲裁。调解失效，就可以进行仲裁。这是指发生纠纷的各方，自愿将有关争议提交给仲裁部门，从而使仲裁部门做出具有一定约束力的裁决。仲裁具有法律强制性，它是通过强制各方执行仲裁决定来解决合同的纠纷。

仲裁审理要求申请仲裁者提供仲裁申请书，如谈判或合同双方当事人的名称、地址，法定代表人的姓名、职务，申请仲裁的事由和要求等。在涉外仲裁申请书中还要写明选定的仲裁员姓名或委托仲裁机构代为指定的内容。

仲裁庭进行仲裁审理有两种方式：一种是口头审理，由仲裁机关通知双方当事人，在规定开庭的日期出庭，以口头答辩的方式，接受仲裁庭的审理。另一种是书面审理，由仲裁庭根据双方当事人、专家提供的书面材料，对争议的案件进行审理，不要求双方当事人出庭作口头答辩。

仲裁程序的最后阶段是裁决，它是指仲裁庭对争议的案件做出的决定。对于仲裁决定，涉外的是一次终局仲裁，所以仲裁机关做出的仲裁决定，立即发生法律效力，当事人应在规定期限内自动履行裁决，双方都不得向法院或其他机关提出变更的要求，否则，法院将依法强制执行。对于国内合同纠纷的仲裁，当事人一方不服时，可在收到仲裁决定之日起15日内向法院起诉，否则，裁决即生效。

中国某贸易公司与法国某公司签订了货物交易合同，进口热轧卷板5 000公吨。随后，中方开具了信用证，合同约定的装运期为2000年6月30日。其中第14条规定，如果卖方不能按合同规定日期交货，买方的补救办法包括：一是解除合同，确保利益不受损失；二是卖方经买方同意，延期交付货物，买方给予延15天的优惠期，但须支付违约金77 500美元。在合同执行过程中，法方又要求修改信用证部分条款，将货名由"热轧卷板"改为"热轧铁板"，单价上升为313美元/公吨，总额为1 565 000美元。但法方在收到信用证后未能如期交货，中方提起仲裁请求，内容包括：①要求支付合同约定的违约金77 500美元；②支付开证费50 000元人民币；③支付应得利润1 915 000元人民币。理由是中方公司在2000年5月7日与最终用户签订了购销热轧卷板合同，单价为人民币3 690元/吨，总货款为18 450 000元人民币。但由于法方未按时交货，造成中方无法履行与客户的合同，利润损失达1 915 000元人民币。

法方公司辩称，未能如期交货是由于他们的供货商没有如约履行合同，并非是他们故意所为。至于要求支付违约金，法方认为中方已经要求解除合同，违约金问题便不存在。至于给中方企业造成的利润损失，法方事前不知道中方与其他公司签订了销售热轧板的购销合同。中国的合同法规定，合同一方当事人对在与另一方订立合同时，对不能预见的对方的损失不负责任，因此，也不予赔偿。

仔细分案案情，中方的主要诉讼请求都是合理的，法方不能按时向中方交货是由于法方的供应商不能交货，导致不能与中方履约，但这并不是法方不能赔偿的理由，应该是法方先赔偿中方损失后再向他的供货商索赔。

本章案例

西班牙马德里大厦合同纠纷

2016年11月4日，万达酒店发展有限公司公告称，公司非全资附属公司万达欧洲地产投资有限公司已于昨日以2.72亿欧元（约合23.34亿港元）出售马德里项目给西班牙企业Baraka Global Invest，S.L.U公司。

尽管出售价高于两年前的收购价，但这仍是一笔亏本的买卖。因为汇率变化等，万达酒店称在将有关收益与先前入账的汇兑储备累计亏损相互抵销后，这次出售将产生约1.1亿港元的净亏损额。

2014年3月，万达集团高管一行在王健林的率领下到欧洲考察。期间，西班牙的马德里大厦（也称西班牙大厦）拍卖引起了王健林的关注。西班牙大厦是一座位于西班牙首都马德里的25层摩天大楼，是20世纪西班牙建筑的典范。大厦中还有一个皇冠假日酒店、一个购物中心、办公区及游泳池。Metrovaces一直拥有其所有权，2005年4月为了收购法国公司Gecina，将该建筑和附近的马德里塔及其他建筑一起出售。同年6月，桑坦德银行以1.386亿欧元的价格买下该建筑的50%，并承诺购买另外的一半，2007年12月交易完成。因为一直等待市政府批示，所以该建筑一直空置。

众所周知，西班牙建筑全球闻名，著名的三一教堂等已经成为全球旅游者的打卡圣地，高迪等建筑艺术家成为全球建筑界膜拜的圣人。但马德里大厦没有这些光环，甚至也不是被西班牙保护的历史建筑。但是，这栋大厦地理位置优越，前后是王宫或政府所在地，在当地人心目中具有很高的地位。

万达集团在2014年3月与大厦所有人西班牙桑坦德银行开始接触，并在3月19日与马德里方面达成初步协议。同年6月5日西班牙银行对外发布消息，中国万达集团已经从其手里购买了马德里市中心的地标性建筑西班牙大厦，购买金额为2.65亿欧元。

这桩交易在双方当事人看来，是一笔很理想的交易，双方各得其所。按照当时万达集团的战略发展规划，未来8~10年，万达将在境外10个主要城市建立万达酒店、购物中心，并大力发展旅游项目，原则上都会采用开发建设与投资购买两种模式。这桩交易完成后，万达集团将其改建为拥有200间客房的豪华酒店，同时还附带高级商场和300个住宅公寓的综合性物业。整个建筑物建筑面积约为83 228平方米。

这个双方看起来两全其美的项目，却在合同执行时横生变数。

首先，签约时答应万达改建酒店的马德里市长下台了，新选上来的是反对党派的市长，拒不履行前任市长的承诺，反倒将此事公诸于众。

其次，由于政府的反对，有人散布谣言：该大厦被一个中国土豪买去了，并且要拆了重建，引起了公众的强烈反对。有人在网站发布消息，以"大厦是西班牙人的共同回忆"为名，希望阻止大厦被拆，短时间里就吸引了7万多名市民签名。当时马德里市约有400万名市民。

在这种情况下，万达集团为了确保合同能够进一步执行，对外公布了企业在西班牙的发展计划和对大厦的处置。第一，万达综合西班牙多家专业公司对建筑物的评估结果，认为单独保留一面高达100多米的墙体存在很大安全隐患，建议先拆除、后原样恢复，以保持建筑原貌。第二，企业考虑到西班牙人民的情感，保证不会将大厦更名为"万达大厦"。第三，万达以此为契机，开展在西班牙的旅游项目。

即便如此，当地的反对声浪还是越来越大，已经超出了万达能够承受的范围。王健林表示，如果当地政府不能安抚民众的情绪，妥善处理关于大厦建设拆迁有关问题，万达将不能履行合同的承诺。因为万达承诺大厦运营后将会给当地带来巨额税收，并且提供超过500人的就业岗位。万达集团原打算在西班牙开展的旅游项目，由于大厦交易纠纷问题，准备改在法国建设。

万达准备撤出的消息一经传出，立刻引起了当地市民的极大关注。由于当时西班牙的国内经济和就业状况实在太糟糕了。数据显示，西班牙在全球金融危机时失业率是25%，当时失业率接近20%，2013年青年人失业率接近50%，市民对政府的意见非常大。万达表示准备撤退的意愿后，市民的压力使政府主动找到万达协商，谈判的结果是政府同意万达重建马德里大厦，由他们做市民的工作。

经过上述波折，万达集团变得更加谨慎。王健林坚持，万达可以继续做下去，但是需要马德里政府支持，不能仅仅是口头答应，需要政府出具正式的函件，并且帮助企业获得拆迁需要的各类手续，如规划的许可等。但是，最后的结果是万达集团重新出售了大厦，而不是重建……

资料来源 [1] 凤凰财经. 王健林终于甩掉了西班牙大厦这个麻烦，亏了一个亿 [EB/OL]. [2016-11-04]. http://finance.ifeng.com/a/20161104/14985341_0.shtml.

[2] 中国新闻网. 王健林回应西班牙大厦事件：惹不起躲得起 卖掉走人 [EB/OL]. [2016-05-23]. http://www.chinanews.com/cj/2016-05-23/7880298.shtml.

思考题：

（1）此次交易双方违约的主要原因是什么？

（2）能否规避这样的合同风险？

复习思考题

1. 为什么说起草合同文本是签约阶段最重要的事情？

2. 谈判合同的鉴证和公证有何区别？

3. 合同纠纷的调节与仲裁需要哪些条件？应如何处理？

自我评估测验试题十三

1. 当双方出现合同纠纷时，你习惯采取何种解决方法（   ）

①双方协商解决

②找第三者仲裁

③通过法律

④自己想办法

2. 你很重视谈判协议的担保吗（   ）

①非常重视

②比较重视

③不重视

④没必要

3. 你习惯把双方商谈的所有内容都写入合同吗（   ）

①经常如此

②有时这样做

③很少这样

④不喜欢这样做

4. 你认为鉴证和公证对合同的合法性很重要吗（   ）

①是的

②可能是

③无所谓

④不知道

5. 如果交易对对方很不利，你是否允许对方修改合同条款（   ）

①很愿意

②有时愿意

③不愿意

④那是对方的事

6. 你认为合同文本的起草重要吗（   ）

①很重要

②重要

③不知道

④不重要

7.你认为双方执行合同条款主要靠（　　　）

①合同的法律性

②交易的有利性

③信任

④双方的关系

8.在处理谈判协议纠纷时，你认为调解人很重要吗（　　　）

①很重要

②重要

③不重要

④不喜欢找调解人

9.如果你担心对方不能认真履行合同，你喜欢采取什么办法（　　　）

①要对方交纳定金

②寻找担保人

③准备不履行合同

④给对方威胁

10.你是如何看待谈判合同的（　　　）

①非常重要

②比较重要

③不太重要

④不重要

11.你习惯通过什么方式保证合同条款的合法性（　　　）

①认真与对方协商

②争取己方起草合同文本

③审查签约人的法人资格

④到有关部门鉴证、公证

12.你认为对方不能履行合同时，向法院提出诉讼是比较可取的方式吗（　　　）

①肯定如此

②不得已而为之

③不喜欢这种做法

④从不采取这种方式

13.如果交易对方是你十分熟悉的客户，你也坚持一丝不苟地签订合同吗（　　　）

①肯定如此

②看具体情况

③只签意向协议

④达成口头协议

14.如与外商签合同，你认为是否应注意合同适用的法律（　　　）

①不太注意

②十分注意

③不清楚

④比较注意

15.你认为签署协议书阶段，律师出席是否必要（　　）

①有些情况需要

②十分必要

③不需要

④不清楚

16.经济谈判协议鉴证与公证的区别是（　　）

①法律程序不同

②执行公证与鉴证的机关不同

③性质不同

④作用不同

17.合同调解与仲裁的特点是（　　）

①调解失效，进行仲裁

②先行仲裁，然后调节

③调解是矛盾双方私下解决

④仲裁是通过法律程序解决

18.合同签署需要注意的是（　　）

①内容全面

②文字清楚

③条款具体

④合同双方当事人的签约资格

19.你是否同意"签合同就有了交易保证"的观点（　　）

①完全同意

②部分同意

③两者并无直接联系

④不同意

20.合同双方当事人的签约资格是指（　　）

①签约人是企业的法人代表

②具有法人出具的授权委托书

③具备上述两点

④企业部门的负责人

自我评估测验试题参考答案

第1章 谈判概要

1.谈判是什么？从不同的角度看，可以得出不同的结论。这一问题的答案由浅入深、由表及里地回答了人们对谈判的认识。

答案：① 0 ②+2 ③+3 ④+5

2.熟悉谈判的游戏规则并按规则发牌。

答案：① 0 ②+2 ③+5 ④+3

3.善于交际是优秀谈判者的基本素质。

答案：①+3 ②+2 ③+5 ④ 0

4.在所有的工作中，经验都是重要的。

答案：①+2 ②+3 ③-5 ④+5

5.风险与获益成正比例相关，风险越大，获利越大；反之则小。

答案：①+5 ② 0 ③ 0 ④-2

6.人的个性、领导风格的不同，表现为解决问题的方式不同。民主型、外向性格的人习惯于集体决策，而独立性强、内向性格的人则善于自己解决。

答案：①+5 ②+3 ③ 0 ④-5

7.这实际上反映了答题者对谈判的认识。

答案：①+5 ② 0 ③-3 ④-5

8.从表面上看，这一观点似乎有些偏激，但请试着在实践中运用，你会有所收获。

答案：①+5 ②+2 ③+2 ④+3

9.尽管这都是谈判的作用，但反映了看问题的层次不同。

答案：①+5 ②+3 ③+2 ④ 0

10.如果你对谈判有很好的感觉，那么你一定会随时体会到这种感觉。

答案：①+3 ②+5 ③ 0 ④+2

11.每次谈判，不论重要与否都认真准备，你一定会取得最佳业绩。

答案：①+2　　　②+5　　　③-5　　　④+2

12.小组谈判，重要的是发挥集体的力量与智慧。

答案：①+5　　　②+2　　　③+3　　　④-5

13.任何谈判都没有完全相同的模式。

答案：①-5　　　②0　　　③+5　　　④+2

14.正确的观念是，谈判是协调双方的利益。

答案：①+5　　　②-5　　　③+3　　　④0

15.谈判是市场经济的伴生物。

答案：①+5　　　②+3　　　③+3　　　④+2

16.谈判中的信息传递应该是广义的概念。

答案：①+2　　　②+2　　　③+5　　　④+3

17.只有是不同利益主体的代表，才有可能协商问题。

答案：①0　　　②+5　　　③0　　　④0

18.艺术性是指炉火纯青的造诣。

答案：①+2　　　②+5　　　③0　　　④+2

19.这几方面都比较重要，看答题者注重哪一点。

答案：①+5　　　②+2　　　③0　　　④+3

20.在一个集体中，人们的向心力也是很重要的，它可以起到组织管理起不到的作用。

答案：①+5　　　②-5　　　③0　　　④+2

第2章　谈判理论

1.博弈论是一种基本的研究工具和分析方法，其"游戏规则"适用于一切竞争领域。

答案：①0　　　②0　　　③-2　　　④+5

2.如果一项活动有两种原因决定其结果，其中一个原因给定，另一个原因则为唯一。

答案：①+2　　　②+5　　　③0　　　④-2

3.这证明了"出发点是好的，但结果却是坏的"一句老话。所以，究竟是看出发点，还是看结果，不辩自明。

答案：①0　　　②+2　　　③0　　　④+3

4.模式简洁地说明了只有合作，才有剩余。

答案：①0　　　②+5　　　③0　　　④0

5.没有充分的信息交流，合作就无从谈起。

答案：①0　　　②0　　　③+5　　　④0

6.变和博弈是最常见的博弈类型，它意味着在不同的策略组合下，博弈各方不同的得益结果。

答案：①+5　　　②0　　　　③+3　　　　④+5

7.在许多情况下，人们经常将付出与收获进行对比衡量，并适时调整自己的心态。

答案：①0　　　　②+5　　　　③-5　　　　④0

8.减少自己的付出是最省事、最能安慰自己的办法。

答案：①0　　　　②0　　　　③0　　　　④+5

9.只有第四点才能涵盖其全部。

答案：①+2　　　②+2　　　　③+2　　　　④+5

10.每个答案都有道理，但第二点最重要。

答案：①+2　　　②+5　　　　③+2　　　　④+2

11.这需要对"黑箱"与"白箱"理论做深刻的理解。

答案：①-3　　　②-2　　　　③-3　　　　④+3

12.协调区域多大，取决于谈判双方各自的实力与谈判技巧。

答案：①0　　　　②0　　　　③+5　　　　④-5

13.谈判中运用"白箱"理论，就是研究"交叉地带"的冲突协调。

答案：①+5　　　②0　　　　③0　　　　④-2

14.客观世界的绝大多数事物都是人们认识的"灰箱"区域。

答案：①0　　　　②+3　　　　③0　　　　④+2

15.人们认知结构的差异是最根本的原因。

答案：①+2　　　②0　　　　③+2　　　　④+5

16.如果你不知道答案是什么，请顺藤摸瓜。

答案：①0　　　　②+3　　　　③0　　　　④0

17.实践证明，人们不论对信息传播者持肯定与否定态度，还是对信息内容持肯定与否定态度，都会对信息传播造成很大扭曲。

答案：①0　　　　②+3　　　　③+3　　　　④0

18.专家研究证实，人们相互传播信息越多，交流越充分。

答案：①0　　　　②+5　　　　③0　　　　④0

19.正如其他渠道各有特点、相互补充一样，信息渠道也是如此。

答案：①+3　　　②0　　　　③0　　　　④0

20.显然，只有包括上述三点才最为全面。

答案：①+2　　　②+2　　　　③+2　　　　④+5

第3章　谈判的基本原则

1.人们所倡导的谈判原则不同，出发点不同，对此问题的选择答案也不同。

答案：①-5　　　②+2　　　　③-3　　　　④+5

2.坚持原则与坚持立场不同，原则应该坚持，立场却可放弃。

答案：①+5　　　②+3　　　③-2　　　④-5

3.赞成哪一种交易，反映了谈判者所坚持的指导思想和基本准则。

答案：①+5　　　②0　　　　③+2　　　④-5

4.施加压力可能会使对方让步，但会有消极后果。激怒对方，趁乱取胜，更不可取。

答案：①+2　　　②+5　　　③-2　　　④-5

5.寻找双方的共同利益，调和双方的分歧利益，这是谈判成功的基础。

答案：①-5　　　②+2　　　③-2　　　④+5

6.学会区分人与问题，会使你一生获益匪浅。

答案：①+5　　　②+3　　　③-3　　　④-5

7.当机立断与深思熟虑是相对而言的，如果条件允许，请你选择后者。

答案：①+2　　　②0　　　　③+5　　　④-5

8.人们的处世哲学也会影响人们对矛盾的处理方法。

答案：①-5　　　②+2　　　③0　　　　④+5

9.客观标准是公正的、客观的、双方都乐于接受的。除此之外，其他的选择方法只会引起争议。

答案：①+5　　　②+2　　　③0　　　　④-5

10.这实质上反映了人们不同的处世哲学。

答案：①+5　　　②+2　　　③0　　　　④-5

11.这都是影响谈判的主要方面，但人们注重的内涵不同，做法就会不同，效果也不相同。

答案：①+5　　　②+3　　　③0　　　　④-5

12.对这一问题的选择答案也反映了人们对谈判的认识。

答案：①-2　　　②+2　　　③+2　　　④+5

13.一个不关心别人，只知关心自己的人，恐怕不会获得别人的信任与友谊，当然，合作的结果也不会理想。

答案：①+5　　　②+3　　　③0　　　　④-5

14.这是人人都有的一种心理现象。

答案：①+5　　　②+2　　　③-5　　　④-2

15.在区分人与问题时，只有先在观念上区分开，才能在行动上区分开。

答案：①0　　　　②+5　　　③+2　　　④+3

16.如果在任何场合都能很好地控制自己，你就是一个理想的谈判人选。

答案：①-5　　　②+2　　　③+5　　　④0

17.信任来源的渠道非常多，关键取决于你相信什么。

答案：①+5　　　②+3　　　③0　　　　④+2

18.如果仅在某一点或某一问题上运用客观标准，就不会赢得对方的信任与合作。

答案：①+3　　　　②+2　　　　③ 0　　　　④+5

19.坚持强硬立场所获得的利益会有很多副作用。

答案：①-5　　　　②-2　　　　③+5　　　　④ 0

20.宽容别人，也就宽容了自己。

答案：①+3　　　　②+5　　　　③ 0　　　　④-5

第4章　　谈判准备

1.对谈判的估计有时取决于个人的性格。乐观者容易看到事物积极的一面，而悲观者则正相反。

答案：①+3　　　　②+5　　　　③ 0　　　　④ 0

2.反复认真地讨论谈判目标，才能做到胸有成竹，创造性地解决问题。

答案：①+5　　　　②+3　　　　③+2　　　　④-5

3.群体成员的归属感是建立在群体成员对群体形象认知的基础上的。

答案：① 0　　　　② 0　　　　③+3　　　　④+5

4.谈判目标定得高低，某种程度上反映了谈判者的期望水平、自信心与魄力。

答案：①+5　　　　②+3　　　　③+3　　　　④-2

5.做任何事情都要有所准备，谈判也不例外。

答案：①-5　　　　②+3　　　　③+2　　　　④+5

6.配备谈判后备人员的作用远大于不得已要更换的人员的作用。

答案：①+3　　　　②+5　　　　③ 0　　　　④+2

7.谈判小组领导人的作用与谈判成员的作用是不相同的。

答案：①+5　　　　②+2　　　　③+3　　　　④ 0

8.获取信息的目的是运用、利用，因此，必须保证信息的准确。

答案：①+5　　　　②+3　　　　③ 0　　　　④-2

9."一个篱笆三个桩，一个好汉三个帮"，集体的智慧从来都是最重要的。

答案：①+5　　　　②+3　　　　③+2　　　　④ 0

10.了解谈判对手的特点，有针对性地采取谈判对策，是取得谈判成功的重要保证。

答案：①+5　　　　②+2　　　　③-2　　　　④-5

11.谈判目标的制定有助于谈判者有利、有理、有序地开展洽商活动。

答案：①+3　　　　②+2　　　　③+5　　　　④ 0

12.谈判日程安排可以作为一种策略，在食宿安排上也可以据此考虑。

答案：① 0　　　　②+5　　　　③+3　　　　④+2

13.谈判地点确定各有利弊，可灵活处理。

答案：①+3　　　　②+2　　　　③+2　　　　④+3

14.制定谈判目标要有一定的伸缩余地，它主要是通过最优期望目标、可接受目标和最低限度目标体现出来的。

答案：①+3　　　②+5　　　③ 0　　　④+2

15.要不断开拓进取，就要不断寻找新客户。

答案：① 0　　　②+5　　　③+3　　　④ 0

16.一般地讲，企业目标是制定谈判目标的基础。

答案：①+2　　　② 0　　　③+5　　　④-5

17.手势是人讲话的"伴生物"，也是一种无声语言。

答案：①-2　　　③+2　　　③+5　　　④-5

18.名片在现代交易中的作用是十分重要的。

答案：①+5　　　②+2　　　③-5　　　④ 0

19.获取信息要考虑获得信息的费用与方式，否则，不符合经济效率的原则。

答案：①+5　　　②+3　　　③+2　　　④+2

20.小组谈判可以充分发挥每个人的专长，使其充分运用谈判策略与技巧。

答案：①+5　　　②+3　　　③+2　　　④ 0

第5章　不同国家商人的谈判风格

1.理解与尊重别人从来都是建立关系的黏合剂。

答案：①+5　　　② 0　　　③ 0　　　④+2

2.开展国际贸易离不开中间商。

答案：①+2　　　②+5　　　③+3　　　④+2

3.在异国文化背景中，你的言行越谨慎越好；否则，即使你想讨好对方，也很可能开罪另一方。

答案：①-5　　　②+2　　　③+5　　　④ 0

4.在国外做生意，一定要远离政治，特别是在那些国内、国际关系比较紧张的国家和地区。

答案：①+5　　　②+3　　　③-3　　　④-5

5.俄罗斯人最关心价格，也最敏感付款方式。

答案：①+5　　　②+2　　　③+3　　　④+5

6.俄罗斯人最擅长吸引多个对手谈生意。

答案：①-5　　　②+5　　　③+3　　　④ 0

7.日本人习惯给对方送礼物，而且比较贵重，如果你收了对方礼物，最好想法回赠对方。

答案：①+2　　　②+3　　　③-5　　　④+5

8.日本人向来决策慎重、迟缓，但行动果断、快速。

答案：①+3　　　②+5　　　③ 0　　　④+2

9.阿拉伯人谈生意时喜欢聊天，如果你不适应，你就不能与他们做生意。

答案：①-5　　　　②+3　　　　③+5　　　　④+2

10.阿拉伯人谈生意时敞开大门，欢迎任何人来访。

答案：①+5　　　　②+3　　　　③0　　　　④-5

11.巴西人讲葡萄牙语，而不是巴西语或西班牙语。

答案：①0　　　　②+5　　　　③+3　　　　④-5

12.政治体制不同，做生意的风险也会增加。

答案：①0　　　　②+3　　　　③+5　　　　④-2

13.资料介绍英国人做买卖最不重视交货期，常常延期交货。

答案：①+3　　　　②+2　　　　③+5　　　　④+2

14.行家的忠告是：只要对你有利可图，就要想法保持生意。

答案：①-5　　　　②0　　　　③+5　　　　④+3

15.举世公认，日本人最具耐心，也最善于利用疲劳战术。

答案：①+5　　　　②+3　　　　③+2　　　　④2

16.南美与北美经济发展速度不同，习俗观念也不同。

答案：①+2　　　　②+5　　　　③+3　　　　④0

17.重产品质量、重信誉，是欧洲国家商人的共同特点。

答案：①+3　　　　②+5　　　　③0　　　　④+2

18.美国人的性格特点是：热忱、外向、坦率。

答案：①-5　　　　②+5　　　　③+3　　　　④+2

19.中南美国家的商人在付款方式上习惯于货到付款，如果货物灭失，不管是谁的责任，绝不付款。

答案：①-3　　　　②-5　　　　③0　　　　④+5

20.这些国家的人生活节奏比较慢，与其谈生意更是急不得。

答案：①-5　　　　②-3　　　　③0　　　　④+5

第6章　谈判策略

1.谈判策略与技巧的运用是谈判成功的重要因素。

答案：①+5　　　　②+2　　　　③0　　　　④-5

2.休会作为策略运用有许多作用，这里概括的是创造与之周旋的机会。

答案：①+3　　　　②+5　　　　③+2　　　　④0

3.实践证明，试探对方虚实使用"假设条件"战术最有效。

答案：①+5　　　　②0　　　　③0　　　　④+2

4.对于这两个策略，许多人觉得是矛盾的，其实是相互补充的。

答案：①+5　　　　②0　　　　③+3　　　　④0

5.使用润滑策略能增进友谊则最为理想，如果已改变了交易关系，也有"暗盘"交易之嫌。

答案：①+2　　　②+2　　　③+3　　　④+5

6.使用"误会"的根本目的，是巧妙地遏制对方不断出现的要求。

答案：①+5　　　②0　　　③+3　　　④0

7.受限制的权力，从某种程度上说是不利条件，但恰恰由于权力受到限制，才有更大的回旋余地。

答案：①+5　　　②+2　　　③0　　　④-2

8.要破招数，还要从招数本身做起。

答案：①+5　　　②-2　　　③0　　　④0

9.感受商机是成功商人的第一要诀。

答案：①+5　　　②0　　　③0　　　④0

10."声东击西"的本质是制造假象，转移对方注意力。

答案：①+3　　　②+5　　　③+2　　　④0

11.这是指解决谈判问题的时间期限问题。

答案：①0　　　②0　　　③+3　　　④+5

12.只有使用不同的人分别扮演"白脸"与"红脸"，才能收到预期效果。

答案：①0　　　②+5　　　③+2　　　④-5

13.攻心策略是软硬兼施，使人心理承受较大压力而妥协。

答案：①+2　　　②+2　　　③+2　　　④+5

14.许多谈判策略技巧的运用是有条件的，这里的条件是谈判对象。

答案：①+5　　　②0　　　③-2　　　④0

15.以表面上的退却掩盖实际上的进攻，实践证明屡试不爽。

答案：①-5　　　②+5　　　③0　　　④0

16.尽管多数人都知道承诺的弊端，但还是免不了犯这类错误，因此，掌握补救方法是必要的。

答案：①+5　　　②+2　　　③0　　　④-5

17."出其不意"战术包含多方面内容：采取突然的行动，出现惊奇的人物，谈判节奏的改变。

答案：①+2　　　②+2　　　③0　　　④+5

18.目标是一定的，关键在于怎样实现；否则，再精心策划、实施也无意义。

答案：①+3　　　②+2　　　③+5　　　④+2

19.你有可供提供的信息，才能使用此战术。

答案：①+5　　　②+3　　　③+2　　　④+2

20.使用此战术的关键，是能为自己谋取有利的地位，但如果损害了对方的利益，就变成了阴谋诡计。

答案：①0　　　②0　　　③+5　　　④-5

第7章　成交的技巧

1.投石问路与假设条件的差异就在于范围不同。

答案：①+5　　　②0　　　③0　　　④0

2.试探在谈判中很重要，投石问路就是试探的一种。

答案：①0　　　②+2　　　③+5　　　④+3

3.主动要求的谈判者应先报价，这是约定俗成的。

答案：①+5　　　②−5　　　③+2　　　④0

4.报价起点高低直接影响讨价还价的结果。

答案：①+2　　　②+5　　　③0　　　④+2

5.抬价离不开压价，两者互为结果、相辅相成。

答案：①0　　　②+2　　　③+5　　　④+2

6.价格是几乎所有交易中的主要条款，所以，人们十分注意价格条款的磋商，十八般武艺几乎都用在讨价还价上。

答案：①+5　　　②+2　　　③0　　　④−5

7.依次递减让步不错，但出其不意让步也许有意外收获。

答案：①0　　　②−5　　　③+3　　　④+5

8.任何谈判项目都不能只讨论价格条款。

答案：①−5　　　②+5　　　③+3　　　④0

9.从内容和形式上将自己武装起来，肯定会起到意想不到的效果。

答案：①0　　　②+5　　　③+2　　　④0

10.如果你能让对方感到没有理由再拖延下去了，可能会成交。如果你让对方感到你在威胁他，"最后报价"可能变成"最后通牒"。

答案：①+5　　　②−5　　　③0　　　④+2

11.要想得到自己需要的，又不引起别人的警觉，那么，一点一点地索取是最好的办法。

答案：①+5　　　②0　　　③+2　　　④−5

12.妥协与让步对于商人来讲并不陌生，几乎所有协议都是在妥协与让步中产生的，关键是看你怎样让步。

答案：①+5　　　②+3　　　③+2　　　④−5

13.谈判高手也是处理谈判中"取"与"舍"关系的高手。

答案：①+5　　　②+3　　　③0　　　④0

14.让步不是对等的，让步要根据对手的不同来进行。连小孩子都知道他可以向不同的人要不同的东西。

答案：①0　　　②+2　　　③0　　　④+5

15.在交易中只有很好地把握了交易机会，你才能成功。

答案：①-5　　　　②0　　　　③0　　　　④+5

16.把握成交机会就要准确捕捉谈判人员的心理状态。

答案：①+3　　　　②+5　　　　③0　　　　④+2

17.最担心的问题也是谈判人员最感棘手的问题。

答案：①+5　　　　②+3　　　　③0　　　　④0

18.知觉不同于顿悟，也不同于臆测，是意会式的感觉。

答案：①0　　　　②+5　　　　③0　　　　④0

19.直觉决策的后果尽管许多人考虑，但很难准确预测。

答案：①+5　　　　②+3　　　　③0　　　　④0

20.直觉最有实际意义的作用是决策。

答案：①+5　　　　②0　　　　③+2　　　　④0

第8章　破解谈判陷阱

1.对于阴谋诡计人们唯恐避之不及，但却常常落入陷阱，关键是对之认识不足。

答案：①+5　　　　②+2　　　　③+2　　　　④+3

2.使别人受损失来满足自己的利益需要是不道德的。

答案：①0　　　　②+5　　　　③+3　　　　④0

3.欺骗的危害是广泛的，编造虚假事实是最常见的。

答案：①0　　　　②+5　　　　③+3　　　　④0

4.威胁别人是缺乏修养、黔驴技穷的表现。

答案：①+5　　　　②0　　　　③-2　　　　④-5

5.威胁最直接的后果就是反威胁，如果不是生命攸关，没人愿意在强权下妥协。

答案：①+5　　　　②+3　　　　③0　　　　④-5

6.强硬措施不同于虚张声势，是从根本上压倒对手。

答案：①+2　　　　②0　　　　③-5　　　　④+5

7."强硬措施"是通过把对方置于毫无选择的境地，迫使对方让步。

答案：①+2　　　　②0　　　　③-5　　　　④+5

8."暗盘"交易危害极大，最终害人害己。

答案：①+5　　　　②+3　　　　③0　　　　④-5

9.如果歪曲客观事实就已经是居心不良。

答案：①+2　　　　②+3　　　　③0　　　　④+5

10."车轮战术"包含的范围比较广泛，反复谈条款、换人员、打乱谈判节奏都是主要形式。

答案：①+3　　　　②+5　　　　③+3　　　　④+2

11."贪小便宜，吃大亏"不是少数人的做法。

答案：①+5　　　②-2　　　③-5　　　④0

12.最根本的原因是出发点不同。

答案：①0　　　②+5　　　③-5　　　④0

13.不论做什么，道德界限是最低标准。

答案：①+5　　　②+2　　　③+2　　　④+3

14.尽管有人是被迫使用，有人是主动使用，这一策略的消极后果是显而易见的。

答案：①+2　　　②+5　　　③+3　　　④0

15."人质"战略的危害最终会损害双方的利益。

答案：①+5　　　②+3　　　③0　　　④+2

16.冲突是消极产生的影响过程。

答案：①+2　　　②+3　　　③+5　　　④+2

17.谈判中的冲突只能产生消极作用。

答案：①0　　　②-5　　　③0　　　④+2

18.如果谈判中的冲突作用是消极的，你只能选择伤害双方的答案。

答案：①0　　　②+5　　　③+3　　　④0

19.能正确认识冲突很重要，但关键还需要你有能力消除它。

答案：①+3　　　②-5　　　③+2　　　④+5

20.冲突形成的原因是多方面的，但客观原因显然与谈判活动有关。

答案：①+3　　　②+2　　　③+2　　　④+5

第9章　怎样排除谈判中的障碍

1.不同个性的人遇到同一问题，处理的方式也不同。

答案：①+2　　　②+5　　　③+3　　　④0

2.正当的私下交往，于公于私都有益处。

答案：①+5　　　②+3　　　③0　　　④-5

3.因个性不同，选择的答案可能正相反。

答案：①+5　　　②+3　　　③0　　　④-5

4.对僵局的不同态度也反映了人的个性。

答案：①+5　　　②+3　　　③-2　　　④-5

5.能否处理好难题，反映了人的综合能力与素质。

答案：①+5　　　②+3　　　③0　　　④-5

6.也许有人认为，谈判中对方的反对意见与自己工作中的反对意见不同，其实本质是相同的。

答案：①+5　　　②+2　　　③-2　　　④-5

7.不同个性的人对环境的适应能力有很大差异，这会影响人的能力的发挥。

答案：①+5　　②0　　③-2　　④-5

8.自己有优势，也在于怎样利用，如仗势压人，可能适得其反。

答案：①-5　　②+3　　③0　　④+5

9.权力型的谈判者常常忽略对方的存在，更不用说考虑对方的意见了。

答案：①+5　　②+3　　③-2　　④-5

10.面对强手，镇定自若，分寸不乱，这才是真正的高手。

答案：①+3　　②+5　　③+2　　④-2

11.要达成协议，消除的主要障碍就是反对意见。

答案：①+5　　②+2　　③+2　　④+3

12.人们习惯制定最低限度标准来保证自己的利益，但是高超的谈判者可以超脱最低限度标准。

答案：①+2　　②+2　　③+5　　④-2

13.僵局常常使谈判者无可奈何、手足无措，主要是僵局对人的心理压力大。

答案：①+5　　②+2　　③+2　　④+3

14.用辩证法的观点看，任何事物的优势、劣势都是相对的，也是相互转化的。

答案：①+5　　②+2　　③+3　　④0

15.方式得当，才能消除反对意见；否则，适得其反。

答案：①-2　　②+3　　③+5　　④-5

16.掌握信息，可以在一切活动中占据主动地位。

答案：①+5　　②+3　　③+5　　④-5

17.耐心可以使你获得什么呢？那就看你想要什么了。

答案：①+2　　②+3　　③+2　　④+5

18.要改变谈判中的劣势，可以从许多方面考虑，这里最好的出路是，提出多种选择方案。一般的道理是，如果问你"要不要？"你的选择可能是不要，但如果问你"要这个还是要那个？"你很可能选择一个。

答案：①-2　　②+5　　③0　　④+2

19.许多人喜欢借口，原因简单、明确，婉拒对方或开脱自己。

答案：①+5　　②0　　③+2　　④+5

20.任何人都喜欢在气氛良好的环境中洽谈，主要是为减轻心理压力。

答案：①+5　　②0　　③+2　　④+3

第10章　谈判中的语言艺术

1.说话的方式不同，表达的意思会有很大差异。

答案：①+5　　②+2　　③0　　④-5

2."行为语言"在某种情况下更能反映讲话者的心态。

答案：①+5　　　②+3　　　③ 0　　　④-5

3.如果你能做到这一点，你就能影响别人。

答案：①+5　　　②+3　　　③ 0　　　④-5

4.你可能是每次辩论的胜利者，但你很可能一笔交易也没做成。

答案：①+5　　　②+3　　　③-3　　　④-5

5.喜欢问话的人好奇心重，进步也快。热衷于回答的人自信心强，也可能自以为是。解释使你陷于细节问题。辩论使你富有挑衅性、攻击性。

答案：①+5　　　②+2　　　③+2　　　④ 0

6.语言表达能力强的人在谈判中拥有很大的优势。

答案：①+5　　　②+3　　　③ 0　　　④-5

7.幽默使气氛宽松，也显出人的修养。

答案：①+5　　　②+3　　　③ 0　　　④-5

8.学会倾听，才能进步，善于倾听，永远进步。

答案：①+5　　　②+3　　　③ 0　　　④-5

9.喜欢听不同意见，才能看事物更全面；善于处理不同意见，才会获得成功。

答案：①+5　　　②+3　　　③ 0　　　④-5

10.只有在任何情况下都能保持头脑清晰、思路敏捷，才是优秀的谈判者。

答案：① 0　　　②+3　　　③+5　　　④-5

11.如果你发现你心里想的，通过语言表达却走了样，你就需要提高语言表达能力。

答案：①-5　　　②+2　　　③-2　　　④+5

12.从不同的角度考虑，选择不同的答案。

答案：①+2　　　②+5　　　③+2　　　④+3

13.鼓励对方讲话需要一定方法、技巧，最简单的是倾听。

答案：① 0　　　②-5　　　③+5　　　④+2

14.只有超脱于信任与怀疑之外，你才会正确地处理。

答案：① 0　　　②+5　　　③+3　　　④-2

15.如果你什么优势都不具备，请学会倾听。

答案：①+2　　　②+5　　　③+3　　　④ 0

16.用语的准确与简练，显示了个人的修养与水平。

答案：①+5　　　②+2　　　③ 0　　　④-5

17.请教别人是弥补自己无知、虚心学习的好形式，但如果直接打断对方，也是无知的表现。

答案：①-3　　　②+5　　　③+3　　　④-5

18.说服人可采用多种方式、方法，你倾向哪一种？

答案：①+3　　　②+5　　　③+2　　　④+2

19.如果你能影响人，那么你就能做到第一点。

答案：①+5   ②-5   ③0   ④0

20.回避别人的进攻，有时是为了更好地反击，因此，要考虑防守的方式。

答案：①+2   ②-5   ③+3   ④+5

第11章 谈判心理

1.人的行为活动是受不同层次的需要支配的。

答案：①0   ②+5   ③+3   ④+2

2.人们奋斗目标不同，追求的东西也差异极大。

答案：①0   ②+3   ③+2   ④+5

3.主观性常表现在人的臆测上。

答案：①+5   ②+2   ③+3   ④-5

4.心理学研究表明，人们常常说不出理由地喜欢或厌恶别人，这就是态度的情感成分在起作用。

答案：①-2   ②-3   ③-3   ④+5

5.人们通常习惯于先入为主地下结论，这是个坏习惯。

答案：①-2   ②-5   ③0   ④+5

6.表情是人内心的表白，碰到经验丰富、善于观察的老手，你的内心便暴露无遗。

答案：①-5   ②-3   ③0   ④+5

7.成功总是归于意志坚强的人。

答案：①+5   ②0   ③+3   ④-2

8.领导风格也是各具特色，主要有独断式与民主式。

答案：①+5   ②0   ③+3   ④0

9.善于交际是人的一大优点，尤其是在社交活动中。

答案：①+5   ②+2   ③-2   ④-5

10.反应敏捷、体验细微的人是理想的谈判者。

答案：①+5   ②+3   ③0   ④-5

11.你最在意的，也是你感受最深切的。

答案：①+5   ②0   ③+3   ④-5

12.人们做任何事情都会感觉到风险，但不同个性的人感到的风险有所不同。虚荣心、好胜心强的人更多感觉是社会舆论风险，讲究实际的人感觉的是产品质量风险、资金风险。

答案：①+2   ②+2   ③+2   ④+2

13.期望水平的高低取决于人的自信心，而期望水平直接影响人做事情的标准。

答案：①+5   ②+2   ③0   ④-5

14.每个人都有自我评价，尽管许多人可能没意识到。

答案：①+5　　　②+2　　　③+3　　　④-2

15.冒险型人的特征较为明显，生意上大起大落。

答案：①+5　　　②+2　　　③+3　　　④+2

16.风险知觉程度的高低与人的个性特征有直接的联系。

答案：①+2　　　②+5　　　③ 0　　　④-5

17.不同个性的人对待矛盾、挫折的心态有很大不同，有的人只看到消极一面，而有的人则更重视它的激励作用。

答案：①+5　　　②-5　　　③ 0　　　④+2

18.情急之中常能见到人的本来面目。

答案：①+5　　　②+3　　　③-5　　　④-2

19.不同性格的人对陌生人的态度有很大差异。内向性的人不轻易相信别人，外向性的人很容易与别人相处；独立性强的人能自己观察体验，顺从性的人则喜欢听他人劝告。

答案：①+3　　　② 0　　　③+2　　　④+5

20.对同一问题采取不同的处理方法，一方面是个人经验，另一方面也反映了人不同的个性心理。

答案：①+3　　　②+5　　　③+2　　　④ 0

第12章　个性与谈判

1.善于经商的能力，从某种角度讲是天生的。

答案：①+5　　　②+3　　　③ 0　　　④-5

2.有的人希望对手强大，这样，战胜对方才能显出自己的本领；有的人希望对手软弱，这样才能战胜对方。

答案：①+5　　　②+2　　　③ 0　　　④-5

3.守规矩的人不加考虑地接受指示，创造性的人变通地执行指示。

答案：①+5　　　②+3　　　③+2　　　④-5

4.理智性强的人能很好地控制个人感情，而感情冲动的人则不能。

答案：①+5　　　②+3　　　③ 0　　　④-5

5.做事情成功率高有诸多因素，但最重要的是自信心、意志力与能力。

答案：①+5　　　②+2　　　③ 0　　　④-5

6.善于交际有利于谈判成功。

答案：①+5　　　②+3　　　③ 0　　　④-5

7.聪颖、反应机敏的人对暗示比较敏感。

答案：①+5　　　②+3　　　③ 0　　　④-5

8.领导风格也是各具特色，主要有独断式与民主式。

答案：①+5　　　② 0　　　③+3　　　④ 0

9.如果你看重人之间的友谊，那么你也会看重别人的信任。

答案：①-5　　　②+3　　　③ 0　　　④+5

10.这里的权力不是指人处于一定位置应具有的权力，主要是指谈判人员的权限。

答案：①+5　　　②-2　　　③+2　　　④ 0

11.能听取别人意见已属明智，主动征求别人意见则难能可贵。

答案：①+5　　　② 0　　　③-2　　　④-5

12.解决问题的效果在于分析问题。

答案：①+2　　　②+3　　　③+5　　　④-5

13.压力能否变为动力，取决于人对压力的反应。

答案：①+5　　　②-5　　　③+5　　　④-5

14.兴奋与激动，很难分清谁是伴生物。

答案：①+5　　　②+2　　　③ 0　　　④-2

15.魅力是指吸引人的特点，个性是指与众不同的特点。

答案：①-5　　　②+2　　　③+5　　　④ 0

16.喜欢挑战的人面对强手则兴奋，否则便是畏惧。

答案：①+3　　　②+3　　　③-5　　　④-2

17.不同的个性特点，都有积极和消极的作用。

答案：①+3　　　②+3　　　③+3　　　④+2

18.人人都有自尊心、自尊感，但不一定人人都能得到别人的尊重。

答案：①+5　　　②+3　　　③ 0　　　④-5

19.气质类型不同，行为表现方式也不同。

答案：① 0　　　②+5　　　③+2　　　④+3

20.对于谈判者来说，决策能力比较重要。

答案：①+5　　　② 0　　　③+2　　　④ 0

第13章　谈判合同的履行

1.中国人不论家庭矛盾，还是商业买卖纠纷，不喜欢通过法律程序解决。

答案：①+5　　　②+3　　　③+2　　　④+2

2.许多人知道民间担保，但合同的担保人是要负法律责任的。

答案：①+5　　　②+2　　　③-2　　　④-5

3.合同是谈判协议得以实施的唯一法律保证。

答案：①+5　　　②+2　　　③-2　　　④-5

4.如果你对合同法了解得多些的话，对此会持肯定态度。

答案：①+5　　　②+3　　　③-5　　　④-2

5.这是宽容的问题，从法律角度讲，你可以不允许他修改，但从人道的角度，你可以同意他修改。

答案：①+5　　　②+3　　　③-2　　　④ 0

6.谁起草合同文本，谁就掌握了主动权。

答案：①+5　　　②+3　　　③-2　　　④-5

7.合同的执行主要受其法律约束，但交易的有利性可以更好地调动双方执行合同的积极性。

答案：①+5　　　②+3　　　③+2　　　④+2

8.交易谈判中，调解人起着重要的作用。

答案：①+5　　　②+3　　　③-5　　　④-2

9.通常人们习惯于交纳定金或寻找担保人。

答案：①+5　　　②+5　　　③-5　　　④-2

10.这反映答题者的法律意识。

答案：①-5　　　②+3　　　③-2　　　④+5

11.检查合同的合法性，主要是审查签约人的法人资格，以及合同的鉴证、公证情况。

答案：① 0　　　②-2　　　③+5　　　④+5

12.现实中，许多人即使遇到对方不履行合同，也不愿上法庭解决。

答案：①+5　　　②+2　　　③+2　　　④ 0

13.许多人认为朋友间的交易靠信誉，其结果很可能自食其果。

答案：①+5　　　②+3　　　③ 0　　　④-2

14.各国采用的法律体系不同，对同一事件的法律解释也不同，如不重视这一点，很可能要吃大亏。

答案：①-5　　　②+5　　　③ 0　　　④+3

15.律师出席合同谈判，可以充分保证合同的合法性。

答案：①+3　　　②+5　　　③-2　　　④ 0

16.鉴证是为了管理，公证是为保证其真实性、合性法。

答案：① 0　　　②+5　　　③+2　　　④+3

17.尽管调节与仲裁程序不同、方式不同，但目的是相同的。

答案：①+5　　　②-5　　　③+2　　　④+3

18.这些都是签合同要注意的内容。

答案：①+3　　　②+2　　　③+2　　　④+5

19.交易达成之所以都通过合同体现出来，就是基于此。

答案：①+5　　　②+3　　　③-2　　　④-5

20.企业法人代表的作用之一就是签署经济合同。

答案：①+3　　　②+2　　　③+5　　　④-5

注：答案中中文叙述部分是对正文中试题的剖析：①、②等标号是选择答案的标号；+5、+3、+2、0等是如选择该项的得分情况。

　　如果你的选择答案得分在940分以上，无疑你是个优秀的谈判者或是具有优秀谈判者素质的人；如果你的答案得分在650～940分，说明你对谈判有一定的认识，并具有谈判者的潜能；如果你的答案得分在600分以下，说明你对谈判缺乏基本的认识和社会实践，要努力加强。